GLENCOE FRENCH ③

Bon voyage!

WITH FEATURES BY

NATIONAL
GEOGRAPHIC
SOCIETY

Conrad J. Schmitt • Katia Brillié Lutz

Mc
Graw
Hill
Glencoe
McGraw-Hill

New York, New York   Columbus, Ohio   Chicago, Illinois   Peoria, Illinois   Woodland Hills, California

About the Authors

Conrad J. Schmitt

Conrad J. Schmitt received his B.A. degree magna cum laude from Montclair State University. He received his M.A. from Middlebury College. He did additional graduate work at New York University.

Mr. Schmitt has taught Spanish and French at all levels—from elementary school to university graduate courses. He served as Coordinator of Foreign Languages for the Hackensack, New Jersey Public Schools. He also taught Methods of Teaching a Foreign Language at the Graduate School of Education, Rutgers University. Mr. Schmitt was Editor-in-Chief of Foreign Languages and ESL/EFL materials for the School Division of McGraw-Hill and McGraw-Hill International Book Company.

Mr. Schmitt has authored or co-authored more than one hundred books, all published by Glencoe/McGraw-Hill or by McGraw-Hill. He has addressed teacher groups and given workshops in all states of the United States and has lectured and presented seminars throughout the Far East, Latin America, and Canada. In addition, Mr. Schmitt has traveled extensively throughout France, French-speaking Canada, North Africa, French-speaking West Africa, the French Antilles, and Haiti.

Katia Brillié Lutz

Ms. Lutz has her **Baccalauréat** in Mathematics and Science from the Lycée Molière in Paris and her **Licence ès Lettres** in languages from the Sorbonne. She was a Fulbright scholar at Mount Holyoke College.

Ms. Lutz has taught French language at Yale University and French language and literature at Southern Connecticut State College. She also taught French at the United Nations in New York City.

Ms. Lutz was Executive Editor of French at Macmillan Publishing Company. She also served as Senior Editor at Harcourt Brace Jovanovich and Holt Rinehart and Winston. She was a news translator and announcer for the BBC Overseas Language Services in London.

Ms. Lutz is the author of many language textbooks at all levels of instruction.

Glencoe/McGraw-Hill

A Division of The **McGraw·Hill** Companies

The feature in this textbook entitled **Reflets** was designed and created by the National Geographic Society's School Publishing Division. Copyright 2002. National Geographic Society. All rights reserved.

The name "National Geographic" and the yellow border are registered trademarks of the National Geographic Society.

Printed in the United States of America.

Send all inquiries to:
Glencoe/McGraw-Hill
8787 Orion Place
Columbus, OH 43240-4027

ISBN 0-07-821258-8 (Student Edition)
ISBN 0-07-824681-4 (Teacher Wraparound Edition)

3 4 5 6 7 8 9   027   06 05 04 03 02

Teacher Reviewers

We wish to express our appreciation to the numerous individuals throughout the United States and the French-speaking world who have advised us in the development of these teaching materials. Special thanks are extended to the people whose names appear below.

Anne-Marie Baumis
Bayside, NY

Claude Benaiteau
Austin, TX

Sr. M. Elayne Bockey, SND
St. Wendelin High School
Fostoria, OH

Linda Burnette
Rockville Junior/Senior
High School
Rockville, IN

Linda Butt
Loyola Blakefield
Towson, MD

Betty Clough
Austin, TX

Yolande Helm
Ohio University
Athens, OH

Jan Hofts
Northwest High School
Indianapolis, IN

Kathleen A. Houchens
The Ohio State University
Columbus, OH

Dominique Keith
Lake Forest, CA

Raelene Noll
Delmar, NY

Nancy Price
Fort Atkinson High School
Fort Atkinson, WI

Sally Price
Marysville-Pilchuck
High School
Marysville, WA

Bonita Sanders
Eisenhower High School
New Berlin, WI

Deana Schiffer
Hewlett High School
Hewlett, NY

Julia Sheppard
Delaware City Schools
Delaware, OH

James Toolan
Tuxedo High School
Tuxedo, NY

Mary Webster
Romeo High School
Romeo, MI

Marian Welch
Austin ISD
Austin, TX

Richard Wixom
Miller Middle School
Lake Katrine, NY

Brian Zailian
Tamalpais High School
Mill Valley, CA

Table des matières

La francophonie

CHAPITRE ① Les voyages

Objectifs

In this chapter you will:

✔ *learn about the travel habits of the French and about tourism in France*

✔ *learn how to make and cancel plane or train reservations*

✔ *review how to get the information you need in different travel situations*

✔ *review how to describe past actions*

✔ *read and discuss newspaper articles about Canada's "Acadie" region and the weather in France*

✔ *review how to talk about actions that may or may not take place; how to express wishes, preferences, necessity, or possibility*

✔ *read and discuss excerpts from these literary works:* **Le petit prince,** *a tale by Antoine de Saint-Exupéry, and* **Le départ du petit Nicolas,** *a story by Jean-Jacques Sempé and René Goscinny*

CHAPITRE ② Le quotidien

Objectifs

In this chapter you will:

- ✔ learn how French youths keep up with current events and why they think it is important to do so
- ✔ learn how to handle everyday situations such as inviting somebody to go to lunch
- ✔ learn how to extend invitations, and how to accept or refuse them
- ✔ review how to ask questions formally or informally, how to make a sentence negative, and how to narrate in the past tense
- ✔ read and discuss magazine articles about French youths and their money, and everyday life in France in 1900
- ✔ review how to describe people and things, and how to express wishes, preferences, and demands concerning oneself or others
- ✔ read and discuss excerpts from these literary works: La nausée, a novel by Jean-Paul Sartre; La réclusion solitaire, a novel by Tahar Ben Jelloun

CHAPITRE ③ Les loisirs

Objectifs

In this chapter you will:

✔ *learn what leisure activities French people of different ages enjoy*

✔ *learn about some leisure activities such as attending a play, including buying the tickets and discussing the play afterwards*

✔ *learn to express your opinions of certain leisure activities*

✔ *review how to talk about actions in the past tense and how to compare people and things*

✔ *read and discuss newspaper articles about two young singers from Guadeloupe, a French surfing champion, and a cross-country race*

✔ *review how to express emotional reactions to the actions of others, certainty or uncertainty, uniqueness, and emotions or opinions about past events*

✔ *learn about the history and tradition of "la chanson française" and read and discuss the poetic song* **Les feuilles mortes,** *by Jacques Prévert*

CHAPITRE ④ Le pays

Objectifs

In this chapter you will:

✔ learn about the European Union and how it came about

✔ discuss American character traits and compare them to those of the French

✔ express personal impressions, opinions, and reactions

✔ review how to identify cities, countries, and continents; how to refer to places or things already mentioned; and how to tell what you and other people will do

✔ read and discuss newspaper articles about ecology, endangered species, and a desert people called the Touaregs

✔ learn how to tell what you and other people will do before a future event; how to use the future or future perfect tense after certain conjunctions; and how to use the present or the imperfect tense after certain time expressions

✔ read and discuss these literary works: a poetic song, Gens du pays, by Gilles Vigneault; a short story, La dernière classe, by Alphonse Daudet

NATIONAL GEOGRAPHIC SOCIETY

CHAPITRE ⑤ Faits divers

Objectifs

In this chapter you will:

✔ *learn about social problems in France*

✔ *learn to handle petty crime situations such as having one's pocket picked, and how to report these crimes to the local police*

✔ *learn to express agreement or disagreement, and to discuss various subjects such as the news, social problems, etc., with others*

✔ *review how to tell what you do for others or what others do for you, and how to refer to people or things already mentioned*

✔ *read and discuss several news headlines and news items of the type that appear frequently in local newspapers*

✔ *learn to describe past actions in formal writing and review the use of the subjunctive after conjunctions*

✔ *read and discuss a chapter from* Les misérables, *by Victor Hugo*

CHAPITRE Les valeurs

Objectifs

In this chapter you will:

- ✔ learn what values are important to the French, both young and old, and compare them with yours
- ✔ talk about who does the chores in your house and decide whether the tasks are divided fairly among your family members
- ✔ learn how to express congratulations, best wishes, and condolences in typical real-life situations
- ✔ review how to express *some* and *any*, refer to things and people already mentioned, and express *who, whom, which,* and *that*
- ✔ read and discuss the daily announcements page of a French newspaper and a magazine article about young French people's opinions concerning gender equality and sex roles
- ✔ learn how to express *of which* and *whose, how to write complex sentences using prepositions and relative pronouns, how to express certainty and doubt, and how to talk about past actions that precede other past actions*
- ✔ read and discuss the poetic song **La mauvaise réputation** *by Georges Brassens, and a fable by La Fontaine*

CHAPITRE ⑦ Santé et bien-être

Objectifs

In this chapter you will:

✔ *learn about French people's concern about their health and physical fitness, and what they do to maintain both*

✔ *learn to handle health care situations such as having a medical checkup*

✔ *review how to tell what people do or did at one point in the past for themselves or for each other; how to ask* who, whom, *and* what

✔ *read and discuss magazine articles about the ear and noise, and snacking between meals*

✔ *review how to express* which one(s), this one, that one, these, *or* those; *learn more about telling what belongs to you and others*

✔ *read and discuss excerpts from the following literary works:* **Le malade imaginaire,** *a play by Molière; and* **Knock ou le Triomphe de la médecine,** *a play by Jules Romains*

CHAPITRE ⑧ Arts et sciences

Objectifs

In this chapter you will:

- ✔ learn about French people's passion for their artistic heritage and the pride they take in it, and about the latest achievements in French scientific research
- ✔ read about a visit to a French monument and learn to express your feelings about it
- ✔ learn to express your reactions (positive and negative) to works of art of all kinds
- ✔ review how to express conditions and how to ask for things politely; learn to describe actions that precede other actions in the past and then describe people, events, and simultaneous actions
- ✔ read and discuss a newspaper article by Italian movie director Federico Fellini about the French painter Toulouse-Lautrec, and an episode from the adventures of Tintin, the famous comic-strip hero
- ✔ learn to express what would have happened if certain conditions had prevailed; review how to tell what you and others have someone else do for you
- ✔ read and discuss the following literary works: Le jet d'eau by Guillaume Apollinaire; an excerpt from Sans dessus dessous, a novel by Jules Verne; La légende de la peinture, a tale by Michel Tournier

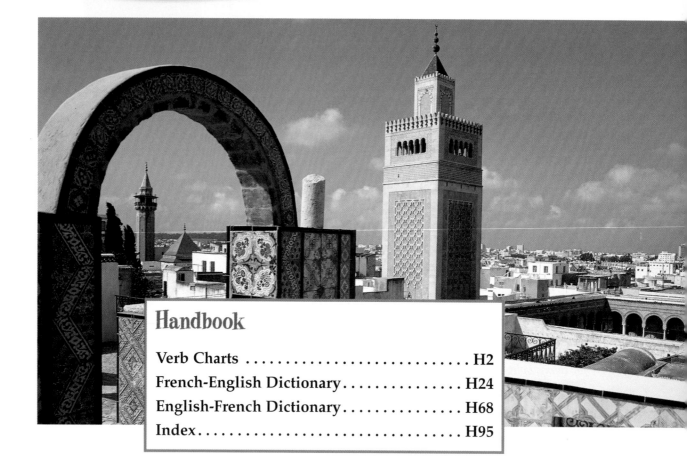

Handbook

Guide to Symbols

Throughout **Bon voyage!** you will see these symbols, or icons. They will tell you how best to use the particular part of the chapter or activity they accompany. Following is a key to help you understand these symbols.

 Audio Link This icon indicates material in the chapter that is recorded on compact disk format and/or audiocassette.

 Paired Activity This icon indicates sections that you can practice orally with a partner.

 Group Activity This icon indicates sections that you can practice together in groups.

Le monde francophone

The French geographer Onésime Reclus first coined the word *francophonie* in 1880 to designate geographical entities where French was spoken. Today, *la francophonie* refers to the collective body of over one hundred million people all over the world who speak French, exclusively or in part, in their daily lives. The term *francophonie* refers to the diverse official organizations, governments, and countries that promote the use of French in economic, political, diplomatic, and cultural exchanges. Politically, French remains the second most important language in the world. In some Francophone nations, French is the official language (France), or the co-official language (Cameroon); in others, it is spoken by a minority who share a common cultural heritage (Andorra). The French language is present in Europe, Africa, the Americas, and Oceania.

Le monde

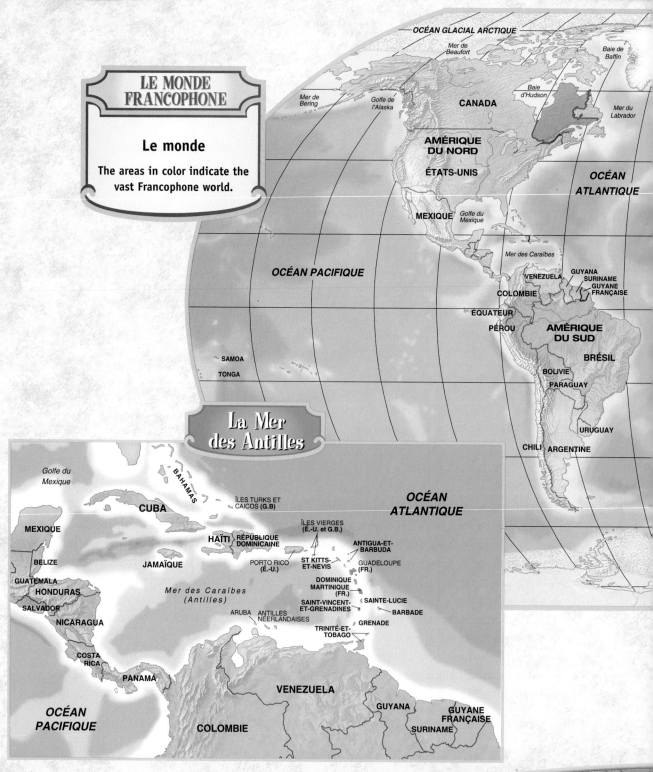

LE MONDE FRANCOPHONE

Le monde

The areas in color indicate the vast Francophone world.

OCÉAN GLACIAL ARCTIQUE

Mer de Beaufort

Baie de Baffin

Mer de Bering

Golfe de l'Alaska

Baie d'Hudson

Mer du Labrador

CANADA

AMÉRIQUE DU NORD

ÉTATS-UNIS

OCÉAN ATLANTIQUE

MEXIQUE

Golfe du Mexique

Mer des Caraïbes

VENEZUELA

GUYANA

SURINAME

GUYANE FRANÇAISE

COLOMBIE

OCÉAN PACIFIQUE

ÉQUATEUR

PÉROU

AMÉRIQUE DU SUD

BRÉSIL

BOLIVIE

PARAGUAY

SAMOA

TONGA

URUGUAY

CHILI

ARGENTINE

La Mer des Antilles

Golfe du Mexique

BAHAMAS

ÎLES TURKS ET CAICOS (G.B)

OCÉAN ATLANTIQUE

CUBA

MEXIQUE

ÎLES VIERGES (É.-U. et G.B.)

HAÏTI

RÉPUBLIQUE DOMINICAINE

ANTIGUA-ET-BARBUDA

BELIZE

JAMAÏQUE

PORTO RICO (É.-U.)

ST KITTS-ET-NEVIS

GUADELOUPE (FR.)

GUATEMALA

HONDURAS

Mer des Caraïbes (Antilles)

DOMINIQUE

MARTINIQUE (FR.)

SAINTE-LUCIE

SALVADOR

SAINT-VINCENT-ET-GRENADINES

BARBADE

NICARAGUA

ARUBA

ANTILLES NÉERLANDAISES

GRENADE

TRINITÉ-ET-TOBAGO

COSTA RICA

PANAMÁ

VENEZUELA

OCÉAN PACIFIQUE

COLOMBIE

GUYANA

GUYANE FRANÇAISE

SURINAME

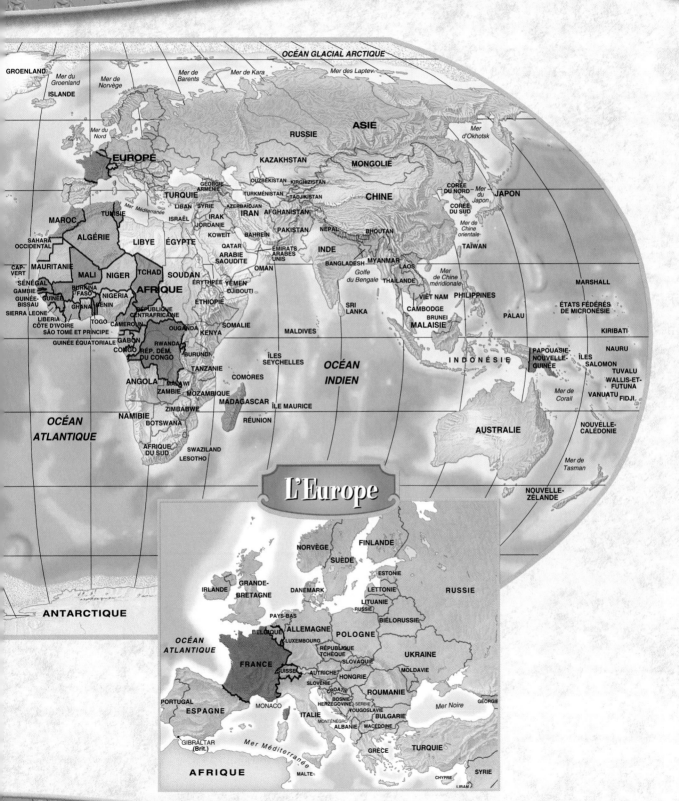

OCÉAN GLACIAL ARCTIQUE

GROENLAND
Mer du
Groenland
Mer de
Norvège
Mer de
Barents
Mer de Kara
Mer des Laptev
ISLANDE

Mer du
Nord
ASIE
EUROPE
RUSSIE
KAZAKHSTAN
MONGOLIE
Mer
d'Okhotsk
JAPON
GÉORGIE
ARMÉNIE
OUZBÉKISTAN KIRGHIZISTAN
CORÉE
DU NORD
Mer
du
Japon
TURQUIE
TURKMÉNISTAN
TADJIKISTAN
CHINE
CORÉE
DU SUD
Mer Méditerranée
LIBAN SYRIE
AZERBAÏDJAN
MAROC
TUNISIE
ISRAËL
IRAK
JORDANIE
IRAN
AFGHANISTAN
NÉPAL
BHOUTAN
Mer de
Chine
orientale
TAÏWAN
SAHARA
OCCIDENTAL
ALGÉRIE
LIBYE
ÉGYPTE
KOWEÏT
BAHREÏN
PAKISTAN
QATAR
INDE
ÉMIRATS
ARABES
UNIS
BANGLADESH MYANMAR
MARSHALL
CAP-
VERT
MAURITANIE
ARABIE
SAOUDITE
OMAN
LAOS
Mer de Chine
méridionale
SÉNÉGAL
MALI
NIGER
TCHAD
SOUDAN
Golfe
du Bengale
THAÏLANDE
VIÊT NAM
PHILIPPINES
ÉTATS FÉDÉRÉS
DE MICRONÉSIE
GAMBIE
BURKINA
FASO
AFRIQUE
ÉRYTHRÉE YÉMEN
CAMBODGE
GUINÉE-
BISSAU
GUINÉE
NIGÉRIA
DJIBOUTI
SRI
LANKA
BRUNEI
PALAU
GHANA BÉNIN
MALAISIE
KIRIBATI
SIERRA LEONE
RÉPUBLIQUE
CENTRAFRICAINE
ÉTHIOPIE
MALDIVES
LIBERIA
CÔTE D'IVOIRE
TOGO
CAMEROUN
OUGANDA
SOMALIE
NAURU
SÃO TOMÉ ET PRÍNCIPE
KENYA
INDONÉSIE
PAPOUASIE-
NOUVELLE-
GUINÉE
ÎLES
SALOMON
GUINÉE ÉQUATORIALE
GABON
CONGO
RWANDA
RÉP. DÉM.
DU CONGO
BURUNDI
ÎLES
SEYCHELLES
OCÉAN
INDIEN
TUVALU
WALLIS-ET-
FUTUNA
TANZANIE
Mer de
Corail
VANUATU FIDJI
ANGOLA
MALAWI
ZAMBIE
COMORES
MOZAMBIQUE
MADAGASCAR
ZIMBABWE
ÎLE MAURICE
AUSTRALIE
NOUVELLE-
CALÉDONIE
OCÉAN
ATLANTIQUE
NAMIBIE
BOTSWANA
RÉUNION
AFRIQUE
DU SUD
SWAZILAND
LESOTHO
Mer de
Tasman
NOUVELLE-
ZÉLANDE
ANTARCTIQUE

L'Europe

NORVÈGE
FINLANDE
SUÈDE
ESTONIE
IRLANDE
GRANDE-
BRETAGNE
DANEMARK
LETTONIE
RUSSIE
LITUANIE
RUSSIE
PAYS-BAS
BIÉLORUSSIE
BELGIQUE
ALLEMAGNE
POLOGNE
OCÉAN
ATLANTIQUE
LUXEMBOURG
RÉPUBLIQUE
TCHÈQUE
UKRAINE
FRANCE
SLOVAQUIE
SUISSE
AUTRICHE
MOLDAVIE
HONGRIE
SLOVÉNIE
PORTUGAL
CROATIE
ROUMANIE
MONACO
BOSNIE-
HERZÉGOVINE
SERBIE
GÉORGIE
ESPAGNE
ITALIE
YOUGOSLAVIE
BULGARIE
Mer Noire
MONTÉNÉGRO
MACÉDOINE
GIBRALTAR
(Brit.)
ALBANIE
Mer Méditerranée
GRÈCE
TURQUIE
AFRIQUE
MALTE
CHYPRE
LIBAN
SYRIE

La francophonie

L'Afrique

Le Bénin

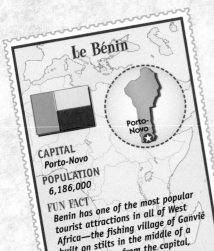

CAPITAL
Porto-Novo

POPULATION
6,186,000

FUN FACT
Benin has one of the most popular tourist attractions in all of West Africa—the fishing village of Ganvié built on stilts in the middle of a lagoon not far from the capital, Porto Novo.

Le Burkina Faso

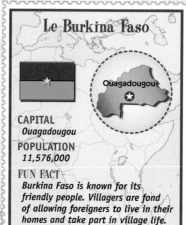

CAPITAL
Ouagadougou

POPULATION
11,576,000

FUN FACT
Burkina Faso is known for its friendly people. Villagers are fond of allowing foreigners to live in their homes and take part in village life.

Les Comores

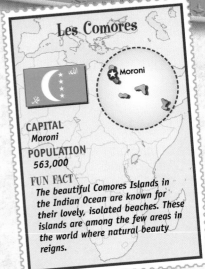

CAPITAL
Moroni

POPULATION
563,000

FUN FACT
The beautiful Comores Islands in the Indian Ocean are known for their lovely, isolated beaches. These islands are among the few areas in the world where natural beauty reigns.

La République du Congo

CAPITAL
Brazzaville

POPULATION
2,717,000

FUN FACT
Seventy percent of the population lives in the capital city or near the railroad between it and Pointe-Noire about 250 miles to the west.

Le Burundi

CAPITAL
Bujumbura

POPULATION
5,736,000

FUN FACT
Burundi was first under German control. It then became Ruanda-Urundi under Belgian control. It became independent in 1962.

Le Cameroun

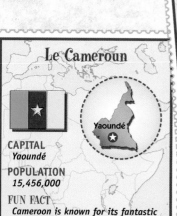

CAPITAL
Yaoundé

POPULATION
15,456,000

FUN FACT
Cameroon is known for its fantastic landscapes: Saharan desert, equatorial rain forest, tree-laden savannah, grassy plains, volcanic mountains with crater lakes, the swampy basin of Lake Chad, and one of the highest mountains in Africa.

L'Algérie

CAPITAL
Algiers

POPULATION
30,774,000

FUN FACT
Algeria is called "the geographic giant" of the Maghreb. It is four times the size of France. Most of the country lies in the Sahara desert.

La République Centrafricaine

CAPITAL
Bangui

POPULATION
3,445,000

FUN FACT
The Central African Republic has two very expensive exports—gold and diamonds.

Le Gabon

CAPITAL
Libreville

POPULATION
1,197,000

FUN FACT
More than three-quarters of the territory of Gabon is covered by forests. Its capital, Libreville (appropriately named), was founded by Catholic missionaries to house liberated slaves.

La Guinée

CAPITAL
Conakry

POPULATION
7,539,000

FUN FACT
Guinea is a country known for its strong tradition of live music. Almost any evening, you can find a wonderful musical celebration in the streets of Conakry, its capital.

Djibouti

CAPITAL
Djibouti

POPULATION
629,000

FUN FACT
Djibouti is the name of both the republic and its capital. Its position at the entrance to the Red Sea makes it one of the most important seaports in Africa.

La Guinée Équatoriale

CAPITAL
Malabo

POPULATION
442,000

FUN FACT
Equatorial Guinea is the only country in Africa where both Spanish and French are spoken even though French is considered the official language.

Madagascar

CAPITAL
Antananarivo

POPULATION
14,417,000

FUN FACT
Madagascar is a beautiful and, in some areas, rocky volcanic island in the Indian Ocean.

La République Démocratique du Congo

CAPITAL
Kinshasa

POPULATION
42,200,000

FUN FACT
The population of the Democratic Republic of the Congo is made up of six major ethnic groups which are divided into over 250 subgroups.

La Côte d'Ivoire

CAPITAL
Yamoussoukro

POPULATION
15,818,000

FUN FACT
The Côte d'Ivoire's principal city, Abidjan, is West Africa's most cosmopolitan city and is often referred to as the "Paris of West Africa."

L'île Maurice

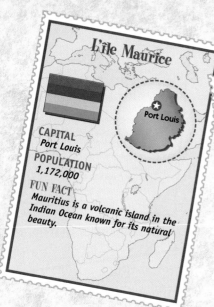

CAPITAL
Port Louis

POPULATION
1,172,000

FUN FACT
Mauritius is a volcanic island in the Indian Ocean known for its natural beauty.

La Mauritanie

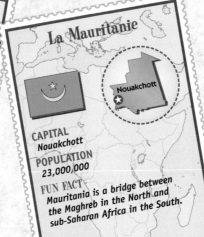

CAPITAL
Nouakchott

POPULATION
23,000,000

FUN FACT
Mauritania is a bridge between the Maghreb in the North and sub-Saharan Africa in the South.

Le Tchad

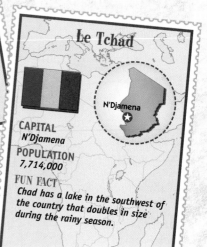

CAPITAL
N'Djamena

POPULATION
7,714,000

FUN FACT
Chad has a lake in the southwest of the country that doubles in size during the rainy season.

Le Maroc

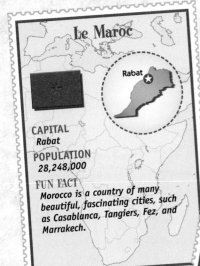

CAPITAL
Rabat

POPULATION
28,248,000

FUN FACT
Morocco is a country of many beautiful, fascinating cities, such as Casablanca, Tangiers, Fez, and Marrakech.

Les Seychelles

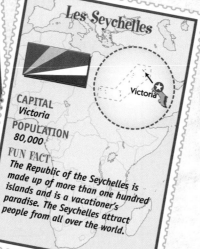

CAPITAL
Victoria

POPULATION
80,000

FUN FACT
The Republic of the Seychelles is made up of more than one hundred islands and is a vacationer's paradise. The Seychelles attract people from all over the world.

Le Niger

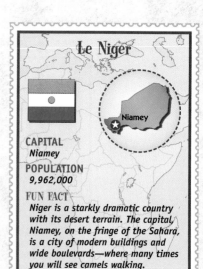

CAPITAL
Niamey

POPULATION
9,962,000

FUN FACT
Niger is a starkly dramatic country with its desert terrain. The capital, Niamey, on the fringe of the Sahara, is a city of modern buildings and wide boulevards—where many times you will see camels walking.

Le Rwanda

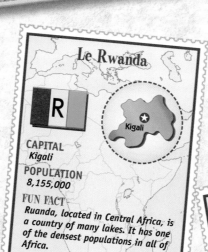

CAPITAL
Kigali

POPULATION
8,155,000

FUN FACT
Ruanda, located in Central Africa, is a country of many lakes. It has one of the densest populations in all of Africa.

La Réunion

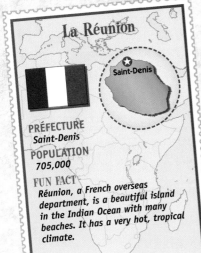

PRÉFECTURE
Saint-Denis

POPULATION
705,000

FUN FACT
Réunion, a French overseas department, is a beautiful island in the Indian Ocean with many beaches. It has a very hot, tropical climate.

Le Sénégal

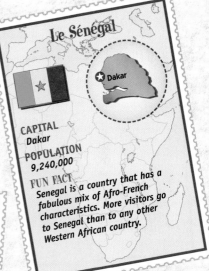

CAPITAL
Dakar

POPULATION
9,240,000

FUN FACT
Senegal is a country that has a fabulous mix of Afro-French characteristics. More visitors go to Senegal than to any other Western African country.

Le Togo

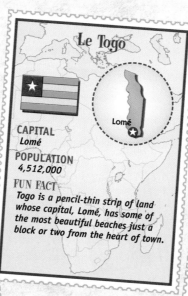

CAPITAL
Lomé

POPULATION
4,512,000

FUN FACT
Togo is a pencil-thin strip of land whose capital, Lomé, has some of the most beautiful beaches just a block or two from the heart of town.

Le Mali

CAPITAL
Bamako

POPULATION
10,960,000

FUN FACT
Mali is the home of Timbuktu, which was and still is the terminus of a camel caravan route across the Sahara, linking Arabia with West Africa since ancient times.

La Tunisie

CAPITAL
Tunis

POPULATION
9,498,000

FUN FACT
Tunisia contains Roman archaeological sites second only to Rome itself.

L'Amérique du Nord et du Sud

La Guadeloupe

PRÉFECTURE
Basse-Terre

POPULATION
387,000

FUN FACT
Guadeloupe, a French overseas department in the Caribbean, is made up of two major islands in addition to some smaller ones. It is known for its jungle highlands and beautiful seaside resorts.

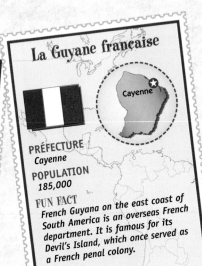

La Guyane française

PRÉFECTURE
Cayenne

POPULATION
185,000

FUN FACT
French Guyana on the east coast of South America is an overseas French department. It is famous for its Devil's Island, which once served as a French penal colony.

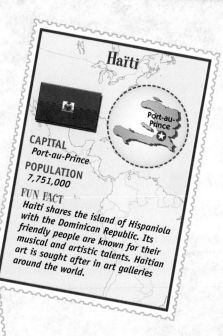

Haïti

CAPITAL
Port-au-Prince

POPULATION
7,751,000

FUN FACT
Haiti shares the island of Hispaniola with the Dominican Republic. Its friendly people are known for their musical and artistic talents. Haitian art is sought after in art galleries around the world.

La province de Québec

CAPITAL
Québec

POPULATION
7,040,000

FUN FACT
Quebec is the oldest and largest of Canada's provinces. About 90 percent of Quebec's inhabitants are French-speaking.

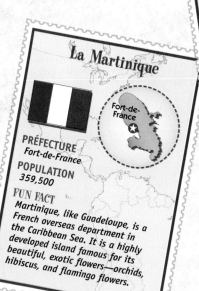

La Martinique

PRÉFECTURE
Fort-de-France

POPULATION
359,500

FUN FACT
Martinique, like Guadeloupe, is a French overseas department in the Caribbean Sea. It is a highly developed island famous for its beautiful, exotic flowers—orchids, hibiscus, and flamingo flowers.

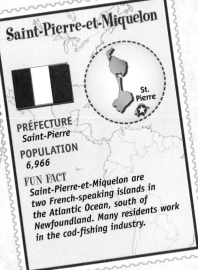

Saint-Pierre-et-Miquelon

PRÉFECTURE
Saint-Pierre

POPULATION
6,966

FUN FACT
Saint-Pierre-et-Miquelon are two French-speaking islands in the Atlantic Ocean, south of Newfoundland. Many residents work in the cod-fishing industry.

L'Europe

La Belgique

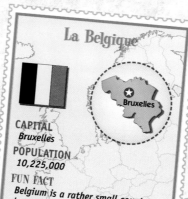

CAPITAL
Bruxelles

POPULATION
10,225,000

FUN FACT
Belgium is a rather small country but one of the world's most densely populated. Belgium has two distinct cultures—Flemish in the North and French in the South.

La principauté d'Andorre

CAPITAL
Andorre-la-Vieille

POPULATION
66,000

FUN FACT
Andorra is a co-principality governed by France's president and a Spanish bishop.

La France

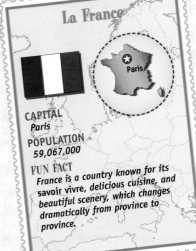

CAPITAL
Paris

POPULATION
59,067,000

FUN FACT
France is a country known for its savoir vivre, delicious cuisine, and beautiful scenery, which changes dramatically from province to province.

Le grand-duché de Luxembourg

CAPITAL
Luxembourg

POPULATION
432,000

FUN FACT
Luxembourg is smaller than the state of Rhode Island. The native Luxembourgers all speak three languages fluently: Luxembourgish, German, and French.

La principauté de Monaco

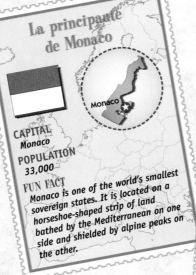

CAPITAL
Monaco

POPULATION
33,000

FUN FACT
Monaco is one of the world's smallest sovereign states. It is located on a horseshoe-shaped strip of land bathed by the Mediterranean on one side and shielded by alpine peaks on the other.

La Suisse

CAPITAL
Berne

POPULATION
7,119,000

FUN FACT
The beautiful country of Switzerland is dominated by the Alps. Its population density is among the lowest in Europe. Thus, it has fabulous wide-open spaces.

L'Océanie

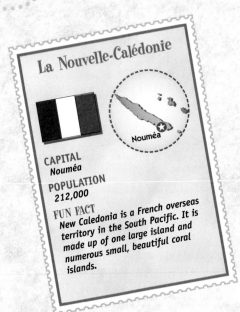

La Nouvelle-Calédonie

CAPITAL
Nouméa

POPULATION
212,000

FUN FACT
New Caledonia is a French overseas territory in the South Pacific. It is made up of one large island and numerous small, beautiful coral islands.

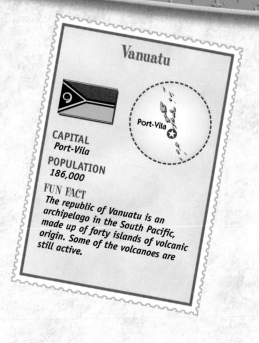

Vanuatu

CAPITAL
Port-Vila

POPULATION
186,000

FUN FACT
The republic of Vanuatu is an archipelago in the South Pacific, made up of forty islands of volcanic origin. Some of the volcanoes are still active.

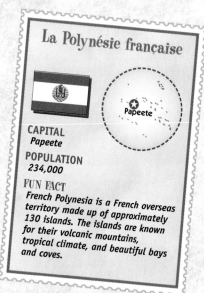

La Polynésie française

CAPITAL
Papeete

POPULATION
234,000

FUN FACT
French Polynesia is a French overseas territory made up of approximately 130 islands. The islands are known for their volcanic mountains, tropical climate, and beautiful bays and coves.

Wallis-et-Futuna

CAPITAL
Mata Utu

POPULATION
14,000

FUN FACT
Wallis-et-Futuna is a French overseas territory in the South Pacific. The mountainous islands of the archipelago are surrounded by coral reefs.

La France

ANGLETERRE

Mer du Nord

Manche

BELGIQUE

ALLEMAGNE

LUXEMBOURG

- Calais
- Lille

Nord-Pas-de-Calais

- Le Havre
- Amiens

Haute-Normandie

- Rouen
- Caen

Seine

Picardie

- Brest

Basse-Normandie

Bretagne

- Rennes
- Paris

Île-de-France

- Châlons-en-Champagne
- Metz

Marne

Lorraine

Meuse

- Le Mans
- Orléans

Champagne-Ardenne

- Strasbourg

Rhine

Pays de la Loire

Loire

Centre

Alsace

- Nantes

Bourgogne

- Dijon
- Besançon

Franche-Comté

- Poitiers

OCÉAN ATLANTIQUE

Poitou-Charentes

- Moulins

SUISSE

- Limoges

Limousin

- Clermont-Ferrand

Saône

Auvergne

- Lyon

- Bordeaux

Garonne

Rhône-Alpes

- Grenoble

ITALIE

Aquitaine

Rhône

Midi-Pyrénées

- Toulouse
- Montpellier

Provence-Alpes-Côte d'Azur

- Monaco
- Nice

MONACO

Languedoc-Roussillon

- Marseille

ESPAGNE

Corse

Mer Méditerranée

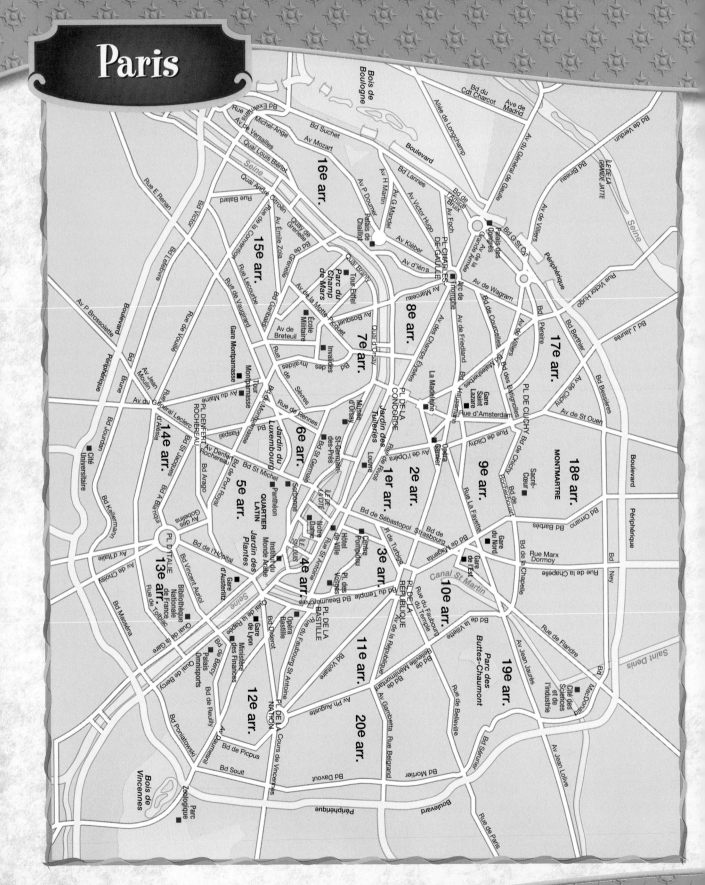

Paris

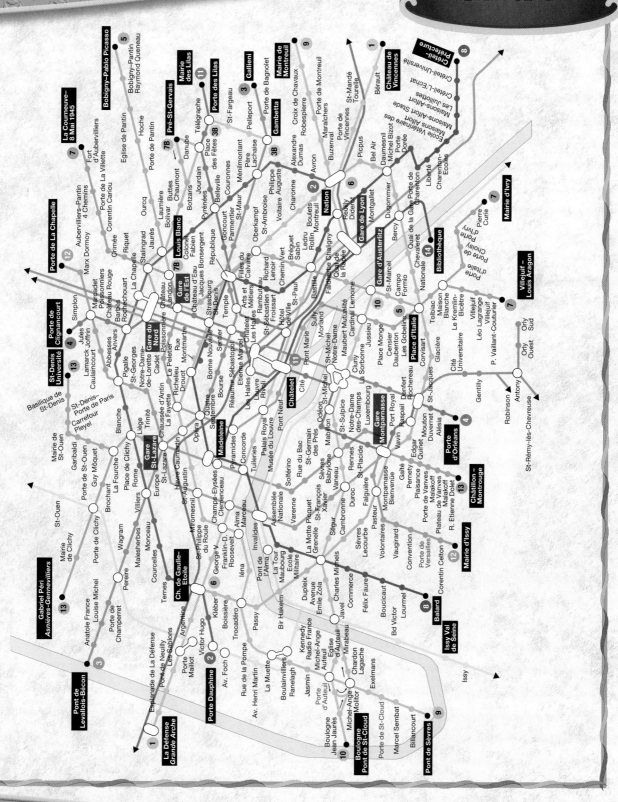

Métro

Le Canada

OCÉAN GLACIAL ARCTIQUE

ALASKA (ÉTATS-UNIS)

YUKON
★ Whitehorse

COLOMBIE-BRITANNIQUE
Victoria ★

TERRITOIRES DU NORD-OUEST
★ Yellowknife

ALBERTA
Edmonton ★

SASKATCHEWAN
Regina ★

NUNAVUT

MANITOBA
Winnipeg ★

Baie D'Hudson

ÉTATS-UNIS

ONTARIO
Toronto ★
Ottawa ★

Iqaluit ★

GROENLAND (DANEMARK)

QUÉBEC
Québec ★

Mer du Labrador

Fredericton ★
NOUVEAU-BRUNSWICK
ÎLE-DU-PRINCE-ÉDOUARD
Charlottetown ★
Halifax ★
NOUVELLE-ÉCOSSE

TERRE-NEUVE
St-John's ★

ST-PIERRE-ET-MIQUELON (FR.)

OCÉAN ATLANTIQUE

OCÉAN ATLANTIQUE

L'Afrique

EUROPE

ASIE

Mer Méditerranée

OCÉAN ATLANTIQUE

Alger
Tunis
Rabat
TUNISIE
MAROC
Tripoli
Le Caire
ALGÉRIE
LIBYE
ÉGYPTE
SAHARA OCCIDENTAL (MAROC)
MAURITANIE
Nouakchott
MALI
NIGER
TCHAD
Khartoum
Asmara
ÉRYTHRÉE
Dakar
SÉNÉGAL
Banjul
GAMBIE
Bamako
Niamey
N'Djamena
SOUDAN
DJIBOUTI
Djibouti
Bissau
GUINÉE-BISSAU
BURKINA FASO
Ouagadougou
BÉNIN
Addis Abeba
GUINÉE
Conakry
SIERRA LEONE
Freetown
CÔTE D'IVOIRE
GHANA
TOGO
NIGERIA
Abuja
ÉTHIOPIE
SOMALIE
Yamoussoukro
Lomé
Monrovia
LIBERIA
Accra
Porto-Novo
Malabo
CAMEROUN
RÉPUBLIQUE CENTRAFRICAINE
Bangui
OUGANDA
Kampala
KENYA
Mogadishu
GUINÉE ÉQUATORIALE
SÃO TOMÉ ET PRÍNCIPE
São Tomé
Yaoundé
Libreville
CONGO
GABON
RÉPUBLIQUE DÉMOCRATIQUE DU CONGO
Nairobi
RWANDA
Kigali
BURUNDI
Bujumbura
Brazzaville
CABINDA (ANGOLA)
Kinshasa
TANZANIE
Dodoma
Luanda
ANGOLA
MALAWI
Lilongwe
Moroni
COMORES
ZAMBIE
Lusaka
MADAGASCAR
Harare
ZIMBABWE
MOZAMBIQUE
Antananarivo
NAMIBIE
Windhoek
BOTSWANA
Gaborone
Maputo
Pretoria
Mbabane
SWAZILAND
Bloemfontein
AFRIQUE DU SUD
LESOTHO
Maseru
Le Cap

CHAPITRE
1

Les voyages

Objectifs

In this chapter you will:

- ✔ learn about the travel habits of the French and about tourism in France

- ✔ learn how to make and cancel plane or train reservations

- ✔ review how to get the information you need in different travel situations

- ✔ review how to describe past actions

- ✔ read and discuss newspaper articles about Canada's "Acadie" region and the weather in France

- ✔ review how to talk about actions that may or may not take place; how to express wishes, preferences, necessity, or possibility

- ✔ read and discuss excerpts from these literary works: Le petit prince, a tale by Antoine de Saint-Exupéry, and Le départ du petit Nicolas, a story by Jean-Jacques Sempé and René Goscinny

Culture

LES FRANÇAIS ET LES VOYAGES

Cannes: la plage en été

Introduction

La plupart des gens aiment voyager, quelle que soit leur nationalité. Et les Français ne sont pas l'exception. Eux aussi, ils aiment faire un petit voyage de temps en temps.

Quand voyagent-ils? Ils voyagent bien sûr pendant leurs vacances, et comme la majorité a ses vacances en été, beaucoup de Français voyagent en août—le mois des grandes vacances.

Combien de semaines de vacances les Français ont-ils? Le Français typique a cinq semaines de vacances: quatre semaines en été et une semaine en hiver.

Vocabulaire

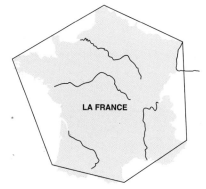

LA FRANCE

l'Hexagone

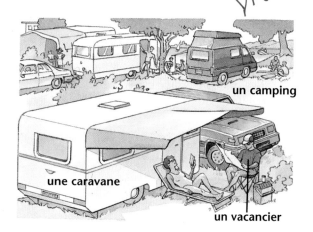

un camping

une caravane

un vacancier

le paysage

le cyclisme

la planche à voile

la pêche

augmenter devenir plus grand _to grow_
attirer avoir la préférence, séduire _to attract_
s'initier commencer à apprendre _to initiate_
souhaiter désirer _to wish_
la baisse la diminution, le fait de devenir
  plus bas _decrease_
la hausse le fait de devenir plus haut, le
  contraire de baisse _to grow_
le sens la direction _direction_
un stage une période d'études pratiques _training_

fort vigoureux, solide _strong_
faible le contraire de fort, qui manque de
  vigueur _weak_
proche pas loin, le contraire de lointain _close_
croissant qui devient plus grand, qui
  augmente _growing_
ne... guère pas beaucoup _not a lot_
malgré en dépit de, contre la volonté de
  quelqu'un _in spite of_
par rapport à en comparaison avec _in comparison w/_

Communication guidée

A **Historiette** **Vacances en France** Répondez d'après le dessin.

1. Il y a beaucoup de vacanciers?
2. Ils passent leurs vacances dans un camping?
3. Ils ont des caravanes ou des tentes?
4. Est-ce que le paysage est beau?
5. Les jeunes font du cyclisme ou de la planche à voile?
6. Ils vont à la pêche?

B **Vrai ou faux?** Corrigez les phrases fausses.

1. L'Égypte est un pays qui est proche de la France.
2. On appelle la France «le Pentagone».
3. Les vacanciers souhaitent rentrer chez eux bronzés et reposés.
4. Pour bien apprendre un métier ou un sport, il faut faire un stage.
5. Les joueurs de tennis professionnels s'initient à jouer au tennis.
6. Si le tourisme augmente, il y a moins de touristes.
7. Voyager n'attire pas les Français.

C **Synonymes** Exprimez d'une autre façon ce qui est en italique.

1. Le nombre de voyageurs ne varie *pas beaucoup*.
2. *En dépit du* mauvais temps, les vacanciers vont à la plage.
3. Un nombre *plus grand* de Français souhaitent prendre des vacances.
4. Les migrations vont dans *la direction* nord-sud.
5. *En comparaison avec* les Allemands ou les Hollandais, les Français ne vont pas beaucoup à l'étranger.
6. Il *désire* s'amuser pendant ses vacances.
7. Il a *très peu de* travail.

D **Contraires** Donnez le contraire des mots suivants.

1. baisser
2. descendant
3. fort
4. lointain
5. la hausse

Un camping dans les Alpes

LES VACANCES DES FRANÇAIS

La grande majorité des vacanciers français reste fidèle[1] à l'Hexagone, bien que le nombre des séjours à l'étranger augmente faiblement. La mer et son complément naturel, le soleil, ont de plus en plus la préférence des Français.

87% des vacanciers restent en France

Cette très forte proportion ne varie guère dans le temps, malgré la baisse des prix des transports aériens. Elle reste très supérieure à celle que l'on mesure dans d'autres pays.

On peut voir trois raisons à ce phénomène. La première est la richesse touristique de la

[1] fidèle *faithful*

France, avec sa variété de paysages et son patrimoine[2] culturel. La seconde est le caractère plutôt casanier[3] et peu aventureux des Français. Enfin, les contraintes financières ont pesé d'un poids croissant au cours des années récentes, avec la stagnation ou parfois la régression du pouvoir d'achat[4], et l'accroissement récent des inégalités de revenus.

13% des vacanciers vont à l'étranger

Un Français sur huit va à l'étranger passer ses vacances. C'est très peu par rapport aux autres Européens.

Un grand hôtel à Marrakech, au Maroc

La quête du soleil explique que les plus grands courants de migration se font dans le sens nord-sud. La plupart des départs se font pour des destinations européennes proches comme l'Espagne et le Portugal, qui repré-sentent à elles deux le tiers[5] des départs.

[2] le patrimoine *heritage*
[3] casanier *homebody*
[4] le pouvoir d'achat *buying power*
[5] le tiers *one-third*

Touristes à Saint-Paul-de-Vence, en Provence

Culture

L'Afrique du Nord est une destination de plus en plus fréquente. Des pays lointains (comme l'Égypte, la Thaïlande ou l'Amérique du Sud) attirent de plus en plus les Français depuis quelques années.

Cyclisme en Alsace

Les activités sportives restent les plus pratiquées...

Pour beaucoup, les vacances constituent une occasion unique de s'initier à la pratique d'un sport ou de s'y perfectionner. Les préférences vont au tennis et au cyclisme, suivis de près par la planche à voile. Les stages d'initiation ou de perfectionnement connaissent depuis quelques années un succès considérable. Après le tennis, le golf attire chaque été un nombre croissant de vacanciers.

...mais les activités culturelles sont de plus en plus recherchées[6]

Un nombre croissant de Français souhaitent profiter des vacances pour enrichir leurs connaissances et découvrir des activités

auxquelles ils n'avaient jamais eu l'occasion de s'intéresser. Les possibilités qui leur sont offertes sont aussi de plus en plus nombreuses, que ce soit pour s'initier à l'informatique, à la pratique d'un instrument de musique ou à la dégustation[7] des vins. Les organisateurs de vacances multiplient les formules culturelles—artistiques, traditionnelles ou récentes—qui permettent à chacun de faire apparaître ou de réveiller une vocation enfouie[8].

La Côte d'Azur

Vacances = détente[9]

Les vacanciers français qui se rendent au bord de la mer recherchent en priorité la détente, avant le soleil, l'eau, la santé, la plage, les sports nautiques, la famille, l'aventure et la pêche.

---

[6] recherchées *sought after*

[7] la dégustation *tasting*

[8] enfouie *buried, hidden*

[9] détente *relaxation*

Après la lecture

A Que font-ils pour les vacances? Répondez d'après le texte.

1. Qu'est-ce que l'Hexagone?
2. Où la grande majorité des Français passe-t-elle ses vacances?
3. Quelles sont les raisons pour lesquelles les Français aiment passer leurs vacances en France?
4. Quand les Français vont à l'étranger, quels sont les deux pays où ils vont le plus souvent?
5. Qu'est-ce qui explique la migration nord-sud des Français?
6. Quels sont les sports préférés des Français?
7. Quel type de vacances commence à intéresser les Français?

B Vrai ou faux? Corrigez les phrases fausses.

1. La plupart des Français préfèrent passer leurs vacances à la montagne.
2. La plupart des Français voyagent à l'étranger.
3. Les prix des transports aériens ont augmenté.
4. La situation économique en France a été très favorable aux grands voyages, ces dernières années.
5. Les Français voyagent à l'étranger plus que les autres Européens.

C Familles de mots Choisissez le mot qui correspond.

1. préférer	a. lointain
2. les vacances	b. un achat
3. bas	c. la préférence
4. acheter	d. le départ
5. haut	e. le vacancier
6. partir	f. le perfectionnement
7. loin	g. la connaissance
8. initier	h. la baisse
9. perfectionner	i. la hausse
10. connaître	j. l'initiation

Touristes étrangers sur la place du Tertre, à Paris

Communication libre

A **La France, pays touristique** Les statistiques indiquent que la France est le premier pays touristique en Europe, et le deuxième dans le monde. Vous avez beaucoup appris sur la France. Écrivez un paragraphe qui explique pourquoi les touristes du monde entier aiment tant aller en France.

B **Vous allez en France** Imaginez que vous allez faire un voyage en France. Préparez une liste de tout ce que vous allez faire et voir.

Conversation

AVION OU TRAIN?

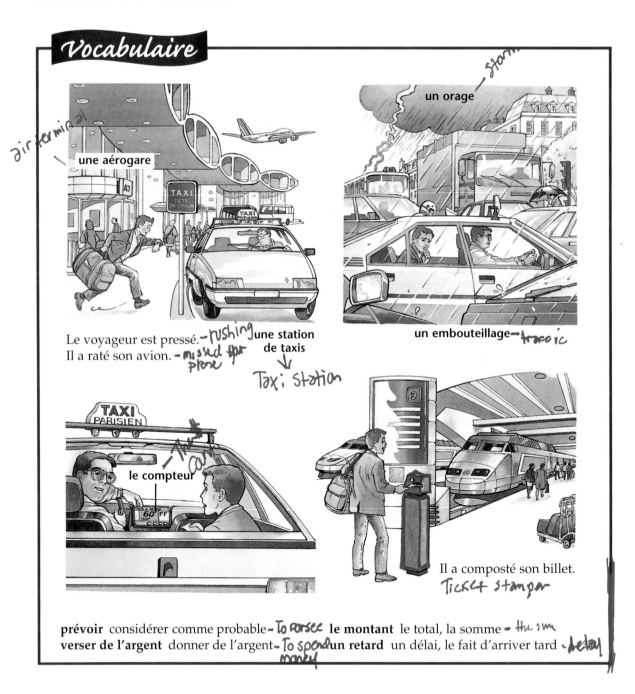

air terminal

une aérogare

un orage — *storm*

Le voyageur est pressé. — *rushing* une station
Il a raté son avion. — *missed his plane* de taxis

Taxi Station

un embouteillage — *traffic*

le compteur — *the car*

Il a composté son billet.
Ticket stamper

prévoir considérer comme probable — *To foresee* **le montant** le total, la somme — *the sum*
verser de l'argent donner de l'argent — *To spend money* **un retard** un délai, le fait d'arriver tard — *delay*

Communication guidée

A **Historiette** **Embouteillage** Répondez d'après le dessin.

1. Il y a un orage?
2. Il y a un embouteillage?
3. Cette femme ne peut pas avancer?
4. Cette femme est pressée?
5. Où va-t-elle?
6. Comment y va-t-elle?
7. Le train est déjà parti?
8. Elle a raté son train?

Mon train vient de partir! J'ai raté mon train!

B **Quel est le mot?** Trouvez le mot qui correspond à la définition donnée ici.

1. file de voitures qui ne peuvent pas avancer
2. endroit où on peut trouver un taxi
3. somme totale
4. mauvais temps
5. faire un pronostic
6. dans un taxi: appareil qui indique le prix à payer
7. gare pour voyageurs qui prennent l'avion

C **Familles de mots** Choisissez le mot qui correspond.

1. retarder
2. verser
3. monter
4. rembourser
5. compter
6. indiquer
7. composter

a. le compteur
b. le composteur
c. le versement
d. une indication
e. le remboursement
f. le montant
g. le retard

 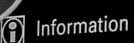
AIR FRAN

À l'aéroport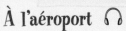

M. BLOT: J'ai raté mon vol pour Nice. J'ai passé une bonne demi-heure dans un embouteillage sans avancer d'un centimètre.

HÔTESSE: Mais vous n'avez pas raté votre vol.

M. BLOT: Il n'est pas encore parti? Il a été retardé?

HÔTESSE: Non, il a été annulé à cause d'un problème technique.

M. BLOT: À quelle heure est le prochain vol, alors?

HÔTESSE: Il y a un autre vol qui doit partir à 13 h 55, mais on prévoit un retard de deux heures, au moins.

M. BLOT: Pourquoi? Encore un problème technique?

HÔTESSE: Non. Il y a de violents orages sur Nice, et les avions ne peuvent pas atterrir.

M. BLOT: Je crois que je vais prendre le train, alors. La compagnie peut me rembourser mon billet?

HÔTESSE: Bien sûr! Vous l'avez payé avec une carte de crédit?

M. BLOT: Oui.

HÔTESSE: Alors, au comptoir là-bas, on va vous donner un bulletin de remboursement et le montant sera versé à votre compte.

M. BLOT: Merci, mais je suis pressé. J'irai chez mon agent de voyages.

HÔTESSE: D'accord.

M. BLOT: Où est-ce que je peux trouver un taxi?

HÔTESSE: Quand vous sortez de l'aérogare, vous avez une station de taxis sur votre gauche.

...s à New York.
...e vol a du retard.
...classe qui sera l'agent
...ous avez déjà appris et

...oi, l'avion, l'appareil, décoller, atterrir,
...destination de, en provenance de

...allez de Paris à Marseille. Vous êtes à
...us avez peur d'avoir raté votre train. Préparez
...un(e) camarade qui sera l'employé(e) du chemin de
...s mots que vous avez déjà appris et dont vous aurez

...te, attendre le prochain train, un haut-parleur, une annonce,
...ure, en avance, en retard, le guichet, un billet aller-retour, en
...en seconde, monter en voiture, changer de train

...ce: la baie des Anges et l'hôtel Negresco

C **À l'hôtel** Vous venez de passer une semaine à
Nice. Malheureusement, vous devez repartir
aujourd'hui pour les États-Unis. Vous êtes à la
réception de votre hôtel pour payer votre facture.
Vous voulez aussi un taxi pour aller à l'aéroport.
Préparez une conversation avec un(e) camarade qui
sera le/la réceptionniste. Voici des mots que vous
avez déjà appris et dont vous aurez peut-être besoin:

> libérer la chambre, rendre sa clé, vérifier les
> frais, descendre les bagages, demander la
> facture, payer avec une carte de crédit, avec un
> chèque de voyage, en espèces

Langage

EN VOYAGE!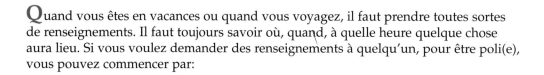

> Bon voyage!

À quelqu'un qui part en voyage, vous dites:

> **Bon voyage!**
> **Bonnes vacances!**
> **Amuse-toi bien!**

Quand vous êtes en vacances ou quand vous voyagez, il faut prendre toutes sortes de renseignements. Il faut toujours savoir où, quand, à quelle heure quelque chose aura lieu. Si vous voulez demander des renseignements à quelqu'un, pour être poli(e), vous pouvez commencer par:

> **Pardon, Monsieur/Madame/Mademoiselle!**
> **Excusez-moi, mais…**
> **Pardon, pourriez-vous me dire…**
> **Pardon, vous pouvez me dire…**
> **… où se trouve la poste, s'il vous plaît?**
> **… quand a lieu le concert?**
> **… à quelle heure part le train pour Lyon?**

Si vous voulez savoir comment faire quelque chose, vous pouvez demander:

> **Comment dois-je faire pour…**
> **… téléphoner aux États-Unis?**
> **… réserver une place dans le TGV?**
> **… aller à la gare de Lyon?**

Si vous voulez savoir si quelque chose est disponible, vous pouvez demander:

> **Vous auriez…**
> **… une chambre pour une personne?**
> **… une table de libre?**
> **… une place côté fenêtre?**
> **Il y a encore des places?**

Il vaut mieux savoir le prix de quelque chose avant de l'acheter. Aussi, vous pouvez demander:

> **Quel est le prix de ce chemisier?**
> **Ça coûte combien, cette chambre?**
> **C'est combien l'aller-retour?**
> **À combien sont les pommes?**
> **Ça fait combien, tout ça?**

Si quelqu'un vous demande quelque chose et que vous ne pouvez pas lui répondre, vous pouvez dire:

> **Je suis désolé(e)…**
> **… mais je ne suis pas d'ici.**
> **… mais je ne sais pas.**

Communication libre

Prenez tous les renseignements Imaginez que vous voyagez en France et que vous vous trouvez dans les situations suivantes. Travaillez avec un(e) camarade.

1. Vous voulez aller de Paris à Madrid en avion. Allez voir votre agent de voyages et prenez tous les renseignements dont vous avez besoin.
2. Vous voulez aller de Paris à Marseille par le train. Allez dans une gare prendre tous les renseignements dont vous avez besoin, et achetez votre billet.
3. Vous êtes à l'aéroport de Nice et vous voulez aller à Cannes en taxi. Parlez d'abord à l'agent des renseignements, puis à un chauffeur de taxi.
4. Vous arrivez, avec des amis, dans un hôtel à Saint-Malo, en Bretagne. Demandez tous les renseignements nécessaires pour obtenir de bonnes chambres pour vous et vos trois amis.
5. Votre chanteur préféré est à Paris. Vous voulez aller à son concert. Posez toutes les questions nécessaires à la réceptionniste de votre hôtel parisien pour pouvoir aller à ce concert.
6. Vous voulez savoir où vous pouvez acheter un journal en anglais près de votre hôtel. Demandez à la réceptionniste.
7. Vous voulez savoir comment utiliser un téléphone public. Demandez à un(e) passant(e).
8. Vous êtes dans un magasin de vêtements. Il y a des choses qui vous intéressent et que vous aimeriez acheter. Demandez les prix.

Structure I

Describing past actions
Le passé composé avec **avoir**: verbes réguliers

1. The **passé composé,** or conversational past tense, is used for actions that both began and ended in the past. The **passé composé** of most verbs is formed by using the present tense of **avoir** and the past participle of the verb.

2. The past participle of regular verbs is formed by dropping the ending of the infinitive and adding **-é** to the **-er** verbs, **-i** to the **-ir** verbs, and **-u** to the **-re** verbs.

parler   ⟶   parl-é   ⟶   parlé
finir   ⟶   fin-i   ⟶   fini
attendre   ⟶   attend-u   ⟶   attendu

All regular past participles end in the sounds /é/, /i/, or /ü/.

/é/	/i/	/ü/
parlé	fini	perdu
regardé	choisi	attendu

La fontaine Stravinski près du Centre Pompidou

3. Review the forms of the **passé composé** of regular verbs.

PARLER	FINIR	ATTENDRE
j' ai parlé	j' ai fini	j' ai attendu
tu as parlé	tu as fini	tu as attendu
il a parlé	il a fini	il a attendu
elle a parlé	elle a fini	elle a attendu
nous avons parlé	nous avons fini	nous avons attendu
vous avez parlé	vous avez fini	vous avez attendu
ils ont parlé	ils ont fini	ils ont attendu
elles ont parlé	elles ont fini	elles ont attendu

4. The verbs **dormir, servir,** and **sentir** have regular past participles.

dormir ⟶ dormi   servir ⟶ servi   sentir ⟶ senti

5. The **passé composé** is often used with the following time expressions:

hier	hier matin	la semaine dernière
hier soir	avant-hier	l'année dernière

   J'ai parlé à Mathieu hier soir.
   Il a fini ses cours avant-hier.

6. The negative of the **passé composé** is formed by putting
   ne (n') before the form of **avoir** and **pas** after it.

   Il a voyagé avec elle.
   Il n'a pas voyagé avec elle.

7. Note how questions are formed in the **passé composé.**

   Tu as voyagé avec elle?
   Est-ce que tu as voyagé avec elle?
   As-tu voyagé avec elle?

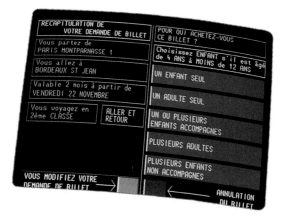

Communication guidée

A **Historiette** Hier soir

Donnez des réponses personnelles.

1. Tu as dîné en famille hier soir?
2. Qu'est-ce que vous avez mangé?
3. Après le dîner, tu as préparé tes leçons?
4. Tu as beaucoup étudié?
5. Tu as fini tes devoirs à quelle heure?
6. Ensuite, tu as regardé la télé?
7. Tu as choisi quel programme?
8. Le téléphone a sonné?
9. Qui a répondu au téléphone?
10. Tu as parlé au téléphone?
11. Qui a téléphoné?
12. Vous avez parlé en anglais ou en français?

B **Historiette** Les voyageurs

Mettez au passé composé.

1. Les voyageurs attendent le train.
2. J'entends l'annonce du départ du train.
3. Le contrôleur crie «En voiture!»
4. Je cherche ma place.
5. Tous les voyageurs louent leurs places à l'avance.
6. Je trouve ma place.
7. Tu dors pendant le voyage?
8. On sert un repas aux voyageurs?

Describing past actions

Le passé composé avec **avoir**: verbes irréguliers

1. The past participle of most irregular verbs ends in either the sound **/i/** or **/ü/**. Note, however, that the spellings of the **/i/** sound can vary. Review the following irregular past participles of commonly used verbs.

/i/

-i	
rire	ri
sourire	souri
suivre	suivi

-is	
mettre	mis
permettre	permis
prendre	pris
apprendre	appris
comprendre	compris

-it	
dire	dit
écrire	écrit
conduire	conduit
produire	produit

/ü/

-u	
devoir	dû
avoir	eu
boire	bu
lire	lu
pouvoir	pu
voir	vu
croire	cru
connaître	connu
recevoir	reçu
vouloir	voulu
falloir	fallu
courir	couru
vivre	vécu

2. The past participles of the following verbs end in **-ert.**

ouvrir	ouvert
couvrir	couvert
découvrir	découvert
offrir	offert
souffrir	souffert

3. The past participles of **être** and **faire** are also irregular.

être ⟶ été   faire ⟶ fait

Communication guidée

A **Historiette** **Au café** Répondez par «oui».

1. Jacques a fait un voyage?
2. Il a été content?
3. Il a regardé les gens?
4. Il a vu des copains?
5. Il a bu un café?
6. Il a lu le journal?
7. Il a ouvert sa correspondance?
8. Il a reçu beaucoup de lettres?
9. Il a écrit des cartes postales?
10. Il a mis des timbres sur ses cartes?

B **Un magazine de voyages** Répondez par «oui».

1. Tu as voulu acheter un magazine français?
2. Tu as lu ce magazine?
3. Tu l'as compris?
4. Tu as beaucoup appris?
5. Tu as mis le magazine sur la table?
6. Ton ami a vu le magazine?
7. Il a ouvert le magazine?

C **Historiette** **Un voyage au Canada**
Mettez au passé composé.

1. Nathalie fait un voyage au Canada.
2. Elle prend sa voiture.
3. Elle conduit prudemment.
4. Elle met sa ceinture de sécurité.
5. Elle lit les panneaux en français.
6. Elle les comprend.
7. Elle doit payer beaucoup de péage.
8. Elle veut visiter Montréal.
9. Elle peut faire du ski au Mont-Tremblant.
10. Elle suit ses amis jusqu'à Québec.

Station de ski au Québec, et le château Frontenac à Québec

D **Historiette** **Une excursion aux châteaux de la Loire** Complétez au passé composé.

1. La semaine dernière, la classe de Serge _____ une excursion aux châteaux de la Loire. (faire)
2. Malheureusement, ils n'_____ pas _____ le temps de les visiter tous. (avoir)
3. Serge _____ plusieurs heures au château de Chambord. (passer)
4. Dans ce beau château, le roi Louis XIV _____ représenter des pièces de Molière. (faire)
5. Molière est un grand écrivain du XVIIᵉ siècle qui _____ beaucoup de comédies. (écrire)
6. Après leur visite du château de Chambord, Serge et ses camarades _____ quelques heures au château de Chenonceaux. (passer)
7. On _____ le château de Chenonceaux au XVIᵉ siècle. (construire)
8. À Chenonceaux, Serge _____ les appartements des rois. (voir)
9. Plusieurs rois de France _____ dans les appartements de Chenonceaux. (vivre)
10. En 1733, le fermier général Dupin _____ le château. (acheter)
11. Au XVIIIᵉ siècle, le château _____ de résidence à beaucoup d'écrivains et de philosophes, comme Voltaire et Rousseau. (servir)

E **Historiette** **Un Malouin célèbre** Complétez au passé composé.

Saint-Malo est une jolie ville sur la côte bretonne. Cette ville __1__ (voir) naître plusieurs personnages célèbres, tels que Jacques Cartier.

Cartier __2__ (quitter) la Bretagne en 1534 pour chercher une route vers l'Asie par le nord du Nouveau-Monde. Arrivé dans la région de Terre-Neuve, il __3__ (découvrir) l'estuaire du Saint-Laurent. Il __4__ (croire) que c'était l'estuaire d'un grand fleuve d'Asie.

Dans la langue des Hurons, les Indiens de la région, le mot «canada» signifie «village». C'est Jacques Cartier qui __5__ (donner) le nom de Canada au pays. Il __6__ (prendre) possession du Canada au nom du roi de France.

Cartier __7__ (être) le «découvreur» du Canada, mais ce n'est pas lui qui __8__ (coloniser) le pays. C'est Samuel de Champlain qui __9__ (être) le colonisateur du Canada français et qui __10__ (fonder) la ville de Québec en 1608.

JACQUES CARTIER 1491–1557

Jacques Cartier, d'après une peinture de P. Gendon

Describing past actions
Le passé composé avec être

1. Review the following verbs that are conjugated with **être**, rather than **avoir**, in the **passé composé**. Note that many verbs conjugated with **être** express motion to or from a place.

aller	→ allé	arriver	→ arrivé	rester	→ resté
venir	venu	partir	parti	devenir	devenu
entrer	entré	passer	passé	tomber	tombé
sortir	sorti	retourner	retourné	naître	né
rentrer	rentré	monter	monté	mourir	mort
revenir	revenu	descendre	descendu		

2. With verbs conjugated with **être,** the past participle must agree in number (singular or plural) and gender (masculine or feminine) with the subject.

ALLER		NAÎTRE	
je	suis allé(e)	je	suis né(e)
tu	es allé(e)	tu	es né(e)
il	est allé	il	est né
elle	est allée	elle	est née
nous	sommes allé(e)s	nous	sommes né(e)s
vous	êtes allé(e)(s)	vous	êtes né(e)(s)
ils	sont allés	ils	sont nés
elles	sont allées	elles	sont nées

Communication guidée

A **Historiette** **En France!** Répondez d'après les indications.

1. Tu es allé(e) où? (en France)
2. Tu y es allé(e) avec qui? (mon prof de français)
3. Comment êtes-vous allés en France? (en avion)
4. L'avion est parti à l'heure? (oui)
5. Il est arrivé à l'heure? (oui)
6. Vous êtes partis de quel aéroport? (Kennedy à New York)
7. Vous êtes arrivés à quel aéroport? (Charles-de-Gaulle à Paris)
8. Tu es resté(e) combien de jours à Paris? (cinq)
9. Vous êtes montés en haut de la tour Eiffel? (oui)
10. Vous êtes descendus dans les Catacombes? (non)
11. Tu es passé(e) devant l'Élysée? (oui)

B **Historiette** **Au cinéma** Répondez.

1. Tu es sorti(e) hier soir?
2. Tu es sorti(e) avec qui?
3. Vous êtes allé(e)s au cinéma?
4. Vous êtes arrivé(e)s au cinéma à quelle heure?
5. Et vous êtes sorti(e)s à quelle heure?
6. Tu es rentré(e) chez toi à quelle heure?
7. Et ton copain, à quelle heure est-il rentré?
8. Et ta copine, à quelle heure est-elle rentrée?

Le grand hall du musée d'Orsay

C **Historiette** **Au musée d'Orsay** Complétez d'après les indications.

1. Hier, Camille _____ au musée d'Orsay avec des copains. (aller)
2. Ils _____ voir l'exposition Renoir. (aller)
3. Camille _____ du métro à la station Musée d'Orsay. (descendre)
4. Elle _____ au musée à quatorze heures. (arriver)
5. Elle _____ dans le musée avec ses copains. (entrer)
6. Ils _____ au deuxième étage. (monter)
7. Ils _____ une heure à regarder les tableaux de Renoir. (rester)
8. Renoir, le célèbre peintre impressionniste, _____ en 1841 et il _____ en 1919. (naître, mourir)
9. Camille et ses copains _____ de l'exposition à quinze heures trente. (sortir)
10. Ils _____ à la station de métro ensemble. (aller)
11. Le train _____ et ils _____. (arriver, monter)
12. Camille _____ chez elle à seize heures trente. (rentrer)
13. L'ascenseur _____ en panne. (tomber)
14. Camille _____ à pied à son appartement. (monter)

Pierre Auguste Renoir: *Jeunes filles au piano*

Describing past actions
Le passé composé de certains verbes avec **être** et **avoir**

Verbs conjugated with **être** do not take a direct object. However, verbs such as **monter, descendre, sortir, rentrer, retourner,** and **passer** can be used with a direct object. When they are, their meaning changes, and the **passé composé** is formed with **avoir,** rather than **être.** Compare the following sentences:

Without direct object	With direct object
Elle est montée à pied.	Elle a monté ses bagages.
Elle est sortie en voiture.	Elle a sorti le chien.

Communication guidée

Historiette **Visite à Notre-Dame** Mettez au passé composé.

1. Les touristes montent en haut des tours de Notre-Dame.
2. Ils montent 387 marches.
3. Ils descendent l'escalier beaucoup plus vite qu'ils ne le montent.
4. Ils sortent de la cathédrale après une visite d'une demi-heure.
5. Après la visite, Anne sort des pièces de monnaie de sa poche pour le guide.
6. Les touristes rentrent à l'hôtel pour le dîner.
7. Avant le dîner, ils montent dans leurs chambres.
8. Ils montent les souvenirs qu'ils ont achetés.

Notre-Dame de Paris

L'ACADIE

L'expulsion, gravure sur bois de F. O. C. Darley, et la statue d'Évangéline à Saint-Martinville en Louisiane

Introduction

L'Acadie est une ancienne région du Canada qui correspond à ce qui est aujourd'hui la Nouvelle-Écosse et le Nouveau-Brunswick. Cette région a été cédée par la France à l'Angleterre en 1713.

En 1755, les Anglais ont expulsé les Acadiens de leur région. Après leur expulsion, qu'ils ont appelée le «Grand Dérangement», la plupart des Acadiens sont partis vers la Louisiane. À cette époque, la Louisiane était encore un territoire français. Beaucoup ne sont jamais arrivés: ils ont disparu en mer, le long de la côte est des États-Unis. Ceux qui sont arrivés en Louisiane sont devenus les «Cajuns»— déformation d'«Acadiens».

Le poète américain Henry Wadsworth Longfellow a immortalisé le Grand Dérangement dans son poème *Évangéline.* Évangéline est une Acadienne qui a passé toute sa vie à chercher son fiancé, Gabriel, dont elle avait été séparée pendant le Grand Dérangement.

L'article que vous allez lire est une publicité qui a paru dans un journal canadien, pour encourager le tourisme dans la région acadienne. Cette publicité s'adresse-t-elle aux Canadiens anglophones ou aux Canadiens francophones? À vous de décider en la lisant.

Vocabulaire

une auberge

Les Acadiens sont accueillants.
Ils accueillent avec le sourire.
Leur accueil est chaleureux.

Les Acadiens aiment giguer.
Ils giguent au son des violons.

abriter donner un endroit où habiter
surmonter réussir à passer un obstacle

le dépaysement état d'une personne qui
vient de changer d'environnement
les mets (*m.*) les aliments, la nourriture

Communication guidée

Visitez la région acadienne. Complétez.

1. Quand les gens vont à l'étranger, ils ressentent un ____.
2. ____ des étrangers peut être chaleureux ou hostile.
3. On a plus de chance de recevoir un accueil chaleureux dans une ____ que dans un grand hôtel.
4. Beaucoup d'Acadiens habitent cette région. Cette région ____ beaucoup d'Acadiens.
5. Beaucoup de gens n'aiment pas manger des ____ trop épicés, trop piquants.
6. Il faut travailler dur pour ____ les obstacles.
7. La danse traditionnelle des Acadiens est la gigue. Les Acadiens aiment ____ au son des ____.
8. Les Acadiens ____ les gens avec le sourire. Ils sont ____.

L'ACCUEIL ACADIEN

«Évangéline, Évangéline! Tout chante ici ton noble nom…» Évangéline, c'est cette héroïne romantique par laquelle l'Acadie a été connue au-delà des frontières d'espace et de temps, grâce à la plume[1] de Longfellow.

Évangéline, c'est aussi la région de l'Île-du-Prince-Édouard dont les habitants perpétuent la joie de vivre, l'hospitalité de l'héroïne, sa culture et sa langue, qui est aussi la vôtre, à quelques pointes d'accent près[2].

Située dans la partie sud-ouest du «Jardin du Golfe», la région Évangéline abrite une population d'environ 2 000 Acadiens de langue maternelle française. La région Évangéline vous offre le dépaysement sans avoir à surmonter l'insécurité que cause une langue inconnue; le rythme de vie, basé ici sur les humeurs[3] d'une mer omniprésente, ne manquera pas de vous séduire. Et combien réparateur[4], ce regard porté sur l'eau, jusqu'à un horizon sans limites.

Le Musée acadien de l'Île, situé à Miscouche, est considéré comme la porte d'entrée de cette région. La porte s'ouvre et vous voilà lancé à l'aventure. Vous découvrez, à Mont-Carmel, un concentré de culture acadienne, Le Village de l'Acadie, site du populaire et unique souper-spectacle français de l'Île. Vous découvrez les mets acadiens, la musique et la danse acadiennes… Vous découvrez la chaleur de l'accueil acadien qui vous suivra dans votre visite des nombreuses attractions de la région. À l'Auberge du Village de l'Acadie, vous trouverez un repos tranquille, bercé[5] au son des vagues, après avoir pris le pouls, plus rapide et plus fatigant, des villes et des autres régions touristiques de la province.

Notre joie de vivre proverbiale est contagieuse et vous sentez déjà dans vos jambes l'envie de giguer au son de nos violons? Communiquez avec nous, à l'Association touristique Évangéline, et nous vous ferons parvenir toute l'information que vous désirez sur nos nombreux festivals et fêtes, sur notre histoire peu commune et sur notre culture. Nos violons sont accordés[6], prêts pour la fête. Joignez-vous à nous!

Association touristique Évangéline, Case postale 12, Wellington (Î.-P.-É) C0B 2E0, tél. (902) 854-3321.

---

[1] la plume *pen*

[2] à quelques… près *apart from a hint of an accent*

[3] humeurs *moods*

[4] réparateur *refreshing*

[5] bercé *lulled*

[6] accordés *tuned*

Après la lecture

A Évangéline Répondez d'après le texte.
1. Qui est Évangéline?
2. Qui a écrit *Évangéline*?
3. Évangéline est aussi autre chose. Qu'est-ce que c'est?
4. Où se trouve la région Évangéline?
5. Combien d'Acadiens y a-t-il dans cette région?
6. Quelle est leur langue maternelle?
7. Quel est l'instrument de musique favori des Acadiens?

B D'après vous Analysez.
1. Quelles sont les phrases de cet article qui indiquent qu'il s'adresse aux Canadiens francophones?
2. Pourquoi la mer est-elle «omniprésente»? Pourquoi y a-t-il «un horizon sans limites»?

L'Île-du-Prince-Édouard

Communication libre

A **Attractions** Préparez une liste des attractions qui attendent le touriste dans la région acadienne.

B **Renseignements** Vous voulez aller visiter l'Île-du-Prince-Édouard. Écrivez une lettre à l'Association touristique Évangéline. Dites ce que vous aimeriez recevoir comme renseignements sur les Acadiens et la région acadienne.

C **Les Cajuns** Préparez un exposé sur les Cajuns de la Louisiane.

Saint-Martinville en Louisiane: une vieille maison acadienne

LA MÉTÉO

Introduction

Le temps intéresse toujours les voyageurs. Le mauvais temps peut créer des problèmes de transport et forcer les voyageurs à annuler leurs excursions. Et le beau temps fait sourire—les gens ont le sourire quand le ciel est bleu et que le soleil brille très fort. Alors presque tout le monde lit la météo pour savoir quel temps il fera. Le bulletin météorologique que vous allez lire a paru dans *Le Figaro* pour les 18 et 19 décembre.

Vocabulaire

Le soleil brille.
Le ciel est dégagé.

un nuage

Il y a des nuages.
Le ciel est couvert/nuageux.

la pluie

une goutte
de pluie

Il pleut.
Le temps est pluvieux.

Il va y avoir un orage. Il fait chaud.
Le temps est orageux. Il y a de gros nuages noirs.

la grêle

un éclair

le tonnerre

Il fait de l'orage.
Il tombe de la grêle.

La pluie tombe. La mer est agitée.
Le vent souffle. Il y a une tempête.

Le ciel se dégage.
Il y a une éclaircie.
Le soleil brille à nouveau.

une averse pluie soudaine et abondante
une éclaircie endroit clair dans un ciel nuageux
une rafale coup de vent violent et momentané
la bruine petite pluie fine

la brume un peu d'humidité dans l'air
le brouillard beaucoup d'humidité dans l'air, des nuages près du sol
changeant variable
agité avec des perturbations, le contraire de calme

Communication guidée

A **Quel temps fait-il?** Donnez des réponses personnelles.

1. Il pleut souvent là où vous habitez?
2. Le temps est pluvieux aujourd'hui?
3. Le ciel est nuageux ou dégagé?
4. Il y aura des éclaircies cet après-midi?
5. Il y a du vent? Le vent souffle?
6. La mer est calme ou agitée?
7. En quelle saison y a-t-il de la grêle?
8. En quelle saison y a-t-il beaucoup d'averses?
9. En quelle saison y a-t-il des orages?
10. En quelle saison y a-t-il de grosses tempêtes?

B **Synonymes** Exprimez d'une autre façon.

1. Il pleut.
2. Il tombe une petite pluie fine.
3. Il y a beaucoup d'humidité dans l'air.
4. Le ciel est couvert.
5. Il y aura des nuages.
6. Le temps est variable.
7. Le ciel se dégagera.
8. Il y aura des coups de vent violents.
9. Il fait un temps orageux.
10. Il y a des éclairs et du tonnerre.
11. Il y a un peu d'humidité dans l'air.
12. Il y aura une pluie soudaine et abondante.
13. Il tombe des gouttes de pluie.

Le palais de Chaillot et le jardin du Trocadéro à Paris

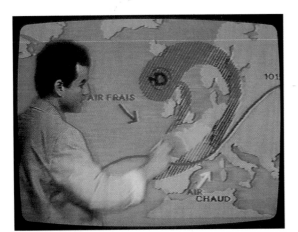

C **Familles de mots** Donnez un mot apparenté.

1. un orage
2. la pluie
3. un nuage
4. éclaircir
5. changer
6. agiter

Météorologie

Évolution probable du temps en France entre le lundi 18 et le mardi 19 décembre à 24 heures.

Le temps restera très agité. Une première vague nuageuse et pluvieuse traversera le pays dans la journée de lundi et la nuit suivante. Après une accalmie temporaire, le vent se renforcera à nouveau mardi après-midi, avec l'arrivée d'une nouvelle perturbation.

Mardi : éclaircies et averses, couvert et pluvieux sur l'ouest dans l'après-midi. À l'est d'un axe Normandie-Centre-Provence-Côte d'Azur et Corse, le temps sera très changeant. Éclaircies et passages nuageux se succéderont rapidement. Nul ne sera à l'abri[1] d'averses passagères mais violentes, parfois orageuses, accompagnées de grêle et de fortes rafales de vent. En cours d'après-midi, les ondées[2] se raréfieront[3] nettement. C'est en début de matinée et en fin d'après-midi, excepté sur l'Ouest où le ciel se voilera, que le soleil effectuera ses plus belles percées[4].

De la Bretagne au Limousin, au Midi-Pyrénées et aux côtes atlantiques, il ne faudra pas se fier[5] au temps relativement clément[6] du début de journée. Le ciel se voilera progressivement. Les premières gouttes de pluie tomberont près des côtes à la mi-journée, puis le temps pluvieux s'installera dans l'après-midi. Seules les régions proches des Pyrénées seront épargnées[7]. Attention, le vent de sud-ouest se renforcera à nouveau pour souffler très fort.

Sur le Languedoc-Roussillon, la tramontane et le mistral* dégageront le ciel. Ils faibliront en soirée.

Malgré une baisse sensible, les températures resteront très douces[8]. Elles seront comprises entre 7 et 12 degrés au lever du jour, entre 10 et 15 degrés dans l'après-midi, avec des pointes à 20 degrés dans le Midi.

SITUATION LE 18 DÉCEMBRE À 0 HEURE

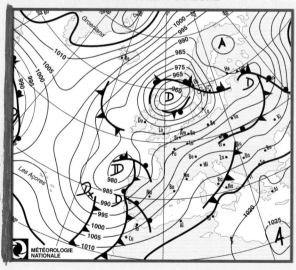

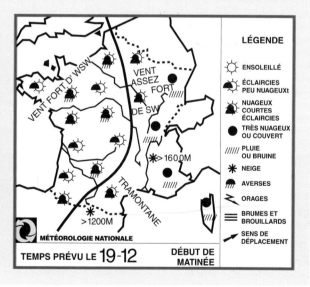

[1] nul ne sera à l'abri *no one will be spared*
[2] les ondées *showers*
[3] se raréfieront *will become less frequent*
[4] percées *breakthroughs*
[5] se fier *to go by*
[6] clément *mild*
[7] épargnées *spared*
[8] douces *mild*
* la tramontane, le mistral *strong cold winds that blow from the north/northwest toward the Mediterranean*

Après la lecture

A La météo Répondez d'après le texte.

1. C'est la météo pour quels jours?
2. Les conditions atmosphériques sont-elles calmes ou agitées?
3. Qu'apportera la première perturbation?
4. Quand cette première vague traversera-t-elle le pays?
5. L'accalmie sera temporaire ou permanente?
6. Quand la nouvelle perturbation arrivera-t-elle?
7. Comment sera le temps sur l'est du pays, mardi?
8. Qu'est-ce qui se succédera?
9. Quand le soleil effectuera-t-il de belles percées?
10. Comment sera le temps sur l'ouest du pays, mardi matin? Et l'après-midi?
11. Dans quelle région souffleront le mistral et la tramontane?
12. Comment seront les températures?

B Le temps—le lundi 18 décembre

Répondez d'après le tableau des températures ci-contre. Suivez le modèle.

—Il a fait quel temps à Dakar?
—Il a fait chaud: entre 23 et 27 degrés centigrades. Et le ciel était nuageux.

1. Il a fait quel temps à Genève?
2. Et à Montréal?
3. Et à Rio-de-Janeiro?
4. Et à Moscou?
5. Et à Marrakech?
6. Et à Paris?
7. Et à Oslo?

TEMPÉRATURES maxima - minima et temps observé

FRANCE							
AJACCIO	18	10	D	BERLIN	12	10	D
BIARRITZ	19	16	N	BRUXELLES	14	10	N
BORDEAUX	17	10	P	LE CAIRE	22	10	D
BOURGES	15	8	N	COPENHAGUE	7	6	P
BREST	12	9	P	DAKAR	27	23	N
CAEN	13	9	P	DELHI	23	7	B
CHERBOURG	11	9	P	DJERBA	22	11	D
CLERMONT-FER.	16	7	N	GENÈVE	14	4	C
DIJON	15	2	D	HONGKONG	21	18	P
GRENOBLE St-M-H	20	13	D	ISTANBUL	15	11	D
LILLE	13	9	P	JÉRUSALEM	17	7	D
LIMOGES	13	6	C	LISBONNE	17	12	A
LYON	16	8	N	LONDRES	12	6	P
MARSEILLE-MAR.	20	12	C	LOS ANGELES	18	8	D
NANCY	16	7	N	LUXEMBOURG	12	7	C
NANTES	15	10	P	MADRID	15	11	P
NICE	16	11	P	MARRAKECH	28	15	D
PARIS-MONTS	14	9	P	MEXICO	24	10	B
PAU	18	9	C	MILAN	15	6	B
PERPIGNAN	22	10	D	MONTRÉAL	-13	-18	N
RENNES	13	10	P	MOSCOU	-7	-13	P
ST-ÉTIENNE	16	7	D	NAIROBI	26	15	C
STRASBOURG	15	7	-	NEW-YORK	4	-7	C
TOURS	14	9	P	OSLO	-3	-3	*
TOULOUSE	19	8	N	PALMA-DE-MAJ	21	11	P
POINTE-À-PITRE	30	20	D	PÉKIN	4	4	N
				RIO-DE-JANEIRO	33	23	N
				ROME	19	15	D
ÉTRANGER				SINGAPOUR	30	24	C
				STOCKHOLM	-1	-2	B
ALGER	30	16	D	SYDNEY	22	15	D
AMSTERDAM	13	9	A	TOKYO	15	7	D
ATHÈNES	18	13	C	TUNIS	25	13	D
BANGHKOK	31	20	D	VARSOVIE	9	7	N
BARCELONE	20	10	C	VENISE	15	7	B
BELGRADE	21	11	D	VIENNE	13	6	P

A	B	C	D	N	O	P	T	*
averse	brume	ciel couvert	ciel dégagé	ciel nuageux	orage	pluie	tempête	neige

Communication libre

A **Quel temps fait-il aujourd'hui?** Quel temps fait-il aujourd'hui là où vous habitez? Donnez tous les détails.

B **Bulletin météo en français** Lisez la météo pour votre région dans le journal ou écoutez-la à la radio ou à la télévision. Ensuite, préparez la même météo en français et présentez-la comme si c'était une émission télévisée.

C **Le temps et les saisons** Décrivez le temps qu'il fait dans votre région à chaque saison de l'année. Dites quelle saison vous préférez et pourquoi.

Structure II

Talking about what may or may not happen

Le subjonctif: verbes réguliers

1. The verb tenses studied thus far have been mostly in the indicative mood. The subjunctive mood is also used a great deal in French. The subjunctive is most frequently used to express an action that <u>may occur. It depends upon something else.</u>

2. Compare the following sentences:

   Robert fait tous ses devoirs.
   Ses parents veulent que Robert fasse tous ses devoirs.
   Il faut que Robert fasse tous ses devoirs.

   The first sentence above is an independent statement of fact: *Robert does his homework.* The next two sentences contain a dependent clause: *that Robert do his homework.* Although Robert's parents want him to do his homework and although it is necessary that Robert do his homework, it is not certain that he will. The action in the dependent clause may or may not occur. For this reason, the verb must be in the subjunctive. Clauses containing the subjunctive are always introduced by **que.**

3. The present subjunctive is formed by dropping the **-ent** ending from the third person plural **(ils/elles)** form of the present indicative and adding the subjunctive endings to this stem.

Infinitive	PARLER	FINIR	VENDRE
Stem	ils **parl**ent	ils **finiss**ent	ils **vend**ent
Subjunctive	que je parle que tu parles qu'il parle qu'elle parle que nous parlions que vous parliez qu'ils parlent qu'elles parlent	que je finisse que tu finisses qu'il finisse qu'elle finisse que nous finissions que vous finissiez qu'ils finissent qu'elles finissent	que je vende que tu vendes qu'il vende qu'elle vende que nous vendions que vous vendiez qu'ils vendent qu'elles vendent

4. Since the third person plural of the present indicative serves as the stem for the present subjunctive forms, most verbs that have an irregularity in the **ils/elles** form of the present indicative maintain that irregularity in the present subjunctive.

Infinitive	Stem	Subjunctive	
ouvrir	ils ouvrent	que j'ouvre	que nous ouvrions
courir	ils courent	que je coure	que nous courions
offrir	ils offrent	que j'offre	que nous offrions
partir	ils partent	que je parte	que nous partions
dormir	ils dorment	que je dorme	que nous dormions
servir	ils servent	que je serve	que nous servions
mettre	ils mettent	que je mette	que nous mettions
lire	ils lisent	que je lise	que nous lisions
écrire	ils écrivent	que j'écrive	que nous écrivions
suivre	ils suivent	que je suive	que nous suivions
dire	ils disent	que je dise	que nous disions
conduire	ils conduisent	que je conduise	que nous conduisions
connaître	ils connaissent	que je connaisse	que nous connaissions

Communication guidée

 Des parents exigeants Suivez le modèle.

lire beaucoup ⟶
Les parents de Paul veulent qu'il lise beaucoup.

1. parler anglais couramment
2. étudier beaucoup
3. choisir un bon métier
4. finir ses études
5. vendre sa vieille moto
6. ouvrir un compte d'épargne
7. lire de bons livres
8. écrire à ses grands-parents
9. suivre des cours de tennis
10. leur dire tout ce qu'il fait
11. partir en vacances avec eux
12. descendre les valises
13. mettre les valises dans le coffre
14. conduire avec prudence

Talking about what may or may not happen

Le subjonctif présent des verbes irréguliers

1. The following commonly used verbs are irregular in the present subjunctive.

ÊTRE		AVOIR		ALLER		FAIRE	
que je	sois	que j'	aie	que j'	aille	que je	fasse
que tu	sois	que tu	aies	que tu	ailles	que tu	fasses
qu'il	soit	qu'il	ait	qu'il	aille	qu'il	fasse
qu'elle	soit	qu'elle	ait	qu'elle	aille	qu'elle	fasse
que nous	soyons	que nous	ayons	que nous	allions	que nous	fassions
que vous	soyez	que vous	ayez	que vous	alliez	que vous	fassiez
qu'ils	soient	qu'ils	aient	qu'ils	aillent	qu'ils	fassent
qu'elles	soient	qu'elles	aient	qu'elles	aillent	qu'elles	fassent

SAVOIR		POUVOIR		VOULOIR	
que je	sache	que je	puisse	que je	veuille
que tu	saches	que tu	puisses	que tu	veuilles
qu'il	sache	qu'il	puisse	qu'il	veuille
qu'elle	sache	qu'elle	puisse	qu'elle	veuille
que nous	sachions	que nous	puissions	que nous	voulions
que vous	sachiez	que vous	puissiez	que vous	vouliez
qu'ils	sachent	qu'ils	puissent	qu'ils	veuillent
qu'elles	sachent	qu'elles	puissent	qu'elles	veuillent

2. The verbs **pleuvoir** and **falloir** are used in the third person only.

pleuvoir → qu'il pleuve
falloir → qu'il faille

Communication guidée

 Recommandations Suivez le modèle.

faire le voyage →
Il faut que vous fassiez le voyage.

1. aller au consulat
2. avoir votre passeport
3. être en bonne santé
4. pouvoir partir tout de suite
5. savoir parler français
6. vouloir s'adapter
7. faire des efforts

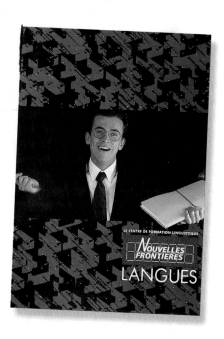

Expressing wishes, preferences, and demands concerning others

Le subjonctif avec les expressions de volonté

1. The subjunctive must be used after the following verbs which express a wish, a preference, or a demand.

vouloir que	*to want*
désirer que	*to desire*
aimer (mieux) que	*to like (better)*
préférer que	*to prefer*
souhaiter que	*to wish*
exiger que	*to demand*
insister pour que	*to insist*

2. All the above verbs are followed by the subjunctive because they describe personal wishes or desires concerning other people's actions. Even though one wishes, prefers, demands, or insists that another person do something, one can never be sure that the other person will in fact do it. It may or may not occur, and the subjunctive must be used.

> **Les parents de Patrick désirent qu'il ait beaucoup de succès.**
> **Ils souhaitent qu'il puisse réussir.**
> **Ils exigent qu'il fasse tout pour réussir.**
> **Ils veulent qu'il soit premier en tout.**

Communication guidée

A **Historiette** **À l'agence de voyages** Répondez par «oui».

1. Tu veux que Charles téléphone à l'agence de voyages?
2. Tu préfères qu'il y aille en personne?
3. Tu aimerais qu'il fasse les réservations?
4. Tu insistes pour qu'il choisisse les hôtels?
5. Tu souhaites qu'il choisisse bien?
6. Tu voudrais qu'il mette les frais sur sa carte de crédit?

B **Le prof d'anglais est exigeant?** Répondez.

1. Il exige que vous fassiez vos devoirs?
2. Il exige que vous lisiez beaucoup de livres?
3. Il exige que vous écriviez des rédactions?
4. Il exige que vous écoutiez tout ce qu'il dit?
5. Il exige que vous soyez silencieux quand il parle?

C **Tu veux que j'y aille avec toi?** Répondez.

1. Tu veux que je t'accompagne chez le médecin?
2. Tu préfères que je conduise la voiture?
3. Tu veux que je t'attende?
4. Tu ne veux pas que le médecin te fasse une piqûre?
5. Tu insistes pour que je lui parle?
6. Tu exiges que je sois avec toi dans le cabinet?
7. Tu aimerais que le médecin te donne de bonnes nouvelles?

 D **Historiette** **Qu'est-ce qu'elle veut?** Suivez le modèle.

Je suis là. ⟶ **Elle veut que je sois là.**

1. Je fais le voyage avec elle.
2. Je vais au Canada avec elle.
3. Je conduis sa voiture.
4. Nous allons dans la région Évangéline.
5. Nous visitons l'Île-du-Prince-Édouard.
6. Les excursions sont intéressantes.
7. Les gens font le maximum pour nous accueillir.

E **Qu'est-ce que vous voulez que je fasse?**
Répondez d'après le modèle.

Vous venez avec moi. ⟶ **Je voudrais que vous veniez avec moi.**

1. Vous m'attendez.
2. Vous sortez avec moi.
3. Vous avez votre voiture.
4. Vous allez faire des courses avec moi.
5. Vous m'aidez à trouver un cadeau pour Suzanne.
6. Vous ne dites rien à Suzanne.

F **Historiette** **Un voyage ensemble**
Complétez.

1. Elle veut que je _____ ce voyage en France. (faire)
2. Mais moi, j'aimerais qu'elle y _____ aussi. (aller)
3. Je voudrais qu'elle me _____ qu'elle est libre. (dire)
4. Je préférerais qu'elle _____ avec moi. (venir)
5. Je souhaite qu'elle _____ m'accompagner. (pouvoir)
6. Je veux qu'elle _____ que je ne partirai pas sans elle. (savoir)
7. J'exigerai qu'elle _____ toujours la meilleure chambre. (avoir)
8. J'insisterai pour qu'elle _____ toujours bien servie. (être)

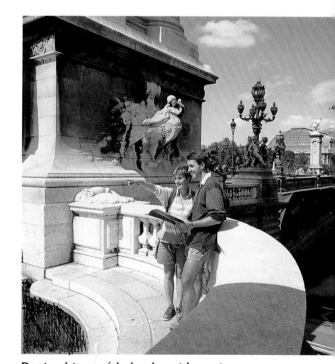
Des touristes américains devant le pont Alexandre III, à Paris

Structure II

Expressing necessity or possibility
Le subjonctif avec les expressions impersonnelles

1. The subjunctive is used after the following impersonal expressions.

il faut que	il est juste que
il est indispensable que	il vaut mieux que
il est nécessaire que	il se peut que
il est important que	il est possible que
il est bon que	il est impossible que
il est temps que	

Il vaut mieux que nous soyons là.
Il est important que je le sache.
Il faut qu'ils me disent quelque chose.
Il est indispensable que nous arrivions à un accord.

2. Note that the above expressions are followed by the subjunctive since the action of the verb in the dependent clause may or may not occur. Although it is important, necessary, or good that someone do something, it is not definite that he/she will actually do it. It may or may not happen.

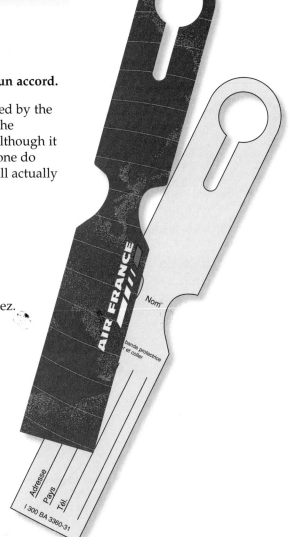

Communication guidée

A **Quelques problèmes possibles** Répondez.

1. Il faut que tu y ailles en avion?
2. Il est indispensable que tu sois là demain?
3. Il est possible que l'avion parte en retard?
4. Il se peut que le vol soit annulé?
5. Il vaut mieux que tu partes aujourd'hui?

B **Historiette** **Un voyage** Complétez.

1. Il est nécessaire que nous _____ ce voyage. (faire)
2. Il faut que nous _____ nos places. (réserver)
3. Il vaut mieux que nous _____ nos places à l'avance. (choisir)
4. Il est important que tu _____ à l'agence de voyages. (aller)
5. Il est indispensable que tu lui _____ que nous voulons un vol sans escale. (dire)
6. Mais il est possible qu'il n'y _____ pas de vols sans escale. (avoir)
7. En ce cas, il se peut que nous _____ ailleurs. (aller)
8. Il vaut peut-être mieux que nous _____ le train. (prendre)

C **Que de choses à faire!** Donnez des réponses personnelles.

1. Dites ce qu'il faut que vous fassiez demain.
2. Dites ce que vos parents exigent que vous fassiez.
3. Dites ce que vos parents souhaitent que vous fassiez.
4. Dites ce qu'il est possible que vous fassiez dans l'avenir.

Le petit prince Antoine de Saint-Exupéry

Avant la lecture

Qu'est-ce que la géographie? Faites une liste de tous les termes géographiques que vous connaissez en français.

Vocabulaire

L'homme flâne dans le jardin.
Il jette un coup d'œil sur les fleurs.

une fleur
une épine
une pierre

Cette fleur a des épines.

un bureau

Elle taille son crayon.

Elle met de l'encre dans son stylo.

flâner se promener sans but, aller ça et là
interroger poser des questions à quelqu'un
entraîner causer, produire
fournir donner, produire quelque chose

se démoder ne plus être à la mode
un savant personne qui, par ses connaissances et ses recherches, contribue aux progrès d'une science

Communication guidée

A **Synonymes** Exprimez d'une autre façon ce qui est en italique.

1. L'homme *va çà et là* dans son jardin.
2. Il *regarde rapidement* ses fleurs.
3. Elle *pose des questions au* savant.
4. Elle lui *donne* tous les matériaux nécessaires.
5. La guerre *cause* beaucoup de maux et de souffrances.

B **Le mot juste** Complétez.

1. Les roses sont de belles _____.
2. Les roses ont des _____.
3. Son crayon n'a plus de pointe. Il faut le _____.
4. Ce stylo est vide. Il faut y mettre de _____.
5. Un stylo à bille ou un feutre n'a pas besoin d'_____.
6. Ce stylo n'est plus à la mode. Il s'est _____. Achète-toi un feutre.
7. Les touristes aiment beaucoup _____ dans les rues de Paris.
8. À Paris, toutes les maisons sont en _____.

C **Définitions** Donnez le mot qui correspond.

1. se promener sans avoir de destination
2. regarder rapidement
3. une rose, une violette, une orchidée
4. une personne qui contribue aux progrès d'une science
5. ce que font beaucoup d'agents de police et de détectives

Introduction

Antoine de Saint-Exupéry, appelé aussi «Saint-Ex», est né à Lyon en 1900. Il a fait ses études à l'École Navale et à l'École des Beaux-Arts. Pendant son service militaire, il a commencé à piloter des avions. Après son service, il a été pilote de ligne entre Toulouse et Dakar. Il a vécu les débuts de la liaison aérienne entre la France et l'Amérique du Sud. De 1929 à 1931, il a été chef du service aéropostal à Buenos Aires, en Argentine.

Saint-Exupéry était aussi journaliste et écrivain. Ce sont ses romans qui l'ont rendu célèbre. Dans *Courrier-Sud,* il parle de ses vols entre Toulouse, Casablanca et Dakar. Dans *Vol de nuit,* trois pilotes attendent un autre pilote à l'aéroport de Buenos Aires. Le pilote qu'ils attendent n'arrivera pas. Il a disparu dans le ciel d'une nuit d'Amérique. Dans *Terre des hommes,* Saint-Exupéry parle de ses camarades qui sont morts. Il parle d'une vie d'action qui unit les hommes pour toujours—même après la mort.

Pendant la Deuxième Guerre mondiale, Saint-Exupéry a écrit, et illustré lui-même, un conte pour enfants: *Le petit prince.* Dans ce conte, l'auteur évoque la nostalgie de l'amitié. Il cherche aussi à définir le sens de l'action et des valeurs morales dans une société vouée au progrès technique. Il met en scène un personnage imaginaire, le petit prince, qui quitte sa planète pour voyager dans l'univers. Chez lui, le petit prince a une fleur qu'il adore, mais il l'a laissée toute seule parce qu'il voulait voyager. Un pilote, perdu dans le désert, rencontre le petit prince. Le petit prince lui parle de ses voyages à diverses planètes. Voici ce qu'il dit de sa visite à la sixième planète et de l'étrange savant qui l'habite.

Lecture 🎧

Le Petit Prince

La sixième planète (…) était habitée par un vieux Monsieur qui écrivait d'énormes livres.

—Tiens! Voilà un explorateur! dit-il en voyant le petit prince.
Le petit prince s'était assis sur la table, car il était très fatigué. Il avait déjà tant voyagé!

—D'où viens-tu? lui dit le vieux Monsieur.

—Quel est ce gros livre? dit le petit prince. Que faites-vous ici?

—Je suis géographe, dit le vieux Monsieur.

—Qu'est-ce qu'un géographe?

—C'est un savant qui connaît où se trouvent les mers, les fleuves, les villes, les montagnes et les déserts.

—Ça, c'est bien intéressant, dit le petit prince. Ça c'est enfin un véritable métier! Et il jette un coup d'œil autour de lui sur la planète du géographe. Il n'avait jamais vu encore une planète aussi majestueuse.

Littérature

—Elle est bien belle, votre planète. Est-ce qu'il y a des océans?

—Je ne peux pas le savoir, dit le géographe.

—Ah! (Le petit prince était déçu°.) Et des montagnes?

déçu *disappointed*

—Je ne peux pas le savoir, dit le géographe.

—Et des villes et des fleuves et des déserts?

—Je ne peux pas le savoir non plus, dit le géographe.

—Mais vous êtes géographe!

—C'est exact, dit le géographe, mais je ne suis pas explorateur. Je manque° absolument d'explorateurs. Ce n'est pas le géographe qui va faire le compte° des villes, des fleuves, des montagnes, des mers, des océans et des déserts. Le géographe est trop important pour flâner. Il ne quitte pas son bureau. Mais il reçoit les explorateurs. Il les interroge, et il prend en note leurs souvenirs. Et si les souvenirs de l'un d'entre eux lui paraissent° intéressants, le géographe fait faire une enquête° sur la moralité de l'explorateur.

manque *lack*
faire le compte *count*

paraissent *seem*
enquête *investigation*

—Pourquoi ça?

—Parce qu'un explorateur qui mentirait° entraînerait des catastrophes dans les livres de géographie…

mentirait *would lie*

—Je connais quelqu'un, dit le petit prince, qui serait mauvais explorateur.

—C'est possible. Donc, quand la moralité de l'explorateur paraît bonne, on fait une enquête sur sa découverte°.

découverte *discovery*

—On va voir?

—Non, c'est trop compliqué. Mais on exige de l'explorateur qu'il fournisse des preuves. S'il s'agit par exemple de la découverte d'une grosse montagne, on exige qu'il en rapporte de grosses pierres.

Le géographe soudain s'émeut°.

s'émeut *gets excited*

—Mais toi, tu viens de loin! Tu es explorateur! Tu vas me décrire ta planète!

Et le géographe, ayant ouvert son grand livre, commence à tailler son crayon. On note d'abord au crayon les récits° des explorateurs. On attend, pour noter à l'encre, que l'explorateur ait fourni des preuves.

les récits *accounts*

—Alors? demande le géographe.

—Oh! chez moi, dit le petit prince, ce n'est pas très intéressant, c'est tout petit. J'ai trois volcans. Deux volcans en activité, et un volcan éteint°. Mais on ne sait jamais.

éteint *extinct*

—On ne sait jamais, dit le géographe.

—J'ai aussi une fleur.

—Nous ne notons pas les fleurs, dit le géographe.

LITTÉRATURE

quarante-trois 🌸 **43**

—Pourquoi ça! C'est le plus joli!

—Parce que les fleurs sont éphémères.

—Qu'est-ce que signifie°: «éphémère»?

signifie *mean*

—Les géographies, dit le géographe, sont les livres les plus sérieux de tous les livres. Elles ne se démodent jamais. Il est très rare qu'une montagne change de place. Il est très rare qu'un océan se vide° de son eau. Nous écrivons des choses éternelles.

se vide *empties*

—Mais, les volcans éteints peuvent se réveiller, dit le petit prince. Qu'est-ce que signifie «éphémère»?

—Que les volcans soient éteints ou soient éveillés°, ça revient au même pour nous, dit le géographe. Ce qui compte pour nous, c'est la montagne. Elle ne change pas.

éveillés *active*

—Mais qu'est-ce que signifie «éphémère»? répète le petit prince qui, de sa vie, n'avait jamais renoncé à° une question, une fois qu'il l'avait posée.

renoncé à *given up on*

—Ça signifie «qui est menacé de disparition prochaine».

—Ma fleur est menacée de disparition prochaine?

—Bien sûr.

Ma fleur est éphémère, se dit le petit prince, et elle n'a que quatre épines pour se défendre contre le monde! Et je l'ai laissée toute seule chez moi!

C'est là son premier mouvement de regret°. Mais il reprend courage:

mouvement de regret *pang of remorse*

—Que me conseillez-vous d'aller visiter? demande-t-il.

—La planète Terre, lui répond le géographe. Elle a une bonne réputation…

Et le petit prince s'en va, songeant à° sa fleur.

songeant à *thinking about*

Antoine de Saint-Exupéry, *Le petit prince* © Éditions Gallimard

Après la lecture

A Le géographe Répondez d'après la lecture.
1. Qui habitait la sixième planète?
2. Que faisait le vieux Monsieur?
3. Qu'est-ce qu'un géographe?
4. Selon le géographe, qui fait le compte des villes, des fleuves, des mers, etc.?
5. Quand le vieux savant écrit-il ses notes à l'encre?
6. Que signifie «éphémère»?

B Vrai ou faux? Corrigez les phrases fausses.
1. En voyant le petit prince, le vieux Monsieur dit: «Tiens! Voilà un géographe!»
2. Le petit prince a trouvé la planète du géographe vraiment majestueuse.
3. Le géographe quitte souvent son bureau pour flâner sur sa planète.
4. Le géographe va voir ce que l'explorateur a découvert.
5. Le géographe exige de l'explorateur qu'il fournisse des preuves de sa découverte.

C Le point de vue du géographe Expliquez d'après la lecture.
1. Pourquoi le géographe ne peut-il pas savoir s'il y a des montagnes, des villes, des fleuves, etc., sur sa planète?
2. Pourquoi les fleurs n'intéressent-elles pas le géographe?
3. Pourquoi est-ce que le géographe ne veut pas savoir si un volcan est éveillé ou éteint?

Communication libre

A Géographie Faites une liste de tous les termes géographiques qui se trouvent dans la lecture. Utilisez chaque terme dans une phrase.

B Voyage imaginaire Décrivez un voyage imaginaire que vous allez faire. Vous allez traverser quel océan, explorer quel désert, escalader quelle montagne, naviguer sur quel fleuve, flâner dans quelle ville?

C Le petit prince et sa fleur Voici le petit prince sur sa planète: il arrose sa fleur qu'il adore et soigne avec amour. Cette fleur est comme une amie pour lui. Expliquez pourquoi le petit prince est triste quand le savant lui donne la définition du mot «éphémère». Qu'est-ce que cette fleur symbolise?

Le départ du petit Nicolas

Jean-Jacques Sempé et René Goscinny

Avant la lecture

Quand vous étiez petit(e), êtes-vous jamais parti(e) en vacances sans vos parents? Avez-vous jamais passé quelques semaines avec d'autres enfants loin de vos parents? En France, une colonie de vacances est un centre où les parents envoient parfois leurs enfants pendant les vacances scolaires d'été. Ces colonies de vacances se trouvent au bord de la mer, à la montagne ou à la campagne. Les enfants y passent en général un mois. Ils font du sport, des excursions… et se font de nouveaux copains.

Vocabulaire

des billes *(f.)*

Le garçon a vidé sa valise.
Il cherchait ses billes.
Les billes étaient au fond de la valise.

L'enfant a fait des bêtises.
Ses parents l'ont grondé.

des tas de beaucoup de

une pancarte

CAMP BLEU

Tout le monde criait et faisait du bruit.

Communication guidée

 Une bêtise Répondez.

1. Le garçon a vidé sa valise?
2. Pourquoi? Qu'est-ce qu'il cherchait?
3. Où étaient ses billes?
4. Ce petit garçon a fait une bêtise?
5. Pourquoi est-ce que ses parents l'ont grondé?
6. Il y avait des tas d'enfants à la gare?
7. Ils criaient et faisaient du bruit?
8. Le moniteur avait une pancarte?

 Comment dit-on... ? Exprimez d'une autre façon ce qui est en italique.

1. Tout le monde *parlait très, très fort.*
2. Il y avait *beaucoup de* gens.
3. Il a fait des *choses stupides.*
4. Ses parents l'ont *réprimandé.*

Colonie de vacances dans les Hautes-Alpes

Littérature

Introduction

Jean-Jacques Sempé (1932–) est un dessinateur d'humour[1] français très célèbre. Il a publié plusieurs albums de dessins humoristiques. Il se moque[2] avec tendresse de notre mode de vie compliqué.

René Goscinny (1926–1977) a écrit les dialogues de nombreuses bandes dessinées[3] humoristiques. Avec *Lucky Luke* et *Astérix*, il a renouvelé l'art de la bande dessinée. En 1956, en collaboration avec Sempé, il publie le premier livre des *Aventures du petit Nicolas*. *Le petit Nicolas* a immédiatement beaucoup de succès auprès des enfants… et des adultes.

---

[1] dessinateur d'humour *cartoonist*
[2] se moque *makes fun*
[3] bande dessinée *comic strip*

Lecture 🎧

Le départ du petit Nicolas

Aujourd'hui, je pars en colonie de vacances et je suis bien content. La seule chose qui m'ennuie, c'est que Papa et Maman ont l'air un peu tristes; c'est sûrement parce qu'ils ne sont pas habitués à rester seuls pendant les vacances.

Maman m'a aidé à faire ma valise, avec les chemisettes, les shorts, les espadrilles, les petites autos, le maillot de bain, les serviettes, la locomotive du train électrique, les œufs durs, les bananes, les sandwiches au saucisson et au fromage, le filet pour les crevettes, le pull à manches longues, les chaussettes et les billes. Bien sûr, on a dû faire quelques paquets parce que la valise n'était pas assez grande, mais ça ira.

Moi, j'avais peur de rater le train, et après le déjeuner, j'ai demandé à Papa s'il ne valait pas mieux partir tout de suite pour la gare. Mais Papa m'a dit que c'était encore un peu tôt, que le train partait à 6 heures du soir et que j'avais l'air bien impatient de les quitter. Et Maman est partie dans la cuisine avec son mouchoir, en disant qu'elle avait quelque chose dans l'œil.

Je ne sais pas ce qu'ils ont°, Papa et Maman, ils ont l'air bien embêtés°. Tellement embêtés que je n'ose° pas leur dire que ça me fait une grosse boule° dans la gorge quand je pense que je ne vais pas les voir pendant presque un mois. Si je le leur disais, je suis sûr qu'ils se moqueraient de moi et qu'ils me gronderaient.

ce qu'ils ont *what's the matter with them*
embêtés *upset*
ose *dare*
boule *lump*

Moi, je ne savais pas quoi faire en attendant l'heure de partir, et Maman n'a pas été contente quand j'ai vidé la valise pour prendre les billes qui étaient au fond.

—Le petit ne tient plus en place°, a dit Maman à Papa. Au fond, nous ferions peut-être mieux de partir tout de suite.

—Mais, a dit Papa, il manque encore une heure et demie jusqu'au départ du train.

—Bah! a dit Maman, en arrivant en avance, nous trouverons le quai vide et nous éviterons les bousculades° et la confusion.

—Si tu veux, a dit Papa.

Nous sommes montés dans la voiture et nous sommes partis. Deux fois, parce que la première, nous avons oublié la valise à la maison.

À la gare, tout le monde était arrivé en avance. Il y avait plein de gens partout, qui criaient et faisaient du bruit. On a eu du mal à trouver une place pour mettre la voiture, très loin de la gare, et on a attendu Papa, qui a dû revenir à la voiture pour chercher la valise qu'il croyait que c'était Maman qui l'avait prise. Dans la gare, Papa nous a dit de rester bien ensemble pour ne pas nous perdre. Et puis il a vu un monsieur en uniforme, qui était rigolo parce qu'il avait la figure toute rouge et la casquette de travers.

—Pardon, monsieur, a demandé Papa, le quai numéro 11, s'il vous plaît?

—Vous le trouverez entre le quai numéro 10 et le quai numéro 12, a répondu le monsieur. Du moins, il était là-bas la dernière fois que j'y suis passé.

—Dites donc, vous… a dit Papa; mais Maman a dit qu'il ne fallait pas s'énerver° ni se disputer; qu'on trouverait bien le quai tout seuls.

Nous sommes arrivés devant le quai, qui était plein, plein, plein de monde, et Papa a acheté, pour lui et Maman, trois tickets de quai. Deux pour la première fois et un pour quand il est retourné chercher la valise qui était restée devant la machine qui donne les tickets.

—Bon, a dit Papa, restons calmes. Nous devons aller devant la voiture Y.

Comme le wagon qui était le plus près de l'entrée du quai, c'était la voiture A, on a dû marcher longtemps, et ça n'a pas été facile, à cause des gens, des chouettes° petites voitures pleines de valises et de paniers et du parapluie du gros monsieur qui s'est accroché° au filet à crevettes, et le monsieur et Papa se sont disputés, mais Maman a tiré Papa par le bras, ce qui a fait tomber le parapluie du monsieur qui était toujours accroché au filet à crevettes. Mais ça s'est très bien arrangé, parce qu'avec le bruit de la gare on n'a pas entendu ce que criait le monsieur.

Devant le wagon Y, il y avait des tas de types de mon âge, des papas, des mamans et un monsieur qui tenait une pancarte où c'était écrit «Camp Bleu». C'est le nom de la colonie de vacances où je vais. Tout le monde criait. Le monsieur à la pancarte avait des papiers dans la main, Papa lui a dit mon nom, le monsieur a cherché dans ses papiers et il a crié: «Lestouffe! Encore un pour votre équipe!»

Et on a vu arriver un grand, il devait avoir au moins dix-sept ans.

ne… place *can't sit still*

bousculades *pushing and shoving*

s'énerver *to get upset*

chouettes *nice, cool*
accroché *caught in*

—Bonjour, Nicolas, a dit le grand. Je m'appelle Gérard Lestouffe et je suis ton chef d'équipe. Notre équipe, c'est l'équipe Œil-de-Lynx.

Et il m'a donné la main. Très chouette.

—Nous vous le confions°, a dit Papa en rigolant.

—Ne craignez rien°, a dit mon chef; quand il reviendra, vous ne le reconnaîtrez plus.

Et puis Maman a encore eu quelque chose dans l'œil et elle a dû sortir son mouchoir.

Et puis on a entendu un gros coup de sifflet et tout le monde est monté dans les wagons en criant.

Des papas et des mamans criaient des choses en demandant qu'on n'oublie pas d'écrire, de bien se couvrir et de ne pas faire de bêtises. Il y avait des types qui pleuraient et d'autres qui se sont fait gronder parce qu'ils jouaient au football sur le quai, c'était terrible.

Tout le monde a embrassé tout le monde et le train est parti pour nous emmener à la mer.

Moi, je regardais par la fenêtre, et je voyais mon papa et ma maman, tous les papas et toutes les mamans, qui nous faisaient «au revoir» avec leurs mouchoirs. J'avais de la peine. C'était pas juste, c'était nous qui partions, et

Nous… confions
We leave him in your care
Ne craignez rien
Don't worry

eux ils avaient l'air tellement plus fatigués que nous. J'avais un peu envie de pleurer, mais je ne l'ai pas fait, parce qu'après tout les vacances, c'est fait pour rigoler et tout va très bien se passer.

Et puis, pour la valise, Papa et Maman se débrouilleront° sûrement pour me la faire porter par un autre train.

se débrouilleront *will manage*

Jean-Jacques Sempé et René Goscinny, *Les vacances du petit Nicolas,* © Éditions Denoël

Après la lecture

A Le départ Répondez.
1. Le petit Nicolas part en vacances avec ses parents?
2. Qu'est-ce qu'il a mis dans sa valise?
3. Pourquoi le petit Nicolas veut-il partir tout de suite?
4. Qu'est-ce qu'ils ont oublié à la maison?
5. Ils sont revenus chez eux pour aller chercher la valise?
6. Le train part de quel quai?
7. Où est-ce qu'ils ont oublié la valise?
8. Comment s'appelle la colonie de vacances?
9. Comment s'appelle le moniteur de Nicolas?
10. Qu'est-ce que Nicolas n'avait pas quand le train est parti?

B Des émotions Décrivez.
1. Trouvez les phrases qui indiquent les sentiments et les émotions des parents du petit Nicolas.
2. Dites tout ce que ses parents font pour essayer de ne pas montrer leur émotion.
3. D'après vous, pourquoi oublient-ils toujours la valise de Nicolas?

Communication libre

Un voyage d'enfance Quand vous étiez petit(e), avez-vous jamais voyagé seul(e)? Décrivez votre voyage: où vous êtes allé(e), quels étaient vos sentiments et ceux de vos parents. Si vous n'avez jamais voyagé seul(e), racontez un voyage fictif.

CHAPITRE
2

Le quotidien

Objectifs

In this chapter you will:

- ✔ learn how French youths keep up with current events and why they think it is important to do so

- ✔ learn how to handle everyday situations such as inviting somebody to go to lunch

- ✔ learn how to extend invitations, and how to accept or refuse them

- ✔ review how to ask questions formally or informally, how to make a sentence negative, and how to narrate in the past tense

- ✔ read and discuss magazine articles about French youths and their money, and everyday life in France in 1900

- ✔ review how to describe people and things, and how to express wishes, preferences, and demands concerning oneself or others

- ✔ read and discuss excerpts from these literary works: La nausée, a novel by Jean-Paul Sartre; La réclusion solitaire, a novel by Tahar Ben Jelloun

Culture

LES JEUNES FRANÇAIS ET L'ACTUALITÉ

Introduction

Tous les jours, la télévision, la radio, les journaux nous présentent une masse d'informations que nous digérons plus ou moins bien.

D'une façon générale, on croit que les jeunes s'intéressent moins à l'actualité que leurs parents, et que leur seule source de renseignements est la télévision. Eh bien, en France, ce n'est pas le cas. D'après un récent sondage, non seulement les jeunes Français lisent plus la presse que leurs parents, mais ils se montrent plus critiques à l'égard des informations reçues.

une chaîne de télévision

une station de radio

une présentatrice

un présentateur

un téléspectateur   une téléspectatrice

une journaliste

un auditeur   une auditrice

un journaliste

l'actualité (f.) l'ensemble des événements
actuels/récents *Current events*
un sondage une enquête *-survey*
l'info (f.) l'information
les infos le journal parlé ou télévisé,
les nouvelles *-news*
un quotidien un journal publié tous
les jours *Daily newspaper*
un hebdomadaire un magazine publié
toutes les semaines *Weekly mag/newspaper*

la une la première page d'un journal *1st page*
les faits divers les nouvelles peu
importantes *very important news*
agir produire un effet, exercer une
influence, transformer *To act/Produce*
se tenir informé(e) rester informé(e) *To keep informed*
être au courant être informé(e) *To be informed*

Communication guidée

A **Radio, télévision ou presse?** Décidez s'il s'agit de la radio, de la télévision, de la presse écrite ou des trois.

1. une chaîne
2. une station
3. un hebdomadaire
4. un auditeur
5. une téléspectatrice
6. un quotidien
7. un journaliste
8. une présentatrice
9. la une
10. les infos
11. les faits divers

B **Associations** Choisissez les mots qui sont associés.

1. une chaîne
2. la radio
3. un auditeur
4. les informations
5. un journaliste
6. un quotidien

a. un téléspectateur
b. un présentateur
c. une station
d. la télévision
e. un hebdomadaire
f. les nouvelles

C **Définitions** Donnez le mot qui correspond.

1. un magazine qui est publié toutes les semaines
2. des événements qui se passent au moment où l'on parle
3. être informé(e)
4. quelqu'un qui présente une émission
5. quelqu'un qui écrit des articles dans un journal
6. quelqu'un qui écoute la radio
7. quelqu'un qui regarde la télévision
8. une enquête
9. un journal qui est publié tous les jours
10. produire un effet sur quelque chose
11. l'information
12. rester informé(e)

LES MÉDIAS DANS LA VIE DES LYCÉENS

Mais oui! Ils s'informent.

En France, 96% des lycéens pensent qu'il est important de se tenir informé de l'actualité (99% pour les filles, 99% dans l'enseignement privé). Soit la quasi-totalité[4].

Pourquoi? Pour des raisons assez peu scolaires, en somme: pour «leur intérêt personnel», pour «s'insérer dans la société», pour «réussir leur vie professionnelle». Comme si l'info, pour eux, n'avait aucune fonction utilitaire immédiate. Comme si sa seule fonction, c'était de les ouvrir au monde et de faire d'eux des citoyens[5]. *«C'est important d'être informé pour ne pas être isolé*, juge Nathalie, 16 ans.

Plus tard, ce sera à nous de prendre les rênes[6]. On ne peut pas rester ignorants, ou alors on devient une plaie[7] pour la société.»

Succès de la presse écrite

Comment s'informent-ils? Par la télévision bien sûr, la radio, mais aussi, et c'est là la surprise de ce sondage, par la presse écrite.

Un lycéen sur quatre (26%) lit régulièrement un quotidien national *(Le Figaro, Libération, Le Monde…)*. Soit un peu plus que les adultes (22%). La presse quotidienne régionale remporte elle aussi un franc succès[8] (45% des lycéens la lisent au moins une fois par semaine),

---

[1] s'insérer *to become part*

[2] en connaissance de cause *with full knowledge of the facts*

[3] NSPP (Ne Se Prononcent Pas) *no opinion*

[4] la quasi-totalité *just about everybody*

[5] citoyens *citizens*

[6] prendre les rênes *to take command, to be in charge*

[7] une plaie *liability*

[8] remporte un franc succès *is very successful*

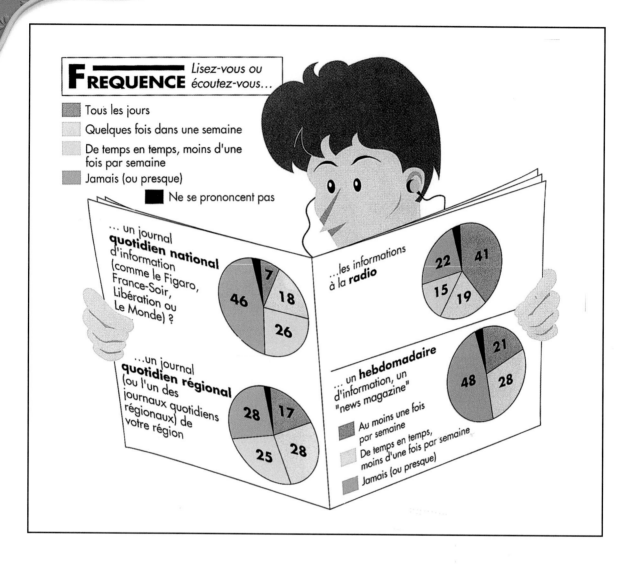

FREQUENCE *Lisez-vous ou écoutez-vous…*

■ Tous les jours
□ Quelques fois dans une semaine
□ De temps en temps, moins d'une fois par semaine
■ Jamais (ou presque)
■ Ne se prononcent pas

…un journal **quotidien national** d'information (comme le Figaro, France-Soir, Libération ou Le Monde) ?

…un journal **quotidien régional** (ou l'un des journaux quotidiens régionaux) de votre région

…les informations à la **radio**

… un **hebdomadaire** d'information, un "news magazine"

■ Au moins une fois par semaine
□ De temps en temps, moins d'une fois par semaine
■ Jamais (ou presque)

même si les chiffres sont un peu inférieurs à ceux de leurs aînés[9] (49%). La moitié[10] des lycéens, enfin, lit de temps en temps un hebdomadaire d'informations générales (*Le Nouvel Observateur, L'Express, Le Point…*).

La radio, aussi

Ils s'informent aussi par la radio. 41% des lycéens écoutent tous les jours les infos à la radio.

C'est énorme. Mais quand on leur demande quelles stations ils écoutent, on constate[11] que la première des grandes stations nationales, *Europe 1*, n'arrive qu'en sixième position, loin derrière les trois grandes de la FM: *NRJ*[12], *Skyrock* et *Fun*. Autrement dit, c'est la musique qu'ils choisissent, et pas les infos, qu'ils écoutent—sans doute—par hasard[13].

---

[9] aînés *elders*
[10] la moitié *half*

[11] on constate *one notices*
[12] NRJ *pronounced like "énergie"*
[13] par hasard *by chance*

Communication guidée

A **Historiette** **Être au courant** Répondez aux questions d'après le texte.

1. Dans quelles proportions les lycéens français pensent-ils qu'il est important de se tenir informé(e) de l'actualité?
2. Pour quelles raisons pensent-ils que c'est important?
3. Quelle est pour eux la seule fonction de l'information?
4. Que feront les jeunes plus tard?
5. D'après Nathalie, si les jeunes sont ignorants, qu'arrivera-t-il?
6. Quels sont les différents moyens d'information?
7. Qu'est-ce qu'un quotidien national? Et un quotidien régional?
8. Pour quelle raison les jeunes Français choisissent-ils une station de radio plus qu'une autre?

B **Vrai ou faux?** Corrigez les phrases fausses.

1. Les jeunes Français veulent se tenir informés de l'actualité pour des raisons scolaires.
2. Ils peuvent se servir immédiatement de ce qu'ils ont appris sur l'actualité.
3. Ils pensent qu'être au courant de l'actualité les rend moins isolés.
4. Ils n'ont pas d'ambitions pour plus tard.
5. Il est bien connu que les jeunes Français lisent beaucoup les journaux.
6. Très peu de lycéens français lisent un hebdomadaire.
7. Ils écoutent les informations tous les jours.

C **Familles de mots** Choisissez le mot qui correspond.

1. mois   **a.** trimestriel
2. semaine   **b.** annuel
3. an   **c.** quotidien
4. jour   **d.** horaire
5. heure   **e.** hebdomadaire
6. trimestre   **f.** semestriel
7. semestre   **g.** mensuel

FRENCH Online

To read actual French newspapers, go to the Glencoe French Web site:
french.glencoe.com

Communication libre

A **À la une** Faites une liste des sujets que vous aimeriez voir mieux traités dans les médias. Dites pourquoi.

B **Presse, télé ou radio?** Une des jeunes filles interrogées pour le sondage pense que «l'information est plus neutre à la télévision. Le présentateur ne donne jamais son avis. Les journaux expriment toujours plus ou moins une opinion politique. Et puis l'image, ça ne trompe pas.» Qu'en pensez-vous? Êtes-vous d'accord ou pas?

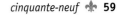

Conversation

AU BUREAU

Vocabulaire

en haut

en bas

un restaurant d'entreprise

Tu vas bien?

Comme ci, comme ça.

des tickets-restaurant

ticket restaurant

un (restaurant) chinois

Elle a eu une idée de génie. — genius

Il est crevé. — fired

un hypermarché

couver quelque chose sentir qu'on va tomber malade ~ *Coming down w/ something*
ne pas être dans son assiette ne pas se sentir bien *Out of sorts*
achever quelqu'un rendre quelqu'un incapable de faire quoi que ce soit *To finish someone off*

retrouver trouver à nouveau *To find again*
se remettre en route prendre la route à nouveau *To get back on the road*
avouer admettre *To admit*
à tout casser au plus *At the most*
en fin de compte finalement, après tout ça *Finally*

Communication guidée

A **La vie quotidienne** Complétez.

1. Depuis qu'ils sont allés à Pékin, ils veulent toujours aller manger dans des restaurants _____.
2. Ils ne paient pas leur déjeuner avec de l'argent, mais avec des _____.
3. Elle a trop mangé. Elle ne se sent pas bien. Elle _____.
4. Lui, il a fait trop de jogging. Il est très fatigué. Il est _____.
5. Cet homme est content. Il avait perdu son portefeuille, et maintenant, il l'_____.
6. Elles vont faire leurs courses à *Carrefour*. C'est un _____.

B **Quel est le mot?** Trouvez le mot qui correspond à la définition donnée.

1. rendre quelqu'un complètement incapable de faire quoi que ce soit
2. avoir une très bonne idée
3. être obligé d'admettre
4. au dernier étage par rapport au premier
5. au premier étage par rapport au dernier
6. après tout ça
7. sentir la maladie qui approche
8. reprendre la route

C **Expressions amusantes** Complétez les phrases suivantes en décrivant les circonstances qui expliquent le début de la phrase.

1. Je ne suis pas dans mon assiette aujourd'hui parce que…
2. J'ai eu une idée de génie: je…
3. Je suis complètement crevé(e) parce que…
4. Comme ci, comme ça:…
5. Trente francs, à tout casser:…

Lundi matin 🎧

ARNAUD: Bonjour, Gilles. Ça va?

GILLES: Ça va, merci. Et toi?

ARNAUD: Comme ci, comme ça. J'ai l'impression que je couve quelque chose.

GILLES: Ah oui? Pourquoi?

ARNAUD: Je ne sais pas. Je ne suis pas dans mon assiette, aujourd'hui. Je ne me sentais déjà pas bien la semaine dernière, mais il faut dire que le week-end m'a achevé!

GILLES: Ah oui, qu'est-ce que vous avez fait?

ARNAUD: Eh bien voilà. On avait décidé d'aller dans notre maison de campagne près de Saulieu, dans le Morvan. En général, on met trois heures, à tout casser. Mais là, trois heures après notre départ, on était tout juste à Auxerre. Alors, on a eu l'idée de génie de sortir de l'autoroute et d'aller faire quelques achats à *Carrefour!*

GILLES: Écoute! Tout le monde sait qu'on ne va pas faire des courses dans un hypermarché le samedi!

ARNAUD: Peut-être que tout le monde le sait, mais pas nous. Enfin, on a fait deux heures de queue pour payer. On sort, et... impossible de retrouver la voiture! En fin de compte, on est arrivé à Saulieu à deux heures du matin, complètement crevés.

GILLES: Vous n'avez pas beaucoup profité de la campagne, alors!

ARNAUD: Non, vu qu'on s'est levé à midi. On a déjeuné et on s'est remis en route pour le retour. Et là, rebelote*! Un énorme bouchon sur la A6†. On a mis sept heures pour revenir!

GILLES: Eh bien, mon pauvre, ça ne m'étonne pas que tu ne sois pas en forme.

_____

* Rebelote! *Here we go again!*

† la A6 *highway that links Paris and Lyon*

Lundi midi 🎧

GILLES: Alors, où va-t-on? On mange en bas?

SYLVIE: Oh non, j'en ai assez de la cuisine de restaurant d'entreprise, en général, et de celle de ton entreprise, en particulier.

GILLES: Oh, tu peux faire la difficile… Tu n'es pas obligée de manger de la cuisine d'entreprise tous les jours, puisqu'il n'y a pas de resto là où tu travailles!

SYLVIE: Tu avoueras que le système des tickets-restaurant* est nettement plus agréable…

GILLES: Surtout quand tu paies pour moi avec tes tickets!

SYLVIE: Mais bien sûr! Alors, ça te dit le chinois? Ça fait longtemps qu'on n'y est pas allés.

GILLES: D'accord, c'est une bonne idée.

---

* les tickets-restaurant *Half the cost of these tickets is paid by the employer, half by the employee. They are accepted in a very large number of restaurants.*

Conversation

Après la conversation

A Le matin Répondez d'après la conversation.

1. Que croit Arnaud?
2. Comment se sent-il? Comment se sentait-il la semaine d'avant?
3. Pourquoi Gilles passe-t-il du «tu» au «vous»?
4. Normalement, combien de temps met-on pour aller de Paris à Saulieu?
5. Quel genre de route prend-on?
6. Quel hypermarché se trouve à Auxerre?
7. Pendant combien de temps Arnaud et sa famille ont-ils fait la queue?
8. Que s'est-il passé quand ils sont sortis de l'hypermarché?
9. À quelle heure sont-ils arrivés dans leur maison de campagne?
10. Combien de temps ont-ils mis, le lendemain, pour revenir à Paris?

B À midi Répondez d'après la conversation.

1. Est-ce que Gilles et Sylvie travaillent pour la même entreprise?
2. Où se trouve le restaurant de l'entreprise de Gilles par rapport à l'endroit où sont les deux amis?
3. Est-ce que l'entreprise pour laquelle Sylvie travaille a un restaurant?
4. Où Sylvie déjeune-t-elle d'habitude?
5. Comment paie-t-elle ses repas?
6. Dans quelle sorte de restaurant veut-elle aller aujourd'hui?
7. Qui va payer l'addition?
8. Avec quoi va-t-elle la payer?

Communication libre

A **Sur l'autoroute** En vous servant de la carte, recréez la conversation d'Arnaud et de sa femme avant d'arriver à Auxerre. Travaillez avec un(e) camarade. Vous discutez de ce qu'il faut faire: attendre que le bouchon se dégage ou pas, aller faire des achats à Auxerre ou pas, etc.

B **À *Carrefour*** Vous faites des achats à *Carrefour* avec un(e) camarade. Vous avez chacun(e) votre liste et vous demandez à l'autre son avis quand quelque chose vous plaît.

C **À midi, à la cafétéria** Vous allez déjeuner avec un ou plusieurs amis à la cafétéria de votre école. Vous discutez (en français, bien sûr) des mérites de la cuisine de votre cafétéria.

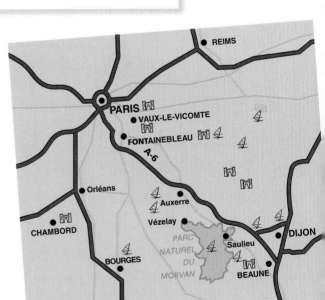

Langage

INVITATIONS

Dans la vie de tous les jours, il est très courant de proposer à quelqu'un de faire quelque chose. Voici quelques façons de le faire:

> **Tu es libre ce soir/jeudi prochain... ?**
> **Tu fais quelque chose ce soir/jeudi prochain... ?**
> **Qu'est-ce que tu fais ce soir/jeudi prochain... ?**
> **Tu (ne) veux (pas) venir avec nous samedi... ?**
> **Ça te dirait d'aller voir... ?**
> **Si on allait voir... ?**
> **On va prendre quelque chose?**
> **Allez viens. On va déjeuner. Je t'invite.**

Notez bien que «Je t'invite» indique que c'est vous qui payez. Pour accepter une invitation, vous pouvez dire:

> **Avec plaisir!**
> **(Très) volontiers!**
> **D'accord!**
> **Ce serait très sympa(thique).**

Pour refuser une invitation, vous pouvez dire:

> **Merci, mais je ne peux vraiment pas.**
> **Désolé(e), mais je suis déjà pris(e).**
> **Je regrette,...**
> **... mais c'est impossible.**
> **... mais il faut que je travaille.**
> **... mais je ne me sens pas très bien.**

Il est parfois difficile d'accepter ou de refuser. Voici quelques façons de gagner du temps avant de donner une réponse catégorique:

> **Ça dépend. Qu'est-ce que tu suggères?**
> **Je ne sais pas encore. Pourquoi?**
> **Je vais voir...**

Communication libre

Pour être sociable Vous vous trouvez dans les situations suivantes. Travaillez avec un(e) ou plusieurs camarades.

1. Les personnes suivantes vous demandent si vous êtes libre samedi prochain. Vous l'êtes, mais que répondez-vous…
   a. à un(e) ami(e) que vous aimez bien?
   b. à un membre du sexe opposé qui vous plaît beaucoup?
   c. à quelqu'un que vous n'aimez pas?
   d. à quelqu'un que vous aimez moyennement?
2. Vous voulez aller au cinéma. Vous essayez de trouver quelqu'un qui veuille y aller avec vous.
3. Un(e) de vos ami(e)s a été invité(e) à aller quelque part mais n'a pas envie d'y aller. Vous l'aidez à trouver des raisons pour refuser.
4. Vous suggérez à un(e) ami(e) de faire quelque chose ensemble. Déterminez quels jours vous êtes libres tou(te)s les deux, ce que vous allez faire, etc.

Structure I

Asking questions formally or informally
L'interrogation

1. The simplest and most common way to ask a question in French is by using intonation, that is, by simply raising one's voice at the end of a statement.

Il travaille.	**Il travaille?**
Nous partons.	**Nous partons?**

2. Another way to form a question is to use **est-ce que** before a statement.

Il travaille.	**Est-ce qu'il travaille?**
Nous partons.	**Est-ce que nous partons?**

3. A third way to form a question is by inverting the subject and the verb (or its auxiliary). This inverted form is used in written and formal French, but it is less frequent in everyday conversation.

Vous parlez français.	**Parlez-vous français?**
Il a travaillé.	**A-t-il travaillé?**

   Inversion can also be made with a noun subject by adding a subject pronoun and inverting it with the verb. But again, intonation is more commonly heard in everyday French.

Isabelle parle français.	**Isabelle parle-t-elle français?**

4. The above questions were answered by *yes* or *no*. But many questions are "information" questions, that is, questions introduced by "question words."

—**Où est-ce qu'il travaille?**	—**En banlieue.**
—**Comment est-ce qu'il va au bureau?**	—**En train.**
—**Pourquoi est-ce qu'il prend le train?**	—**La gare est tout près.**
—**Quand est-ce qu'il rentre?**	—**Vers 8 heures du soir.**
—**Combien est-ce qu'il gagne?**	—**Je ne sais pas exactement.**

5. Inversion is also used with question words in more formal speech.

   Où travaille-t-il?
   Comment va-t-il au bureau?
   Quand rentre-t-il?
   Combien gagne-t-il?

   Note, however, that inversion is often used in common expressions such as:

   Comment vas-tu?
   Quel âge as-tu?
   Comment t'appelles-tu?

6. However, in everyday language, people most often put **où, quand, combien,** and **comment** at the end of the question, and **pourquoi** at the beginning. They use an intonation that rises first and then falls.

> **Il travaille où?**
> **Il y va comment?**
> **Il rentre quand?**
> **Il gagne combien?**
> BUT: **Pourquoi il travaille?**

7. If the question is about a noun, the interrogative adjectives **quel, quelle, quels,** and **quelles** are used.

> **Dans quel restaurant est-ce que vous allez?**
> **Dans quelle cafétéria est-ce que vous allez?**
> **Avec quels amis est-ce que vous déjeunez?**
> **Avec quelles amies est-ce que vous déjeunez?**

8. Of course, inversion or intonation is also used in questions with **quel, quelle, quels,** and **quelles.**

> **Dans quel restaurant allez-vous?**
> **Vous allez dans quel restaurant?**

Communication guidée

 On a faim. Posez des questions qui correspondent aux mots en italique. Vous pouvez les poser de plusieurs façons.

1. On va *au restaurant.*
2. On va au restaurant *en métro.*
3. On va au restaurant *à midi.*
4. On va au restaurant chinois *parce que Jacques n'aime pas les restaurants d'entreprise.*
5. Le restaurant se trouve *dans la rue de Sèvres.*
6. Le restaurant sert le déjeuner *de midi à 3 heures.*
7. Le restaurant est ouvert *du lundi au samedi.*
8. Le restaurant est fermé *le dimanche.*

B **Encore un peu endormi** Voici les réponses de votre camarade. Quelles questions lui avez-vous posées?

1. Nous sommes le 12.
2. Nous sommes en janvier.
3. Il est 8 heures et demie.
4. Après, il y a cours d'anglais.

C **Frustrations** Répondez en utilisant une question. Suivez le modèle.

 —**Je n'ai pas assez d'argent pour le billet!**
—**Il te faut combien?**

1. Je n'aime pas la cuisine chinoise.
2. Je n'ai pas assez dormi.
3. Je suis très pressé(e). Il faut que je parte.
4. Ma voiture est au garage pour une semaine.
5. Il faut que j'aille à Paris la semaine prochaine.
6. Cette année, nous ne partons pas en vacances.

Structure I

Making a sentence negative
Les expressions négatives

1. The placement of the most commonly used negative expression, **ne... pas,** is as follows:

> **Je ne travaille pas.**
> **Je n'ai pas travaillé.**
> **Je ne vais pas travailler.**
> **Je ne peux pas travailler.**

When negating an infinitive, however, both **ne** and **pas** precede the infinitive.

> **Je lui ai dit de ne pas travailler.**

When a pronoun is involved, **ne** and **pas** go around the pronoun-verb (pronoun-auxiliary) block:

> **Je ne lui téléphone pas.**
> **Je ne lui ai pas téléphoné.**

2. Most of the following negative expressions follow the same pattern as **ne... pas.**

ne... pas du tout	*not at all*
ne... plus	*no longer, no more*
ne... jamais	*never*
ne... rien	*nothing*
ne... personne	*nobody*
ne... ni... ni	*neither... nor*

> **Il ne travaille plus.**
> **Il ne peut plus travailler.**
> **Elle n'a jamais téléphoné.**
> **Elle ne m'a jamais parlé.**
> **Je lui ai demandé de ne rien dire.**
> **Je ne vois personne.**
> **Je ne téléphone ni à Paul, ni à Marie.**

Note, however, the placement of **ne... personne** and **ne... ni... ni** in the **passé composé** or when two verbs are involved:

> **Je n'ai vu personne.**
> **Je n'ai téléphoné ni à Paul, ni à Marie.**
>
> **Je ne veux voir personne.**
> **Je ne veux voir ni Paul, ni Marie.**

3. To express *no, not any,* or *none,* **ne... aucun(e)** is used.

> —**Il a des amis?**   —**Non, il n'a aucun ami.**
> 　　　　　　　　　　　　—**Non, aucun.**
> —**Il a reçu des lettres?** —**Non, il n'a reçu aucune lettre.**
> 　　　　　　　　　　　　　—**Non, aucune.**

4. In French, unlike in English, more than one negative can be used in the same sentence.

> **Il n'a rien dit à personne.**

5. The following adverbs are often used in question-negative answer exchanges.

Already —Il est déjà là?	**Not yet** —Non, il n'est pas encore là.
Still —Il est toujours là?	**No longer** —Non, il n'est plus là.
Always —Il est toujours en retard?	**Never**
Sometimes —Il est quelquefois en retard?	—Non, il n'est jamais en retard.
Often —Il est souvent en retard?	
Ever —Il a déjà été en retard?	—Non, il n'a jamais été en retard.

Communication guidée

A **Historiette** **Le chef ne va pas être content!** Répondez négativement.

1. Durand est là?
2. Vous avez fini de taper cette lettre?
3. Morel va rester ici pendant le déjeuner?
4. Pouvez-vous travailler tard ce soir?
5. Morel et Durand ont l'intention de finir leur rapport aujourd'hui?
6. Ils ont demandé des renseignements à quelqu'un?
7. Ils ont appris quelque chose?
8. Ils ont pu faire quelque chose?
9. Est-ce qu'on a des nouvelles de Langlois?
10. Est-ce qu'il y a des messages pour lui?

B **Pas d'impatience!** Répondez d'après le modèle.

faire ses devoirs →
Tu n'as pas encore fait tes devoirs!

1. finir sa rédaction
2. laver la vaisselle
3. promener le chien
4. mettre les lettres à la poste
5. ranger sa chambre
6. lire ce livre

C **Pas d'électricien!** Répondez négativement.

1. Il est déjà là?
2. Il est toujours là?
3. Il est déjà arrivé?
4. Il est déjà venu travailler ici?

D **Sondage** Répondez en utilisant une expression négative de votre choix.

1. Lisez-vous le journal tous les jours?
2. Écoutez-vous la radio tous les jours?
3. Vos parents regardent-ils la télévision?
4. Est-il important de se tenir informé de l'actualité?
5. Aimeriez-vous ne rien faire?
6. Vous intéressez-vous à l'actualité?
7. Vous sentez-vous isolé(e)?
8. Faites-vous confiance à la télévision ou à la radio pour vous tenir informé(e)?
9. Avez-vous rencontré un journaliste?
10. Avez-vous déjà écrit pour les journaux?

Narrating in the past tense
L'imparfait

1. Along with the **passé composé** and several other tenses, the imperfect tense is used to express past actions. First, review the forms of the imperfect tense. To get the stem for the imperfect, you take the **nous** form of the present tense and drop the **-ons** ending. The imperfect endings are then added to this stem.

Infinitive	PARLER	FINIR	VENDRE
Stem	nous parl-	nous finiss-	nous vend-
Imperfect	je parlais tu parlais il/elle/on parlait nous parlions vous parliez ils/elles parlaient	je finissais tu finissais il/elle/on finissait nous finissions vous finissiez ils/elles finissaient	je vendais tu vendais il/elle/on vendait nous vendions vous vendiez ils/elles vendaient

2. The only verb that has an irregular stem in the imperfect is the verb **être: ét-.** Here are its forms.

ÊTRE		
j' étais	nous étions	
tu étais	vous étiez	
il/elle/on était	ils/elles étaient	

3. Note that verbs ending in **-cer** like **commencer,** and **-ger** like **manger,** have a spelling change to keep the sounds **/s/** and **/zh/** of the stem. A cedilla has to be added to the **c** of **-cer** verbs to preserve the sound **/s/,** and an **e** must be added to the **g** of **-ger** verbs to preserve the **/zh/** sound, whenever the **c** or the **g** are followed by an **a.** These spelling changes occur in all forms of the verb, except **nous** and **vous.**

je commençais	**je mangeais**
tu commençais	**tu mangeais**
il commençait	**il mangeait**
ils commençaient	**ils mangeaient**

4. The imperfect is used to express habitual, repeated, or continuous actions in the past. When the event began or ended is not important. The imperfect is often accompanied by time expressions like **toujours, tous les jours, tous les ans, tout le temps, souvent, d'habitude, de temps en temps,** and **quelquefois.**

> **Tous les dimanches, nous avions un déjeuner en famille.**
> **De temps en temps, j'invitais des amis.**
> **Après, mon père faisait toujours une petite sieste.**

5. The imperfect is also used to describe persons, places, and things in the past.

> **C'était une belle soirée d'août.**
> **Il faisait très beau.**
> **Christophe avait 20 ans.**
> **Il était heureux d'être à Paris.**
> **Il trouvait que Paris était la plus belle ville du monde.**
> **Il voulait y passer toute sa vie.**

Note that the imperfect is used to describe location, time, weather, age, physical appearance, physical and emotional conditions or states, attitudes, and desires.

Communication guidée

A **Avant** Répondez d'après le modèle.

—**Nous écoutons les informations tous les jours.**
—**Nous aussi, avant, nous écoutions les informations tous les jours.**

—**J'écoute les informations tous les jours.**
—**Moi aussi, avant, j'écoutais les informations tous les jours.**

1. Nous discutons avec des amis tous les jours.
2. Nous allons au «Club Fitness» tous les jours.
3. Nous nageons dans la piscine tous les jours.
4. Nous nous exerçons dans le gymnase tous les jours.
5. Je joue au foot tous les jours.
6. Je lis le journal tous les jours.
7. Je prends le train tous les jours.
8. Je fais la vaisselle tous les jours.
9. Je mange des fruits tous les jours.
10. Je commence un livre tous les jours.

B **Vous n'avez pas bien entendu.** Posez les questions qui correspondent aux réponses de l'exercice précédent. Suivez le modèle.

—**Nous aussi, avant, nous écoutions les informations tous les jours.**
—**Qu'est-ce que vous écoutiez tous les jours?**

—**Moi aussi, avant, j'écoutais les informations tous les jours.**
—**Qu'est-ce que tu écoutais tous les jours?**

C **Quand ils étaient jeunes** Répondez d'après le modèle.

—Maintenant il a une voiture. (un vélo)
—Quand il était jeune, il avait un vélo.

1. Maintenant, il est riche. (pauvre)
2. Maintenant, elle voyage en première classe. (deuxième classe)
3. Maintenant, il va dans un grand hôtel. (une auberge de jeunesse)
4. Maintenant, elle achète ses vêtements chez un grand couturier. (dans les hypermarchés)

5. Maintenant, ils mangent dans les grands restaurants. (les cafés)
6. Maintenant, ils ont une grande maison. (un petit appartement)
7. Maintenant, ils partent en vacances pendant trois mois. (trois jours)

D **Quand j'étais enfant** Mettez au passé.

Nous avons une maison de campagne en Bourgogne. C'est une très belle maison, un ancien petit château. Il y a quinze pièces, un grand jardin et au fond du jardin, une petite rivière.

Comme la maison est grande, nous pouvons facilement inviter des amis. Nous y allons tous les quinze jours. Mes parents aiment beaucoup le calme de la Bourgogne.

En hiver, nous faisons de longues promenades dans la campagne, puis nous rentrons à la maison. Mon père allume un feu dans la cheminée, lui et ma mère lisent tranquillement, mes frères jouent au Monopoly, et moi j'écoute de la musique. Ou alors, je prépare de bons petits plats que toute la famille mange avec appétit.

En été, nous devenons plus sportifs: mes frères font du bateau sur le canal, mes parents vont à la pêche, et mes amis et moi, nous jouons au tennis. Et notre moyen de transport? La voiture? Non, pas du tout, nous roulons à vélo!

Semur-en-Auxois en Bourgogne

Journalisme

LES JEUNES FRANÇAIS ET L'ARGENT

Introduction

La plupart des jeunes Français reçoivent de l'argent de poche de leur famille. Comme cette somme n'est pas très élevée, nombreux sont les jeunes qui ont d'autres sources de revenus: les petits boulots du genre baby-sitting ou cours donnés à de jeunes élèves.

Le magazine français *Jeune et jolie* a interviewé plusieurs jeunes Français pour savoir d'où vient leur argent de poche et comment ils l'utilisent. Lisez ce que trois de ces jeunes gens ont répondu. Qu'est-ce que vous auriez dit si ce magazine vous avait interviewé(e)?

Vocabulaire

Ce jeune homme est coincé.

un animateur

une animatrice

une colonie de vacances

la progéniture les enfants

la fac(ulté) l'université

une bourse l'argent que les étudiants reçoivent de l'État pour faire leurs études

un bouquin un livre

une combine un système, un moyen

au bercail à la maison

s'en sortir se tirer d'une mauvaise situation

se moquer de ne pas attacher d'importance à

gratter sur économiser sur

se serrer la ceinture se refuser certaines choses, se priver

Communication guidée

A **On parle comme les étudiants.** Les étudiants utilisent des mots d'un style familier. Trouver les mots qui correspondent dans la langue de tous les jours.

1. la fac   a. en difficulté
2. au bercail   b. économiser sur
3. s'en sortir   c. se priver
4. un bouquin   d. se tirer d'une mauvaise situation
5. coincé(e)   e. l'université
6. une combine   f. un livre
7. gratter sur   g. un moyen
8. se serrer la ceinture   h. à la maison

B **Quelle catégorie?** Classez les divers revenus et dépenses dans les catégories ci-dessous.

logement — transport — jobs d'été — loisirs — cadeaux de la famille

1. 25 euros pour mon anniversaire
2. un carnet de tickets
3. baby-sitting = 8 euros
4. dîner avec Bob = 15 euros
5. auberge de jeunesse = 10 euros
6. aller-retour Saulieu = 30 euros
7. cours de maths aux petits Dupont = 20 euros
8. cinéma = 8 euros

C **Ils n'ont pas beaucoup d'argent.** Complétez.

1. Leurs parents ont beaucoup d'enfants: ils ont une grande _____.
2. L'État leur donne une _____ pour faire leurs études.
3. L'été, ils travaillent dans une colonie de vacances: lui comme _____, elle comme _____.
4. Ils n'attachent pas beaucoup d'importance à l'argent. Ils se _____ de ne pas en avoir.

L'ARGENT DE POCHE

200 € par mois. C'est la somme moyenne allouée par les parents à leur chère progéniture. À cela s'ajoutent évidemment des extras plus ou moins nombreux et d'horizons divers et variés. Le tout constitue un mot magique: l'argent de poche. D'où vient-il, où va-t-il? Réponse à 1 000 balles!

KARINE: AUCUNE IDÉE

Budget mensuel: aucune idée!
Logement: chez ses parents
Participation des parents: 200 €
Jobs d'été: 2 000 €
Petits cadeaux de la famille: 500 €
Dépenses mensuelles: sorties 70 €, sport 20 €, livres et fournitures scolaires 300 €

Karine, 19 ans, en deuxième année de langues étrangères appliquées (LEA) à l'université de Paris 12 (Créteil). «Combien je dépense par mois? Je n'en ai aucune idée. Mes parents me payent tout, sauf les extras.» Bien que ceux-ci habitent à 30 km de sa fac, Karine a choisi de rester au bercail: «Je suis nourrie, logée, habillée, équipée, blanchie[1]... Je crois qu'en moyenne, mes parents me donnent 50 € par semaine (transport, déjeuners...), mais c'est très irrégulier. Mes économies (petits cadeaux et jobs d'été) me permettent de payer mes sorties: ciné, resto ou café. Pour moi, entre le lycée et la fac, rien n'a vraiment changé. Dépendre de mes parents ne me gêne[2] pas, dans la mesure où[3] ils peuvent et veulent me payer tout ce dont j'ai besoin.»

---

[1] je suis... blanchie *my laundry is done for me*
[2] gêne *bother*
[3] dans la mesure où *insofar as*

THIERRY: 550 €

Budget mensuel: 550 €
Bourse: 360 €
Participation des parents: 200 €
Jobs d'été: 2 400 €
Dépenses mensuelles: chambre en cité U[4] 117 €, livres et fournitures scolaires 20 €, repas 120 €, transport 63 €, sorties 30 €, natation 8 €

Thierry, 23 ans, étudiant en licence* d'information et communication à Grenoble. «Je suis toujours très juste[5]. Je me serre la ceinture, surtout sur les loisirs et les sorties, mais je m'en sors. Je travaille pendant toutes les vacances comme animateur de colonie de vacances. Cet argent me sert surtout les premiers mois de l'année scolaire, pour payer mes fournitures, mes bouquins, en attendant que ma bourse arrive. Je ne prends qu'une semaine de vacances par an. Je ne vais pratiquement jamais au restaurant ni au théâtre, et pas plus de deux fois par mois au cinéma… Mais dans le fond[6], je m'en moque un peu.»

ISABELLE: 700 €

Budget mensuel: 680 €
Participation des parents: 680 €
Jobs: 800 € pour l'année
Jobs d'été: 1 600 €
Dépenses mensuelles: loyer[7] 340 €, livres 60 €, repas 100 €, transport 36 € (et 376 € par an pour rentrer chez ses parents), sorties 70 €

Isabelle, 21 ans, est venue de Clermont-Ferrand pour poursuivre ses études de lettres à Paris. «Je fais des économies, au cas où mes parents seraient un peu coincés financièrement, et surtout pour moins dépendre d'eux. Avec ce qu'ils me donnent, je réussis à parer à[8] l'essentiel: appartement, nourriture et fournitures scolaires. Pour le reste, je fais toutes sortes de petits boulots (vendeuse, animatrice, baby-sitting, cours…), et j'essaye de tout payer à tarif réduit. Je mange dans des restos exotiques pour 6 €, j'ai mes adresses, mes combines, je m'habille aux puces… Je gratte sur tout. Ce qui me reste… c'est pour mes vacances.»

---

[4] cité U(niversitaire) *student dorms*
[5] je suis… juste *money is always a bit tight*
[6] dans le fond *really*

[7] loyer *rent*
[8] parer à *taking care of*
* la licence *university degree corresponding to a B.A.*

Après la lecture

A Karine Répondez d'après le texte.
1. Karine fait des études scientifiques ou littéraires?
2. Sait-elle combien d'argent elle dépense par mois?
3. Où habite-t-elle?
4. Qui paie tous ses frais?
5. Combien ses parents lui donnent-ils?
6. Pourquoi est-ce que cela ne la gêne pas que ses parents lui paient tout?

B Thierry Répondez d'après le texte.
1. Quel genre d'études fait Thierry?
2. Est-ce qu'il a beaucoup d'argent?
3. Sur quoi économise-t-il surtout?
4. Que fait-il pendant les vacances?
5. Que fait-il de l'argent qu'il gagne pendant les vacances?
6. Combien de fois par mois va-t-il au restaurant? Au théâtre? Au cinéma?
7. Est-il triste de ne pas pouvoir sortir très souvent?

C Isabelle Répondez d'après le texte.
1. Quel genre d'études fait Isabelle?
2. D'où vient-elle?
3. Est-ce qu'elle dépend beaucoup de ses parents?
4. Pourquoi fait-elle des économies?
5. Quels petits boulots fait-elle?
6. Comment économise-t-elle de l'argent?

Communication libre

A **Budget** Faites une liste de vos dépenses et une liste de vos revenus. Établissez ensuite un budget.

B **Projet** Vous et votre camarade avez besoin d'argent pour réaliser un projet: acheter une moto, faire un petit voyage, etc. Choisissez un projet, calculez la somme d'argent dont vous aurez besoin et préparez un plan d'action pour obtenir cet argent.

Le marché aux puces de la porte de Saint-Ouen

LA FRANCE EN 1900

Introduction

En France, 1900 c'est l'Exposition universelle et la tour Eiffel; c'est aussi le début de l'électricité et du cinéma. Mais comment les gens vivaient-ils au quotidien? Vous le saurez en lisant l'article qui suit. Il a paru dans *Okapi*, un magazine destiné aux jeunes.

Vocabulaire

- Mon père, ce héros au sourire si doux…
- une institutrice/ une maîtresse d'école
- un porte-plume
- la croix d'honneur
- une blouse
- des lacets
- l'encre
- une écriture penchée
- un ruban
- des boucles/ des anglaises

Communication guidée

A **Associations** Trouvez les mots qui correspondent.

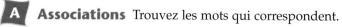

1. un vitrier
2. un ramoneur
3. un tailleur
4. un lacet
5. un porte-plume
6. un réverbère
7. un fiacre
8. un chiffonnier
9. une charrette
10. un ruban
11. des anglaises

a. un cheval
b. les cheveux
c. une chaussure
d. un âne
e. une fenêtre
f. un allumeur
g. une cheminée
h. un chiffon
i. des vêtements
j. des boucles
k. l'encre

B **Oui ou non?** Corrigez.

1. Un bec de gaz donne de la lumière.
2. Un cocher répare les fenêtres.
3. Une blouse est ce que portaient les élèves en 1900.
4. Un mauvais élève porte la croix d'honneur.
5. Les gamins des rues portaient des rubans dans les cheveux.
6. Une institutrice enseigne dans une école secondaire.
7. Un écriteau est une écriture penchée.

Comment vivait-on en 1900?

La rue est pleine de cris: «Vitrier! Ramoneur! Chiffonnier!» Les artisans travaillent dans la rue, avec leur atelier installé sur une charrette. Le chiffonnier

Le vendeur de poteries

tire[1] son âne. Il passe chez les couturiers et chez les tailleurs pour récupérer les bouts de chiffons et pour les vendre à une fabrique de papier.

En 1900, rien ne se jette. Tout se fabrique en solide et se réutilise. Et de nombreux artisans vivent ainsi, plus ou moins bien, de la réparation des objets que l'on utilise tous les jours.

Dans la rue, le cheval est roi. Trois chevaux tirent l'omnibus sur des rails, car la voie n'est pas encore électrifiée. Le cocher grimpe[2] avec quelques voyageurs sur l'étage supérieur qu'on appelle «l'impériale». Les taxis sont des fiacres décapotables à quatre roues, tirés par des chevaux.

Sur la façade des beaux immeubles, un écriteau signale le dernier confort: «Eau et

La rue

[1] tire *pulls*
[2] grimpe *climbs*

gaz à tous les étages». L'eau n'est pas toujours à chaque évier, mais elle est disponible à chaque palier[3]. Dans les beaux appartements, on s'éclaire au gaz de ville. Ce soir, l'allumeur de réverbères va passer dans la rue pour ouvrir et allumer les becs de gaz. Demain matin, il viendra les éteindre.

Les petites filles de bonne famille portent des rubans dans les cheveux et des robes blanches. De longues boucles leur descendent en spirale dans le dos; c'est la mode des «anglaises».

Ce petit garçon porte la large casquette des gamins des rues parisiens. Il est vendeur de lacets. La loi[4] interdit le travail des enfants à l'usine. Mais, dès la fin de l'école primaire[5], beaucoup d'enfants exercent un métier.

L'idée ne vient encore à personne d'aller acheter ses lacets dans les grands magasins, car il en existe très peu. Et de toute façon, chacun trouve dans la rue tout ce qu'il veut acheter.

C'est le début de la radioscopie. Le médecin voit enfin à l'intérieur du corps, sans avoir besoin d'opérer. Et il voit surtout les cavernes creusées[6] dans les poumons par une terrible maladie: la tuberculose. Ce mal est responsable de la moitié des décès[7], dans les grandes villes, en 1900.

Mais beaucoup de médecins vont payer de leur vie la découverte scientifique qui permet de dépister[8] la tuberculose. Ils sont assis devant un simple meuble[9] de bois. Pendant tout le temps où ils observent leur malade, ils reçoivent des rayons X dans le corps. Comme rien ne les protège contre ces rayons dangereux, ils sont brûlés peu à peu. Certains en mourront.

Pour téléphoner, en 1900, il faut obligatoirement passer par «la demoiselle du téléphone». C'est elle qui vous relie à votre correspondant. On ne peut pas obtenir directement le numéro que l'on désire.

Il n'y a donc pas de cadran ni de chiffres sur le lourd téléphone noir dont on

Le vendeur de lacets

La radio des poumons

La demoiselle du téléphone

---

[3] palier *landing (of a staircase)*

[4] la loi *law*

[5] dès… primaire *as soon as they finish elementary school*

[6] les cavernes creusées *cavities burrowed*

[7] la moitié des décès *half of all deaths*

[8] dépister *to detect*

[9] un meuble *piece of furniture*

La salle de classe

dispose à la maison. Mais il y a une belle manivelle[10], pour faire venir le courant!

On compte, en France, 7 téléphones pour 10 000 habitants. L'abonnement[11] coûte cher, et ces drôles[12] d'appareils font un peu peur.

L'école n'a pas toujours été ouverte à tous. En 1881, le ministre Jules Ferry la rend gratuite[13] et obligatoire de 7 ans jusqu'à 12 ans. Le gouvernement forme et paye les instituteurs. Tout Français doit apprendre à lire, compter et écrire.

Pas de fantaisie dans la classe. L'élève porte une blouse noire boutonnée dans le dos, et le meilleur de la division reçoit la croix d'honneur.

La maîtresse donne le cours de morale: «Ne fais pas aux autres ce que tu ne voudrais pas qu'on te fît.» Bonne occasion d'apprendre en même temps l'imparfait du subjonctif: «fît». On va à l'école 6 heures par jour, sauf le jeudi et le dimanche.

L'examen du Certificat d'études termine de solides études primaires. Le candidat doit réussir sa dictée avec moins de cinq fautes. Il écrit d'une belle écriture penchée, à l'encre violette et au porte-plume. Il récite par cœur les départements, les fleuves[14] et les dates de l'histoire de France.

Le lycée est payant: il est plutôt réservé aux familles riches. Et rares sont les filles qui y ont droit[15]. Souvent, elles vont dans des institutions privées, où elles apprennent surtout la broderie[16] et la cuisson des confitures[17].

---

[10] une manivelle *crank*
[11] l'abonnement *phone service*
[12] drôles *funny, strange*
[13] gratuite *free*

[14] fleuves *rivers*
[15] y ont droit *are allowed to attend*
[16] la broderie *embroidery*
[17] la cuisson des confitures *jam making*

Après la lecture

A La rue Vrai ou faux?
1. En 1900, les artisans avaient des ateliers.
2. On jetait ce qui était usé.
3. L'omnibus était tiré par des chevaux.
4. Les omnibus avaient deux étages.
5. Dans les beaux immeubles, les appartements étaient éclairés au gaz.
6. On éteignait et allumait les becs de gaz tous les jours.

B Le vendeur de lacets Vrai ou faux?
1. Les petites filles de bonne famille avaient les cheveux courts.
2. Beaucoup d'enfants travaillaient après l'école primaire.
3. La loi les autorisait à travailler.
4. Les grands magasins existaient déjà.
5. La plupart des gens achetaient ce qu'ils voulaient dans la rue.

C La radio des poumons Vrai ou faux?
1. On pouvait déjà faire des radioscopies des poumons.
2. Il n'y avait aucun cas de tuberculose.
3. Les médecins savaient que les rayons X étaient dangereux.
4. Aucun médecin n'est mort, brûlé par les rayons X.

D La demoiselle du téléphone Vrai ou faux? Corrigez les phrases fausses.
1. On pouvait téléphoner directement.
2. Il y avait un cadran et des chiffres sur les téléphones.
3. Il y avait une manivelle sur les téléphones.
4. Il y avait 1 téléphone pour 1 000 personnes.
5. Les gens n'hésitaient pas à se servir du téléphone.

E La salle de classe Vrai ou faux? Corrigez les phrases fausses.
1. C'est grâce à Jules Ferry que l'école primaire est devenue gratuite et obligatoire.
2. Les enfants allaient à l'école jusqu'à 14 ans.
3. Les élèves pouvaient s'habiller comme ils voulaient.
4. Les enfants allaient à l'école tous les jours sauf le samedi et le dimanche.
5. Les enfants devaient apprendre la géographie pour obtenir le Certificat d'études.
6. Toutes les filles allaient au lycée.

Le vendeur de gui

Communication libre

A **Le téléphone** Reprenez le texte sur le téléphone et mettez-le à l'imparfait.

B **Vos parents** Demandez à vos parents (ou à vos grands-parents) comment ils vivaient quand ils avaient votre âge. Faites une petite rédaction sur ce sujet.

C **Votre ville** Demandez aux élèves d'histoire de faire un exposé dans votre classe sur la vie dans votre ville ou village en 1900. Comparez avec eux la vie en France en 1900 et celle de votre ville. Ensuite, faites une petite rédaction sur ce sujet.

La marchande des quatre saisons

Structure II

Describing persons or things
Les adjectifs

1. An adjective must agree in gender and number with the noun it describes or modifies. Most feminine adjectives are formed by adding an **-e** to the masculine form.

    un homme intelligent   →   une femme intelligente
    un veston noir   →   une chemise noire

2. To form the plural, an **-s** is added to the adjective.

    des hommes intelligents   →   des femmes intelligentes
    des vestons noirs   →   des chemises noires

3. Remember that final consonants are silent. However, when a final consonant is followed by an **-e**, it is pronounced. Therefore, many adjectives have a final consonant sound in the feminine that they don't have in the masculine.

Masculine →	Feminine
grand	grande
petit	petite
intelligent	intelligente

4. Some adjectives have irregular feminine forms. Review the following:

	Masculine →	Feminine	Masculine →	Feminine
No change	facile	facile	rapide	rapide
Double consonant	cruel	cruelle	gentil	gentille
	bon	bonne	breton	bretonne
	ancien	ancienne	parisien	parisienne
	gros	grosse	bas	basse
-eux → -euse	furieux	furieuse	généreux	généreuse
-f → -ve	sportif	sportive	actif	active
-er → -ère -et → -ète	cher complet	chère complète	étranger inquiet	étrangère inquiète

5. Some adjectives have irregular masculine plural forms. Review the following.

	Masculine singular	Masculine plural
No change: -s → -s -x → -x	le gros chien un ami généreux	les gros chiens des amis généreux
-al → -aux	le groupe social	les groupes sociaux

6. Most adjectives follow the noun. However, some common ones precede it.

beau	**bon**	**long**
nouveau	**mauvais**	**joli**
vieux	**petit**	**jeune**
	grand	**gros**

7. The adjectives **beau, nouveau,** and **vieux** have special forms. Pay particular attention to the forms used before a masculine noun beginning with a vowel sound (i.e., **immeuble**).

Masculine		Feminine
un beau bureau de beaux bureaux	un bel immeuble de beaux immeubles	une belle maison de belles maisons
un nouveau bureau de nouveaux bureaux	un nouvel immeuble de nouveaux immeubles	une nouvelle maison de nouvelles maisons
un vieux bureau de vieux bureaux	un vieil immeuble de vieux immeubles	une vieille maison de vieilles maisons

Note that **de** and not **des** is used before an adjective preceding a plural noun. However, in everyday speech, **des** is commonly used.

8. A few adjectives have a different meaning when placed before or after the noun:

un grand homme	*a great man*
un homme grand	*a tall man*
un pauvre homme	*a poor man (unfortunate)*
un homme pauvre	*a poor man (who has no money)*

Structure II

Communication guidée

A **Les collègues** Complétez.

1. Laure est très _____. Elle ne répète rien à personne. Mais attention à Marc. Il est très _____. Je t'assure qu'il répétera tout ce que tu lui diras. (discret, indiscret)
2. Hélène est très _____. Elle n'a jamais peur de rien. Mais je trouve que beaucoup de ses amis sont très _____. C'est bizarre. (courageux, timide)
3. Je sais qu'elle est _____, mais je crois que son fiancé est _____. (parisien, breton)

B **Historiette** **Un nouveau patron**
Complétez.

1. En fait, notre nouveau patron est une femme. Il paraît qu'elle est très _____. (intelligent)
2. Elle est très _____. (sportif)
3. Elle aime les gens qui sont très _____. (direct)
4. Elle n'aime pas les gens qui sont trop _____. (sérieux)
5. Elle est aussi très _____. (généreux)
6. J'espère qu'elle est aussi _____. (sympathique)

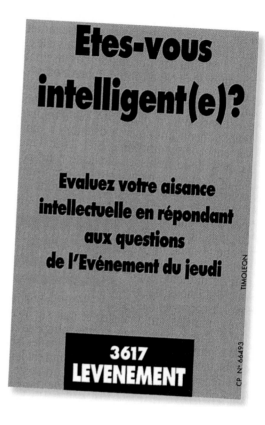

Etes-vous intelligent(e)?

Evaluez votre aisance intellectuelle en répondant aux questions de l'Evénement du jeudi

3617 LEVENEMENT

La plus belle radio

C **Historiette** **Dans mon quartier** Mettez au pluriel.

1. C'est un vieil immeuble.
2. Devant, il y a un bel arbre.
3. Dans la rue, il y a un nouveau magasin et une nouvelle boutique.
4. C'est le nouveau propriétaire.
5. C'est un bel homme.
6. C'est un homme original.
7. Sa boutique est originale aussi.

D **Quand les autres vous énervent**
Complétez.

1. C'est un _____ idiot! (vieux)
2. C'est un _____ hypocrite! (vieux)
3. C'est un _____ imbécile! (beau)
4. C'est un _____ crétin! (beau)
5. C'est une _____ idiote! (beau)

E **Comment sont-ils?** Décrivez-les physiquement et imaginez leur caractère.

1. Valérie
2. Christophe
3. Isabelle
4. Philippe
5. une grand-mère
6. un ancien combattant

Structure II

Expressing wishes, preferences, and demands concerning oneself or others

Le subjonctif ou l'infinitif

With expressions that require the subjunctive, the subjunctive is used only when the subject of the dependent clause is different from the subject of the main clause. When there is no change of subject in the sentence, the infinitive is used instead of a clause with the subjunctive.

Subjunctive	Infinitive
Je veux que tu lises le courrier.	Je veux lire le courrier.
Il faut que vous soyez à l'heure.	Il faut être à l'heure.

Communication guidée

A **Historiette** **Les ordres du patron.** Répondez d'après le modèle.

Il faut lire le courrier. →
Il faut que vous lisiez le courrier.

1. Il faut répondre aux lettres.
2. Il faut taper les lettres.
3. Il faut envoyer un fax à Florence Gallois.
4. Il faut téléphoner à Bernard Lemaire.

5. Il faut écouter les messages téléphoniques.
6. Il faut vérifier les factures.
7. Il faut aller à la réunion.
8. Il ne faut pas fumer.

B **Comment économiser.** Complétez.

1. Je voudrais _____ des économies. (je/faire)
2. Mon père voudrait _____ un compte. (je/ouvrir)
3. Il souhaite _____ de l'argent à la banque tous les mois. (je/mettre)
4. Il préfère _____ de l'argent de poche toutes les semaines. (il/me donner)
5. Il souhaite _____ l'argent que j'ai à la banque. (je/ne pas dépenser)
6. Je veux _____ des intérêts. (je/recevoir)

More verbs expressing actions that may or may not take place

D'autres verbes au présent du subjonctif

1. Some verbs have two stems in the present subjunctive. All forms except **nous** and **vous** have the regular stem (based on the **ils/elles** form of the present indicative). The **nous** and **vous** forms have an irregular stem.

Infinitive	Present subjunctive	
prendre	que je prenne	que nous prenions
apprendre	que j' apprenne	que nous apprenions
comprendre	que je comprenne	que nous comprenions
venir	que je vienne	que nous venions
recevoir	que je reçoive	que nous recevions
devoir	que je doive	que nous devions

2. Verbs that have a spelling change in the present indicative keep the same spelling change in the present subjunctive.

Infinitive	Present subjunctive	
voir	que je voie	que nous voyions
croire	que je croie	que nous croyions
appeler	que j' appelle	que nous appelions
acheter	que j' achète	que nous achetions
répéter	que je répète	que nous répétions

Communication guidée

 A **Je veux que tu sois au courant.** Faites des phrases avec les expressions indiquées.

1. Tu viens avec moi téléphoner. (il faut que)
2. Tu appelles tes grands-parents. (j'exige que)
3. Tu reçois de bonnes nouvelles. (je souhaite que)
4. Tu achètes le journal. (je voudrais que)
5. Tu prends aussi un magazine. (j'aimerais que)
6. Tu comprends ce qui se passe. (il vaut mieux que)

 B **Je veux que vous soyez au courant.** Refaites l'Activité A en remplaçant **tu** par **vous.** Suivez le modèle.

 Vous venez avec moi téléphoner. (il faut que) →
Il faut que vous veniez avec moi téléphoner.

Littérature

La nausée — Jean-Paul Sartre

Avant la lecture

Aux États-Unis, comme en France, il y a des endroits (clubs, bowlings, cafés, etc.) où les gens aiment se retrouver régulièrement. Quels sont ces endroits pour vous, pour vos parents, pour d'autres personnes que vous connaissez?

La bonne s'essuie la main.

un tablier

un marin

Il y a deux marins au fond de la salle.

Puis elle tend la main au jeune homme.

faire ses adieux dire au revoir _To say goodbye_   **s'approcher de** aller près de _To approach_

bien s'entendre bien s'aimer _To get along well_   **s'ennuyer de quelqu'un** souffrir de _To bore/annoy/bother_

prendre un verre boire _drink_   l'absence de quelqu'un

se rappeler se souvenir de _to remember_   **s'apercevoir** prendre conscience, remarquer,

avoir l'habitude de être accoutumé(e) à _To be in the habit of_   noter _To notice_

Communication guidée

A **Synonymes** Exprimez d'une autre façon ce qui est en italique.

1. Il a *dit au revoir* à sa famille.
2. Je ne *me souviens plus de* son nom.
3. Elle *s'est séché* les mains.
4. Tous les matins, il *était accoutumé à* prendre un café au lait au café du coin.
5. Il travaille beaucoup. Il ne *remarque* pas que le temps passe.

B **Fin de phrase** Terminez les phrases suivantes.

1. Ils ne se disputent jamais, ils _____.
2. Elle voulait lui souhaiter la bienvenue, alors elle lui _____.
3. Ce n'est pas tous les jours que j'ai le plaisir de vous rencontrer. Allons donc au café _____.
4. Je veux bien faire la vaisselle, mais j'ai une robe toute propre, alors passe-moi un _____.
5. Il était trop loin et il n'entendait pas; alors il _____.
6. Le téléphone public, c'est _____.
7. Son mari est toujours parti en voyage. Elle _____.
8. Il travaille sur un bateau. Il est _____.
9. Elle habite chez des gens. Elle fait tout pour eux dans la maison. C'est leur _____.

Le Havre: le port

Introduction

Jean-Paul Sartre (1905–1980) est un philosophe, un romancier et un auteur dramatique. Il fait ses études de philosophie à Paris. Il enseigne d'abord au Havre, à Laon, puis à Paris. Jean-Paul Sartre est certainement le plus éminent des philosophes existentialistes, car en plus de ses ouvrages philosophiques, il a illustré sa doctrine philosophique dans ses romans et ses pièces de théâtre.

Son roman *La nausée* (1938) met en scène un homme, Antoine Roquentin, qui vit en solitaire à Bouville (en réalité Le Havre). Après une longue crise d'angoisse existentielle, il décide d'aller s'installer à Paris.

Dans l'extrait qui suit, il vient faire ses adieux à la patronne du café dont il est un habitué. En lisant le texte, remarquez combien la patronne aime «son métier» et s'intéresse à ses clients.

Lecture 🎧

La nausée

«Je viens vous faire mes adieux.

—Vous partez, monsieur Antoine?

—Je vais m'installer à Paris, pour changer.

—Le veinard!° […]

«On vous regrettera°, dit la patronne. Vous ne voulez pas prendre quelque chose? C'est moi qui l'offre.»

On s'installe, on trinque°. Elle baisse° un peu la voix.

«Je m'étais bien habituée à vous, dit-elle avec un regret poli, on s'entendait bien.

— Je reviendrai vous voir.

—C'est ça, monsieur Antoine. Quand vous passerez par Bouville, vous viendrez nous dire un petit bonjour. Vous vous direz: «Je vais aller dire bonjour à Mme Jeanne, ça lui fera plaisir.» C'est vrai, on aime bien savoir ce que les gens deviennent. D'ailleurs, ici, les gens nous reviennent toujours. Nous avons des marins, pas vrai? des employés de la Transat*: des fois je reste deux ans sans les revoir, un coup qu'ils sont° au Brésil ou à New York ou bien quand ils font du service à Bordeaux sur un bateau des Messageries†. Et puis un beau jour, je les revois. «Bonjour, madame Jeanne.» On prend un verre ensemble. Vous me croirez si vous voulez, je me rappelle ce qu'ils ont l'habitude de prendre. À deux ans de distance! Je dis à

Le veinard! *Lucky devil!*
regrettera *will miss*

trinque *clink glasses*
baisse *lowers*

un coup qu'ils sont *sometimes they are*

---

* la Transat *short for "la Compagnie générale transatlantique," a French shipping company*

† les Messageries *short for "la Compagnie des Messageries maritimes," another French shipping company*

Madeleine: «Vous servirez un vermouth sec à M. Pierre, un Noilly Cinzano à M. Léon.» Ils me disent: «Comment que vous vous rappelez ça, la patronne?» «C'est mon métier», que je leur dis.»

Au fond de la salle, il y a un gros homme qui […] l'appelle:

«La petite patronne!»

Elle se lève:

«Excusez, monsieur Antoine.»

La bonne s'approche de moi:

«Alors, comme ça vous nous quittez?

—Je vais à Paris.

—J'y ai habité, à Paris, dit-elle fièrement°. Deux ans. Je travaillais chez Siméon. Mais je m'ennuyais d'ici.»

Elle hésite une seconde puis s'aperçoit qu'elle n'a plus rien à me dire:

«Eh bien, au revoir, monsieur Antoine.»

Elle s'essuie la main à son tablier et me la tend:

«Au revoir, Madeleine.»

fièrement *proudly*

Jean-Paul Sartre, *La nausée*, © Éditions Gallimard

Après la lecture

A **Les personnages** Dites lesquels parmi les personnages suivants sont dans la salle du café:
M. Antoine, M. Pierre, Mme Jeanne, M. Léon, Madeleine, Siméon

B **Bouville** Cette ville se trouve au bord de la mer. Notez tout ce qui indique que c'est le cas.

C **Mme Jeanne** La patronne est fière *(proud)* de son café et de son métier. Notez tout ce qu'elle dit pour exprimer cette fierté.

Le café «La Coupole» à Paris, vers 1930

Communication libre

Les habitués Imaginez que M. Pierre ou M. Léon revient voir Mme Jeanne. Recréez leur dialogue. Travaillez avec un(e) camarade.

Solitary Confinement

La réclusion solitaire   **Tahar Ben Jelloun**

Avant la lecture

furniture   books

Faites une liste de tout ce qu'il y a dans votre chambre: meubles, livres, tableaux, affaires personnelles, etc.

Vocabulaire

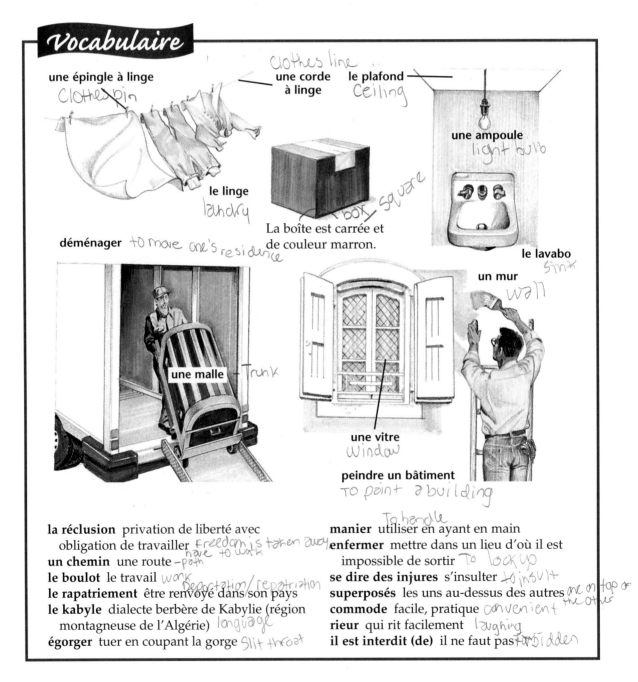

Clothes line

une épingle à linge — *Clothespin*

une corde à linge

le plafond — *Ceiling*

une ampoule — *light bulb*

le linge — *laundry*

le lavabo — *sink*

La boîte est carrée et de couleur marron. — *box square*

déménager — *to move one's residence*

un mur — *wall*

une malle — *Trunk*

une vitre — *Window*

peindre un bâtiment — *To paint a building*

la réclusion privation de liberté avec obligation de travailler — *freedom is taken away have to work*

un chemin une route — *path*

le boulot le travail — *work*

le rapatriement être renvoyé dans son pays — *Deportation/repatriation*

le kabyle dialecte berbère de Kabylie (région montagneuse de l'Algérie) — *language*

égorger tuer en coupant la gorge — *slit throat*

To handle

manier utiliser en ayant en main

enfermer mettre dans un lieu d'où il est impossible de sortir — *To lock up*

se dire des injures s'insulter — *to insult*

superposés les uns au-dessus des autres — *one on top of the other*

commode facile, pratique — *convenient*

rieur qui rit facilement — *laughing*

il est interdit (de) il ne faut pas — *forbidden*

Communication guidée

 Synonymes Exprimez d'une autre façon ce qui est en italique.

1. Il va *mettre de la peinture sur* le plafond.
2. Il *ne faut pas* fumer ici.
3. Il y a partout des piles de livres *les uns au-dessus des autres*.
4. N'oublie pas de repasser *les chemises, les serviettes et tout le reste*.
5. Nous voulons *changer d'appartement*.
6. Il a été condamné à *la privation de liberté*.
7. Pour tuer un mouton, il faut savoir *utiliser* un couteau.
8. *Être renvoyé dans son pays* lui fait peur.
9. Il va au *travail* à vélo.
10. *La route* est *facile*.

 Définitions Donnez le mot qui correspond.

1. récipient de porcelaine avec de l'eau courante qui sert à faire sa toilette
2. objet qui sert à attacher des vêtements quand ils sèchent
3. objet carré qui sert à enfermer quelque chose
4. façon de changer la couleur d'une chose
5. une très grosse valise
6. une construction
7. dialecte berbère de Kabylie

C **Associations** Choisissez les mots qui sont associés.

1. peinture	a. prison		
2. ampoule	b. voyage		
3. malle	c. mur		
4. lavabo	d. tableau		
5. linge	e. injure		
6. se disputer	f. lessive		
7. épingle à linge	g. marron		
8. fenêtre	h. toilette		
9. joyeux	i. lumière		
10. enfermer	j. vitre		
11. couleur	k. corde à linge		
12. plafond	l. rieur		

Port de pêche dans la Kabylie, en Algérie

Introduction

Tahar Ben Jelloun est né à Fès, au Maroc, en 1944. Romancier et poète, il reçoit le prix Goncourt en 1987 pour son roman *La nuit sacrée*.

Dans le texte qui suit, extrait de *La réclusion solitaire* (1976), il décrit l'indifférence, la haine, la violence et l'humiliation que rencontre un Arabe qui essaie de gagner sa vie à Paris. Tahar Ben Jelloun y a inclus beaucoup de souvenirs personnels.

Lecture

La réclusion solitaire

Aujourd'hui je ne travaille pas.

Je laverai mon linge dans le lavabo de la cour. J'irai ensuite au café.

Par arrêté préfectoral° (ou autre), je dois abandonner la malle*. On me propose une cage dans un bâtiment où les murs lépreux° et fatigués doivent abriter° quelques centaines de solitudes. Il n'y avait rien à déménager: des vêtements et des images; un savon et un peigne; une corde et quelques épingles à linge.

La chambre.

Une boîte carrée à peine éclairée par une ampoule qui colle au plafond°. Les couches de peinture° qui se sont succédées sur les murs s'écaillent°, tombent comme des petits pétales et deviennent poussière°.

Quatre lits superposés par deux. Une fenêtre haute. [...]

Le blond aux yeux marron me réveilla, m'offrit du thé et des figues et nous partîmes au travail.

À l'entrée du bâtiment, on nous a donné le règlement°:

—Il est interdit de faire son manger dans la chambre (il y a une cuisine au fond du couloir);

—Il est interdit de recevoir des femmes; [...]

—Il est interdit d'écouter la radio à partir de neuf heures;

—Il est interdit de chanter le soir, surtout en arabe ou en kabyle;

—Il est interdit d'égorger un mouton dans le bâtiment; [...]

—Il est interdit de faire du yoga dans les couloirs;

—Il est interdit de repeindre les murs, de toucher aux meubles,

arrêté préfectoral *administrative order*
lépreux *peeling*
abriter *shelter*

colle au plafond *sticks to the ceiling*
les couches de peinture *coats of paint*
s'écaillent *are flaking off*
poussière *dust*

le règlement *regulations*

* la malle *nom que le narrateur donne à la chambre qu'il doit quitter*

de casser° les vitres, de changer d'ampoule, de tomber malade, d'avoir la diarrhée, de faire de la politique, d'oublier d'aller au travail, de penser à faire venir sa famille, […] de sortir en pyjama dans la rue, de vous plaindre° des conditions objectives et subjectives de vie, […] de lire ou d'écrire des injures sur les murs, de vous disputer, de vous battre, de manier le couteau, de vous venger°.

—Il est interdit de mourir dans cette chambre, dans l'enceinte° de ce bâtiment (allez mourir ailleurs°; chez vous, par exemple, c'est plus commode);

—Il est interdit de vous suicider (même si on vous enferme à Fleury-Mérogis†); votre religion vous l'interdit, nous aussi;

—Il est interdit de monter dans les arbres;

—Il est interdit de vous peindre en bleu, en vert ou en mauve;

—Il est interdit de circuler en bicyclette dans la chambre, de jouer aux cartes, de boire du vin (pas de champagne);

—Il est aussi interdit de […] prendre un autre chemin pour rentrer du boulot.

Vous êtes avertis°. Nous vous conseillons de suivre le règlement, sinon, c'est le retour à la malle et à la cave°, ensuite ce sera le séjour dans un camp d'internement en attendant votre rapatriement.

Dans cette chambre, je dois vivre avec le règlement et trois autres personnes: le blond aux yeux marron, le brun aux yeux rieurs, et le troisième est absent, il est hospitalisé parce qu'il a mal dans la tête.

Tahar Ben Jelloun, *La réclusion solitaire*, Éditions Denoël

† Fleury-Mérogis *prison près de Paris*

casser *break*

vous plaindre *complain*

vous venger *take revenge*
l'enceinte *confines*
ailleurs *elsewhere*

avertis *warned*
la cave *basement*

Après la lecture

A Journée libre Répondez d'après la lecture.

1. Quels projets le narrateur a-t-il faits pour la journée?
2. Il appelle la chambre qu'il doit quitter, «la malle». Pourquoi doit-il quitter cette chambre?
3. Comment sont les murs du bâtiment où il va? Qu'est-ce qu'ils abritent?
4. Qu'est-ce qu'il doit déménager?
5. Qui l'a réveillé?
6. Que lui a-t-il offert?
7. Que donne-t-on aux nouveaux locataires *(tenants)* à l'entrée du bâtiment?
8. Avec quoi et avec qui le narrateur doit-il vivre dans sa nouvelle chambre?

B La chambre Décrivez la nouvelle chambre.

1. l'éclairage   3. les lits
2. les murs   4. les fenêtres

C Le règlement Complétez.

1. On doit faire son manger dans _____.
2. On peut écouter la radio jusqu'à _____.
3. Il n'est pas permis de chanter le _____.
4. On peut aller mourir _____.
5. Il est interdit de monter dans _____.
6. Il est interdit de se peindre en _____.
7. Dans le bâtiment, il est interdit de _____.
8. Dans les couloirs, il est interdit de _____.
9. Sur les murs, il est interdit de _____.
10. Dans la chambre, il est interdit de _____.

D Les interdictions Dites ce qu'il est interdit…

1. de toucher   6. d'oublier
2. de manier   7. de recevoir
3. de repeindre   8. de prendre
4. de changer   9. de faire
5. de casser   10. de lire ou d'écrire

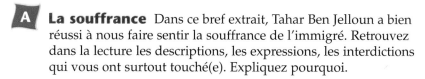
Communication libre

A **La souffrance** Dans ce bref extrait, Tahar Ben Jelloun a bien réussi à nous faire sentir la souffrance de l'immigré. Retrouvez dans la lecture les descriptions, les expressions, les interdictions qui vous ont surtout touché(e). Expliquez pourquoi.

B **La violence** Dites pourquoi, à votre avis, le règlement stipule qu'il est interdit de se plaindre, de se disputer, de se battre, de se venger.

C **Triste et comique** Parmi cette longue liste d'interdictions, y en a-t-il certaines qui vous font rire ou sourire? Identifiez lesquelles et dites pourquoi vous les trouvez drôles ou comiques.

1. Vignobles à Vevey au bord du lac Léman, en Suisse
2. Préparatifs pour le dîner dans un restaurant de luxe à Monte-Carlo, dans la principauté de Monaco
3. Le palais princier à Monaco
4. Marchand de légumes à Luxembourg, dans le grand-duché de Luxembourg
5. Horloge fleurie à Genève, en Suisse
6. Joueurs d'échecs à Genève, en Suisse
7. Les Serres royales à Bruxelles, en Belgique

6

NATIONAL GEOGRAPHIC

REFLETS

de l'Europe francophone

7

Les loisirs

Objectifs

In this chapter you will:

✔ *learn what leisure activities French people of different ages enjoy*

✔ *learn about some leisure activities such as attending a play, including buying the tickets and discussing the play afterwards*

✔ *learn to express your opinions of certain leisure activities*

✔ *review how to talk about actions in the past tense and how to compare people and things*

✔ *read and discuss newspaper articles about two young singers from Guadeloupe, a French surfing champion, and a cross-country race*

✔ *review how to express emotional reactions to the actions of others, certainty or uncertainty, uniqueness, and emotions or opinions about past events*

✔ *learn about the history and tradition of "la chanson française" and read and discuss the poetic song* Les feuilles mortes, *by Jacques Prévert*

LES LOISIRS EN FRANCE

Le jardin du Luxembourg

Introduction

En France, le temps libre augmente de plus en plus. La durée du travail est maintenant passée à 35 heures par semaine. Par conséquent, les gens ont de plus en plus de temps pour les loisirs. Pendant leurs heures de loisirs, ils font du sport, ils écoutent de la musique, ils regardent la télévision, ils bricolent, ils sortent avec des amis, etc. Et plus ils ont du temps libre, plus la partie de leur budget consacrée aux loisirs augmente.

Vocabulaire

rest
le repos

walking
la marche

le tir à l'arc
archery

le vol libre
hang gliding

un écran
screen

une télécommande
remote

une téléspectatrice

un téléspectateur

allumer la télévision
Turn on the TV

éteindre la télévision

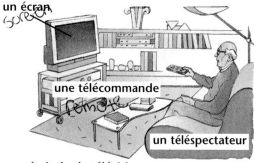

un baladeur/un walkman — walkman

l'écoute de la musique

Il aime bricoler. — To tinker

augmenter devenir plus grand, être en hausse, s'accroître *To get bigger*

consacrer donner, investir, assigner *To devote*

avoir envie de vouloir *To feel like*

prendre le pas dépasser, passer devant *To pass in front of*

entretenir tenir en bon état, maintenir *To maintain*

une sortie action de sortir (aller au cinéma, théâtre...) *To go out/The action of going out*

une dépense l'argent qu'il faut payer *an expense*

une récompense ce qu'on donne à un enfant quand il a été sage *reward*

un métier une profession, une occupation *job*

moyen(ne) ni trop long/grand/court/petit; contraire d'extrême *Average*

environ plus ou moins *its about*

autrefois dans l'ancien temps *formerly*

Communication guidée

A **Loisirs sportifs** Faites une liste…

1. de tous les sports individuels que vous connaissez.
2. de tous les sports collectifs (d'équipe) que vous connaissez.
3. des sports que vous faites ou que vous avez envie de faire.

B **Vos loisirs** Donnez des réponses personnelles.

1. Vous aimez écouter de la musique?
2. Vous consacrez combien de temps environ à écouter de la musique?
3. Vous préférez quel genre de musique?
4. Est-ce que vous utilisez un baladeur?
5. Vous aimez regarder la télévision?
6. Aujourd'hui, vous allez allumer la télévision à quelle heure?
7. Et vous allez l'éteindre à quelle heure?
8. Vous passez combien d'heures par jour en moyenne devant le petit écran?
9. Vous tolérez bien ou mal les annonces publicitaires à la télé?
10. Vous avez une télécommande? Vous pratiquez le zapping?
11. Vous aimez bricoler?
12. Quelle récompense vous donnez-vous à vous-même quand vous avez bien travaillé?

C **Les loisirs, c'est sérieux.** Complétez.

1. Quand vous préparez votre budget, il ne faut pas oublier les _____ de loisirs, c'est-à-dire l'argent dont vous aurez besoin pour les _____: aller au cinéma, etc.
2. Les loisirs coûtent de plus en plus cher: les dépenses de loisirs _____.
3. Pour gagner de l'argent, c'est-à-dire pour gagner sa vie, il faut exercer un _____ ou une profession.
4. Chez les Français, les sports individuels prennent le _____ sur les sports collectifs.
5. Celui qui regarde la télé est un _____; celle qui regarde la télé est une _____.
6. Pour obtenir de bons résultats sportifs, il faut _____ son équipement.
7. Après le travail, tout le monde mérite un peu de _____.
8. De nos jours, les gens ont de plus en plus de loisirs. Est-ce que c'était comme ça _____?

LES LOISIRS, LE TEMPS ET L'ARGENT

Les Français consacrent de plus en plus de temps et d'argent à leurs loisirs

Dans la vie d'un Français, le temps libre est trois fois plus long que le temps de travail. Dans une vie moyenne (72 ans), le temps libre représente environ 25 ans, alors que le temps de travail et de scolarité en représente moins de 10. Le temps libre ne cesse d'ailleurs[1] d'augmenter. Cette augmentation profite surtout à la télévision, la pratique sportive, les sorties et spectacles.

Les Français consacrent en moyenne un peu plus de 7% de leur budget aux dépenses de loisirs, spectacles, enseignement, culture.

---

[1] d'ailleurs *besides, moreover*

Le loisir n'est plus une récompense, mais une activité

Le temps libre se vivait autrefois comme une récompense. Il fallait avoir gagné sa vie à la sueur de son front[2], pour avoir droit au[3] repos, forme primaire du loisir. L'individu se devait d'abord à sa famille, à son métier, à son pays, après quoi il pouvait penser à lui-même.

Les plus âgés des Français sont encore très sensibles[4] à cette notion de mérite, mais pour les plus jeunes, le loisir est un droit[5] fondamental. Il n'y a donc aucune raison de se cacher[6] ni d'attendre pour faire ce qu'on a envie de faire, bref pour «profiter de la vie».

---

[2] à la sueur de son front *by the sweat of one's brow*

[3] avoir droit à *to be entitled to*

[4] sensibles *sensitive*

[5] un droit *right*

[6] se cacher *to hide*

Le sport est plus individuel, moins compétitif, plus diversifié

Les Français sont globalement plus nombreux à avoir une activité sportive: un sur deux est concerné[7]—mais seulement un sur cinq peut être considéré comme un sportif régulier. Les sports individuels (comme le tennis et la marche) ont pris le pas sur les sports collectifs, qui sont moins pratiqués par les femmes.

---

[7] concerné *involved*

Le nombre des activités sportives a lui aussi augmenté et il est de plus en plus fréquent d'en pratiquer plusieurs, plus ou moins régulièrement. Des sports nouveaux ou récents comme le base-ball, le golf, le canoë-kayak, le tir à l'arc, le vol libre et le roller-blading ont de plus en plus d'adeptes[8]. Certaines activités comme le jogging et l'aérobic sont un peu en perte de vitesse[9], même si elles comptent encore beaucoup d'inconditionnels.

D'une manière générale, les Français cherchent moins à faire des performances et à aller au bout d'eux-mêmes[10] qu'à entretenir leur forme; le sport-plaisir prend le pas sur le sport-souffrance. Ils sont confortés dans cette idée par les médias qui, après en avoir fait l'apologie, dénoncent aujourd'hui les risques que peuvent présenter certaines activités comme le jogging, l'aérobic ou le tennis pour les personnes insuffisamment entraînées.

---

[8] adeptes *followers*
[9] en perte de vitesse *losing momentum*
[10] aller au bout d'eux-mêmes *to push themselves to the limit*

Dordogne: des jeunes Français faisant du canoë et du kayak

La musique a une place croissante dans la vie des Français

On constate une spectaculaire progression de l'écoute de la musique, sur disques, cassettes ou à la radio. Là encore, la naissance des baladeurs et des disques compacts, l'amélioration[11] des chaînes hi-fi et des postes de radio FM, ainsi que la baisse des prix, ont largement favorisé le mouvement.

L'augmentation de l'écoute musicale touche toutes les catégories de population sans exception, et tous les genres de musique, du jazz au rock en passant par la musique classique et l'opéra. Le phénomène est cependant plus marqué chez les jeunes. La moitié des 15–19 ans écoutent des disques ou cassettes tous les jours.

Les nouveaux comportements[12]

La diffusion de la télécommande, du magnétoscope, du DVD, des jeux vidéo ou de la réception par câble ou par satellite permet une plus grande maîtrise[13] de la télévision.

Les comportements des téléspectateurs sont progressivement transformés. Un téléspectateur sur quatre seulement décide à l'avance de son programme. La moitié décide au jour le jour. Le fait d'allumer la télévision est devenu un geste banal[14], plus qu'une décision.

Le zapping prend de plus en plus d'importance

Près des deux tiers des foyers[15] sont aujourd'hui équipés d'une télécommande. L'augmentation du nombre des chaînes et celle des publicités expliquent l'importance du zapping.

Les interruptions publicitaires sont de plus en plus mal tolérées, surtout pendant les films. 51% des personnes équipées de télécommande s'en servent pour éviter[16] la publicité.

---

[11] l'amélioration *improvement*
[12] comportements *behaviors*

[13] maîtrise *mastery, command*
[14] banal *commonplace, ordinary*
[15] foyers *households*
[16] éviter *to avoid*

A Comment les Français occupent-ils leur temps libre?

Répondez.

1. Qu'est-ce que les Français consacrent à leurs loisirs?
2. Quelles activités profitent surtout de cette augmentation du temps consacré aux loisirs?
3. Quel pourcentage de leur budget les Français consacrent-ils aux dépenses de loisirs?
4. Pour les plus âgés, comment fallait-il gagner sa vie pour avoir droit au loisir du repos?
5. Qu'est-ce que c'est que le sport-plaisir?
6. Qu'est-ce que c'est que le sport-souffrance?
7. Lequel de ces deux types de sport les Français préfèrent-ils?
8. Quelle activité culturelle a une place croissante dans la vie des Français?
9. Quels genres de musique sont devenus plus populaires?

B Les loisirs ont bien changé. Analysez.

1. Pour un Français qui vit 72 ans, quelle est actuellement la proportion de temps libre par rapport au temps de travail?
2. Autrefois, que faisaient les Français de leur temps libre, s'ils en avaient?
3. Comparez les attitudes des plus âgés des Français à celles des plus jeunes en ce qui concerne le travail et les loisirs.
4. Expliquez ce que cette expression signifie: «Profiter de la vie».
5. Pourquoi les médias dénoncent-ils la pratique de certains sports?
6. Quelles sont les raisons qui ont favorisé la progression spectaculaire de l'écoute de la musique?
7. Qu'est-ce que le zapping et pour quelles raisons prend-il de plus en plus d'importance?

C Vrai ou faux? Corrigez les phrases fausses.

1. Le temps libre continue à augmenter par rapport au temps de travail.
2. Le sport est la forme primaire du loisir.
3. Les Français préfèrent tous les sports compétitifs.
4. Les sports individuels sont très compétitifs.
5. Le nombre des activités sportives a augmenté.
6. L'intérêt pour la musique ne touche qu'un petit segment de la population.
7. La plupart des téléspectateurs savent exactement quels programmes ils vont regarder avant d'allumer la télévision.
8. Les interruptions publicitaires sont très bien tolérées par les Français.

Communication libre

 Sondage-Jeunes À la question «Qu'aimez-vous faire quand vous ne travaillez pas?» les jeunes Français ont répondu qu'ils aimaient (dans l'ordre):

- aller au cinéma
- se réunir avec des copains
- écouter de la musique
- pratiquer un sport
- voir leur petit(e) ami(e)
- regarder la télévision
- aller danser
- faire les boutiques

Avec vos camarades de classe, faites un sondage sur les loisirs des Américains de 15 à 19 ans.

 Comparaison entre Américains et Français En utilisant tous les renseignements qui vous ont été donnés au sujet des loisirs des Français, préparez une comparaison entre les loisirs des Français et ceux des Américains. Croyez-vous que les loisirs de ces deux groupes soient semblables ou différents? Justifiez votre opinion.

Culture

LE THÉÂTRE

Vocabulaire

la galerie

le deuxième balcon

le premier balcon

la corbeille

les places debout — *standing room*

l'orchestre — *orchestra*

la scène — *The Stage*

les coulisses — *backstage*

un fauteuil/une place

actor

Les comédiens (acteurs) jouent une pièce de Molière (1622–1673). C'est une comédie intitulée *Le Bourgeois gentilhomme*.

Cette pièce a un énorme succès. Elle fait courir tout Paris.

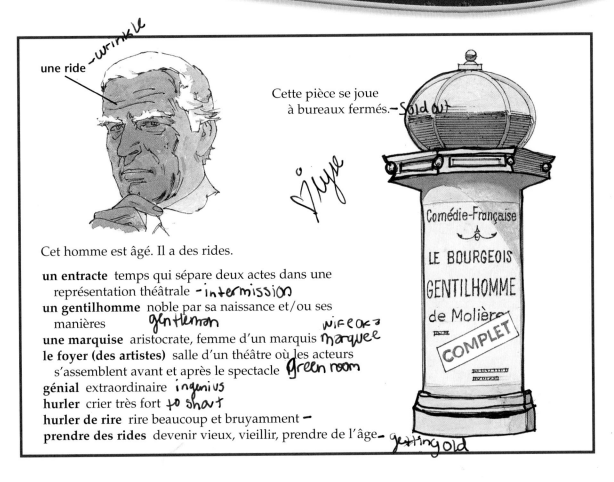

une ride —wrinkle

Cette pièce se joue
à bureaux fermés. —Sold out

Cet homme est âgé. Il a des rides.

un entracte temps qui sépare deux actes dans une
représentation théâtrale —intermission
un gentilhomme noble par sa naissance et/ou ses
manières   gentleman
une marquise aristocrate, femme d'un marquis   marquee WIFE OF?
le foyer (des artistes) salle d'un théâtre où les acteurs
s'assemblent avant et après le spectacle   green room
génial extraordinaire ingenius
hurler crier très fort to shout
hurler de rire rire beaucoup et bruyamment —
prendre des rides devenir vieux, vieillir, prendre de l'âge— getting old

Communication guidée

A **Au théâtre** Donnez des réponses personnelles.   RENT

1. Quand vous allez au théâtre, où préférez-vous vous asseoir: à l'orchestre,
   à la corbeille, au premier balcon, au deuxième balcon ou à la galerie?
2. Est-ce que vous aimez être assis(e) près de la scène?
3. Vous aimez les places debout?
4. Quels sont les fauteuils les plus chers: les fauteuils d'orchestre ou ceux de la galerie?
5. Vous aimez aller dans les coulisses ou au foyer pendant l'entracte ou après la pièce?
6. Vous connaissez une pièce qui se joue ou qui s'est jouée à bureaux fermés? Laquelle?
7. Quel genre de pièces est-ce que vous préférez: les comédies ou les tragédies?
8. Quelle comédie ou quel comédien vous a fait hurler de rire?

B **Synonymes** Exprimez d'une autre façon.

1. Cette pièce a *eu un succès fou*.
2. C'est une pièce *extraordinaire*.
3. C'est un *homme qui a d'excellentes manières*.
4. Elle est *mariée à un marquis*.
5. Elle *a pris de l'âge*.
6. Il *crie très fort*.

Conversation

On va au théâtre? 🎧

CORINNE: On joue *Le Bourgeois gentilhomme* à la Comédie-Française ce soir. Tu veux y aller?

BERNARD: Tu rêves! Il n'y aura pas de places! Ça se joue à bureaux fermés depuis trois semaines!

CORINNE: Tu es sûr? Ce n'est pas le genre de pièce qui fait courir tout Paris, pourtant.

BERNARD: Écoute, on peut toujours téléphoner pour voir, mais je suis sûr qu'il n'y aura même pas de places debout.

CORINNE: Et si j'avais des billets, tu viendrais avec moi?

BERNARD: Bien sûr! Tu en as?

CORINNE: Oui, je les ai pris il y a quinze jours, mais je voulais te faire la surprise. Je savais bien que tu voudrais y aller. J'ai deux fauteuils d'orchestre.

Pendant l'entracte 🎧

CORINNE: Ah! J'adore! Et toi, ça te plaît? Qu'est-ce que tu en penses?

BERNARD: C'est vraiment très drôle. Ce nouveau riche qui veut apprendre les bonnes manières pour se faire aimer d'une marquise… C'est à hurler de rire! Et Roland Bertin est vraiment formidable dans ce rôle.

CORINNE: Oui, il est tout à fait génial en Monsieur Jourdain… Tu veux aller au foyer pour lui dire bonjour?

BERNARD: Non, pas vraiment. Ce qui m'intéresse c'est de voir les comédiens sur scène. C'est leur travail qui est fascinant. Et puis la pièce, bien sûr. Molière n'a pas pris une ride! Des Monsieur Jourdain, il y en a encore partout!

Après la conversation

A **De quoi parlent-ils?** Répondez d'après la conversation.
1. On joue quelle pièce?
2. Où ça?
3. Pourquoi Bernard croit-il qu'il n'y aura pas de places?
4. De quoi est-ce qu'il est sûr?
5. Quelle est la surprise?
6. Quand Corinne a-t-elle pris les billets?
7. Qu'est-ce qu'elle a pris comme places?
8. Qui joue le rôle de Monsieur Jourdain (le bourgeois gentilhomme)?
9. Bernard a-t-il envie d'aller dire bonjour aux comédiens pendant l'entracte?
10. Qu'est-ce qui l'intéresse?
11. Est-ce qu'il trouve que Molière a vieilli?
12. D'après Bernard, est-ce que Monsieur Jourdain est un type d'homme qui a disparu?

B **Le compte-rendu de la pièce**
Donnez les renseignements suivants.
1. le nom du troupe d'acteurs
2. le nom de la pièce
3. le nom de l'auteur
4. le nom du personnage principal de la pièce
5. le nom de l'acteur qui joue ce rôle
6. tout ce que vous savez sur Monsieur Jourdain

LE BOURGEOIS GENTILHOMME
par la troupe de la Comédie-Française

PRIX DOMINIQUE
meilleure mise en scène de l'année

26 juin / 19 juillet

Comédie-Ballet en cinq actes et en prose de Molière. Musique de Jean-Baptiste Lully.
Mise en scène: Jean-Luc Boutté, décor et costumes : Louis Bercut, lumières : Joel Pitte.
Ensemble instrumental sous la direction de Dominique Probst.
Clavecin solo : Michel Frantz, chef de chant : Nicole Fallien, chorégraphie : François Raffinot.
Maître d'armes : François Rostain.
Avec Michel Etcheverry, François Chaumette, François Seigner, Simon Eine, Alain Pralon,
Yves Gasc, Richard Fontana, Roland Bertin, Claude Mathieu, Baptiste Roussillon,
Marie-Armelle Deguy, Muriel Mayette, Thierry Hancisse, Claude Lochy et Christophe Lidon
Location aux guichets de la Comédie-Française et du Théâtre national de l'Odéon.

Tél : 01 43 25 70 32.

Soirée 20 h 30. Dimanche matinée 15 h. Mardi 14 juillet 15 h : matinée exceptionelle.

Communication libre

A **Le programme** Vous êtes à Paris avec un(e) ami(e). Vous voulez aller voir une pièce à la Comédie-Française. Regardez le programme ci-contre. Discutez avec votre ami(e) pour décider de quelle pièce vous allez voir. Votre ami(e) aime les pièces sérieuses et vous les comédies. Votre ami(e) aime aussi la musique. Travaillez avec un(e) camarade de classe qui jouera le rôle de l'ami(e).

B **À la location** Maintenant que vous savez quelle pièce vous voulez aller voir et quand, vous allez—seul(e)—à la Comédie-Française pour prendre vos places. Vous êtes à la location et discutez avec l'employé(e). Vous voulez des places à l'orchestre, mais elles sont trop chères. Les places à la corbeille sont moins chères, mais il n'y en a plus. Vous prenez des places au premier balcon. Travaillez avec un(e) camarade qui jouera le rôle de l'employé(e).

C **À l'entracte** Vous et votre ami(e) venez de voir les deux premiers actes de la pièce de votre choix. Demandez à votre ami(e) ce qu'il/elle en pense. Comment il/elle trouve les comédiens, etc. Dites ce que vous en pensez. Proposez-lui d'aller au foyer dire bonjour aux comédiens. Travaillez avec un(e) camarade qui jouera le rôle de l'ami(e).

THÉÂTRE

02 COMÉDIE-FRANÇAISE (892 places), 2, rue de Richelieu (1er) 01.44.58.15.15, 15, M° Palais-Royal. Location de 11h à 18h, 14 jours à l'avance. Pl : 40 à 137 F.

Amour pour amour
de William Congreve. Texte français de Guy Dumur. Mise en scène André Steiger. Avec Catherine Salviat, Dominique Rozan, Claude Mathieu, Guy Michel, Marcel Bozonnet, Louis Arbessier, Nathalie Nerval, Jean-Philippe Puymartin, François Barbin, Thierry Hancisse, Sonia Vollereaux, Pierre Vial, Anne Kessler.
Equivalence, substitution, identité... mais surtout troc, échange de marchandises... Le troc dans cette pièce où l'économie financière joue un rôle de premier plan; installation, confirmation et sanctification de l'idéologie marchande... c'est l'Angleterre des nouveaux trafics commerciaux... l'échange, celui des cœurs et des corps. (Mer 12, 20h30, Lun 17, 20h30.)

La Folle journée ou le Mariage de Figaro
Comédie en 5 actes de Beaumarchais. Mise en scène Antoine Vitez. Ensemble instrumental Dir. Michel Frantz. Avec Catherine Samie, Geneviève Casile, Alain Pralon, Dominique Rozan, Catherine Salviat et Dominique Constanza (en alternance), Richard Fontana, Claude Mathieu, Véronique Vella, Jean-François Rémi, Claude Lochy, Bernard Belin, Jean-Luc Bideau, Loïc Brabant.
Histoire d'une veille de noces agitée où Figaro, Suzanne, Marceline, Chérubin et Basile s'aiment, la Comtesse se dérobe, et le Comte les aime et les veut toutes. Tout l'esprit et la verve de Beaumarchais. (Dim 16, 20h30, Mardi 18, 20h30.)

Le Misanthrope
de Molière. Mise en scène Simon Eine. Avec Simon Eine, François Beaulieu, Nicolas Silberg, Yves Gasc, Martine Chevallier, Véronique Vella, Catherine Sauval.
Alceste hait tous les hommes. Il abomine la société et les conventions hypocrites. Par une singulière contradiction, il aime l'être le plus social, le plus coquet, le plus médisant, la jeune Célimène. Tout finira dans la fuite, cette impuissante médecine du tourment amoureux. (Jeu 13, 20h30.)

L'Avare
Comédie en cinq actes et en prose de Molière. Mise en scène de Jean-Paul Roussillon. Avec Michel Etcheverry, Michel Aumont, Françoise Seigner, Alain Pralon, Dominique Rozan, Véronique Vella, Jean-Paul Moulinot, Jean-François Rémi, Catherine Sauval, Michel Favory, Jean-Pierre Michaël et Tilly Dorville, Armand Eloi, Christine Lidon.
Les obsessions d'Harpagon rejaillissent sur toute sa famille et la perturbe. Il vit aussi un drame: homme mûr, il est amoureux d'une jeune fille et rival de son fils. Un classique. (Sam 15, 20h30, Dim 16, 14h.)

Langage

LES GOÛTS ET LES INTÉRÊTS 🎧

En français, comme en anglais, il y a plusieurs expressions pour exprimer ce que l'on aime.

J'aime beaucoup le livre que tu m'as donné.
Il me plaît beaucoup.
J'ai adoré le film de Spielberg.
Ça m'a beaucoup plu.

Il y a toujours des raisons pour lesquelles on aime quelque chose. Voici quelques expressions pour décrire ce que l'on aime. Certaines expressions sont en langage courant, d'autres en langage familier.

COURANT	FAMILIER
C'est extraordinaire.	C'est extra.
C'est formidable.	C'est génial.
C'est superbe.	C'est super.
C'est merveilleux.	C'est super chouette.
C'est sesationnel.	C'est sensass.
C'est magnifique.	C'est terrible.
C'est amusant.	C'est rigolo.
C'est vraiment drôle.	C'est vachement marrant.

C'est super!

Si l'on veut dire que quelque chose est intéressant, on dit:

> **Je m'intéresse au théâtre.**
> **Le cinéma m'intéresse beaucoup.**
> **Ça m'attire beaucoup.**
> **Ça me passionne.**

Il y a d'autres façons de dire que quelque chose vous intéresse. En voici quelques-unes:

> **Je trouve ça intéressant.**
> **Je trouve ça passionnant.**
> **Je trouve ça fascinant.**
> **Je trouve ça amusant.**
> **Je trouve ça marrant.**

Et finalement, une expression amusante, qui peut vous aider à exprimer combien vous aimez quelque chose ou quelqu'un: **être dingue de quelque chose/quelqu'un** (*to be crazy about something/somebody*). Mais attention au contexte, car le mot **dingue** peut aussi vouloir dire *crazy*.

Elle est dingue de cette musique.	*She's crazy about this music.*
Ce mec est dingue de cette nana.	*This guy's crazy about (nuts over) that chick.*
Il devient dingue quand il la voit.	*He goes wild every time he sees her.*
Il est dingue, ce mec.	*That guy's crazy (nuts).*
Cette histoire est dingue.	*That story is crazy (unbelievable).*

Communication guidée

 Les goûts Complétez.

1. —Comment as-tu trouvé le film de Spike Lee?
   —Ça m'a beaucoup _____.
2. —Tu _____ le théâtre?
   —Oui, c'est très chouette. Je voudrais bien en faire.
3. —Ton chien est vraiment adorable.
   —Oui, je sais. Je l'_____!

B **C'était vraiment bien.** Refaites le dialogue suivant en employant les expressions indiquées pour remplacer les expressions en italique.

—Tu *as vu ce film?*
—Oui, et j'ai beaucoup aimé.
—Moi aussi. Ça m'a beaucoup plu. J'ai trouvé ça *vraiment bien.*

C'est sensationnel!

1. voir cette pièce/très amusant
2. écouter cette cassette/formidable
3. entendre cette chanson/extraordinaire
4. regarder cette émission/magnifique
5. aller à ce concert/sensationnel
6. aller au match de tennis/superbe
7. lire ce livre/vraiment drôle
8. voir cette exposition d'art moderne/merveilleux

C **C'était vachement chouette.** Refaites l'Activité B en remplaçant les adjectifs par des expressions plus familières. Suivez le modèle.

—Tu *as vu ce film?*
—Oui, et j'ai beaucoup aimé.
—Moi aussi. Ça m'a beaucoup plu. J'ai trouvé ça *vachement chouette.*

D **Opinions** Donnez des réponses personnelles.

1. Le dernier livre que tu as lu, il t'a plu? Pourquoi? Comment l'as-tu trouvé?
2. Le dernier film que tu as vu, il t'a plu? Pourquoi? Comment l'as-tu trouvé?
3. La dernière pièce que tu as vue, elle t'a plu? Pourquoi? Comment l'as-tu trouvée?
4. Le dernier concert que tu as entendu, il t'a plu? Pourquoi? Comment l'as-tu trouvé?
5. Le dernier match que tu as vu, il t'a plu? Pourquoi? Comment l'as-tu trouvé?
6. La dernière exposition de peinture que tu as vue, elle t'a plu? Pourquoi? Comment l'as-tu trouvée?

E **Enquête** Donnez des réponses personnelles.

1. Parmi les cours que vous suivez cette année, quels sont ceux qui vous intéressent le plus? Pourquoi?
2. Quels événements culturels vous attirent le plus? Pourquoi?
3. Quels sports vous passionnent le plus? Pourquoi?
4. Quels programmes de télévision vous plaisent le plus? Pourquoi?

F **L'amour, toujours** Exprimez en français.

1. *He's crazy and she's crazy too.*
   Il est ＿＿ et elle est ＿＿.
2. *She's crazy about that guy.*
   Elle est ＿＿ de ce mec.
3. *I know. And he flips out every time he sees her.*
   Je sais. Et lui, il devient ＿＿ quand il la voit.
4. *The whole thing's nuts. I can't believe it.*
   C'est ＿＿, cette histoire! C'est vraiment incroyable!

THEATRE, DANSE, MUSIQUE, MUSIQUES DU MONDE

26ᵉ SAISON

THEATRE DE LA VILLE

LES ANTIPATHIES 🎧

Pour exprimer ce que l'on n'aime pas, on peut dire:

> **Je n'aime pas cette cassette.**
> **Cette musique ne me plaît pas.**
> **Je déteste cette musique.**
> **Elle me déplaît énormément.**

Il y a des raisons pour lesquelles on aime certaines choses, et des raisons pour lesquelles on n'en aime pas d'autres.

COURANT	FAMILIER
C'est mauvais.	**C'est nul.**
C'est affreux.	**C'est moche.**
C'est ridicule.	**C'est tarte.**
C'est idiot.	**C'est débile.**
C'est épouvantable.	**C'est infect.**

Les mots **épouvantable** et **infect** indiquent la répulsion.

C'est épouvantable!

Il y a de temps en temps des choses que nous ne pouvons pas tolérer ou supporter, pour une raison ou une autre.

> **Je ne peux pas supporter cette musique.**
> **Je ne peux pas supporter cette personne.**

Une façon populaire de dire qu'on ne peut pas supporter quelqu'un ou quelque chose est d'utiliser le verbe **sentir:**

> **Je ne peux pas sentir ce type.**
> **Je ne peux pas sentir son arrogance.**

Pour exprimer ce qui n'est pas intéressant, on dit:

> **Le théâtre ne m'intéresse pas.**
> **Je trouve ça sans intérêt.**
> **Je ne trouve pas ça intéressant.**

Pour exprimer pourquoi on ne trouve pas ça intéressant, on peut dire:

COURANT	FAMILIER
C'est ennuyeux.	**C'est barbant.**
C'est embêtant.	**C'est rasoir.**

C'est rasoir!

Voici quelques expressions qui expriment l'absence d'intérêt:

> **Cette musique me laisse froid(e).**
> **Je ne suis pas fana de cette musique.**

Communication guidée

 Qu'est-ce que vous en pensez? Donnez une phrase d'après le modèle.

Cette musique est affreuse. →
Je la déteste.

1. Ce disque est épouvantable.
2. Cette musique est merveilleuse.
3. Cette pièce est vraiment débile.
4. Je trouve cette pièce géniale.
5. Ces livres sont ennuyeux.
6. Je trouve ces livres passionnants.
7. Ce film est super.
8. Je trouve ce film complètement nul.
9. Ce tableau est magnifique.
10. Je trouve ce tableau affreux.

B **Je ne peux pas supporter ça.** Faites une phrase avec chacun des mots suivants.

1. affreux
2. idiot
3. épouvantable
4. mauvais
5. ridicule

FRENCH Online

For more information about cultural activities in the Francophone world, go to the Glencoe French Web site: french.glencoe.com

C **Je ne peux pas sentir ça.** Redites les mêmes choses en utilisant des mots plus familiers.

D **C'est à mourir d'ennui.** Complétez.

1. —Je n'aime pas du tout étudier l'histoire.
   —Le passé ne vous intéresse pas?
   —Non, je trouve ça ____.
   —C'est dingue. Moi, au contraire, je trouve ça ____.
2. —Son ami est très gentil, mais le pauvre, il parle beaucoup pour ne rien dire.
   —C'est vrai ce que tu dis. Je le trouve vraiment ____.
   —Il est tellement ____ que j'ai envie de dormir quand il parle.

E **Question de style.** Exprimez d'une autre façon.

1. Je n'aime pas cette musique.
2. Ce genre de livre me déplaît.
3. Je trouve cet article sans intérêt.
4. Je ne peux pas supporter cet homme.
5. Sa sculpture me laisse froid(e).

La musée Picasso à Paris

Communication libre

A **Vachement chouette, ce film!** Vous et votre ami(e) français(e) venez de voir un film drôle. Votre ami(e) a détesté, mais vous, vous avez adoré. Discutez et donnez chacun(e) vos raisons. Travaillez avec un(e) camarade de classe qui jouera le rôle de l'ami(e).

B **C'est rasoir, cette musique!** Votre ami(e) français(e) vous a emmené(e) à un concert de sa musique favorite. Vous avez détesté. Discutez avec lui/elle, donnez chacun(e) vos raisons. Travaillez avec un(e) camarade qui jouera le rôle de l'ami(e).

C **Quel match sensationnel!** La mère/le père de votre ami(e) français(e) vous a emmené(e) voir un match de votre sport favori. Le match était passionnant. Discutez du match avec la mère/le père de votre ami(e). Dites ce qui vous a plu et pourquoi. Travaillez avec un(e) camarade qui jouera le rôle de la mère/du père de votre ami(e).

D **Van Gogh, j'adore! C'est superbe!** Votre prof de dessin est français(e). Il/Elle vous a emmené(e) voir une exposition de peinture moderne. Discutez avec votre prof des peintres que vous aimez et de ceux que vous n'aimez pas. Et dites pourquoi. Travaillez avec un(e) camarade qui jouera le rôle du prof.

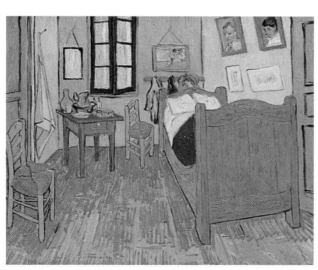

Vincent Van Gogh (1853–1890): *La chambre de Vincent à Arles*

Autoportrait

Structure I

Talking about actions in the past
L'imparfait et le passé composé

1. The decision to use the **passé composé** or the imperfect depends upon whether you are describing an action or event that took place at a definite time in the past, or whether you are describing or reminiscing about a continuous or recurring action in the past.

2. You use the **passé composé** to relate actions or events that began and ended at a specific time in the past.

   Je suis sorti(e) hier après-midi.
   Je suis allé(e) aux Galeries Lafayette où j'ai acheté des cadeaux.
   Ensuite je suis allé(e) au café où j'ai pris une glace.

3. You use the imperfect to describe a continuous, repeated, or habitual action in the past. The moment when the action began or ended, or how long it lasted, is not important.

   Quand j'étais jeune, je sortais tous les soirs.
   J'allais souvent au cinéma.
   Je fréquentais les cabarets de Montmartre où chantaient des chanteurs célèbres.

4. Note the verb tenses in the following sentences.

   Quand il était jeune, il sortait tous les soirs.
   Hier soir, il est sorti aussi.
   Il rentrait toujours à minuit, mais hier soir il est rentré à onze heures.

5. Since most mental processes involve duration or continuance, verbs that deal with mental processes are most often in the imperfect. Common verbs of this type are:

savoir	désirer	penser	croire
vouloir	préférer	espérer	pouvoir

   Je savais qu'il voulait voir ce spectacle.

Communication guidée

A Historiette L'année dernière, j'avais beaucoup de temps libre. Répondez.

1. Qu'est-ce que tu faisais? Tu jouais au foot?
2. Et hier, tu as joué au foot?
3. Ton équipe gagnait toujours, l'année dernière?
4. Et hier, ton équipe a encore gagné?
5. Peyre a marqué le dernier but?
6. L'année dernière aussi, il marquait souvent le dernier but, n'est-ce pas?
7. Il avait toujours de la chance?
8. Hier, le gardien de but n'a pas bloqué le ballon?
9. Il n'a pas vu le ballon?

B Qu'est-ce qu'ils faisaient? Choisissez.

1. Marie sortait avec son fiancé _____.
   a. tous les soirs   **b.** hier soir
2. Ils sont allés au cinéma _____.
   a. tous les vendredis   **b.** vendredi soir
3. _____, ils faisaient une petite excursion au bord de la mer.
   a. Samedi dernier   **b.** Tous les samedis
4. _____, ils allaient à Saint-Malo.
   a. Une fois   **b.** De temps en temps
5. Ils y nageaient _____.
   a. une fois   **b.** souvent
6. _____ qu'ils y sont allés, ils n'ont pas pu aller nager parce qu'il faisait très mauvais temps.
   a. Chaque fois   **b.** La dernière fois

C Historiette Il allait toujours à la Martinique. Répondez.

1. Est-ce que Serge faisait un voyage à la Martinique tous les hivers?
2. Il allait à la Martinique en avion?
3. Et l'hiver dernier, il a fait un voyage à la Martinique?
4. Est-ce qu'il rendait visite à sa famille, chaque fois qu'il allait à la Martinique?
5. Et la dernière fois qu'il y est allé, est-ce qu'il a rendu visite à sa famille?
6. Quand il était à la Martinique, sa famille l'accompagnait toujours à la plage?
7. Ils nageaient dans la mer des Caraïbes?
8. Est-ce que Serge s'amusait chaque fois qu'il allait à la Martinique?
9. Et la dernière fois qu'il y est allé, il s'est bien amusé?

Une Martiniquaise en costume traditionnel

Comparing people or things
Le comparatif et le superlatif

1. Review the comparative of adjectives:

	Comparative	Adjective	Comparative	
Il est	plus — less *doors* moins — *more* aussi — *the same*	amusant	que	moi.

2. Now, study the comparative of adverbs, verbs, and nouns:

	Comparative	Adverb	Comparative	
Il sort	plus moins aussi	souvent	que	moi.

Verb	Comparative		
Il s'amuse	plus moins autant	que	moi.

	Comparative	Noun	Comparative	
Il voit	plus de moins de autant de	films	que	moi.

3. Review the superlative of adjectives:

	Superlative		Adjective	
Il est	le		amusant	
Elle est	la	plus	amusante	de la classe.
Ils sont	les	moins	amusants	
Elles sont	les		amusantes	

Note that in the superlative construction, an adjective that usually precedes the noun can either precede it or follow it.

> **C'est le plus beau (garçon) de la classe.**
> **C'est (le garçon) le plus beau de la classe.**

4. Now, study the superlative of adverbs, verbs, and nouns:

	Superlative	Adverb
C'est lui qui sort	le plus moins	souvent.

	Verb	Superlative
C'est lui qui	s'amuse	le plus. moins.

	Superlative	Noun
C'est lui qui voit	le plus de moins de	films.

5. Remember that **bon** and **bien** have irregular forms in the comparative and superlative.

	Comparative	Superlative
bon	meilleur(e)	le (la) (les) meilleur(e)(s)
bien	mieux	le mieux

Jean est meilleur joueur que nous.
C'est le meilleur joueur de l'équipe.
Il joue mieux que personne.
C'est lui qui joue le mieux.

Structure I

Communication guidée

A **Il n'y a pas de comparaison!**
Comparez Christophe et Philippe.

1.

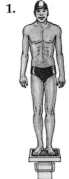 

Christophe **Philippe**

2.

3.

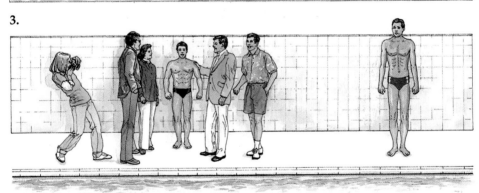

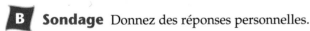

B **Sondage** Donnez des réponses personnelles.

1. Qui est le plus amusant de la classe?
2. Qui est la plus amusante de la classe?
3. Qui est le plus sportif de la classe?
4. Qui est la plus sportive de la classe?
5. Qui est le plus fana de cinéma?
6. Qui est la plus fana de cinéma?
7. Qui est le meilleur élève de la classe?
8. Qui est la meilleure élève de la classe?
9. De tous les joueurs de l'équipe de football, qui joue le mieux?
10. De toutes les joueuses de l'équipe de basket-ball, qui joue le mieux?
11. Qui marque le plus de buts au football? Au basket-ball?
12. Qui parle le plus facilement en classe de français?

Journalisme

LES NATIVE

Introduction

Les Native, Laura et Chris, sont deux chanteuses très appréciées en France et ailleurs. Ce sont deux sœurs d'origine guadeloupéenne. Même si elles sont les reines[1] du funk français, elles ont une base classique très solide. Nous allons faire connaissance grâce à une interview publiée par l'hebdomadaire suisse *l'Illustré*.

_____

[1] reines *queens*

Vocabulaire

une choriste

une musicienne

Les deux filles enregistrent leur premier album.

un but un objectif
divers différents, plusieurs
retenu timide

parfois quelquefois, de temps en temps
bien s'entendre se comprendre

Communication guidée

Historiette Deux sœurs Complétez.

1. Une _____ joue d'un instrument et une _____ chante.
2. Il n'y a pas de problème entre les deux sœurs. Elles _____ très bien.
3. Elles ne voyagent pas toujours ensemble, mais _____ oui.
4. Elles ont le même _____: elles veulent être musiciennes.
5. Elles ont eu du succès. Elles vont _____ leur premier album.
6. La plus jeune n'est pas _____; elle est extravertie.

Interview de Sophie Winteler pour *l'Illustré*

LES NATIVE

Pourquoi n'avez-vous pas mis un «s» à Native?

Laura: Native est un terme générique qui résume les différentes cultures que nous avons rencontrées tout au long de notre parcours[1]: musique anglo-saxonne, africaine, japonaise… Ce n'est pas un adjectif, il est normal qu'il s'écrive au singulier.

Depuis quel âge vouliez-vous être chanteuses?

Laura: Je suis devenue chanteuse par nécessité. À la base, j'étais musicienne, mais à l'époque, il n'y avait pas de travail pour les filles musiciennes.

Chris: Chanter était un loisir, je n'ai donc pas eu de déclic[2] particulier. C'est le prolongement naturel de ma passion.

Êtes-vous d'une famille de musiciens?

Chris: Notre père et notre frère jouent de la guitare, mais pas de façon professionnelle.

Pourquoi avec de telles voix, autant de feeling et de talent, ne vous découvre-t-on qu'aujourd'hui? Quels ont été vos débuts dans le métier?

Laura: Notre premier album est en fait sorti il y a quelques années et il a eu un grand succès en France et en Suisse. Nous ne sommes donc pas des découvertes… Quant au parcours, nous avons appris le piano et le chant classique au conservatoire. Puis nous avons travaillé comme choristes pour divers artistes avant de nous décider à enregistrer notre premier album.

Quelle est la grande différence entre vous?

Laura: Je suis plus extravertie et Chris plus retenue.

Comment gérez-vous la rivalité et la jalousie qui peuvent exister entre deux sœurs?

Chris: Il n'y a ni rivalité ni jalousie. Nous avons deux personnalités et des goûts très différents.

Pourriez-vous envisager[3] de mener des carrières en solo?

Chris: Nous ne sentons aucune obligation l'une envers l'autre, donc pourquoi pas… Cela dit, si nous travaillons ensemble, c'est avant tout parce que nous nous entendons bien et que nos buts sont communs. Si nous n'avions pas été deux, nous aurions fait ce métier, mais probablement pas en tant qu'artiste interprète.

Partez-vous ensemble en vacances?

Laura: Parfois mais, Dieu merci, nous ne sommes pas siamoises et il nous arrive de partir chacune de notre côté.

Quelle serait pour vous une journée de rêve?

Laura: Il fait beau et on part à Los Angeles enregistrer notre prochain album!

Pensez-vous qu'une chanson a plus de poids qu'un discours[4]?

Chris: Une chanson est une manière plus poétique de faire passer un message. Tout dépend de ceux à qui vous vous adressez. Le public est peut-être plus sensible aux chansons qu'aux discours.

---

[1] parcours *professional life*
[2] déclic *trigger*
[3] envisager *consider*
[4] discours *speech*

Après la lecture

A Historiette Les Native Répondez.
1. Pourquoi Laura est-elle devenue chanteuse?
2. Qu'est-ce que «chanter» pour Chris?
3. Est-ce que les deux sœurs viennent d'une famille de musiciens professionnels?
4. Est-ce que les deux sœurs viennent d'être découvertes?
5. De quel instrument jouent-elles?
6. Où ont-elles fait des études de musique?
7. Qu'est-ce qu'elles ont fait avant d'enregistrer leur premier album?

B Laura et Chris Suivez les instructions.
1. Décrivez la personnalité de chacune des deux sœurs.
2. Expliquez pourquoi les deux sœurs écrivent Native sans «s».
3. Dites pourquoi les deux sœurs travaillent ensemble.
4. Pourquoi Chris préfère-t-elle une chanson à un discours?

Les Native

Communication libre

Des chanteurs Comparez les Native avec un groupe de chanteurs américains que vous connaissez.

LA SURFEUSE ET LE COUREUR

Introduction

Brigitte Giménez est championne du monde de surf. Au cours d'une interview pour le magazine *Vital*, elle parle des trois lieux qu'elle préfère en France pour faire du surf. Ces trois lieux se trouvent près de Marseille.

Thierry Pantel est coureur. Il a participé à un cross (*cross-country race*), organisé par le journal *Le Figaro*, dans le bois de Boulogne, à Paris. C'est à vous de décider pourquoi le titre dit qu'il a gagné «dans la tempête».

Vocabulaire

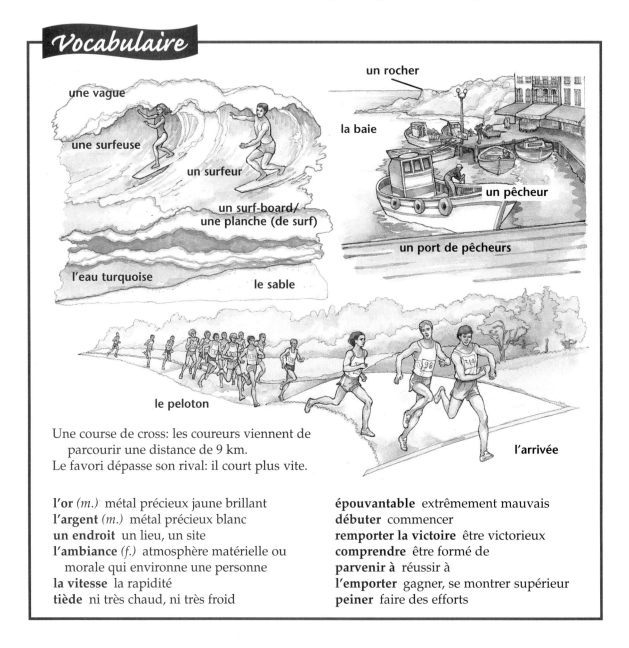

une vague
une surfeuse
un surfeur
un surf-board/
une planche (de surf)
l'eau turquoise
le sable

un rocher
la baie
un pêcheur
un port de pêcheurs

le peloton
l'arrivée

Une course de cross: les coureurs viennent de parcourir une distance de 9 km.
Le favori dépasse son rival: il court plus vite.

l'or (*m.*) métal précieux jaune brillant
l'argent (*m.*) métal précieux blanc
un endroit un lieu, un site
l'ambiance (*f.*) atmosphère matérielle ou morale qui environne une personne
la vitesse la rapidité
tiède ni très chaud, ni très froid

épouvantable extrêmement mauvais
débuter commencer
remporter la victoire être victorieux
comprendre être formé de
parvenir à réussir à
l'emporter gagner, se montrer supérieur
peiner faire des efforts

Communication guidée

 A **Historiette** **Un bon endroit pour faire du surf** Répondez d'après les indications.

1. De quelle couleur est l'eau de cette baie? (turquoise)
2. Est-ce que la mer est calme? (non, vagues)
3. Est-ce que le vent est froid, chaud ou tiède? (tiède)
4. Qu'est-ce qu'il y a sur la plage? (sable, rochers)
5. C'est un port, ce petit village? (oui, pêcheurs)
6. Une championne débute ou pas? (non)
7. Qu'est-ce que les surfeurs et les coureurs aiment toujours? (vitesse)
8. Pourquoi la surfeuse aime-t-elle cet endroit? (joli, ambiance accueillante)

 B **Quel est le mot?** Trouvez le mot qui correspond à la définition donnée ici.

1. accomplir un trajet déterminé
2. l'endroit, lieu où termine la course
3. celui qui court
4. un groupe de concurrents dans une course
5. métaux précieux
6. être formé de, inclure
7. laisser quelqu'un derrière soi
8. faire des efforts
9. réussir à
10. se montrer supérieur
11. horrible
12. l'atmosphère matérielle

 C **Le coureur** Complétez.

Il a __1__ une distance de 14 kilomètres. Pendant le deuxième tour, il a beaucoup __2__ pour __3__ à __4__ le __5__ de concurrents. C'est lui qui a passé la ligne d'__6__ le premier. Il l'a __7__ sur ses rivaux. Il a __8__ la __9__. Il a reçu une coupe en argent et une médaille en __10__.

TROIS SPOTS D'OR
POUR UNE SURFEUSE D'ARGENT

Dans la mythologie du surf, le «surfeur d'argent» est le Dieu[1] de la vague. Brigitte Giménez, championne du monde, a le vent pour maître et la mer comme univers. *Vital* est allé lui demander quels étaient ses trois lieux préférés— ses trois spots, en langage de surfeur—là où elle existe le plus fort. Dans les plaisirs les plus extrêmes. Sable blanc, vitesse, eaux turquoises la grisent[2] pour sa plus grande volupté.

«En France, l'endroit que j'aime le plus est celui où j'ai débuté, au Grau-du-Roi, près de Marseille. C'est la baie idéale: quelle que soit l'orientation du vent, il ramène[3] vers la plage. J'ai navigué là plusieurs années et j'y ai donné des cours. C'est le meilleur coin[4] pour débuter en surf-board car il est sécurisant. En plus, c'est un petit port de pêcheurs, l'ambiance y est sympa, pas «frime[5]».

L'hiver, il y a toujours des vagues pour s'entraîner[6]. L'été, juste une brise tiède de quinze nœuds[7], condition idéale pour les néophytes[8].

Pour faire de la vitesse, j'aime bien les Saintes-Maries-de-la-Mer et Carro, qui sont aussi près de chez moi (Brigitte habite Istres, près de Fos-sur-Mer). Mais à Carro, il faut avoir un bon niveau[9], c'est plein d'oursins[10] et de rochers.

Bizarrement, je connais plus de spots à l'étranger, parce qu'il est plus agréable de faire du surf au soleil, dans l'eau chaude et sans combinaison[11].

Brigitte Giménez: une championne solaire, marine et féminine.

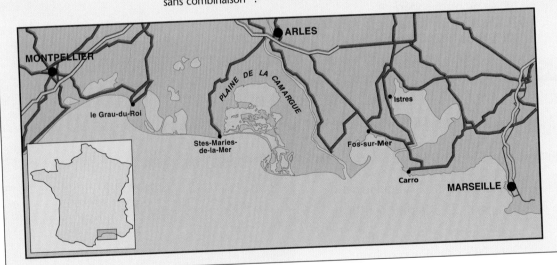

---

[1] Dieu *God*

[2] grisent *carry away*

[3] ramène *brings (one) back*

[4] coin *spot*

[5] frime *phony*

[6] s'entraîner *to practice on*

[7] nœuds *knots*

[8] néophytes *beginners*

[9] avoir un bon niveau *to be experienced*

[10] oursins *sea urchins*

[11] combinaison *wetsuit*

CROSS DU «FIGARO»

THIERRY PANTEL
GAGNE DANS LA TEMPÊTE

En dépit de[1] conditions atmosphériques épouvantables, Thierry Pantel a remporté le cross du «Figaro» avec une facilité déconcertante, hier, au bois de Boulogne. Parcourant une distance réduite par rapport à l'an dernier, de 12 km à 9 km, en 28′33, il a distancé Mohamed Ezzher, son plus sérieux rival, de 24 secondes.

De mémoire de promeneur du dimanche, on n'avait vu un temps pareil: ciel d'encre[2], pluie diluvienne[3], tonnerre[4] et même grêle[5]. C'est tout juste si Pantel a été gêné[6].

«Je m'étais dit que je devais rester avec les autres pendant les deux premiers des trois tours. Mais c'était plus fort que moi…»
Il est parti dès le premier kilomètre. Après le premier tour, il avait déjà une avance confortable sur Antonio Martins et Kamel Bouhaloufa. Ezzher suivait plus loin encore, dans ce qui restait d'un petit peloton comprenant, notamment, Cyrille Laventure, Bruno Le Stum et Bertrand Itsweire.

Dans le deuxième tour, Ezzher parvint à se replacer en seconde position, tandis que[7] Pantel faisait toujours la course en tête. Bien en ligne, la foulée[8] ample, il augmentait son avance. Pantel était si sûr de sa victoire qu'il termina, trempé[9] et crotté[10], en marchant.

Chez les femmes, c'est Farida Fates qui l'a emporté devant Marie-Pierre Duros. Cette dernière, qui a visiblement peiné pour trouver la bonne allure[11], retrouva le bon rythme pour dépasser Jacqueline Étiemble puis Odile Ohier dans la longue ligne droite conduisant à l'arrivée. Mais Farida Fates, qu'elle a pourtant battue cet été dans le 1.500 mètres des championnats de France, était hors de portée[12].

---

[1] en dépit de *in spite of*
[2] ciel d'encre *ink-black sky*
[3] pluie diluvienne *torrential rain*
[4] tonnerre *thunder*
[5] grêle *hail*
[6] gêné *bothered*
[7] tandis que *while*
[8] la foulée *stride*
[9] trempé *soaked*
[10] crotté *covered with mud*
[11] la bonne allure *the right pace*
[12] hors de portée *out of reach*

Après la lecture

A **Historiette** **La surfeuse** Répondez d'après le texte.
1. Comment la surfeuse s'appelle-t-elle?
2. Où a-t-elle commencé à faire du surf?
3. Pourquoi le Grau-du-Roi est-il l'endroit qu'elle aime le plus?
4. Qu'est-ce qu'elle y a fait?
5. Qu'est-ce qu'il y a au Grau-du-Roi en hiver?
6. Quel endroit aime-t-elle pour faire de la vitesse?
7. Où habite Brigitte?
8. Pourquoi faut-il un bon niveau à Carro?
9. Où est-ce que Brigitte préfère faire du surf: en France ou à l'étranger? Pourquoi?

B **La course** Donnez les renseignements suivants.
1. où la course a eu lieu
2. la distance que Pantel a parcouru
3. en combien de minutes il l'a parcourue
4. le nom de son plus sérieux rival
5. quand il s'est détaché des autres coureurs
6. à quel moment de la course il avait déjà une avance confortable
7. qui a gagné chez les femmes

C **Synonymes** Exprimez d'une autre façon ce qui est en italique.
1. L'ambiance y est *agréable*.
2. C'est idéal pour les *débutants*.
3. Pour *aller très vite*, j'aime bien les Saintes-Maries-de-la-Mer.
4. Il faut *être bon surfeur*.
5. *Malgré* les conditions épouvantables, il a très bien couru.
6. Il y avait un ciel *noir*.
7. On a eu une pluie *torrentielle*.

Communication libre

A **L'endroit idéal pour le surf** Connaissez-vous un endroit idéal pour faire du surf aux États-Unis? Expliquez à vos camarades pourquoi c'est un bon endroit. Si vous ne savez pas, faites des recherches.

B **Nouvelles sportives** Voici des nouvelles sportives récentes qui ont paru dans le journal français *Le Figaro*. Lisez-les et parlez de celles qui vous intéressent avec un(e) camarade de classe.

En bref

FOOTBALL

Balog, le «Bosman bis»

La Cour européenne de justice se penche à partir d'aujourd'hui (arrêt rendu au plus tôt dans six mois) sur l'affaire Balog (du nom d'un joueur hongrois). L'arrêt Bosman, qui garantit la liberté des footballeurs en fin de contrat (sans le versement d'une indemnité de transfert), n'est pour l'heure valable que pour les ressortissants de l'Union européenne. L'affaire «Tibor Balog» pourrait amener la Cour européenne de justice à estimer que le système d'indemnités de transferts appliqué par la fédération internationale n'est pas compatible avec les règles européennes de concurrence.

Violence: l'Italie inquiète

L'Italie est de plus en plus inquiète face à la violence croissante dans son football. La consternation régnait hier après l'incident de Côme. Francesco Bertolotti, frappé d'un coup de poing au visage dans les vestiaires par le capitaine de Côme Massimiliano Ferigno, dimanche, était toujours dans le coma hier. L'agresseur risque une radiation à vie du football par sa fédération.

TENNIS

Safin se détache

Après son succès dans le Masters Series de Paris, le Russe Marat Safin s'envole au classement du championnat mondial ATP. Le classement: 1. Safin (Rus) 784 pts ; 2. Kuerten (Bré) 709 ; 3. Sampras (E-U) 637 ; 4. Norman (Suè) 622 ; 5. Kafelnikov (Rus) 558 ;... 8. Agassi (E-U) 453 ;... 11. Philippoussis (Aus) 373 ; 16. Pioline (Fra) 304 ; 17. Clément (Fra) 272...

Davenport et Seles font équipe

Les Etats-Unis (privées des sœurs Williams) confient à Lindsay Davenport et Monica Seles le soin de conserver la Fed Cup, cette semaine à Las Vegas. L'Espagne rencontre la République tchèque aujourd'hui et les Etats-Unis la Belgique, demain, en demi-finales, en trois matches (deux simples et un double). La finale aura lieu vendredi et samedi, en cinq matches (quatre simples croisés et un double).

McEnroe démissionne

John McEnroe, mécontent notamment du calendrier et du format de la Coupe Davis, a démissionné hier des fonctions de capitaine de l'équipe des Etats-Unis qu'il occupait depuis treize mois. Aucun successeur n'a été désigné mais les noms de Patrick McEnroe, son frère cadet, de Paul Annacone et de Jim Courier ont été avancés.

CYCLISME

Memory Card en crise

L'équipe danoise Memory Card, qui compte le Français Laurent Jalabert, traverse une grave crise financière, après la perte de son capital propre et l'impossibilité de son directeur Bjarne Riis de payer les salaires attendus le 1er décembre. L'équipe, menacée de faillite, doit trouver rapidement un nouveau sponsor lui procurant quelque 15 millions de couronnes (environ 13 millions de francs).

Structure II

Expressing emotional reactions to the actions of others
Le subjonctif après les expressions d'émotion

1. The subjunctive is used in clauses introduced by **que** that follow a verb or expression reflecting any type of emotion. Some such expressions are:

être content(e)	regretter
être heureux (-se)	craindre
être triste	avoir peur
être désolé(e)	c'est dommage
être fâché(e)	c'est malheureux
être furieux (-se)	
être surpris(e)	
être étonné(e)	

2. Study the following examples:

> Pierre n'est pas là.
> Françoise est contente qu'il ne soit pas là.
> Moi, je suis triste qu'il ne soit pas là.

The subjunctive is used because the information in the dependent clause is very subjective. What makes one person happy makes another sad.

Communication guidée

A **Tu es content ou triste?** Répondez.

1. Tu es content(e) que Michel vienne te rendre visite?
2. Tu es surpris(e) qu'il veuille faire le voyage?
3. Il est content que tu aies des billets pour le théâtre?
4. Tu es un peu étonné(e) qu'il soit dingue de théâtre?
5. Tu regrettes qu'il n'y ait plus de places pour le concert de rock?

B **Historiette** **Je le regrette.** Complétez.

1. Je regrette que son père _____ malade. (être)
2. Mais je suis content(e) qu'il _____ mieux. (aller)
3. C'est dommage qu'il ne _____ pas aller au concert avec nous. (pouvoir)
4. Tout le monde est étonné que je n'en _____ rien. (savoir)
5. Je suis surpris(e) que vous n'en _____ rien non plus. (savoir)

Expressing certainty or uncertainty
Le subjonctif dans les propositions relatives

1. A relative clause is one that modifies a noun. If a relative clause modifies a noun that refers to a specific, definite person or thing, the indicative is used in the clause.

   Je connais quelqu'un qui connaît bien la langue française.

2. If, however, the relative clause modifies a noun that refers to an indefinite person or thing, the subjunctive is used in the clause.

   Je cherche quelqu'un qui connaisse bien la langue française.

   The subjunctive indicates uncertainty as to whether the person or thing in question exists or not.

Communication guidée

 On cherche un programmeur ou une programmeuse. Suivez le modèle.

savoir faire fonctionner cet ordinateur →
Monsieur Leblanc cherche quelqu'un qui sache faire fonctionner cet ordinateur.
Madame Mendras connaît quelqu'un qui sait faire fonctionner cet ordinateur.

1. savoir parler français
2. pouvoir travailler huit heures par jour
3. avoir une formation en informatique
4. connaître plusieurs modèles d'ordinateurs
5. faire de la programmation
6. avoir au moins deux ans d'expérience
7. être libre de voyager
8. être libre de suite

Expressing uniqueness
Le subjonctif après un superlatif

The subjunctive is also used in a relative clause that modifies a superlative, negative, or restrictive statement, since the information in the clause is very subjective. It is based on the speaker's opinion or emotion rather than reality.

> **C'est le meilleur livre que je connaisse.**
> **Il n'y a personne qui puisse jouer de la guitare comme lui.**
> **C'est la seule personne qui sache le faire.**

La salle de l'Opéra de
Paris (Palais Garnier)

Une représentation de l'opéra de Lully *Atys* (1676)

Communication guidée

Le seul? Complétez.

1. C'est le seul cinéma qui _____ un grand écran. (avoir)
2. Paul est la seule personne qui _____ ce qui est arrivé. (savoir)
3. Il n'y a personne d'autre qui _____ le faire. (pouvoir)
4. Malheureusement, c'est la seule personne qui me _____. (comprendre)
5. Il n'y a rien que tu _____ me dire pour me faire changer d'avis. (pouvoir)
6. C'est vraiment le meilleur livre que je _____. (connaître)
7. C'est le seul opéra qui lui _____. (plaire)
8. Il n'y a aucun chanteur qui _____ chanter ce rôle comme lui. (pouvoir)

Expressing opinions about past events
Le passé du subjonctif

1. To express opinions about past events, one uses the past subjunctive.

> **Je souhaite qu'il ait fait un bon voyage.**
> **Je suis très content qu'ils soient arrivés à l'heure.**
> **C'est le meilleur livre que j'aie jamais lu.**

2. The past subjunctive is formed by using the present subjunctive of the helping verb **avoir** or **être** and the past participle of the verb.

PARLER		ARRIVER	
que j'	aie parlé	que je	sois arrivé(e)
que tu	aies parlé	que tu	sois arrivé(e)
qu'il	ait parlé	qu'il	soit arrivé
qu'elle	ait parlé	qu'elle	soit arrivée
que nous	ayons parlé	que nous	soyons arrivé(e)s
que vous	ayez parlé	que vous	soyez arrivé(e)(s)
qu'ils	aient parlé	qu'ils	soient arrivés
qu'elles	aient parlé	qu'elles	soient arrivées

Communication guidée

A **Historiette** **Un vol raté** Répondez.

1. Tu regrettes qu'elle ne soit pas arrivée?
2. Tu es désolé(e) qu'elle ait raté son vol?
3. Tu es surpris(e) qu'elle ne soit pas arrivée à l'aéroport à l'heure?
4. Tu as peur qu'il n'y ait plus de vols aujourd'hui?

B **Historiette** **Une possibilité** Complétez.

1. J'ai peur qu'il _____ hier. (téléphoner) *ait telephoné*
2. Il est possible qu'il _____ quand tu n'étais pas chez toi. (venir) *soit venu*
3. Il se peut qu'il _____ sans laisser de message. (partir) *ait partis*
4. Je suis surpris que tu n'~~aies~~ pas ~~appelé~~ses parents. (appeler)
5. Il est possible qu'ils _____ en vacances. (partir) *aient partis.*

C **C'était super!** Donnez des réponses personnelles.

1. Quel est le meilleur livre que tu aies jamais lu?

2. Quel est le meilleur film que tu aies jamais vu?
3. Quelle est la plus belle actrice que tu aies jamais vue?
4. Quelle est la plus belle chanson que tu aies jamais entendue?
5. Quel est le spectacle le plus intéressant que tu aies jamais vu?

Les feuilles mortes Jacques Prévert

Avant la lecture

Vous allez lire un poème qui a été mis en musique et est devenu une chanson très célèbre. En lisant ce poème, pensez aux questions suivantes: Qui parle? À qui? Ils sont ensemble?

Vocabulaire

la mer

le sable

— un pas

une pelle

des feuilles

Les feuilles tombent. On les ramasse à la pelle.

La chanteuse chante une chanson dans un cabaret.

fidèle qui manifeste un attachement
constant, une fidélité constante
se souvenir rappeler, revenir en mémoire,
le contraire d'oublier

remercier dire merci, exprimer sa gratitude
effacer faire disparaître, causer la
disparition

Communication guidée

A **Le bord de la mer en automne** Répondez.

1. Est-ce que la mer a des vagues?
2. Y a-t-il du sable sur la plage?
3. Il y a des pas sur le sable?
4. Est-ce que la mer efface les pas?
5. Quand les feuilles tombent, on les ramasse
comment?

B **Familles de mots** Choisissez le mot qui correspond.

1. se souvenir
2. chanter
3. fidèle
4. remercier
5. oublier
6. disparaître
7. attacher

a. une chanson
b. un attachement
c. l'oubli
d. un souvenir
e. une disparition
f. merci
g. la fidélité

C **Historiette Une chanteuse de cabaret** Complétez.

1. La _____ travaille dans un cabaret.
2. Elle chante une _____ populaire.
3. Son public l'applaudit. La chanteuse a un public _____.
4. Elle _____ son public.
5. Elle n'_____ jamais les goûts de son public. Elle s'en _____ toujours.

Introduction

La chanson française a commencé il y a très longtemps.

Au Moyen Âge, les troubadours et les trouvères allaient de ville en ville et chantaient l'amour et la guerre *(war)*. Ils chantaient dans les rues et dans les fêtes.

Au XVIIIe siècle, les gens se réunissaient dans des cafés appelés «caveaux» pour écouter des chansons.

Au XIXe siècle, le «cabaret» a remplacé le caveau. Les plus fameux des cabarets se

trouvaient à Montmartre, un quartier de Paris où les gens aimaient aller le soir.

Ensuite, il y a eu les grands music-halls, dont certains, comme «les Folies-Bergère», existent toujours.

En 1877, le phonographe est inventé, et vers 1900, le disque fait son apparition. Après cela, il n'est plus nécessaire d'aller dans un cabaret ou un music-hall pour écouter des chansons. On peut le faire chez soi.

Édith Piaf (1915-1963)

Après la Deuxième Guerre mondiale, la chanson française, c'est Édith Piaf. «La môme Piaf» *(The kid sparrow),* comme on l'appelle, est née sur le trottoir, à Belleville, un quartier pauvre de Paris. Née dans la rue, elle a d'abord chanté dans la rue. «Mon conservatoire, c'est la rue», disait-elle. Piaf était une chanteuse populaire. Elle n'avait pas de public particulier. Elle chantait pour tous. Toute petite et toujours habillée d'une petite robe noire, elle chantait d'une voix forte et profonde. Elle chantait la vie, la mort, l'amour, la gaieté. Elle chantait aussi la pauvreté qu'elle connaissait si bien.

Yves Montand (1921-1991)

Yves Montand est un autre chanteur célèbre de l'après-guerre. Il est né en Italie en 1921. Il est arrivé tout jeune en France. Il a commencé sa carrière en chantant des chansons de cow-boy. Puis, il a eu la chance de rencontrer Édith Piaf qui lui a donné des conseils et l'a lancé dans le monde de la chanson. Ensuite, Yves Montand a rencontré quelqu'un qui allait changer son répertoire en l'orientant vers la chanson poétique—le poète, Jacques Prévert. Montand a commencé à chanter des poèmes de Prévert, mis en musique par Joseph Kosma.

Les feuilles mortes est la plus célèbre de ces chansons poétiques. Chantée par Yves Montand, mais aussi par Édith Piaf, cette chanson a aussi été chantée par des chanteurs de tous les pays du monde, dans toutes les langues du monde!

Lecture 🎧

Les feuilles mortes

Oh! Je voudrais tant que tu te souviennes
des jours heureux où nous étions amis
En ce temps-là la vie était plus belle
et le soleil plus brûlant° qu'aujourd'hui
Les feuilles mortes se ramassent à la pelle…
Tu vois je n'ai pas oublié
Les feuilles mortes se ramassent à la pelle
les souvenirs et les regrets aussi
et le vent du nord les emporte°
dans la nuit froide de l'oubli°
Tu vois je n'ai pas oublié
la chanson que tu me chantais

C'est une chanson qui nous ressemble
Toi tu m'aimais
et je t'aimais
Et nous vivions tous deux ensemble
toi qui m'aimais
et que j'aimais
Mais la vie sépare ceux qui s'aiment
tout doucement
sans faire de bruit
et la mer efface sur le sable
les pas des amants° désunis…

Mais mon amour silencieux et fidèle
sourit toujours et remercie la vie
Je t'aimais tant tu étais si jolie
Comment veux-tu que je t'oublie
En ce temps-là la vie était plus belle
et le soleil plus brûlant qu'aujourd'hui
Tu étais ma plus douce amie°…
Mais je n'ai que faire des regrets
Et la chanson que tu chantais
toujours toujours je l'entendrai

C'est une chanson qui nous ressemble
Toi tu m'aimais
et je t'aimais
Et nous vivions tous deux ensemble
toi qui m'aimais
et que j'aimais
Mais la vie sépare ceux qui s'aiment
tout doucement
sans faire de bruit
et la mer efface sur le sable
les pas des amants désunis

plus brûlant *hotter*

les emporte *sweeps them away*
oubli *oblivion*

amants *lovers*

plus douce amie *sweetest love*

Jacques Prévert, *Les feuilles mortes*, © Enoch Cie

Après la lecture

A **Qu'est-ce qui se passe?** Répondez d'après la lecture.

1. Qui est «tu» dans «Oh! Je voudrais tant que *tu* te souviennes»?
2. Comment étaient les jours quand les amants étaient ensemble?
3. Comment était la vie?
4. Comment était le soleil?
5. Que fait le vent du nord?
6. Qu'est-ce que le poète n'a pas oublié?
7. Qu'est-ce que la vie sépare?
8. Que fait la mer?
9. Qui a fait les pas sur le sable?

B **De quoi s'agit-il?** Analysez.

1. Quelles sont les émotions que cette chanson évoque?
2. À qui le poète parle-t-il?
3. Où est-elle? Pourquoi sont-ils séparés?
4. Qu'est-ce qu'il n'oubliera jamais?
5. Pourquoi?
6. Pourquoi le poète a-t-il donné le titre *Les feuilles mortes* à ce poème?

C **L'amour et le temps** Expliquez.

1. *Les feuilles mortes se ramassent à la pelle*
   les souvenirs et les regrets aussi
   et le vent du nord les emporte
   dans la nuit froide de l'oubli

2. *Mais la vie sépare ceux qui s'aiment*
   tout doucement
   sans faire de bruit
   et la mer efface sur le sable
   les pas des amants désunis

Communication libre

A **La chanson française** Résumez l'histoire de la chanson française en un paragraphe.

B **Qu'est-ce que vous en pensez?** La vie des chanteurs et chanteuses était plus, ou moins, intéressante avant l'invention du phonographe et des disques? Pourquoi?

C **La musique que vous aimez** Si la musique vous intéresse, préparez un exposé sur l'histoire de votre musique favorite.

CHAPITRE
4

Le pays

Objectifs

In this chapter you will:

- learn about the European Union and how it came about

- discuss American character traits and compare them to those of the French

- express personal impressions, opinions, and reactions

- review how to identify cities, countries, and continents; how to refer to places or things already mentioned; and how to tell what you and other people will do

- read and discuss newspaper articles about ecology, endangered species, and a desert people called the Touaregs

- learn how to tell what you and other people will do before a future event; how to use the future or future perfect tense after certain conjunctions; and how to use the present or the imperfect tense after certain time expressions

- read and discuss these literary works: a poetic song, Gens du Pays, by Gilles Vigneault; a short story, La dernière classe, by Alphonse Daudet

L'Union européenne

FINLANDE
Helsinki
SUÈDE
Stockholm
Mer Baltique
Mer du Nord
DANEMARK
Copenhague
Dublin
IRLANDE
GRANDE-BRETAGNE
PAYS-BAS
Amsterdam
Berlin
Londres
ALLEMAGNE
Bruxelles
Océan Atlantique
BELGIQUE
Luxembourg
LUXEMBOURG
Paris
Vienne
FRANCE
AUTRICHE
ITALIE
PORTUGAL
Madrid
Rome
Lisbonne
ESPAGNE
GRÈCE
Athènes
Mer Méditerranée

Introduction

Les États-Unis se sont construits petit à petit, en ajoutant état après état. C'est un peu ce qui se passe en Europe actuellement avec l'Union européenne (UE), qui comprend maintenant quinze pays.

La grande différence est que les pays d'Europe, contrairement aux états américains, ne sont pas des états nouveaux et sans passé, mais des pays qui ont des centaines, sinon des milliers, d'années d'histoire derrière eux.

Vocabulaire

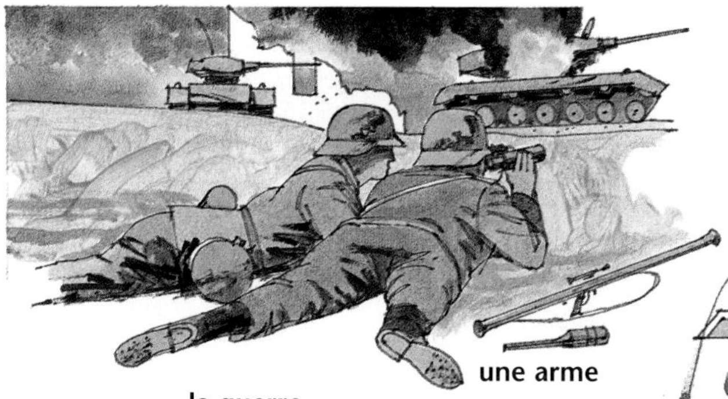

la guerre

une arme

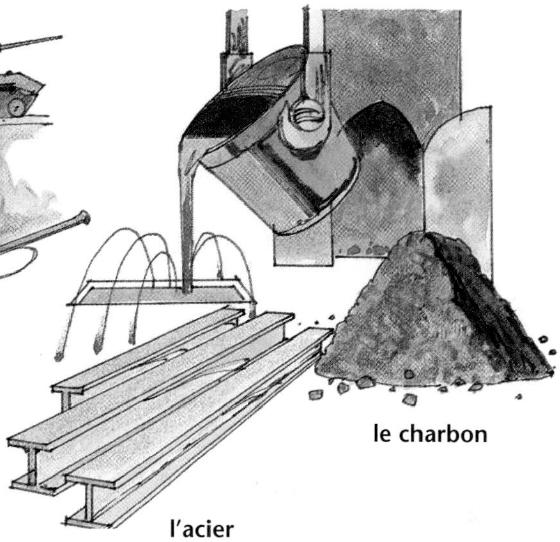

le charbon

l'acier

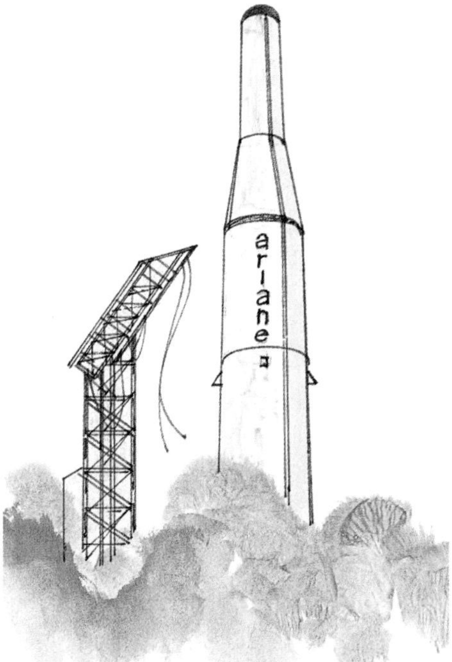
ariane

une fusée

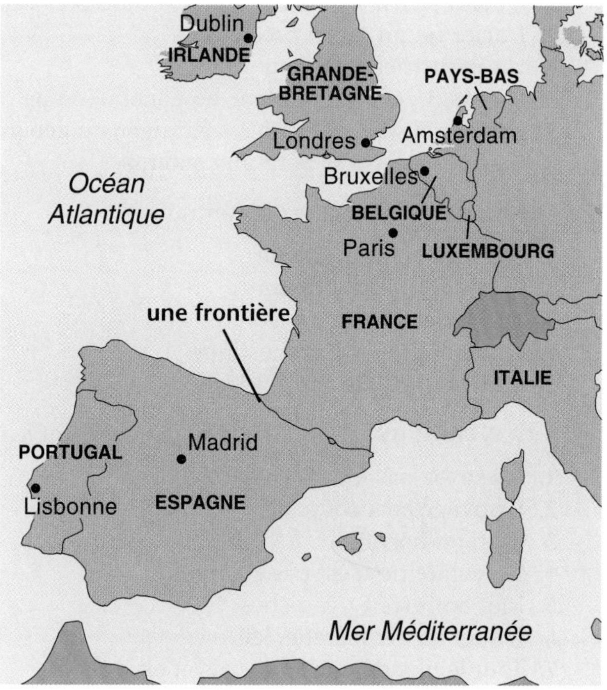
Dublin
IRLANDE
GRANDE-BRETAGNE
PAYS-BAS
Amsterdam
Londres
Bruxelles
Océan Atlantique
BELGIQUE
Paris
LUXEMBOURG
une frontière
FRANCE
ITALIE
PORTUGAL
Madrid
Lisbonne
ESPAGNE
Mer Méditerranée

un industriel un chef d'industrie, personne qui possède des usines
c'est grave c'est sérieux

librement d'une façon libre
à l'étranger dans un autre pays
faire peur à provoquer la peur

Communication guidée

Poste frontière entre la France et l'Espagne

A **Vrai ou faux?** Corrigez les phrases fausses.

1. Quand on est à l'étranger, on est dans son pays.
2. L'acier est un métal précieux.
3. Un industriel est un ouvrier.
4. Quand il y a une frontière, en général, on ne peut pas passer librement.
5. Quand on va dans un pays étranger, en général, il faut passer la douane.
6. Il ne faut pas faire peur aux enfants.

B **Contraires** Choisissez le contraire.

1. commun   a. calme
2. inquiet   b. rassurer
3. industriel   c. agricole
4. étranger   d. domestique
5. faire peur   e. individuel

C **Suite d'idées** Choisissez la phrase qui suit le mieux la première.

1. Ne soyez pas inquiet.   a. C'est de l'acier.
2. Il voyage beaucoup.   b. Ce n'est pas grave.
3. Quel cri horrible!   c. Vous m'avez fait peur.
4. Cette montre n'est pas en argent. d. On peut parler librement!
5. Mes amis sont très riches.   e. Il est toujours à l'étranger.
6. On est en démocratie, ici!   f. C'est à côté de la frontière.
7. Tout le monde parle français et espagnol. g. Leur père est un gros industriel du Nord.

D **L'un ne va pas sans l'autre.** Complétez.

1. Pour faire la _____, il faut des armes.
2. Pour fabriquer des armes, il faut de _____.
3. Pour fabriquer de l'acier, il faut du _____.
4. Pour avoir une industrie, il faut des _____.
5. Pour aller dans l'espace, il faut une _____.

L'HISTOIRE DE L'UNION EUROPÉENNE

La Communauté européenne du charbon et de l'acier

Après la Deuxième Guerre mondiale, deux Français, Jean Monnet et Robert Schuman, proposent que les pays européens mettent en commun leur charbon et leur acier, puisque[1] ces deux matières peuvent servir à fabriquer des armes. Les deux hommes pensent que cela rendra la guerre impossible entre Européens. Six pays acceptent: la France, l'Allemagne, la Belgique, les Pays-Bas, le Luxembourg et l'Italie. Ils signent un traité, le traité de Paris, en 1951.

La Communauté économique européenne ou Marché commun

C'est un Belge, Paul-Henri Spaak, qui a l'idée de mettre en commun toute l'économie de ces pays. C'est le traité de Rome, signé en 1957, qui forme la CEE, la Communauté économique européenne. Tous les produits pourront éventuellement circuler librement dans les pays membres de la Communauté: il n'y aura plus de frontières, plus de douane[2].

L'idée du Marché commun fait peur à beaucoup d'industriels, parce que la Communauté prend beaucoup de décisions communes dans les domaines de l'industrie, l'énergie, les monnaies, etc. Mais la possibilité

---

[1] puisque *since, seeing that*

[2] douane *customs*

La signature du traité de Paris, en 1951

Culture

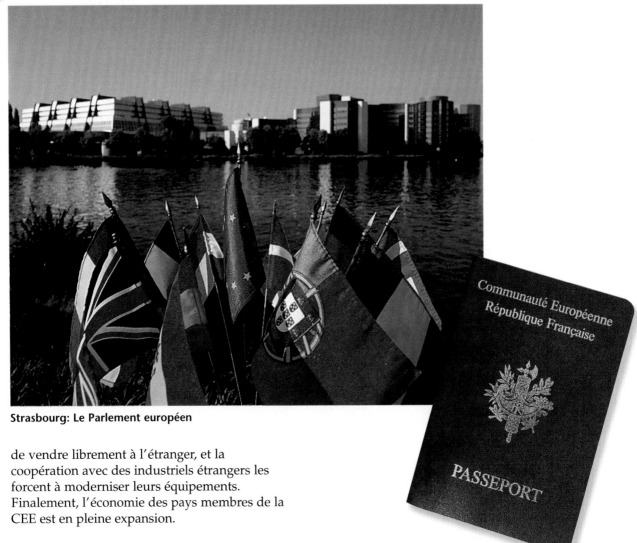

Strasbourg: Le Parlement européen

de vendre librement à l'étranger, et la coopération avec des industriels étrangers les forcent à moderniser leurs équipements. Finalement, l'économie des pays membres de la CEE est en pleine expansion.

La CEE s'agrandit et devient l'Union européenne

En 1973, la Grande-Bretagne, l'Irlande et le Danemark entrent dans la CEE. L'Europe n'est pas encore aussi puissante[3] que les États-Unis ou le Japon, mais elle représente[4] une force dans le monde.

Aux six premiers états membres s'ajoutent:
- la Grèce (1981)
- l'Espagne et le Portugal (1988)
- l'Autriche, la Finlande et la Suède (1995).

En 1993, après le traité de Maastricht qui renforce l'infrastructure commune, la CEE devient simplement l'Union européenne. C'est l'Europe sans frontières avec le gouvernement installé à Bruxelles, le parlement à Strasbourg et la Cour de Justice à Luxembourg. Il y a un drapeau européen, un passeport européen, un permis de conduire européen, une monnaie[5] européenne appelée «l'euro».

---

[3] puissante *powerful*
[4] représente *is*

[5] monnaie *currency*

La fusée «Ariane»

L'Europe se fait lentement parce qu'elle réunit des pays qui sont très différents: sept pays sont des monarchies, huit pays sont des républiques; certains pays sont grands, d'autres petits; certains sont riches, d'autres moins riches. Il y a onze langues différentes, sans parler des langues régionales comme le basque, le catalan, etc.

Et pourtant aujourd'hui, l'Europe est une réalité: les Européens s'habillent plus ou moins de la même façon, ils écoutent plus ou moins la même musique, ils regardent plus ou moins les mêmes émissions à la télévision (surtout depuis les retransmissions par satellite), ils mangent plus ou moins la même chose. Et puis, ils réalisent avec grand succès des projets communs, comme la fusée «Ariane», par exemple.

À l'heure actuelle[6], de nombreux pays européens, en particulier de l'Europe de l'Est, s'intéressent à faire partie de l'Union européenne. Les «États-Unis d'Europe» ne sont pas loin.

---

[6] à l'heure actuelle *at the present time*

Vue de l'Europe et de l'Afrique du Nord, prise par le satellite de météorologie «Météosat»

Après la lecture

A Les Européens Répondez aux questions d'après le texte.
1. Qui sont les fondateurs de l'Union européenne?
2. Que veut dire CEE?
3. Que veut dire le terme «Marché commun»?
4. Comment s'appelle la CEE après le traité de Maastricht?
5. Qu'est-ce qu'il y a à Bruxelles? Et à Strasbourg? Et à Luxembourg?
6. Citez *(give)* des différences entre les pays de l'Union européenne.
7. Citez un projet commun.
8. Pourquoi est-ce que les «États-Unis d'Europe» ne sont pas loin?

B Historiette Vrai ou faux? Corrigez les phrases fausses.
1. L'Union européenne a été fondée après la Deuxième Guerre mondiale.
2. Au début, l'Union européenne réunissait six pays.
3. Tout le monde pensait que l'idée d'un marché commun était excellente.
4. L'euro est la monnaie européenne.
5. L'Europe réunit des pays qui sont très semblables.
6. Les différences entre Européens diminuent.
7. Aucun autre pays ne veut faire partie de l'Union européenne.

C Familles de mots Choisissez le mot qui correspond.
1. région   a. commun
2. nation   b. économique
3. industrie   c. régional
4. Europe   d. industriel
5. communauté   e. national
6. économie   f. européen

La monnaie européenne, l'euro

To learn more about French-speaking countries in Europe, go to the Glencoe French Web site: french.glencoe.com

Communication libre

 Pour ou contre l'Union européenne? Quels sont les avantages que l'Union européenne offre à ses pays membres? Faites des recherches et discutez avec vos camarades.

 Les Français Quelle idée vous faites-vous des Français?

Voici une liste de dix qualités et de dix défauts. Classez-les par ordre d'importance: par exemple, mettez 1 à la qualité la plus importante à votre avis, et 10 à la moins importante.

Qualités	Défauts
Honnêtes	Malhonnêtes
Travailleurs	Paresseux (*lazy*)
Propres	Vieux jeu (*old-fashioned*)
Sérieux	Froids, distants
Intelligents	Bavards (*talkative*)
Énergiques	Entêtés (*stubborn*)
Courageux	Agressifs
Débrouillards (*resourceful*)	Menteurs (*liars*)
Sympathiques	Contents d'eux
Accueillants (*friendly*)	Hypocrites

Comparez ensuite vos résultats à ceux d'un sondage récent fait auprès des Américains. D'après les Américains, les Français sont:

Qualités	Défauts
1. Sympathiques	1. Contents d'eux
2. Accueillants	2. Bavards
3. Intelligents	3. Froids, distants
4. Débrouillards	4. Entêtés
5. Travailleurs	5. Hypocrites
6. Propres	6. Agressifs
7. Sérieux	7. Paresseux
8. Honnêtes	8. Vieux jeu
9. Énergiques	9. Menteurs
10. Courageux	10. Malhonnêtes

 Les Américains Quelle idée vous faites-vous des Américains? Reprenez la liste des dix qualités et des dix défauts, et classez-les par ordre d'importance. Comparez ensuite votre liste «américaine» avec votre liste «française». D'après vous, les Américains sont-ils très différents des Français?

AMÉRICAINS ET FRANÇAIS

Vocabulaire

Cette femme est pressée.

Du pain!!!

Cet homme est nerveux. Il s'énerve facilement.

se rencontrer à mi-chemin

le qu'en-dira-t-on ce que les autres disent de vous
frapper surprendre, impressionner

reconnaître admettre pour vrai, accepter
prêt à disposé à
chauvin qui défend son pays à tout prix

Communication guidée

 A **Vrai ou faux?** Corrigez les phrases fausses.

1. Si on se préoccupe du qu'en-dira-t-on, on est très heureux.
2. Quand on est frappé par une chose, on la remarque.
3. Quand on est pressé, on a le temps de faire ce qu'on veut.
4. Quand on reconnaît une chose, on refuse d'admettre qu'elle est vraie.
5. Quand on est chauvin, on est fanatique.
6. Quand on est calme, on s'énerve facilement.

B **Définitions** Trouvez le mot qui correspond.

1. le contraire de calme
2. ce que les autres disent de vous
3. se retrouver
4. disposé à
5. à égale distance de deux points
6. quelqu'un qui est patriotique à l'extrême

Défilé du 11 novembre

La Défense, **statue dans le quartier de la Défense**

Semblables ou pas?

PAUL: Moi, tu vois, ce qui m'a tout de suite frappé chez les Américains, c'est leur calme. On dit toujours qu'ils sont relax, et je crois que, de base, c'est vrai. Ils ne s'énervent pas facilement comme les Français. C'est peut-être parce qu'ils se préoccupent moins que nous du qu'en-dira-t-on.

ÉRIC: Oh, écoute, il ne faut pas exagérer! Qui est-ce qui a inventé le stress? C'est tout de même pas les Français. Bon, maintenant, on en souffre aussi, mais c'est parce qu'on imite tout ce que font les Américains: la musique, la télé, les vêtements, et maintenant, le stress.

PAUL: Oui, mais ce n'est pas le stress à la française, où tout le monde est nerveux, est toujours pressé, n'écoute pas ce que les autres disent.

ÉRIC: Moi, je ne sais pas, mais je trouve que les Américains sont très sur la défensive. Si tu fais la plus petite critique des États-Unis, ils voient rouge et te tombent dessus à bras raccourcis[1]!

PAUL: Là, tu exagères! Ils ne sont pas plus chauvins que les Français, les Anglais ou n'importe quel autre peuple! C'est sûr, chacun défend son pays, mais je trouve que les Américains sont assez prêts à reconnaître une supériorité culturelle, historique et artistique aux pays du «Vieux Monde».

ÉRIC: Oui, tu as peut-être raison. Enfin moi, finalement, j'ai l'impression que les Américains commencent à avoir les problèmes que les Européens ont depuis toujours, et que nous, nous commençons à profiter de la vie «à l'américaine». Alors on finira bien par se rencontrer à mi-chemin!

---

[1] te tombent… bras raccourcis *jump all over you*

Après la conversation

A Historiette Les arguments de Paul Complétez.

1. Les Américains sont calmes. Ils ne _____ pas comme les Français.
2. Le stress à l'américaine n'est pas le stress _____.
3. En France, on est toujours en train de courir partout; on est toujours _____.
4. Les Américains ne sont pas plus _____ que n'importe quel autre peuple.
5. La _____ du «Vieux Monde» en matière artistique est reconnue par les Américains.

B Historiette Les arguments d'Éric Complétez.

1. Éric trouve que Paul _____.
2. Les Français _____ du stress.
3. Les Français font comme les Américains; ils les _____.
4. Les Américains défendent tout de suite leur pays: ils sont _____.
5. Éric n'en est pas sûr, mais il _____ que les Américains commencent à avoir les mêmes problèmes que les Européens.
6. Éric pense qu'Américains et Européens finiront par se rencontrer _____.

Communication libre

A Imitation D'après ce que vous venez d'apprendre ou d'après ce que vous savez, en quoi est-ce que les Européens imitent les Américains? En quoi est-ce que les Américains imitent les Européens? Travaillez avec un(e) camarade.

B Être ou ne pas être chauvin Faites une liste de tous les arguments que quelqu'un de chauvin pourrait présenter en faveur des États-Unis. Faites une liste des arguments qui seraient présentés par quelqu'un qui n'est pas chauvin. Travaillez avec un(e) camarade.

C Supériorité ou infériorité Vous discutez avec un(e) Européen(ne) de vos supériorités et infériorités respectives. Travaillez avec un(e) camarade.

Langage

IMPRESSIONS PERSONNELLES 🎧

Pour exprimer une première impression, vous dites:

> **Ce qui m'a frappé (le plus), c'est…**
> **Ce que j'ai tout de suite remarqué, c'est…**
> **Ce qui m'a vraiment étonné(e), c'est…**
> **J'ai vraiment été surpris(e) par…**

J'ai été vraiment déçu…

Si cette impression a été négative, vous pouvez dire:

J'ai été vraiment déçu(e) par…	*I was really disappointed by…*
Je m'attendais à quelque chose de plus que…	*I was expecting something more than…*

Si cette impression a été positive, vous pouvez dire:

Par contre, j'ai été enthousiasmé(e) par…	*However, I was filled with enthusiasm by…*
J'ai été vraiment emballé(e) par…	*I was really thrilled by…*

Si vous voulez exprimer une opinion, vous pouvez dire:

> **J'ai l'impression que…**
> **Je trouve que…**
> **Je pense que…**
> **Je crois que…**
> **D'après moi…**
> **Pour moi…**
> **À mon avis…**

Si vous voulez nuancer votre opinion, vous dites:

> **C'est un peu comme si...**
> **Dans un sens...**
> **Enfin moi, finalement...**

Oh, tu exagères!

Vous réagissez à ce qu'un(e) ami(e) vous dit de la manière suivante:

OUI	NON
C'est vrai.	Ce n'est pas vrai.
Tu as raison.	Tu as tort.
C'est exact.	Tu te trompes.
Effectivement...	Tu exagères.

Communication libre

Impressions, bonnes et mauvaises Imaginez que vous vous trouvez dans les situations suivantes. Donnez vos impressions, qu'elles soient bonnes ou mauvaises, à un(e) camarade.

1. Vous êtes allé(e) en vacances dans un nouvel endroit.
2. Vous êtes allé(e) voir un film que votre camarade vous avait recommandé.
3. Votre camarade critique votre chanteur/chanteuse préféré(e). Vous le/la défendez.
4. Vous parlez à un(e) ami(e) qui vient de faire un voyage en France. Demandez-lui ce qui l'a frappé(e) ou étonné(e) chez les Français et quelles ont été ses réactions à la culture française.

Talking about cities, countries, and continents

Les prépositions avec des noms géographiques

1. **À** and **de** are used with names of cities to express the English prepositions *in, at, to,* and *from.*

   Le parlement européen est
     à Strasbourg.
   La tour Eiffel est **à** Paris.
   Nous sommes **à** Amsterdam.

   Nos amis français viennent
     de Strasbourg.
   Nous téléphonons **de** Paris.
   Je vous écris **d'**Amsterdam.

   There are very few exceptions to the above rule. Cities such as **La Nouvelle-Orléans, Le Caire, Le Havre,** which have articles as part of their name, retain the article. The article **le** is combined with **à** or **de.**

   au Caire   du Caire
   au Havre   du Havre

2. **En** and **de** are used with feminine geographical names. The gender of most countries, continents, and provinces of France is feminine. As a general rule of thumb, all names that end in a silent **-e** are feminine.

   Il passe ses vacances
     en Espagne.
   Nous voyageons **en** Europe.
   Elle habite **en** Provence.

   Ces touristes viennent
     de Belgique.
   Elles reviennent **d'**Asie.
   Ils viennent **de** Bourgogne.

   En and **de** are also used with masculine names beginning with a vowel. There is a liaison sound with **en** and elision with **de.**

   J'habite **en** Israël.   Je viens **d'**Israël.

Un joli village
en Provence

Le Québec: la vallée du Saint-Laurent en automne

3. **Au** and **du** are used with masculine geographical names beginning with a consonant. All names of countries that do not end in a silent **-e** are masculine. There are a few exceptions, such as: **le Mexique, le Cambodge.**

au Japon	du Japon
au Portugal	du Portugal
au Canada	du Canada
au Maroc	du Maroc
au Mexique	du Mexique

4. **Aux** and **des** are used with names of countries which are in the plural, such as **les États-Unis** or **les Pays-Bas.**

Nous vivons aux États-Unis.	**Nous venons des États-Unis.**
Elle va aux Pays-Bas.	**Elle revient des Pays-Bas.**

5. For masculine names of states or provinces beginning with a consonant, **dans le** is used, unless these states or provinces are thought of as quasi-countries, in which case, **au** is used.

Il habite dans le Vermont.	**Il vient du Vermont.**
Elle vit dans le Poitou.	**Elle vient du Poitou.**
Il habite au Texas.	**Il vient du Texas.**
Elle vit au Québec.	**Elle vient du Québec.**

Note that **au Québec/du Québec** refers to the province, which is called **le Québec.** To refer to the city, which is just **Québec**, you say **à Québec/de Québec.**

Structure I

Communication guidée

A Un peu de géographie Répondez.

1. Où est Paris?
2. Où est Madrid?
3. Où est Bruxelles?
4. Où est Berlin?
5. Où est Montréal?
6. Où est New York?
7. Où est Lisbonne?
8. Où est Moscou?
9. Où est Tel-Aviv?
10. Où est Copenhague?

B En voyage Complétez.

1. Ils nous ont écrit _de_ Russie.
2. Ils reviennent _des_ États-Unis dimanche.
3. Ils viennent _du_ Portugal.
4. Ils nous ont téléphoné _d'_ Espagne.
5. Ils vont _de_ France au Portugal.
6. Ils ne reviennent pas _du_ Mexique avant le mois prochain.

C Historiette L'amour des voyages
Complétez.

1. Ils vont ―― Saint-Brieuc, ―― Bretagne.
2. Ensuite, ils vont ―― Deauville, ―― Normandie.
3. Ils pensent aller aussi ―― Londres, ―― Angleterre.
4. Moi, je veux faire un voyage ―― Asie. J'ai très envie d'aller ―― Tokyo, ―― Japon, et ―― Shanghai, ―― Chine.
5. J'ai un ami qui adore les pays du Maghreb. Il est allé ―― Tunis, ―― Tunisie, et ―― Alger, ―― Algérie. Et je crois qu'il est allé ―― Fès, ―― Maroc.
6. Ma sœur fait de l'espagnol, et elle a très envie d'aller ―― Amérique du Sud. Elle veut aller ―― Lima, ―― Pérou, et ―― Bogotá, ―― Colombie.

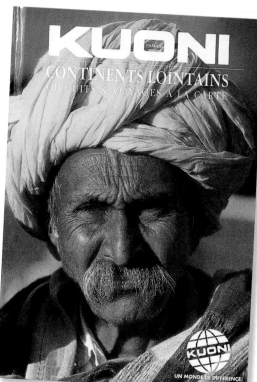

Referring to places or things already mentioned

Le pronom y

1. The pronoun **y** replaces a prepositional phrase that is introduced by a preposition of place or direction, other than **de.** Like all other pronouns, **y** immediately precedes the verb it is tied to.

   Ils vont à Paris.   Ils y vont.
   Ils sont allés au Québec.   Ils y sont allés.
   Ils voudraient aller en France. Ils voudraient y aller.

2. The pronoun **y** is also used to replace the object of a verb followed by the preposition **à,** if that object refers to a thing.

   J'ai répondu à sa lettre.   J'y ai répondu.
   Il obéit aux lois.   Il y obéit.

   Remember that when the noun following **à** is a person, rather than a thing, the noun is the indirect object of the verb, and therefore the indirect object pronouns **lui** or **leur** are used.

   J'ai répondu au professeur.   Je lui ai répondu.
   Il obéit à ses parents.   Il leur obéit.

3. The concept of "there" must always be expressed in French, even though it is often omitted in English.

   —Quand vas-tu à Paris?   —*When are you going to Paris?*
   —J'y vais demain.   —*I'm going tomorrow.*

   —Luc est dans sa chambre? —*Luc is in his room?*
   —Oui, il y est.   —*Yes, he is.*

4. The pronoun **y** seldom occurs with another object pronoun in the same sentence. When it does, **y** follows the other pronoun.

   Il m'a retrouvé à Paris.   Il m'y a retrouvé.
   Je l'ai aperçu sur les Champs-Élysées. Je l'y ai aperçu.
   Elle s'intéresse à la peinture.   Elle s'y intéresse.

   In sentences with **en, y** precedes **en.**

   Il y a de la neige?   Il y en a.

5. The pronoun **y** is used in the following idiomatic expressions.

   Ça y est!   *That's it. Finished!*
   J'y suis!   *I get it!*

Structure I

Communication guidée

 A **La Communauté européenne** Remplacez les mots en italique par le pronom **y.**

1. Ils ont signé un traité *à Paris.*
2. Les produits pourront circuler *en Europe.*
3. Ils ne s'arrêteront plus *aux frontières.*
4. La Grande-Bretagne entre *dans la CEE.*
5. Le gouvernement est installé *à Bruxelles.*
6. On parle le catalan *en Catalogne.*

Bruxelles: la Grand-Place

B **Souvenirs** Refaites les phrases, en utilisant **y, lui** ou **leur.**

1. Je pense souvent à mon pays.
2. Je jouais tout le temps au foot.
3. Je faisais toujours attention aux conseils de mes professeurs.
4. J'obéissais bien à mes parents.
5. Je répondais toujours poliment à ma grand-mère.
6. Elle s'intéressait beaucoup à mes activités.

C **Historiette** **Départ** Répondez en utilisant le pronom **y.**

1. Tes amis vont au Maroc?
2. Tu les accompagnes à l'aéroport?
3. Tu les invites au buffet de l'aéroport?
4. Ils ont le temps de t'accompagner au buffet?
5. Tu les accompagnes à la porte d'embarquement?
6. Tu peux les accompagner à bord de l'avion?

Telling what you and other people will do
Le futur

1. The future of regular verbs and many irregular verbs is formed by adding the appropriate endings to the infinitive of the verb. In the case of verbs ending in **-re,** the final **-e** is dropped before the future endings are added.

Infinitive	PARLER	FINIR	ATTENDRE
Future	je parlerai	je finirai	j' attendrai
	tu parleras	tu finiras	tu attendras
	il/elle/on parlera	il/elle/on finira	il/elle/on attendra
	nous parlerons	nous finirons	nous attendrons
	vous parlerez	vous finirez	vous attendrez
	ils/elles parleront	ils/elles finiront	ils/elles attendront

Note that many verbs which are irregular in the present tense have a regular future tense.

> **écrire:** j'**écrirai,** tu **écriras,** etc.
> **boire:** je **boirai,** tu **boiras,** etc.
> **connaître:** je **connaîtrai,** tu **connaîtras,** etc.

2. The future tense expresses an action or event that will take place sometime in the future. Following are some common adverbial expressions that can be used with the future.

> **demain** bientôt
> **après-demain** dimanche prochain
> **dans deux jours** la semaine prochaine, le mois prochain
> **un de ces jours** l'année prochaine, l'été prochain

> **Ils se mettront d'accord un de ces jours.**
> **Nous reparlerons de ce problème la semaine prochaine.**

3. Remember that in French, the construction **aller** + infinitive is frequently used to describe an event that will happen in the near future.

> **Je vais lui téléphoner.** **Nous allons y aller.**

4. Stem-changing verbs have irregular future forms. The future tense of these verbs is not based on the infinitive, but rather on the third person singular of the present tense + **r** + the future endings.

Infinitive	Present	Future	
acheter	il achète	j' achèterai	nous achèterons
lever	il lève	je lèverai	nous lèverons
mener	il mène	je mènerai	nous mènerons
appeler	il appelle	j' appellerai	nous appellerons
jeter	il jette	je jetterai	nous jetterons
employer	il emploie	j' emploierai	nous emploierons
essayer	il essaie	j' essaierai	nous essaierons

5. The following verbs have irregular stems in the future tense. The endings, however, are regular.

aller	j' **irai**	courir	je **courrai**
avoir	j' **aurai**	mourir	je **mourrai**
être	je **serai**	pouvoir	je **pourrai**
faire	je **ferai**	voir	je **verrai**
savoir	je **saurai**	envoyer	j' **enverrai**
vouloir	je **voudrai**	tenir	je **tiendrai**
devoir	je **devrai**	venir	je **viendrai**
recevoir	je **recevrai**		
s'asseoir	je **m'assiérai**		

		valoir	il **vaudra**
		falloir	il **faudra**
		pleuvoir	il **pleuvra**

**Le Parlement européen
en session à Strasbourg**

Communication guidée

A L'Europe de l'avenir?

Répondez d'après le modèle.

—Nous ne parlons pas la même langue.
—Mais bientôt, si, nous parlerons la même langue.

1. Nous n'utilisons pas la même monnaie.
2. Nous n'avons pas les mêmes coutumes.
3. Nous n'allons pas dans les autres pays pour travailler.
4. Nous ne voyageons pas facilement.
5. Nous n'aimons pas trop les étrangers.
6. Nous ne vendons pas nos produits librement.
7. Nous ne réunissons pas tous les pays d'Europe.

«Columbus»: la partie européenne de la future station spatiale internationale

B Vos enfants Répondez en utilisant le futur.

1. Vous, vous apprenez dans des livres. Et vos enfants?
2. Vous, vous voyagez en avion. Et vos enfants?
3. Vous, vous mangez de la nourriture. Et vos enfants?
4. Vous, vous allez au cinéma. Et vos enfants?
5. Vous, vous parlez une ou deux langues. Et vos enfants?
6. Vous, vous habitez sur la Terre. Et vos enfants?

C Historiette Il dira n'importe quoi. Complétez au futur.

1. Il dit qu'il _____ le faire. (savoir)
2. Il dit qu'il _____ le faire. (pouvoir)
3. Il dit qu'il _____ de le faire. (essayer)
4. Il le _____? (faire)
5. On _____. (voir)
6. Il _____ impressionner ses amis. (vouloir)
7. Tout le monde _____ voir ce qu'il fait. (venir)
8. Est-ce que ça _____ la peine d'aller voir? (valoir)
9. S'il réussit, la compagnie _____ son invention. (employer)
10. Sinon, elle la _____. (jeter)

D Projets Complétez.

1. Demain, je…
2. L'été prochain, mes parents…
3. Un de ces jours, mon frère…
4. L'année prochaine, mes amis et moi, nous…
5. Dimanche prochain, ma sœur…
6. La semaine prochaine, tu…
7. Dans deux jours, toi et Monique, vous…

Journalisme

L'ÉCOLOGIE

Introduction

L'écologie, l'environnement, la protection de la nature, tout le monde en parle, en France comme aux États-Unis.

Mais ces débats sur l'écologie peuvent être difficiles à suivre si on ne sait pas ce que veulent dire certains termes de base, comme «eutrophisation» par exemple. Vous savez ce que ça veut dire, vous? Non? Alors, lisez l'article qui suit, paru récemment dans *Phosphore,* le magazine des lycéens français.

Vocabulaire

le gaz d'échappement

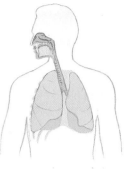

l'appareil respiratoire

l'appareil circulatoire

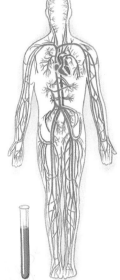

le pot d'échappement

la neige

la pluie

le brouillard

le sang

le plomb métal dense gris-bleu
(symbole: Pb)

le fer métal tenace, très utilisé dans
l'industrie (symbole: Fe)

l'azote (*m.*) gaz incolore et inodore
(symbole: N)

le gaz carbonique gaz résultant de la
combinaison du carbone avec l'oxygène
(symbole: CO_2)

nocif mauvais

néfaste mauvais

Communication guidée

Un peu d'écologie Complétez.

1. Dans une voiture, les gaz d'échappement partent par le _____.
2. Les pluies acides sont des acides qui retombent sur le sol mélangés aux pluies,
   à la _____ ou au _____.
3. Quand on ne peut pas respirer, on a des troubles _____.
4. Quand on a une mauvaise circulation du sang, on a des troubles _____.
5. Le _____ est un métal très dense. Le _____ est un métal très utilisé dans l'industrie.
6. Les rayons ultraviolets sont _____ ou _____ pour l'homme.
7. Quand on respire, on produit un gaz, c'est le _____.
8. L'_____ est un gaz incolore et inodore. Ses oxydes peuvent être très nocifs pour
   les êtres vivants.

POUR COMPRENDRE L'ÉCOLOGIE

AGRICULTURE BIOLOGIQUE

Culture ou élevage respectant les équilibres naturels et n'utilisant aucun produit chimique.

BIODÉGRADABLE

Se dit d'une substance susceptible d'être décomposée par des organismes vivants (bactéries).

ÉCOLOGIE

Mot inventé en 1866 par le biologiste allemand Haeckel. Du grec «oïkos» (maison). Science des relations des êtres vivants avec leur milieu[1] et des êtres vivants entre eux.

EUTROPHISATION

Quand l'eau (mer, lac, rivière…) contient trop de richesses nutritives, certains petits organismes pullulent[2]. En se développant, ils absorbent l'oxygène de l'eau au détriment d'autres espèces[3]. L'eutrophisation est due au déversement[4] dans l'eau de phosphates (les détergents en contiennent) ou de nitrates (dans les engrais[5]).

OXYDES D'AZOTE

Rejetés par les gaz d'échappement des voitures, ils sont produits par la combustion des carburants[6] à haute température. Effets nocifs sur les êtres vivants.

OZONE

L'ozone est un gaz présent dans la stratosphère (entre 20 et 40 km d'altitude) où il forme une couche[7] qui protège la planète des rayonnements solaires ultraviolets B, très néfastes pour l'homme.

PLUIES ACIDES

Pollution due aux rejets gazeux des industries et des pots d'échappement de voitures. Dans l'atmosphère, ces polluants sont transformés en acides (sulfuriques et nitriques) qui retombent au sol mélangés aux[8] pluies, neiges et brouillards. Les pluies acides font dépérir[9] les forêts, polluent certains lacs et cours d'eau, et provoquent des troubles respiratoires et circulatoires chez l'homme.

POT CATALYTIQUE

Situé entre le moteur et le pot d'échappement d'une voiture, c'est pour l'instant l'une des meilleures techniques de réduction d'émissions polluantes. Il transforme en partie les gaz polluants en vapeur d'eau, en azote et en gaz carbonique. Le pot catalytique ne fonctionne qu'avec de l'essence sans plomb.

RECYCLAGE

Le recyclage consiste à récupérer les déchets[10] pour les transformer. Ils peuvent ainsi resservir (verre, papier, fer, etc.).

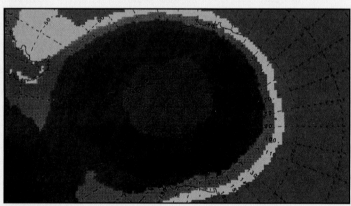

La diminution de la couche d'ozone au-dessus du Pôle Nord

---

[1] milieu *environment*
[2] pullulent *proliferate*
[3] espèces *species*
[4] le déversement *pouring*
[5] les engrais *fertilizers*

[6] carburants *fuels*
[7] une couche *layer*
[8] mélangés aux *mixed with*
[9] dépérir *to wither*
[10] les déchets *waste*

Après la lecture

A Vrai ou faux? Corrigez les phrases fausses.
1. L'agriculture biologique utilise des produits chimiques.
2. «Biodégradable» veut dire qui se décompose naturellement.
3. Le terme «écologie» vient du latin.
4. Les détergents contiennent des phosphates.
5. Les oxydes d'azote sont rejetés par les voitures.
6. La couche d'ozone protège les hommes des rayons ultraviolets.

B Définitions Trouvez le mot qui correspond.
1. les polluants qui proviennent des gaz d'échappement des voitures
2. science des relations entre l'homme et son environnement
3. la culture ou l'élevage qui n'utilise pas de produits chimiques
4. un appareil qui sert à réduire les gaz polluants qui s'échappent d'une voiture
5. la récupération des déchets

La propreté à portée de la main.
7000 NOUVELLES BOÎTES DE PROPRETÉ À PARIS

PROPRETÉ DE PARIS

Communication libre

A **Recyclage** Vous organisez un programme de recyclage dans votre ville. Déterminez ce que vous allez recycler et comment, les jours de recyclage, etc. Travaillez en petits groupes.

Le recyclage du verre, à Paris

B **Campagne publicitaire** Vous faites une campagne publicitaire pour un produit «écologiquement» bon. Choisissez un produit, puis «vendez-le»—écrivez une publicité, faites une affiche, etc. Travaillez avec un(e) camarade.

LA PROTECTION DES ANIMAUX

Introduction

Nous devons aujourd'hui apprendre à protéger les animaux. Nous devons leur assurer non seulement la possibilité de bien vivre, mais aussi un territoire adapté à leurs besoins. Il y a en effet des centaines d'espèces animales qui n'ont plus de territoire parce qu'on a coupé les arbres de leur forêt, par exemple.

Pour en savoir plus sur la disparition de certaines espèces animales et ce qu'on peut faire pour sauver celles qui sont en danger, lisez l'article qui suit, paru dans le magazine pour jeunes *Okapi*.

Vocabulaire

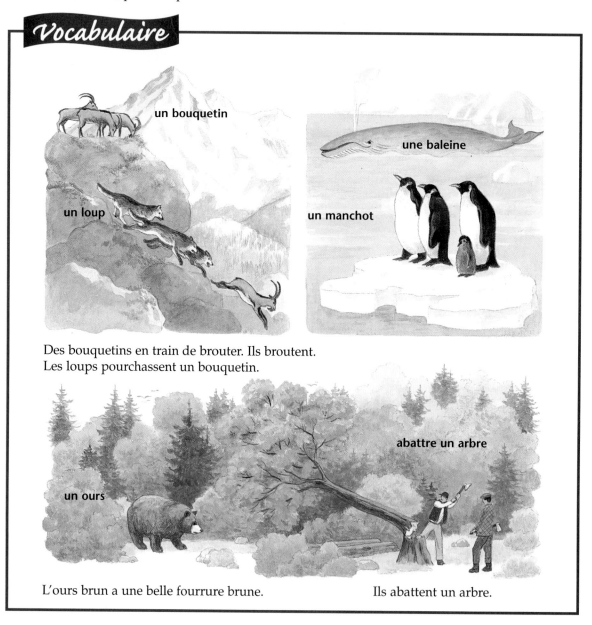

un bouquetin

une baleine

un loup

un manchot

Des bouquetins en train de brouter. Ils broutent.
Les loups pourchassent un bouquetin.

abattre un arbre

un ours

L'ours brun a une belle fourrure brune.

Ils abattent un arbre.

une corne

Cet homme va à la chasse. Il va chasser.

Le chasseur essaie d'échapper au rhinocéros.

la crainte la peur
la chair la viande
une réserve un parc national

la paix le contraire de la guerre
sûr pas dangereux
se vêtir mettre des vêtements, s'habiller

Communication guidée

A **Quelques animaux**
Répondez d'après les dessins.

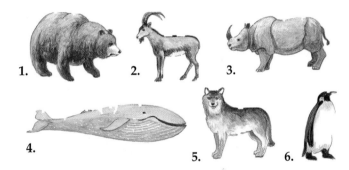

1. C'est un tigre?
2. C'est une antilope?
3. C'est un éléphant?
4. C'est un cochon?
5. C'est une vache?
6. C'est une poule?

B **Des animaux et des hommes** Complétez.

1. Le rhinocéros d'Afrique a deux _____; celui d'Asie n'en a qu'une.
2. Les rhinocéros sont des herbivores: ils _____ l'herbe de la savane.
3. Les campeurs ont été attaqués par un ours: il les a _____, mais ils ont pu lui _____.
4. Les hommes préhistoriques chassaient les animaux pour se nourrir de leur _____.
5. Et ils utilisaient la _____ de ces animaux pour se vêtir.
6. C'est un chasseur. Il aime _____.
7. Il va à la _____ tous les jours pendant la saison.
8. Les animaux ont été tellement chassés, qu'ils vivent dans la _____ de l'homme.
9. Seuls, les animaux qui vivent dans des _____ vivent en paix. Ce sont pour eux des endroits _____.
10. Ces arbres étaient trop vieux, il a fallu les _____.

CES ANIMAUX EN DANGER DE MORT

Dans le beau film de Jean-Jacques Annaud, *La guerre du feu*[1], trois hommes se réfugient dans un arbre isolé de la savane, pour échapper à une horde de lions.

Ils restent perchés là, plusieurs jours, car les lions ne se lassent[2] pas de les guetter[3]…

Dans ces temps reculés[4], les hommes, bien peu nombreux sur Terre, vivaient dans la crainte des animaux…

Des milliers d'espèces ont disparu

Dès qu'ils[5] ont su fabriquer des armes, les hommes ont chassé les animaux. Ils se sont nourris de leur chair, ils se sont vêtus avec leurs fourrures. Ils ont cru trouver des propriétés miraculeuses dans les cornes du rhinocéros ou du bouquetin des Alpes.

Ainsi, pendant des siècles[6], les espèces animales ont été pourchassées, sans relâche[7], par l'homme. Mais, depuis cinquante ans, elles disparaissent à un rythme de plus en plus rapide. En effet, la population humaine a beaucoup augmenté.

Pour gagner de l'espace, partout, on a abattu des forêts entières. Les animaux qui vivaient là, cachés[8], ont peu à peu été privés de tout ce qui faisait leur vie[9]: leur habitat, leur territoire de chasse, leur nourriture. Des milliers d'espèces se sont raréfiées; d'autres ont disparu.

C'est ainsi que, dans quelques années, les tigres du Bengale, les ours des Pyrénées et les loups d'Europe pourraient disparaître, si on ne fait rien.

Il existe une variété infinie d'espèces animales. Pourtant, les hommes n'en exploitent que quelques-unes pour l'élevage: les poules, les vaches, les cochons… Mais qui sait quelle espèce pourrait être utile dans l'avenir[10]?

Des antilopes dans les champs normands?

Imaginons, par exemple, que les espaces désertiques s'étendent de plus en plus. En Afrique, l'oryx[*], qui a failli disparaître[11], est un des rares animaux capables de brouter sur des terres arides. Il pourrait, demain, nourrir un grand nombre d'êtres humains.

Et si les climats venaient à se réchauffer, qui sait s'il n'y aura pas, un jour, des antilopes dans les champs de Normandie!

Depuis plusieurs années, les hommes ont enfin décidé de sauver les animaux. Pour certaines espèces, il était déjà trop tard. Pour d'autres, il était juste temps de créer des espaces naturels, des parcs ou des réserves où, maintenant, ils peuvent se reproduire en paix.

Depuis 1989, le commerce de l'ivoire est interdit: l'extermination massive des éléphants est donc freinée. Les baleines, qui étaient menacées d'extinction, sont peut-être sauvées.

Aujourd'hui, sur la Terre, un seul espace reste sûr pour le monde animal: c'est le continent Antarctique. En 1991, les gouvernements ont décidé de ne pas l'exploiter pendant cinquante ans. Des milliers de manchots ont, devant eux, des jours tranquilles sur ces terres glacées.

[1] La guerre du feu *Quest for Fire*
[2] se lassent *tire*
[3] guetter *to watch, lie in wait*
[4] reculés *distant, remote*
[5] dès qu'ils *as soon as they*
[6] siècles *centuries*
[7] sans relâche *without respite*
[8] cachés *hidden*
[9] vie *life*
[10] l'avenir *future*
[11] a failli disparaître *very nearly disappeared*
[*] oryx *large straight-horned African antelope*

A Sauvons les animaux!

Répondez d'après le texte.

1. Pourquoi les premiers hommes avaient-ils peur des animaux?
2. Quand les hommes ont-ils commencé à chasser les animaux?
3. Dans quoi les hommes ont-ils trouvé des propriétés miraculeuses?
4. Qu'ont fait les hommes pour gagner de l'espace?
5. Quel en a été le résultat?
6. Quelles espèces animales pourraient bien disparaître?
7. Quels sont les animaux que les hommes utilisent pour l'élevage?
8. Quels autres animaux pourraient-ils un jour utiliser?
9. Comment a-t-on freiné l'extermination des éléphants?
10. Pourquoi les manchots peuvent-ils dormir tranquillement?

B Vrai ou faux? Corrigez les phrases fausses.

1. Il y a très longtemps, les hommes avaient peur des animaux.
2. Les hommes chassaient les animaux pour se nourrir et s'habiller.
3. Depuis cinquante ans, les espèces animales disparaissent de plus en plus vite.
4. Les hommes exploitent beaucoup d'espèces animales pour l'élevage.
5. L'oryx d'Afrique a besoin de beaucoup d'eau pour vivre.
6. On trouve déjà des antilopes en Normandie.
7. De nos jours, les éléphants et les baleines sont sauvés.
8. On ne pourra pas chasser sur le continent Antarctique jusqu'en 2041.

Terre sauvage
LE MONDE GRANDEUR NATURE

SENTIERS SAUVAGES
Entre ciel et mer du Mont-Saint-Michel au Cotentin
+4 cartes détachables

EXCLUSIF
Les collections cachées du Muséum de Paris

PAPOUASIE
Derniers jours tranquilles chez les Unas

L'AMÉRIQUE sauve son oiseau-totem

N° 156

Communication libre

A **La chasse** Faites une liste des arguments en faveur de la chasse et une liste des arguments contre la chasse. Faites un sondage dans votre classe pour savoir la position de vos camarades sur ce sujet.

B **Être ou ne pas être végétarien** Doit-on manger de la viande ou pas? Faites une liste des arguments en faveur et une liste des arguments contre. Faites un sondage dans votre classe.

C **Animaux en voie de disparition**
Le texte cite trois espèces animales qui pourraient bien disparaître: le tigre du Bengale, l'ours des Pyrénées et le loup d'Europe. Connaissez-vous d'autres espèces qui sont en voie de disparition (en train de disparaître)? Faites un exposé sur une espèce animale en danger dans votre pays ou ailleurs (*elsewhere*).

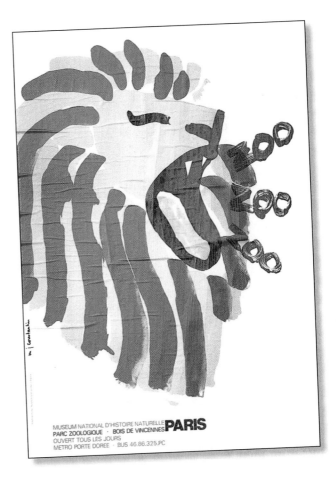

MUSÉUM NATIONAL D'HISTOIRE NATURELLE **PARIS**
PARC ZOOLOGIQUE · BOIS DE VINCENNES
OUVERT TOUS LES JOURS
MÉTRO PORTE DORÉE · BUS 46.86.325.PC

LES TOUAREGS

Introduction

Les animaux ne sont pas les seuls êtres vivants que le monde moderne prive de tout ce qui était leur vie. Certains peuples aussi doivent faire face au même destin: les Touaregs, par exemple.

Si ce nom ne vous dit rien, lisez les renseignements suivants, avant de lire le reportage à la page 188, paru originairement dans *Phosphore*.

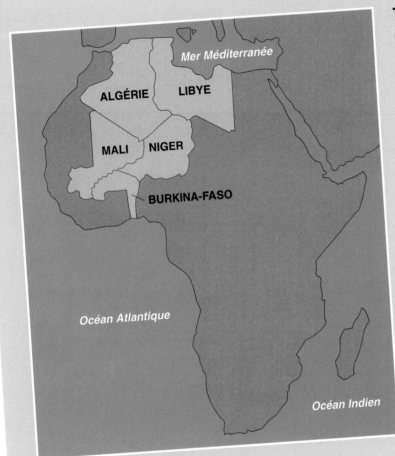

Mer Méditerranée

ALGÉRIE · LIBYE

MALI · NIGER

BURKINA-FASO

Océan Atlantique

Océan Indien

TERRITOIRE

Les Touaregs sont d'origine berbère et comptent environ un million de personnes réparties au Niger (600 000) et au Mali (300 000), le reste se répartissant entre la Libye, le Burkina-Faso et l'Algérie. Divisés en une infinité de tribus, nomades ou sédentaires, ils n'ont qu'un point commun: la langue touarègue, le tamacheq.

LES HOMMES BLEUS

L'expression, qui date de la colonisation, a fait le tour du monde. Quand vient l'âge de la puberté, les Touaregs se drapent le visage avec une longue pièce de tissu, le «chèche», teintée à l'indigo. Cette teinture, qui se dépose sur le visage, a valu aux Touaregs le surnom «d'hommes bleus».

Vocabulaire

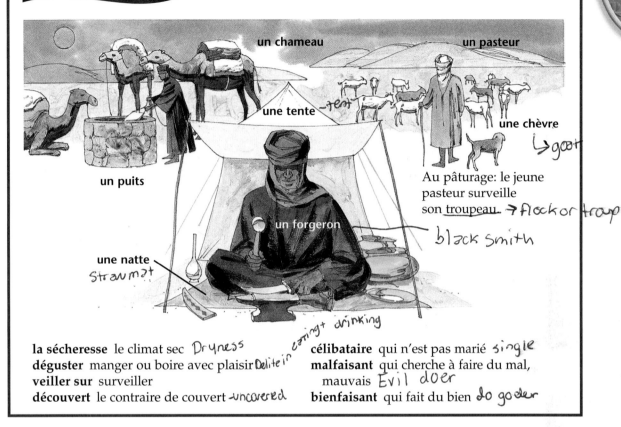

un chameau

un pasteur

une tente ~tent

une chèvre ↳goat

un puits

Au pâturage: le jeune pasteur surveille son troupeau. → flock or troup

un forgeron — black smith

une natte — Straw mat

la sécheresse le climat sec Dryness
déguster manger ou boire avec plaisir Delite in ~coming drinking
veiller sur surveiller
découvert le contraire de couvert —uncovered

célibataire qui n'est pas marié single
malfaisant qui cherche à faire du mal, mauvais Evil doer
bienfaisant qui fait du bien do gooder

Communication guidée

A **Historiette** **Dans le désert** Complétez.

1. Comme animaux, les nomades ont des _____ et des _____.
2. Les nomades ne vivent pas dans des maisons, mais dans des _____.
3. Ils dorment sur des _____.
4. Ils prennent de l'eau dans des _____.
5. Il fait toujours chaud et sec, mais les nomades ont l'habitude de la _____.
6. Les femmes ne portent pas le voile. Elles ont le visage _____.
7. C'est la femme qui _____ les enfants et les chèvres.
8. Dans le désert, l'eau est _____. On la déguste avec plaisir.

B **Définitions** Trouvez le mot qui convient.

1. quelqu'un qui travaille le fer
2. quelqu'un qui garde un troupeau de chèvres
3. l'endroit où un troupeau broute
4. qui n'a pas de mari ou de femme
5. qui cherche à faire du mal

NOMADES

Nomades dans l'âme[1], les Touaregs ont toujours été en conflit avec les Noirs sédentaires. Leur nomadisme s'articule autour de l'élevage. Les Touaregs se déplacent en suivant les pâturages pour que chèvres et chameaux aient toujours de quoi se nourrir.

LES HOMMES BLEUS

Au Mali, au Niger et en Algérie, on n'a jamais beaucoup aimé les Touaregs, ces nomades du désert. Mais depuis deux ans, la situation empire[2]. Attaques, représailles sanglantes, guérilla: les morts se comptent par centaines.

THÉ AU SAHARA

Les Touaregs ne mangent jamais en public. Seul le thé se déguste en famille ou entre amis.

[1] l'âme *soul*
[2] empire *is getting worse*

FEMMES

Bien que musulmanes, les femmes touarègues ont le visage découvert, contrairement aux hommes. Lorsqu'elles se marient, elles deviennent propriétaires de la «maison», une tente constituée de nattes. En cas de divorce, elles repartent dans leur famille avec leur maison, laissant l'homme sans abri[3].

---

[3] abri *shelter*

L'HEURE DU PUITS

Dans ce monde de sable et de sécheresse, il faut parfois descendre à plus de trente mètres pour trouver l'eau bienfaisante. Le puits est aussi le lieu de toutes les rencontres[4]. Regards, plaisanteries, sourires entre jeunes célibataires…

PLUS-QUE-NOMADES

Les forgerons forment une classe à part. Ces familles d'artisans vont et viennent entre tribus. Les femmes travaillent le cuir, les maris le bois[5] et le métal.

[4] rencontres *encounters*
[5] le bois *wood*

JOURNALISME

CEUX DE LA LIMITE

Les Kel-Tedale («ceux de la limite») vivent aux portes du terrible désert du Ténéré. Très pauvres, ils comptent parmi les derniers véritables nomades touaregs. Une famille voyage seule, l'homme est responsable des chameaux, la femme veille sur les enfants, la tente et le troupeau de chèvres.

LA COLÈRE⁶ DES HOMMES BLEUS

Depuis prés d'un siècle, les Touaregs, habitants ancestraux du Sahara, luttent⁷ pour préserver leur identité.

Que réclament⁸ les Touaregs? Rien, ou presque. Ils souhaitent vivre selon leur culture, et non pas, comme on l'a parfois écrit, obtenir leur indépendance. Les Touaregs sont de tradition nomade, ils sont partout chez eux et ont toujours vécu en bons termes avec les autres ethnies.

Les hommes bleus veulent simplement vivre en paix le long des oueds⁹, élever leurs troupeaux, cultiver leurs champs et préparer, comme chaque année, les caravanes de sel*. La vie est assez dure comme ça dans ces régions où le désert ne cesse d'avancer, et où une seule sécheresse peut être fatale à tout un troupeau, seul bien du pasteur nomade.

Aujourd'hui, la situation n'est pas brillante. Pourchassés par l'armée, les Touaregs du Mali s'entassent¹⁰ par milliers dans des camps de fortune¹¹ dans le sud algérien, mais aussi au Niger, en Libye, au Burkina-Faso et en Mauritanie. Exténués¹² par la fatigue, la faim et la typhoïde. Dépendants d'une aide humanitaire qui arrive au compte-gouttes¹³. Triste épilogue, pour ces grands nomades qui ne souhaitaient que le droit à la différence.

---

⁶ la colère *anger*
⁷ luttent *fight*
⁸ réclament *demand*
⁹ le long des oueds *along the wadis (river beds—usually dry, except during the rainy season)*

¹⁰ s'entassent *are crammed*
¹¹ camps de fortune *makeshift refugee camps*
¹² exténués *exhausted*
¹³ arrive au compte-gouttes *is doled out sparingly*

* les caravanes de sel *camel caravans transporting salt from Saharan mines to markets in Nigeria, where the Touaregs sell the salt and buy cereals like millet*

Après la lecture

A Vrai ou faux? Corrigez les phrases fausses.
1. Les Touaregs sont sédentaires.
2. Ils n'ont pas d'animaux.
3. Les Touaregs sont aimés des autres peuples.
4. Ils ne mangent jamais en public.
5. Les femmes touarègues portent le voile.
6. C'est le mari qui est le propriétaire de la tente familiale.
7. Le puits est l'endroit où hommes et femmes se rencontrent.
8. Les artisans restent toujours dans la même tribu.
9. Les femmes travaillent le bois et le métal, et les maris travaillent le cuir.
10. Les Touaregs veulent vivre selon leur culture.
11. Les Touaregs n'ont pas un seul bien.

B Les hommes bleus Répondez d'après le texte.
1. Pourquoi les Touaregs se déplacent-ils en suivant les pâturages?
2. Que dégustent-ils en famille?
3. Quand un couple se marie, qui devient propriétaire de la tente?
4. Que se passe-t-il quand un couple divorce?
5. Où se rencontrent les jeunes gens célibataires?
6. Comment vivent les artisans?
7. Que réclament les Touaregs?
8. Comment vivent-ils?
9. Quel peut être le résultat d'une grande sécheresse?
10. Quelle est la situation des Touaregs aujourd'hui?

Communication libre

A Étonnant! Il y a sans doute des aspects de la vie des Touaregs qui vous ont surpris. Dites ce qui vous a surpris et pourquoi.

B La vie dans le désert Décrivez un jour dans la vie d'une famille de Touaregs.

C Le droit à la différence Expliquez la dernière phrase de l'article: «Triste épilogue pour ces grands nomades qui ne souhaitaient que le droit à la différence.»

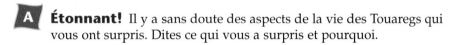

Structure II

Telling what you and others will do before a future event
Le futur antérieur

1. The **futur antérieur,** or future perfect, is formed by using the future tense of the helping verb **avoir** or **être** and the past participle of the verb.

FINIR		ALLER	
j'	aurai fini	je	serai allé(e)
tu	auras fini	tu	seras allé(e)
il	aura fini	il	sera allé
elle	aura fini	elle	sera allée
nous	aurons fini	nous	serons allé(e)s
vous	aurez fini	vous	serez allé(e)(s)
ils	auront fini	ils	seront allés
elles	auront fini	elles	seront allées

2. The future perfect is used to express a future action that will be completed prior to another future action.

Nous irons à Paris en mai.	*We will go to Paris in May.*
Malheureusement, nos amis seront déjà partis.	*Unfortunately our friends will have already left.*

Both actions are in the future. However, "our friends" will have left Paris before we arrive. Study the following examples.

Ils rentreront à Paris en juin.	*They will come back to Paris in June.*
Malheureusement, nous aurons déjà repris l'avion pour New York.	*Unfortunately, we'll have already taken a plane back to New York.*
Nous ne verrons pas nos amis avant le mois de septembre.	*We won't see our friends before the month of September.*
Mais nous nous serons parlé au téléphone avant ça.	*But we'll have talked with one another on the phone before that.*

Remember that **être** is the helping verb used with reflexive verbs.

Communication guidée

A **Avant que Grand-mère n'arrive** Répondez d'après le modèle.

—Il faut que tu aies fini tes devoirs.
—Mais oui, quand elle arrivera, j'aurai fini mes devoirs.

1. Il faut que tu aies fait la vaisselle.
2. Il faut que Valérie ait rangé sa chambre.
3. Il faut que Christophe soit rentré de l'école.
4. Il faut que vous soyez allés faire les courses.
5. Il faut que vous ayez mis la table.
6. Il faut que vous ayez pris un bain.
7. Il faut que tu te sois fait couper les cheveux.
8. Il faut que vous ayez préparé le dîner.

B **Dans cent ans, la Terre sera un désert:...** Faites des phrases avec les mots donnés. Utilisez le futur antérieur.

... nous/détruire la planète ⟶
Dans cent ans, la Terre sera un désert: nous aurons détruit la planète.

1. ... nous/abattre tous les arbres
2. ... les industries/polluer tous les cours d'eau
3. ... des centaines d'espèces animales/disparaître
4. ... les êtres humains/devenir trop nombreux
5. ... ils/détruire l'environnement
6. ... ils/se détruire eux-mêmes

Using the future or future perfect after certain conjunctions

Le futur et le futur antérieur avec **quand**

The future tense or the future perfect is used after the following conjunctions of time when the verb in the main clause is in the future, the future perfect, or the imperative.

quand	*when*	dès que	*as soon as*
lorsque	*when*	pendant que	*while*
aussitôt que	*as soon as*	tandis que	*while*

Note that the present tense or the past perfect is used in English.

Je vous téléphonerai quand j'arriverai.   *I'll call you when I arrive.*
Il sera parti lorsque vous arriverez.   *He will have left when you arrive.*
Dès que tu auras acheté un fax,   *As soon as you have bought a fax*
    dis-le moi.   *machine, tell me.*

Un ours des Pyrénées

Communication guidée

A   **Futurs écologistes** Redites la même chose en suivant le modèle.

Moi, je veux passer un mois en mer pour étudier les baleines. →
Quand je passerai un mois en mer, j'étudierai les baleines.

1. Moi, je veux aller au Sahara pour photographier les Touaregs.
2. Lui, il veut faire des études en agriculture biochimique pour essayer de trouver de nouveaux engrais.
3. Eux, ils veulent aller en Amazonie pour essayer d'arrêter la déforestation.
4. Nous, nous voulons aller dans les Pyrénées pour trouver les derniers ours et les transporter dans un zoo.

B   **Premier jour à Paris** Complétez en utilisant soit le futur, soit le futur antérieur.

1. Dès que vous _____, téléphonez-moi. (s'installer)
2. Vous _____ des courses pendant que je _____. (faire, travailler)
3. Aussitôt que j' _____ une table, nous _____ partir. (réserver, pouvoir)
4. Céline _____ vous voir quand ses enfants _____ en vacances. (venir, partir)

Using the present or the imperfect tense after certain time expressions

Le présent et l'imparfait avec **depuis**

1. The expressions **depuis, il y a… que, voilà… que, ça fait… que** are used with the present tense to describe an action that began at some time in the past and continues in the present. Look at the following examples.

—**Depuis quand êtes-vous**   —*How long have you been in*
    à Bruxelles?   *Brussels?*
—**Je suis ici depuis vingt ans.**   —*I've been here for twenty years.*

—**Depuis quand travaillez-**   —*How long have you been*
    vous ici?   *working here?*
—**Je travaille ici depuis cinq ans.** —*I have been working here for five years.*

Il y a cinq ans que je travaille ici.
Voilà cinq ans que je travaille ici.
Ça fait cinq ans que je travaille ici.

Note that English uses the present perfect progressive because it considers that the action began in the past. French uses the present tense because it considers that, even though the action started in the past, it continues in the present.

2. The expressions **depuis, il y avait… que,** and **ça faisait… que** are used with the imperfect tense to describe an action or a condition that had begun in the past and was still happening or in effect at a given moment in the past when something else happened. Note the tenses in the following sentences.

Elle habitait en France depuis six mois quand son frère a décidé de lui rendre visite.
She had been living in France for six months when her brother decided to visit her.

Il y avait deux heures qu'il travaillait quand le téléphone a sonné.
He had been working for two hours when the telephone rang.

3. If the time construction involves a date, only **depuis** can be used.

Je travaille ici depuis 2000.   *I've been working here since 2000.*

STRUCTURE II   *cent quatre-vingt-dix-neufc*

Structure II

Communication guidée

A **Personnellement** Répondez.

1. Depuis quelle date habitez-vous dans la ville où vous habitez maintenant?
2. Depuis quand connaissez-vous votre meilleur(e) ami(e)?
3. Depuis combien de temps êtes-vous dans la même école?
4. Depuis combien de temps faites-vous du français?
5. Depuis combien de temps vos parents se connaissent-ils?
6. Depuis combien d'années faites-vous des maths? Et de l'anglais?

B **Historiette** **Combien de temps?** Complétez.

1. Mon frère Serge _____ de l'espagnol depuis deux ans quand il _____ d'apprendre le français. (faire, décider)
2. Depuis longtemps, il _____ aller à Madrid, et puis tout d'un coup, il _____ d'aller à Bruxelles. (vouloir, choisir)
3. Ça ne faisait que deux jours qu'il _____ à Bruxelles quand il _____ Eugénie. (être, rencontrer)
4. Il y avait un an qu'il _____ Carol lorsqu'il _____ amoureux d'Eugénie. (connaître, tomber)
5. Et maintenant, ça fait deux mois qu'il _____ à Eugénie, et moi ça fait deux mois que je _____ avec Carol! (écrire, sortir)

Une fête à Bruxelles

Gens du Pays — Gilles Vigneault

Avant la lecture

La vie qui passe est un thème souvent chanté par les poètes. Essayez de penser à ce que veulent dire pour vous les mots «jeunesse» et «vieillesse».

Vocabulaire

semer

récolter

un ruisseau

un étang

La neige fond au soleil.

Littérature

Je t'aime.

des fleurs

Il lui parle d'amour.
Elle le laisse faire.

les gens les hommes et les femmes, les êtres humains
l'amour quand on aime quelqu'un, on a de l'amour pour cette personne

les vœux les expressions comme «Bonne Année!» et «Bonne Santé!»
l'espoir *(m.)* le fait d'espérer
se mirer se regarder

Communication guidée

A **Familles de mots** Choisissez le mot qui correspond.

1. espérer
2. récolter
3. se mirer
4. souhaiter
5. vivre
6. former
7. courir
8. aimer
9. semer

a. le souhait
b. la course
c. la vie
d. l'amour
e. le miroir
f. la forme
g. les semailles
h. la récolte
i. l'espoir

B **Au Québec** Complétez.

1. Les Québécois sont les _____ qui vivent au Québec.
2. Pour le Nouvel An, ils se présentent leurs meilleurs _____.
3. Ils s'offrent des bouquets de _____.
4. Quand le printemps arrive, la neige _____.
5. Les _____ deviennent des rivières.
6. Et les _____ deviennent des lacs.
7. L'été, les jeunes font la fête, et les vieux les _____ faire. L'été dure si peu!

Introduction

Gens du Pays est une chanson de Gilles Vigneault, auteur et compositeur québécois.

Gilles Vigneault est né en 1928 à Natashquan, une petite ville au bord du golfe du Saint-Laurent.

Gens du Pays est souvent chanté au Québec lors de réunions officielles. C'est devenu, pour ainsi dire, l'hymne national du Québec.

Lecture 🎧

Gens du Pays

Le temps qu'on a pris
Pour dire je t'aime
C'est le seul qui reste
Au bout de° nos jours
Les vœux que l'on fait
Les fleurs que l'on sème
Chacun° les récolte en soi-même°
Au beau jardin du temps qui court

Gens du Pays
C'est votre tour°
de vous laisser
Parler d'amour

au bout de
at the end of

chacun *everyone*
soi-même *himself*

tour *turn*

Le temps de s'aimer
Le jour de le dire
Fond comme la neige
Aux doigts du printemps
C'est l'temps de nos joies
C'est l'temps de nos rires
Ces yeux où nos regards se mirent
C'est demain que j'avais vingt ans.

Gens du Pays…

Le ruisseau des jours
Aujourd'hui s'arrête
Et forme un étang
Où chacun peut voir
Comme en un miroir
L'amour qu'il reflète
Pour ces cœurs° à qui je souhaite
Le temps de vivre nos espoirs

cœurs *hearts*

Gens du Pays…

Gilles Vigneault, *Gens du Pays*

Après la lecture

A La nature Classez les images de la nature qu'utilise le poète dans l'une ou l'autre des catégories suivantes.

<u>l'amour</u>   <u>le temps</u>

1. les fleurs
2. le jardin
3. la neige
4. le printemps
5. le ruisseau
6. l'étang

B Chanson Répondez d'après le texte.
1. Qu'est-ce qui reste à la fin d'une vie?
2. Qu'est-ce qui permet d'oublier qu'on vieillit?
3. À qui le poète déclare-t-il son amour?
4. Qu'est-ce qu'il leur souhaite?

Communication libre

A **Images** À quelles images de la nature associez-vous la vie, le temps, la jeunesse, la vieillesse, vieillir?

B **Hymne** Cette chanson est devenue l'hymne populaire du Québec, surtout du Québec qui se voudrait indépendant du reste du Canada. Quels sont les vers qui peuvent aussi avoir un sens politique? Expliquez.

C **Le Québec** Renseignez-vous sur la loi 101 concernant l'emploi du français et de l'anglais au Québec en envoyant une lettre à l'Office de la langue française à Montréal. (Votre professeur vous donnera l'adresse.) Après avoir reçu la réponse, dites si vous êtes pour ou contre, et pourquoi.

La dernière classe Alphonse Daudet

Avant la lecture

Qu'est-ce que le patriotisme? Comment se manifeste-t-il? Qu'êtes-vous prêt(e)
à faire ou à ne pas faire pour votre pays?

Vocabulaire

un chapeau — hat une affiche — poster Tap! Tap! Tap! un habit — suit jacket une règle — ruler un pupitre

Le maître d'école est en colère. Il tape sur le bureau avec sa règle.
Il donne des coups de règle sur le bureau.

Rrou… Rrou… Rrou… roucouler — to coo siffler l'abeille — bee l'écriture — writing un banc — bench arroser — to water

Le maître gronde l'élève. Il le punit. → scolding

la patrie pays que l'on considère
  comme son pays

épeler dire une à une les lettres
  d'un mot — to spell

étouffer ne plus pouvoir respirer — to smother

interroger poser des questions — to question

remercier dire «merci» — to thank

faire de la peine à quelqu'un rendre
  cette personne triste — to hurt someone emotionally

s'en vouloir se reprocher — hold something against someone

vide le contraire de plein — empty

épuisé extrêmement fatigué — exhausted

jusqu'au bout jusqu'à la fin

Communication guidée

A **Synonymes** Exprimez d'une autre façon ce qui est en italique.

1. Il nous *a posé des questions.*
2. Nous l'avons écouté jusqu'*à la fin.*
3. Il aimait beaucoup *son pays.*
4. Nous *mettions de l'eau* sur ses plantes.
5. Il nous *dit merci.*
6. Il *se reproche* de ne pas avoir été gentil avec elle.
7. Elle lui *donne des coups.*
8. Ils sont *très fatigués.*

B **Le mot juste** Complétez.

1. Quand un enfant n'est pas sage, on le _____ et on le _____.
2. Je n'arrive plus à respirer! J' _____.
3. Je n'arrive pas à lire sa lettre. Il a une _____ horrible.
4. Comme les gens ne comprennent pas son nom, il est obligé de l' _____.
5. Quand on veut que son chien vienne, on le _____.
6. Elle lui a dit qu'elle ne l'aimait pas; ça lui a fait beaucoup de _____.
7. Il était très élégant: il avait mis un _____ et un _____.
8. Ils font beaucoup de publicité pour ce produit. Ils mettent des _____ partout.

Deux petites filles en costume alsacien

C **Définitions** Trouvez le mot qui correspond.

1. le contraire de calme
2. faire la morale à un enfant
3. un insecte jaune et noir qui pique
4. un bureau dans une salle de classe
5. le contraire de récompenser
6. le contraire de vide
7. long siège sur lequel plusieurs personnes peuvent s'asseoir
8. objet qui sert à tracer une ligne ou à mesurer une longueur
9. ce que font les pigeons pour communiquer entre eux
10. Quand les fleurs «ont soif», on les _____.

Introduction

Alphonse Daudet (1840–1897) est né à Nîmes, dans le sud de la France. Ses parents étaient de riches commerçants, mais ils se sont ruinés, et Daudet a donc dû travailler très jeune. Monté à Paris, Daudet est devenu journaliste et écrivain.

La célébrité est venue avec la publication de deux livres de contes, l'un intitulé *Les lettres de mon moulin*, l'autre *Les contes du lundi.*

Les lettres de mon moulin sont des contes fantaisistes, amusants et tendres, dans lesquels Daudet met en scène des personnages typiques du Midi (sud de la France).

Les contes du lundi sont inspirés par les événements qui ont suivi la guerre franco-allemande de 1870 et la défaite des Français: en particulier, l'occupation de l'Alsace par les Allemands.

La dernière classe est un de ces contes. C'est l'histoire d'un petit Alsacien, Franz, qui assiste à l'occupation de «sa patrie» par les troupes prussiennes et se voit interdire l'usage de la langue française: seul l'allemand sera enseigné dans les écoles publiques.

La bataille de Königgratz—**peinture de Bleibtreu**

Obernai en Alsace: la place du Marché

Lecture 🎧

La dernière classe

Ce matin-là, j'étais très en retard pour aller à l'école, et j'avais grand-peur d'être grondé, d'autant que° M. Hamel nous avait dit qu'il nous interrogerait sur les participes, et je n'en savais pas le premier mot. Un moment l'idée me vint de manquer la classe et de prendre ma course à travers champs.

Le temps était si chaud, si clair!

On entendait les oiseaux siffler dans le bois, et dans le pré Rippert, derrière la scierie°, les Prussiens qui faisaient l'exercice. Tout cela me tentait bien plus que la règle des participes; mais j'eus la force de résister, et je courus bien vite vers l'école.

En passant devant la mairie, je vis qu'il y avait du monde arrêté près des affiches. Depuis deux ans, c'est de là que nous sont venues toutes les mauvaises nouvelles, et je pensai sans m'arrêter:

d'autant que *all the more so since*

scierie *sawmill*

«Qu'est-ce qu'il y a encore?»

Alors, comme je traversais la place en courant, le forgeron° Wachter, qui était là avec son apprenti en train de lire° l'affiche me cria:

«Ne te dépêche pas tant, petit; tu y arriveras toujours assez tôt° à ton école!»

Je crus qu'il ne parlait pas sérieusement, et j'entrai tout épuisé dans la petite cour de M. Hamel.

D'ordinaire°, au commencement de la classe, il se faisait un grand bruit qu'on entendait jusque dans la rue, les pupitres ouverts, fermés, les leçons qu'on répétait très haut° tous ensemble pour mieux apprendre, et la grosse règle du maître qui tapait sur les tables:

«Un peu de silence!»

Je comptais sur toute cette agitation pour aller à ma place sans être vu; mais, justement, ce jour-là, tout était tranquille, comme un matin de dimanche. Par la fenêtre ouverte, je voyais mes camarades déjà rangés à leurs places°, et M. Hamel, qui passait et repassait avec la terrible règle en fer° sous le bras. Il fallut ouvrir la porte et entrer au milieu de ce grand calme. J'étais rouge et j'avais très peur!

Eh bien! non. M. Hamel me regarda sans colère° et me dit très doucement:

«Va vite à ta place, mon petit Franz: nous allions commencer sans toi.»

J'enjambai° le banc et je m'assis tout de suite. Alors seulement, je remarquai que notre maître avait son bel habit qu'il ne mettait que pour les grandes occasions. Du reste°, toute la classe avait quelque chose d'extraordinaire et de solennel°. Mais ce qui me surprit le plus, ce fut de voir au fond de° la salle, sur les bancs qui restaient vides d'habitude, des gens du village assis et silencieux comme nous, le vieux Hauser avec son chapeau, l'ancien° maire, l'ancien facteur, et puis d'autres personnes encore. Tout ce monde-là avait l'air triste; et Hauser avait apporté un vieux livre qu'il tenait grand ouvert sur ses genoux, avec ses grosses lunettes posées sur les pages.

Pendant que je m'étonnais de tout cela, M. Hamel était monté dans sa chaire°, et de la même voix douce et grave dont il m'avait reçu, il nous dit:

«Mes enfants, c'est la dernière fois que je vous fais la classe. L'ordre est venu de Berlin de ne plus enseigner que l'allemand dans les écoles de l'Alsace et de la Lorraine… Le nouveau maître arrive demain. Aujourd'hui, c'est votre dernière leçon de français. Je vous prie d'°être bien attentifs.»

Ces quelques paroles me bouleversèrent°. Ah! les misérables, voilà ce qu'ils avaient affiché à la mairie.

Ma dernière leçon de français!…

Et moi qui savais à peine écrire°! Je n'apprendrais donc jamais! Il faudrait donc en rester là… Comme je m'en voulais maintenant du temps perdu, des classes manquées à courir dans les champs ou à rêver° le nez en l'air. Mes livres que tout à l'heure encore je trouvais si ennuyeux, si lourds° à porter, ma grammaire, mon histoire, me semblaient à présent de

---

forgeron *blacksmith*
en train de lire *reading*
tôt *early*

d'ordinaire *usually*

haut *loudly*

rangés… places *sitting in rows*
règle en fer *iron ruler*

colère *anger*

j'enjambai *I stepped over*

du reste *moreover*
solennel *solemn*
au fond de *at the back of*

ancien *former*

était… chaire *had sat at his desk*

je vous prie de *please*

bouleversèrent *stunned*

qui… écrire *who could hardly write*
rêver *dream*

lourds *heavy*

---

vieux amis qu'il me ferait beaucoup de peine à quitter. C'est comme M. Hamel. L'idée qu'il allait partir, que je ne le verrais plus, me faisait oublier les punitions, les coups de règle.

Pauvre homme!

C'est en l'honneur de cette dernière classe qu'il avait mis ses beaux habits du dimanche et maintenant je comprenais pourquoi ces vieux du village étaient venus s'asseoir au bout de la salle. Cela semblait dire qu'ils regrettaient de ne pas y être venus plus souvent, à cette école. C'était aussi comme une façon de remercier notre maître de ses quarante ans de bons services et de rendre leurs devoirs à la patrie qui s'en allait°…

C'est à ce moment que j'entendis appeler mon nom. C'était mon tour de réciter. Que n'aurais-je pas donné pour pouvoir dire tout au long cette fameuse règle des participes, bien haut, bien clair, sans une faute? Mais je m'embrouillai° aux premiers mots, et je restai debout à me balancer sur mes jambes, tout triste, sans oser lever la tête°. J'entendais M. Hamel qui me parlait:

«Je ne te dirai rien, mon petit Franz, tu dois être assez puni… voilà ce que c'est. Tous les jours on se dit: «Bah! j'ai bien le temps. J'apprendrai demain.» Et puis tu vois ce qui arrive. Ah! Malheureusement, notre Alsace a toujours remis son instruction au lendemain. Maintenant ces gens-là peuvent nous dire: «Comment! Vous prétendiez être Français et vous ne savez ni lire ni écrire votre langue!» Dans tout ça, mon pauvre Franz, ce n'est pas encore toi le plus coupable°. Nous avons tous notre bonne part de reproches° à nous faire.

«Vos parents n'ont pas assez tenu à° vous voir instruits. Ils aimaient mieux vous envoyer travailler à la terre ou dans les textiles pour avoir de l'argent en plus. Moi-même, n'ai-je rien à me reprocher? Est-ce que je ne vous ai pas souvent fait arroser mon jardin au lieu de travailler? Et quand je voulais aller pêcher, est-ce que je me gênais pour vous donner congé°?»

Alors, d'une chose à l'autre, M. Hamel se mit à nous parler de la langue française, disant que c'était la plus belle langue du monde, la plus claire, la plus solide: qu'il fallait la garder entre nous et ne jamais l'oublier. Elle resterait le symbole de notre liberté. Puis, il prit une grammaire et nous lut notre leçon. J'étais étonné de voir comme je comprenais. Tout ce qu'il disait me semblait facile, facile. Je crois aussi que je n'avais jamais si bien écouté et que lui non plus n'avait jamais mis autant de patience à ses explications. On aurait dit qu'avant de s'en aller, le pauvre homme voulait nous donner tout son savoir°, nous le faire entrer dans la tête finalement.

La leçon finie, on passa à l'écriture. Pour ce jour-là, M. Hamel nous avait préparé des exemples tout neufs sur lesquels était écrit: «France, Alsace. France, Alsace.» Cela faisait comme des petits drapeaux plantés tout autour de la classe. Il fallait voir comme chacun essayait de bien faire—et quel silence! On n'entendait rien que les plumes° sur le papier. Un moment des abeilles entrèrent: mais personne n'y fit attention, pas même les tout petits qui s'appliquaient à faire leurs lettres, avec un cœur, une conscience, comme si cela était du français… Sur le toit° de l'école, des pigeons roucoulaient tout bas, et je me disais en les écoutant:

de rendre… allait *to pay their respects to the homeland that was dying*

je m'embrouillai *I got mixed up*
sans… tête *not daring to look up*

coupable *guilty*
part de reproches *share of the blame*
n'ont… tenu à *have not been keen enough*

est-ce que… congé? *did I mind if I gave you the day off?*

savoir *knowledge*

plumes *pens*

toit *roof*

«Est-ce qu'on ne va pas les obliger à chanter en allemand, eux aussi?»

De temps en temps, quand je levais les yeux de dessus ma page, je voyais M. Hamel immobile dans sa chaire et fixant les objets autour de lui, comme s'il avait voulu emporter° dans son regard toute sa petite maison d'école… Pensez! depuis quarante ans, il était là à la même place, avec sa cour en face de lui et sa classe toute pareille°. Seulement les bancs, les pupitres s'étaient polis par l'usage; les arbres de la cour avaient grandi, et le houblon° qu'il avait planté lui-même entourait maintenant les fenêtres jusqu'au toit. Quelle torture ça devait être pour ce pauvre homme de quitter toutes ces choses, et d'entendre sa sœur qui allait, venait, dans la chambre au-dessus, en train de fermer leurs valises! Car ils devaient partir le lendemain, s'en aller du pays pour toujours.

Tout de même°, il eut le courage de nous faire la classe jusqu'au bout. Après l'écriture, nous eûmes la leçon d'histoire; ensuite, les petits chantèrent tous ensemble le BA BÉ BI BO BU°. Là-bas, au fond de la salle, le vieux Hauser avait mis ses lunettes, et, tenant son abécédaire° à deux mains, il épelait les lettres avec eux. On voyait qu'il s'appliquait lui aussi; sa voix tremblait d'émotion, et c'était si drôle de l'entendre, que nous avions tous envie de rire et de pleurer°. Ah! je m'en souviendrai de cette dernière classe…

emporter *to carry off*

toute pareille *exactly the same*

houblon *hop vine*

tout de même *all the same*

BA… BU *exercise for practicing vowels*
abécédaire *elementary reader*

pleurer *to weep*

Tout à coup, on entendit sonner midi. Au même moment, les trompettes des Prussiens qui revenaient de l'exercice éclatèrent° sous nos fenêtres… M. Hamel se leva, tout pâle, dans sa chaire. Jamais il ne m'avait semblé si grand.

«Mes amis, dit-il, mes, je… je… »

Mais quelque chose l'étouffait. Il ne pouvait pas terminer sa phrase.

Alors il se tourna vers le tableau, prit un morceau de craie et, en appuyant de toutes ses forces, il écrivit aussi gros qu'il put:

«Vive la France!»

Puis il resta là, la tête contre le mur°, sans parler, avec sa main, il nous faisait signe:

«C'est fini… allez-vous-en.»

Alphonse Daudet, *Contes du lundi*

éclatèrent *rang out*

mur *wall*

Après la lecture

A Franz Répondez d'après la lecture.
1. Pourquoi Franz avait-il peur d'être grondé? *Il interroge les participes.*
2. Qu'est-ce qu'il a vu devant la mairie? *Du monde arrêté près des affiches*
3. Qu'est-ce qu'il y avait toujours au commencement de la classe? *Il se faisait un grand bruit*
4. Qu'est-ce qui a étonné Franz? *Nous allions commencer sans toi.*
5. Quel âge avait Franz, d'après vous? *12*
6. De quoi s'en voulait-il pendant cette dernière classe? *l'honeur*
7. Qu'est-ce qu'il avait envie de faire en entendant le vieux Hauser? *la basse au fonde de la salle*
8. Quels sentiments a-t-il ressentis envers son vieux professeur à la fin de la dernière classe: la peur, la colère, la pitié, le respect, l'admiration? Choisissez.

B Monsieur Hamel Répondez d'après la lecture.
1. D'après vous, quel genre de professeur était M. Hamel?
2. Comment M. Hamel s'était-il habillé pour cette dernière classe?
3. Depuis combien de temps était-il professeur?
4. Après la leçon de français, à quelle leçon M. Hamel est-il passé?
5. Que faisait M. Hamel pendant que les enfants écrivaient?
6. Qu'a fait le vieux professeur avant de dire aux élèves de s'en aller?

C Valeurs Répondez d'après la lecture.
1. Quels sont les passages où il est question de patriotisme? Expliquez.
2. Quels sont les passages qui vous ont le plus ému(e)? Pourquoi?
3. Quelle(s) leçon(s) pouvez-vous tirer de cette histoire?

La bataille de Reischoffen (Alsace), le 6 août 1870

Communication libre

A **L'histoire du professeur** Racontez l'histoire du point de vue de M. Hamel.

B **Un jour dans la vie de Franz** Racontez un jour dans la vie de Franz avant la dernière classe.

C **La guerre de 70** Faites un exposé sur la guerre franco-allemande de 1870. Travaillez avec un(e) camarade.

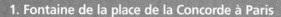

1

2

3

4

5

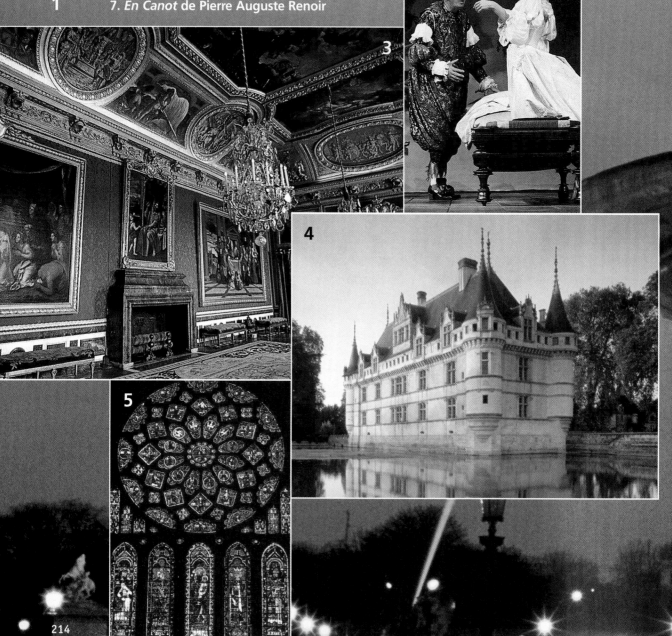

6

REFLETS

de la France

7

CHAPITRE 5

Faits divers

Objectifs

In this chapter you will:

✔ *learn about social problems in France*

✔ *learn to handle petty crime situations such as having one's pocket picked, and how to report these crimes to the local police*

✔ *learn to express agreement or disagreement, and to discuss various subjects such as the news, social problems, etc., with others*

✔ *review how to tell what you do for others or what others do for you, and how to refer to people or things already mentioned*

✔ *read and discuss several news headlines and news items of the type that appear frequently in local newspapers*

✔ *learn to describe past actions in formal writing and review the use of the subjunctive after conjunctions*

✔ *read and discuss a chapter from* Les misérables, *by Victor Hugo*

216

Culture

LES FAITS DIVERS

Introduction

Les faits divers sont des événements qui se passent tous les jours, dans n'importe quelle ville ou village. Les faits divers intéressent les gens qui habitent la région, mais ces petits événements n'ont pas d'intérêt pour le reste du pays ou du monde. Les faits divers (homicides, accidents, incendies, etc.) reflètent souvent les maux de la société.

Vocabulaire

une agglomération

en rase campagne

un casque

un vol

un voleur

Elle a abîmé le parcmètre et endommagé sa voiture.

Les motocyclistes doivent porter le casque.

une vitre

un cambrioleur

un pompier

Il casse une vitre de la fenêtre.
Il entre par effraction. C'est un cambriolage.

Les pompiers se battent contre l'incendie/le feu.

tuer causer la mort d'une manière violente
dépasser excéder, aller au-delà
constater vérifier, établir la vérité
le chiffre le nombre, le montant, le total, la somme
la baisse la diminution
la hausse l'augmentation
la une la première page du journal

l'actualité *(f.)* l'ensemble des événements actuels, ce qui se passe en ce moment
la suppression l'abolition, l'action de terminer l'existence de quelque chose
la peine de mort la condamnation à mort
mortel qui cause la mort
grave sérieux
périlleux dangereux
malgré en dépit de

Culture

Communication guidée

A **Votre expérience** Donnez des réponses personnelles.

1. Vous préférez conduire en rase campagne ou dans les agglomérations?
2. Vous portez un casque quand vous faites de la moto?
3. Y a-t-il beaucoup de cambriolages là où vous habitez?
4. Est-ce que la police arrête les cambrioleurs?
5. Est-ce qu'il y a des gens qui abîment les parcmètres et cassent les vitres des cabines téléphoniques?
6. Est-ce qu'il y a beaucoup d'incendies dans votre ville?
7. Est-ce que vous suivez l'actualité? Quels sont les gros titres à la une des journaux, aujourd'hui?

B **L'actualité** Complétez.

1. Un _____ vole. Il prend ce qui n'est pas à lui. Il commet un _____.
2. Un _____ cambriole. Il entre par effraction dans une maison pour y voler quelque chose. Il commet un _____.
3. Il y a très peu de circulation sur les routes en _____.
4. Il a _____ le parcmètre. On ne peut plus s'en servir.
5. Malheureusement, le nombre d'accidents de moto mortels continue à augmenter _____ les campagnes pour le port du casque.
6. Il y a des gens qui sont pour la _____ de la peine de mort, et il y en a d'autres qui sont contre.
7. Un _____ se bat contre le feu.

C **Synonymes** Exprimez d'une autre façon ce qui est en italique.

1. Le conducteur *est allé au-delà de* la limitation de vitesse.
2. Les gendarmes *ont vérifié* qu'il conduisait sans casque.
3. *La somme* des accidents causés par la consommation excessive d'alcool est énorme.
4. Qui est en faveur ou contre *l'abolition* de la peine de mort?
5. Il y a *une diminution* du nombre des accidents de la route en rase campagne.
6. Vous verrez l'article *sur la première page* du journal.
7. Il a souffert de *sérieuses* blessures.
8. Il avait des blessures *qui ont causé sa mort*.
9. C'était une situation *dangereuse*.

D **Quel est le mot?** Trouvez le mot qui correspond à la définition donnée ici.

1. celui qui entre par effraction dans une maison pour y voler quelque chose
2. causer des dommages
3. commettre un meurtre
4. sérieux
5. ce que doivent porter les motocyclistes
6. qui cause la mort
7. l'abolition
8. excéder
9. le contraire de «baisse»

ACCIDENTS ET DÉLINQUANCE

Les accidents de la route

La proportion des accidents mortels sur la route reste plus élevée en France que dans les autres grands pays occidentaux[1]. Parmi les pays industrialisés, la France est l'un de ceux où l'on meurt le plus sur la route: 410 conducteurs ou passagers tués par million de voitures en circulation. À titre de comparaison, le chiffre est de 270 en Allemagne et de 260 au Royaume-Uni[2].

Pour les motocyclistes, les chiffres sont encore plus accablants[3]: 122 morts par an pour 100 000 motos en circulation, contre 82 au Japon et aux États-Unis.

La vitesse est la principale cause des accidents. Malgré les campagnes d'incitation à la prudence largement diffusées[4] par les médias, 67% des conducteurs reconnaissent qu'il leur est arrivé de dépasser la limitation de vitesse.

Le respect de la limitation de vitesse et de la signalisation est très insuffisant dans les agglomérations; les accidents qui s'y produisent sont d'ailleurs[5] trois fois plus nombreux qu'en rase campagne, mais ils sont moins graves. Dans les grandes villes, Paris en tête, la traversée des rues constitue souvent une périlleuse aventure.

40% des accidents mortels sont imputables à[6] l'alcool

Chaque jour, plusieurs centaines de milliers d'usagers de la route conduisent en état d'ivresse[7].

Délinquance: en hausse?

Après quatre années de baisse, on a enregistré une hausse. L'évolution de la délinquance est très contrastée selon le degré d'urbanisation. Ainsi, la Gendarmerie nationale, principalement implantée dans les zones rurales ou peu urbanisées, a enregistré une baisse de la criminalité, alors que la Police nationale, qui couvre surtout les zones urbanisées, constatait une hausse de 7,2%. On constate que le taux[8] de criminalité augmente proportionnellement à la

---

[1] occidentaux *Western*
[2] Royaume-Uni *United Kingdom*
[3] accablants *overwhelming*
[4] diffusées *broadcast*
[5] d'ailleurs *moreover, besides*

[6] imputables à *attributable to*
[7] en état d'ivresse *under the influence (of alcohol)*
[8] taux *rate*

taille des agglomérations. La récente hausse de la petite délinquance est due principalement à celle des vols.

Les formes nouvelles de la délinquance

À côté des formes traditionnelles de la délinquance (vols, cambriolages, homicides, etc.) se sont développées depuis quelques années des pratiques plus modernes. Trois d'entre elles font régulièrement la une de l'actualité, et représentent des dangers considérables pour l'avenir des nations développées: le terrorisme, le piratage informatique, le trafic et l'usage de la drogue. Il faut y ajouter le vandalisme et la fraude fiscale.

Les actes de terrorisme sont, avec les meurtres, ceux qui impressionnent le plus les Français. Leur nombre peut varier considérablement, en fonction de la situation politique internationale (les deux tiers des attentats[9] ont des mobiles politiques).

Le malaise social, en particulier celui ressenti[10] par les jeunes, se traduit par une

véritable explosion du vandalisme. Parcmètres, cabines téléphoniques, voiture de métro ou de chemin de fer, tout est bon pour montrer son mépris[11] du patrimoine[12] public et donc de la société. Dans sa forme primaire, le vandalisme consiste à casser, abîmer, enlaidir, salir[13]. Dans sa forme culturelle, il se manifeste par les graffitis et autres moyens d'expression s'appropriant les surfaces publiques pour communiquer clandestinement son mal de vivre.

Les Français restent plutôt favorables au rétablissement de la peine de mort

Beaucoup de Français ont vu dans l'abolition du châtiment suprême la menace d'un nouvel accroissement[14] de la criminalité. Pourtant[15], cinq ans après la suppression de la peine capitale, le nombre de crimes de sang[16] n'a pas augmenté. La même constatation avait déjà pu être faite dans d'autres pays où la peine de mort avait été abolie.

---

[9] deux tiers des attentats *two-thirds of murder/assassination attempts*

[10] ressenti *felt*

[11] mépris *contempt, scorn*

[12] patrimoine *property*

[13] enlaidir, salir *make ugly, make dirty*

[14] l'accroissement *increase*

[15] pourtant *however, nevertheless*

[16] de sang *violent*

Après la lecture

A Vrai ou faux? Corrigez les phrases fausses.

1. Le taux d'accidents mortels en France est inférieur à celui de la plupart des pays européens.
2. Beaucoup de conducteurs reconnaissent avoir, de temps en temps, dépassé la limitation de vitesse.
3. Les accidents en rase campagne sont moins graves que ceux dans les agglomérations.
4. On ne doit jamais conduire en état d'ivresse.
5. Plus le degré d'urbanisation est élevé, plus le taux de criminalité l'est aussi.
6. Le terrorisme n'inquiète pas beaucoup les Français.
7. Le trafic et l'usage de la drogue n'existent pas en France.
8. Les Français sont plutôt contre le rétablissement de la peine de mort.
9. La suppression de la peine de mort provoque une hausse de la criminalité.

B Historiette La police française a beaucoup à faire?
Répondez d'après le texte.

1. Quelle est la principale cause des accidents de la route?
2. Qu'est-ce que les médias essaient de faire?
3. Où la plupart des accidents se produisent-ils?
4. À quoi 40% des accidents mortels sont-ils imputables?
5. Quelles zones la Gendarmerie nationale couvre-t-elle?
6. Quelles zones la Police nationale couvre-t-elle?
7. Quelles sont les formes nouvelles de la délinquance?
8. Que reflètent les actes de terrorisme?
9. Comment s'exprime le vandalisme en France et aux États-Unis?

Communication libre

A Les «faits divers» Préparez quelques gros titres pour les «faits divers» d'un journal français. Prenez comme modèle les «faits divers» de votre journal local.

B Historiette Un cambriolage Écrivez un article pour un journal français. Décrivez un cambriolage. Donnez les détails suivants:

l'heure, le lieu, l'adresse, les circonstances, ce qui a été volé, ceux qui ont découvert le crime, les témoins (*witnesses*), la description du cambrioleur, etc.

C La délinquance Écrivez plusieurs paragraphes en français sur la délinquance dans votre ville ou village.

D La conduite des Américains Faites des recherches sur la proportion des accidents mortels aux États-Unis. Quelle est la cause principale de ces accidents? Est-ce qu'il est plus dangereux de conduire en France ou aux États-Unis?

AU VOLEUR!

Vocabulaire

le complice

le pickpocket

la victime

Au voleur! Arrêtez-le!

Le complice pousse la victime. Et le pickpocket prend le portefeuille.

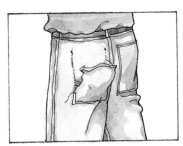

La poche est déchirée.

La victime va au commissariat pour déclarer le vol.

un truc ce qu'on fait pour tromper, duper quelqu'un
se rendre compte réaliser, comprendre

avancer aller vers l'avant
détourner l'attention de quelqu'un distraire quelqu'un

Communication guidée

 A **Definitions** Donnez le mot qui correspond.

1. celui qui vole
2. ce qu'on fait pour duper quelqu'un
3. réaliser
4. distraire quelqu'un
5. aller vers l'avant

B **Historiette** **Votre expérience** Donnez des réponses personnelles.

1. Il y a beaucoup de vols là où vous habitez?
2. Il y a des pickpockets?
3. Il faut faire attention aux pickpockets, surtout quand il y a beaucoup de monde?
4. Qui est la victime d'un vol, le voleur ou le volé?
5. Votre poche est déchirée?
6. Il est gentil de pousser les gens pour avancer?
7. Quel est le truc des pickpockets?
8. Qui est-ce qui détourne l'attention de la victime?
9. La victime se rend compte qu'on la vole?
10. Qu'est-ce que l'on doit crier quand un pickpocket vient de vous voler?
11. Où va-t-on pour déclarer le vol?

Au commissariat 🎧

ALICE: Je voudrais déclarer un vol.

AGENT: C'est vous, la victime?

ALICE: Oui, c'est moi, Alice Pétrof. On m'a volée dans le métro.

AGENT: Quand ça?

ALICE: Il y a quelques minutes—à peu près un quart d'heure.

AGENT: Où, exactement?

ALICE: À la station Stalingrad.

AGENT: Le voleur était armé?

ALICE: Non, je ne crois pas. C'était un pickpocket. Je ne me suis même pas rendue compte qu'il me volait.

AGENT: Vous pouvez m'expliquer ce qui est arrivé?

ALICE: Oui, il y avait beaucoup de monde sur le quai. Quelqu'un m'a poussée. Je croyais qu'il voulait avancer. Quelques minutes après, dans le métro, j'ai remarqué que mon sac était ouvert.

AGENT: Oui, c'est le truc classique. Ils travaillent à deux. Un des deux voleurs vous pousse pour détourner votre attention, pendant que le complice ouvre votre sac et vous prend votre portefeuille… Vous aviez combien d'argent?

ALICE: 500 francs, et puis mes cartes de crédit.

AGENT: Vous pourriez me faire une description de l'individu qui vous a poussée?

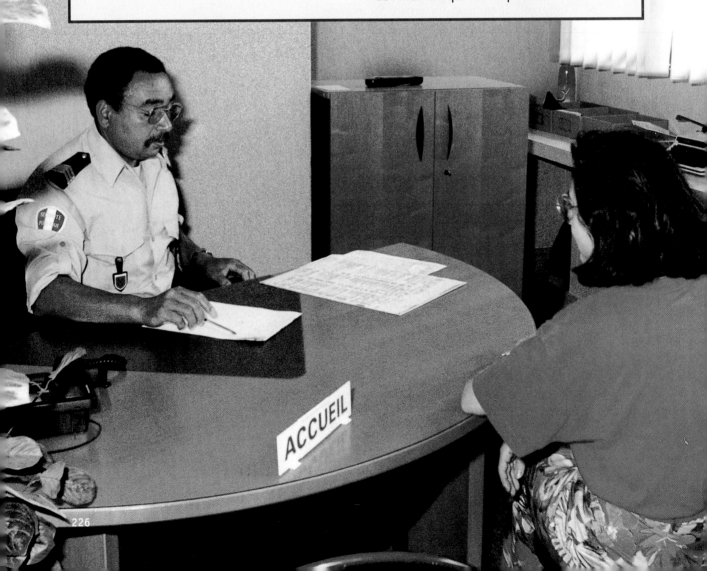

Après la conversation

A La déclaration de la victime Répondez d'après la conversation.
1. Qu'est-ce qu'Alice a déclaré à l'agent de police?
2. Où a-t-elle fait sa déclaration?
3. Qui l'a volée?
4. Où a-t-elle été volée?
5. Il y avait combien de voleurs?
6. Pourquoi a-t-elle été poussée?
7. Pendant qu'un des voleurs la poussait, que faisait le complice?
8. Qu'est-ce qu'ils lui ont pris?
9. Elle a perdu combien d'argent?
10. Elle peut faire une description des voleurs?

B Familles de mots Choisissez le mot qui correspond.
1. déclarer   a. une explication
2. voler   b. une déchirure
3. armer   c. un voleur
4. expliquer   d. l'avant
5. pousser   e. une distraction
6. déchirer   f. une déclaration
7. distraire   g. une description
8. décrire   h. une arme
9. avancer   i. une poussée

Communication libre

 Journal télévisé Vous êtes journaliste à la télévision française. Un crime vient d'être commis. Vous le décrivez. Donnez:

> le nom de la victime, le type de crime, où il a eu lieu, quand il a eu lieu, l'heure exacte, le nombre d'individus impliqués, les conséquences, une description du (des) criminel(s)

 Au commissariat Vous êtes en France. Vous venez d'être victime d'un crime. Vous allez au commissariat faire votre déclaration. Préparez-la avec un(e) camarade qui sera l'agent de police.

Langage

D'ACCORD OU PAS 🎧

Vous pouvez utiliser les expressions suivantes pour indiquer que vous êtes d'accord avec quelqu'un ou quelque chose:

> Je suis d'accord (avec vous/avec ça).
> Je suis d'accord pour prendre cette décision.
> Je suis de votre avis.
> C'est aussi mon avis.

Je suis tout à fait d'accord!

L'expression **Ça me convient** veut dire: «Je peux le faire, il n'y a pas de problème ou d'inconvénient».

Pour exprimer que vous n'êtes pas d'accord, vous pouvez dire:

> Je ne suis pas d'accord avec...
> Je suis contre cette idée.
> Je désapprouve ce projet.
> Je ne suis pas convaincu(e).

Je ne suis pas du tout d'accord!

Communication guidée

Vous êtes pour ou contre? Dites si vous êtes d'accord ou pas d'accord.

1. Il est préférable de vivre dans une région où le climat est ni trop chaud, ni trop froid.
2. On devrait diminuer les heures de travail, de quarante à trente-cinq heures par semaine.
3. Le gouvernement devrait subventionner les universités pour que les études soient gratuites.
4. On doit faire tout son possible pour faire disparaître la faim dans le monde.
5. On devrait permettre aux jeunes d'obtenir leur permis de conduire à l'âge de quinze ans.
6. On devrait avoir six cours par semestre.
7. On devrait avoir des cours pendant l'été.
8. On devrait avoir des cours six jours par semaine.
9. On devrait ne pas avoir la peine de mort.
10. On devrait avoir des campagnes contre les conducteurs qui conduisent après avoir bu.
11. L'alcool-test est juste.
12. On devrait augmenter la limitation de vitesse sur les autoroutes.

OUI, NON, PEUT-ÊTRE 🎧

Quand une personne dit quelque chose et que vous voulez indiquer que vous êtes d'accord, vous pouvez dire:

Oui.	Exactement.
C'est vrai.	Parfaitement.
Absolument.	Effectivement.
Tout à fait.	C'est entendu.
Bien sûr.	Bien entendu.
D'accord.	Sans aucun doute.
Vous avez raison.	

> Absolument!

Quand vous voulez indiquer que vous n'êtes pas du tout d'accord, vous pouvez dire:

> Pas question!

Non.	Il n'en est pas question.
Absolument pas.	Pas question!
Pas du tout.	C'est exclus.
Rien à faire.	C'est hors de question.

Si vous voulez indiquer que vous ne savez pas si vous êtes d'accord ou pas, vous pouvez dire:

Peut-être.	Si vous voulez (tu veux).
Pourquoi pas?	Si vous le dites (tu le dis).
On verra.	Vous croyez (tu crois)?
C'est possible.	C'est une possibilité.

Communication guidée

Qu'est-ce que vous en pensez? Donnez des réponses personnelles.

1. L'année prochaine, il y aura des cours le samedi.
2. On va supprimer les vacances d'été.
3. Il n'y aura plus d'examen de fin d'année.
4. Il y aura une soirée dansante tous les samedis dans le gymnase de l'école.
5. Les garçons devront porter une veste et une cravate en classe.
6. Les cours commenceront à midi.
7. Il n'y aura plus de cars scolaires. Tous les élèves seront obligés d'aller à l'école à pied.
8. Les garçons et les filles seront séparés. Il n'y aura plus d'écoles mixtes.

SAVOIR CONVERSER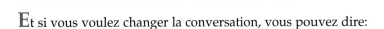

Pour commencer une conversation, vous pouvez dire:

> **Dis donc, Camille, tu sais que… ?**
> **Alors, Julien, qu'est-ce que tu penses de… ?**

Si pendant la conversation vous voulez prendre la parole, vous pouvez dire:

> **Moi, je trouve que…**   **Mais…**
> **Écoute(z)…**   **Oui, mais…**

Si vous voulez dire quelque chose qui est lié à ce qu'un autre vient de dire, vous pouvez dire:

> **À propos…**
> **Ça me fait penser que…**

À propos…

Et si vous voulez changer la conversation, vous pouvez dire:

> **Dis donc,…**   **Dites,…**   **Alors,…**

avant de continuer sur un autre sujet.

Communication guidée

Qu'est-ce que vous diriez?

1. pour commencer une conversation
2. pour prendre la parole pendant une conversation
3. pour changer la direction de la conversation
4. pour établir un lien avec quelque chose que quelqu'un d'autre vient de dire

Communication libre

A **La peine de mort, pour ou contre?** Discutez avec un(e) camarade.

B **Le droit de porter des armes, pour ou contre?** Discutez avec un(e) camarade.

Structure I

Telling what you do for others or what others do for you

Les pronoms compléments directs et indirects

1. Remember that the pronouns **me, te, nous,** and **vous** can function as either direct or indirect objects.

Direct object	Indirect object
Luc me voit.	Luc me donne le journal.
Luc ne me voit pas.	Luc ne me donne pas le journal.
Luc m'a vu(e).	Luc m'a donné le journal.
Luc ne m'a pas vu(e).	Luc ne m'a pas donné le journal.
Luc veut me voir.	Luc veut me donner le journal.
Luc ne veut pas me voir.	Luc ne veut pas me donner le journal.

Note that the object pronouns, direct or indirect, come directly before the verb to which their meaning is tied.

2. The pronouns **le, la,** and **les** function as direct objects. They can replace either a person or a thing, and the pronoun must agree in gender and number with the noun it replaces.

Tu connais Paul?	**Tu le connais?**
Tu as connu Paul?	**Tu l'as connu?**
Tu cherches Jeanne?	**Tu la cherches?**
Tu as cherché Jeanne?	**Tu l'as cherchée?**
Il vole les touristes?	**Il les vole?**
Il a volé les touristes?	**Il les a volés?**
Il prend les cassettes?	**Il les prend?**
Il a pris les cassettes?	**Il les a prises?**

Note that the past participle of the verb must agree in gender and number with the direct object pronoun that precedes it. This also applies to **me, te, nous, vous** when they are direct object pronouns:

MARIE: **Ils m'ont vue.**
LUC ET MARC: **Elle nous a regardés.**

3. The pronouns **lui** and **leur** are indirect object pronouns. They can replace either a masculine or a feminine noun referring to a person or persons.

Je donne l'argent à Éric.	Je lui donne l'argent.
J'ai donné l'argent à Éric.	Je lui ai donné l'argent.
Je donne l'argent à Marie.	Je lui donne l'argent.
J'ai donné l'argent à Marie.	Je lui ai donné l'argent.
Je donne l'argent à mes amis.	Je leur donne l'argent.
J'ai donné l'argent à mes amis.	Je leur ai donné l'argent.

Note that the past participle of the verb does NOT agree with the indirect object pronoun.

Communication guidée

A **Historiette** **Elle te voit?** Répondez.

1. Est-ce que Françoise te voit?
2. Elle te parle?
3. Elle t'invite à la fête de Marie-Louise?
4. Elle te demande d'acheter un cadeau pour Marie-Louise?
5. Elle va t'accompagner au magasin?

B **Historiette** **Il m'a téléphoné?** Complétez.

—François __1__ a téléphoné, Nathalie.

—Il __2__ a téléphoné? Qu'est-ce qu'il voulait __3__ dire? Il __4__ a laissé un message?

—Il voulait __5__ dire qu'il serait en retard.

—Il sera en retard? Pourquoi?

—Il y avait un accident sur l'autoroute.

—Tu __6__ dis que François était dans un accident?

—Non, tu ne __7__ as pas écoutée. Je ne __8__ ai pas dit ça. Je __9__ ai dit qu'il y avait un accident. Je ne sais même pas si François __10__ a vu.

C Historiette **Marie est à l'aéroport.** Remplacez l'expression en italique par un pronom.

1. Marie dit bonjour *à l'employé de la compagnie aérienne.*
2. Elle parle *à l'employé.*
3. Elle sort *son billet* de sa poche.
4. Elle donne *son billet* à l'employé.
5. L'employé regarde *son billet.*
6. L'employé donne une carte d'embarquement *à Marie.*
7. Marie regarde *la carte d'embarquement.*
8. Elle dit «merci» *à l'employé.*
9. Elle parle *à ses amis.*
10. Ses amis entendent *l'annonce du départ de son vol.*
11. Marie embrasse *ses amis.*
12. Elle dit «au revoir» *à ses amis.*

D Historiette **Tu le connais?** Répondez par «oui», puis par «non», en utilisant le pronom qui correspond à l'expression en italique.

1. Tu connais *Jacques?*
2. Tu parles *à Jacques?*
3. Jacques *t'*invite à sa fête?
4. Il invite tous *ses amis* à sa fête?
5. Il envoie des invitations *à ses amis?*
6. Il envoie *les invitations* aujourd'hui?
7. Tu vas aider *Jacques* à écrire les invitations?
8. Tu vas demander les adresses *à Jacques?*

E Faits divers Répondez par «oui» en remplaçant les noms par des pronoms.

1. Tu as vu l'accident?
2. Tu as aidé les victimes?
3. Quand l'ambulance est arrivée, ils ont transporté les blessés à la salle des urgences?
4. Les médecins et les infirmiers ont soigné les malades dans la salle des urgences?
5. Tu as vu le crime?
6. Le pickpocket a volé ton portefeuille?
7. Il a déchiré ta poche?
8. Il a pris ton sac?
9. Tu as déclaré le crime?
10. Tu as parlé à l'agent de police?
11. Les vandales ont abîmé la statue?
12. Les policiers ont arrêté le criminel?

Structure I

Referring to people and things already mentioned
Deux pronoms compléments ensemble

1. In many sentences there are both a direct and an indirect object pronoun. The indirect object pronouns **me, te, nous,** and **vous** always precede the direct object pronouns **le, la, les.**

Il **te** demande ton billet.	Il **te le** demande.
Il **me** donne ma carte d'embarquement.	Il **me la** donne.
Il **nous** rend nos passeports.	Il **nous les** rend.
Il ne **vous** a pas rendu votre billet.	Il ne **vous l'**a pas rendu.

2. When the direct object pronoun **le, la,** or **les** is used with **lui** or **leur,** however, **le, la,** or **les** precedes the indirect object.

Elle donne son billet à l'agent.	Elle **le lui** donne.
Il donne sa carte d'embarquement à Luc.	Il **la lui** donne.
Il rend leurs passeports aux garçons.	Il **les leur** rend.
Il n'a pas rendu son passeport à Luc.	Il ne **le lui** a pas rendu.

3. Study the following chart.

me te nous vous	before	le la l' les	before	lui leur

Communication guidée

A **Quelqu'un m'a volé.** Suivez le modèle.

—**Tu as perdu ta carte d'identité?**
—**Je ne l'ai pas perdue. Quelqu'un me l'a volée.**

1. Tu as perdu ton portefeuille?
2. Tu as perdu ton permis de conduire?
3. Tu as perdu ton passeport?
4. Tu as perdu ton sac à dos?
5. Tu as perdu ta veste?
6. Tu as perdu tes cartes de crédit?
7. Tu as perdu tes lunettes?
8. Tu as perdu tes clés?
9. Tu as perdu tes bagages?

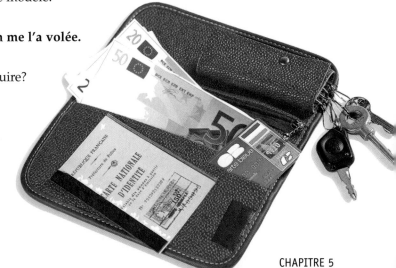

B Il lui a donné quelque chose.

Remplacez l'expression en italique par un pronom.

1. Il lui a donné *le journal.*
2. Il lui a donné *la lettre.*
3. Il lui a donné *les timbres.*
4. Il lui a donné *l'adresse.*
5. Il lui a donné *le numéro de téléphone.*
6. Il lui a donné *les clés.*
7. Il lui a donné *la voiture.*
8. Il lui a donné *le permis de conduire.*
9. Il lui a donné *les papiers.*

C Historiette À bord de l'avion

Remplacez les expressions en italique par des pronoms.

1. Le steward nous demande *nos cartes d'embarquement.*
2. Nous donnons *nos cartes d'embarquement au steward.*
3. Il regarde *nos cartes,* ensuite il nous rend *nos cartes.*
4. Il nous indique *nos sièges.*
5. Avant le décollage, une hôtesse de l'air explique *les règlements de sécurité à tous les passagers.*
6. Elle fait *les annonces aux passagers* en anglais et en français.
7. Après le décollage, le personnel de cabine nous sert *le dîner.*
8. Après le dîner, j'ai envie de dormir un peu. Je vois un oreiller. Je demande *l'oreiller au steward.*
9. Il me donne *l'oreiller.*
10. Mon copain a froid. Il veut une couverture. Il demande *la couverture à l'hôtesse.*
11. Elle donne *la couverture à mon copain.*
12. Dans une heure, elle va nous montrer *le film.*

Commands referring to people or things already mentioned

Les pronoms compléments avec l'impératif

1. In the affirmative command, direct or indirect object pronouns follow the verb, and **me** and **te** become **moi** and **toi**. When both a direct and an indirect object pronoun are used, the direct object pronouns **le, la,** and **les** precede **moi, toi, nous, vous, lui,** and **leur.** Note that the object pronouns are connected to the verb by hyphens.

Donne-moi le livre.	**Donne-le-moi.**
Passe-lui le sel.	**Passe-le-lui.**
Donnez-leur la cassette.	**Donnez-la-leur.**

2. In the negative command, direct or indirect object pronouns precede the verb. When both a direct and an indirect object pronoun are used, the order is the usual one.

Ne me donne pas le livre.	**Ne me le donne pas.**
Ne lui passe pas le sel.	**Ne le lui passe pas.**
Ne leur donnez pas la cassette.	**Ne la leur donnez pas.**

Communication guidée

A **Dis-moi ce que tu veux que je fasse.** Suivez le modèle.

—**Je t'attends ici ou à la banque?**
—**Attends-moi ici.**

1. Je te retrouve à cinq heures et demie ou à six heures?
2. Je t'attends devant le restaurant ou dans le restaurant?
3. Je te téléphone le matin ou l'après-midi?
4. Je vous réserve une table de trois couverts ou de quatre couverts?
5. Je vous achète trois billets ou quatre billets pour le théâtre?

L'opéra Bastille

B **Un voleur te parle.** Suivez le modèle.

Je veux ton porte-monnaie. →
Je le veux. Donne-le-moi.

1. Je veux ton portefeuille.
2. Je veux ton argent.
3. Je veux ta veste en cuir.
4. Je veux ta moto.
5. Je veux tes cartes de crédit.
6. Je veux tes clés.

C **Donnez un coup de fil à Marc.**
Complétez.

—Tu veux que je téléphone à Marc?

—Oui, dis-___1___ de venir à sept

heures. J'aurai besoin de son aide.

Et demande-___2___ d'apporter ses

nouvelles cassettes.

—Et Nicole et Lisette?

—Oui, téléphone-___3___ aussi.

D **Une recette compliquée**
Suivez le modèle.

—**Elle veut le sel?**
—**Oui, passe-le-lui, s'il te plaît.**

1. Elle veut le lait?
2. Elle veut le beurre?
3. Elle veut les carottes?
4. Elle veut les oignons?
5. Elle veut la crème?
6. Elle veut la moutarde?
7. Elle veut les œufs?

E **Oui et non!** Suivez le modèle.

—**Les enfants veulent le transistor.**
—**D'accord! Donne-le-leur.**
—**Non! Ne le leur donne pas.**

1. Les enfants veulent la cassette.
2. Ils veulent les vidéos.
3. Ils veulent le magnétoscope.
4. Annie veut la bicyclette.
5. Gilles veut les disques.
6. Carole veut le téléphone sans fil.

Journalisme

LA MANCHETTE

Introduction

On veut savoir ce qui se passe dans le monde. Que fait-on? Mais on achète un journal! Là, à la une, on lit en gros caractères, la manchette. Ensuite, on lit les gros titres. Si un article semble intéressant, on lit le premier paragraphe et, si on veut savoir tous les détails, on finit par lire tout l'article. C'est toujours la manchette et les gros titres qui attirent l'attention. Il ne faut pas sous-estimer l'importance d'un titre bien écrit.

Vocabulaire

la manchette — LE FIGARO — un gros titre

UN AIRBUS S'ECRASE EN ALSACE — L'Affaire d'Habsheim

la une d'un journal français

un camion

un piéton

l'ombre — le soleil

un marathon

le chômage inactivité forcée pour un travailleur qui a perdu son travail

la guerre lutte armée entre groupes, peuples, états, etc.

le fléau une calamité qui affecte un très grand nombre de gens

craindre avoir peur

coincer immobiliser, bloquer

Communication guidée

A **D'après vous** Répondez.

1. Qui est en chômage: un travailleur qui a du travail ou un travailleur qui veut travailler sans pouvoir trouver de travail?
2. Est-ce que la drogue est un fléau social de notre époque?
3. Où y a-t-il la guerre, en ce moment?
4. Qui traverse la rue quand les voitures sont arrêtées aux feux?
5. Comment s'appelle la grande course qui a lieu à New York au mois d'octobre?
6. Que donne l'arbre l'été, quand il y a du soleil?
7. Dans quel véhicule est-ce qu'on transporte des marchandises ou des produits agricoles?
8. Quand on lit un journal, est-ce qu'on lit tout? Qu'est-ce qu'on lit vraiment?

B **L'actualité passée, présente et future.** Complétez.

1. Tout le monde craint le chômage. Tout le monde en ____.
2. Le sida est le ____ de notre époque.
3. Pendant ce siècle, il y a eu deux ____ mondiales et de nombreuses guerres régionales.
4. La victime de l'accident était ____ entre le mur et le camion.
5. Le soleil peut être dangereux: quand il y a beaucoup de soleil, il faut se mettre à ____.
6. Il y aura beaucoup de coureurs dans le ____ de Paris.
7. Elle a gagné la coupe. Son nom est à la ____ de tous les journaux.

LES GROS TITRES

LE FIGARO
premier quotidien national français

★★★★★ MARDI 21 JANVIER (N° 14 747) – ÉDITION DE 5 HEURES

Un piéton coincé entre
une maison et un camion

Le Monde

15, rue Falguière, 75501 Paris Cedex 15

BOURSE ★

QUARANTE-NEUVIÈME ANNÉE - N° 14614

MERCREDI 22 JANVIER

FONDATEUR : HUBERT VEUVE-MÉRY
DIRECTEUR : JACQUES LESOURNE

Euroscepticisme allemand

LES FRANÇAIS CRAIGNENT PLUS
LE CHÔMAGE QUE LA GUERRE

A l'approche d'une année 1994 ja
scrutins délicats pour lui, le chanc
se trouve aux prises avec une
comparable à celle qu'affrontait
Mitterand en septembre 1992:
éviter que son action en fav
construction européenne ne s
contre lui, comment en faire ur
valorisant aux yeux d'une op
entière accaparée par les
intérieures du moment?

Le premier coup est parti, il y
jours, de l'intérieur même
conservateur, quand le ministre-
Bavière, le chrétien-social Edm
n'hésitant pas à s'en prendre a
déclaré qu'il fallait en finir avec
européenne initiée par Konra
que la réur
nouvelle». Po
nationale alle
le pas sur le
d'un Et

C'est un fa
dirigeant ba
respecte le
répété vend
représente a
contre la
envahissant
la Cour c
confirmé d
dessaisissa
s o u

En se fais
nationale a
Stoiber
de politiqu
relatif de
fédérale s
e

France-Soir

TIERCÉ, QUARTÉ +, QUINTÉ + *dimanche*

37, rue du Louvre, 75070 Paris Cedex 02 - Tél.: 44.82.87.00 ● ISSN 0182-5860 ● Petites annonces - Tél.: 45.62.44.00 ● Sainte Bertille ● N° 15.316
Départements 60, 75,77,78,91,92,93,94,95 France-Soir + TV Magazine
Autres départements France-Soir

Samedi 6 novembre   DHJ A

UN MINI-MARATHON AVEC MAXI-PARTICIPATION

LE FIGARO
premier quotidien national français

★★★★★ MARDI 21 JANVIER (N° 14 747) – ÉDITION DE 5 HEURES

UN FLÉAU:
L'ALCOOLISME AU VOLANT

Le Monde

15, rue Falguière, 75501 Paris Cedex 15

CINQUANTIÈME ANNÉE - N° 15171

- DIMANCHE 7 - LUNDI 8 NOVEMBRE -

FONDATEUR : HUBERT BEUVE-MÉRY
DIRECTEUR : JACQUES LESOURNE

LE GOUVERNEMENT
S'ATTAQUE AU CHÔM...

L'Accord de libre-échange nord-améric...

Après la lecture

Question de style Exprimez d'une autre façon.
1. Il y aura un petit marathon avec beaucoup de concurrents.
2. Le piéton était immobilisé entre un camion et un mur.
3. L'alcoolisme cause des accidents de voiture, des accidents de la route.
4. Le chômage inquiète sérieusement les Français.
5. Le gouvernement lutte contre le chômage.

Communication libre

A **Gros titres** Relisez les gros titres à la page 240, et décidez ce que chacun décrit:

>   un accident   un problème social   un sport

B **La version anglaise** Imaginez que vous travaillez pour un journal américain. Donnez une version anglaise de chaque gros titre.

C **Un journal français** Imaginez qu'un journal français paraît dans votre région et que vous y travaillez. Quels seraient les gros titres aujourd'hui?

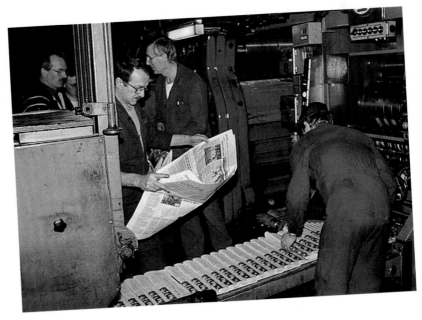

À LA RUBRIQUE «FAITS DIVERS»

Introduction

Les faits divers d'un journal ne sont pas les événements les plus importants de la journée, mais ils peuvent être aussi intéressants que des romans ou des contes.

Beaucoup de faits divers sont tristes et quelques-uns sont tragiques—comme les accidents de la route, les homicides et autres crimes. Mais il y a aussi des faits divers joyeux—des histoires qui finissent bien, par exemple.

Vous allez lire trois faits divers: le premier décrit une tragédie aérienne; le deuxième rend compte d'un accident; et le dernier raconte un événement incroyable, mais vrai.

Vocabulaire

l'appareil

l'épave

les secours

Les sauveteurs ont dégagé les blessés de l'appareil.

les sauveteurs

le car-ferry

CORSE

CORSE

une baleine

le quai

Le car-ferry pousse la baleine qu'il a éperonnée.

une chatte

un chaton

un paillasson

La chatte lèche son chaton, couché sur le paillasson.

franchir passer une limite
avoir du mal à avoir de la difficulté à
confier remettre à la garde de quelqu'un
s'écraser être déformé par un choc violent
localiser situer
se précipiter (vers) aller vite vers un endroit, courir

une commune une municipalité, une ville
une fillette une petite fille
un rescapé individu qui est sorti sain et sauf d'un accident ou d'une catastrophe
un survivant personne qui a échappé à la mort
natal de la naissance

Communication guidée

 A **Pour mieux comprendre** Répondez.

1. L'appareil s'est écrasé dans une forêt?
2. Les secours ont localisé l'avion?
3. Les sauveteurs ont trouvé l'épave?
4. Ils ont dégagé les blessés de l'appareil?
5. Il y avait des survivants?
6. Un des rescapés était une fillette?
7. Qu'est-ce que le car-ferry a éperonné?
8. Qui est assis sur le paillasson?
9. Que fait la chatte?

B **Des synonymes** Exprimez d'une autre façon ce qui est en italique.

1. *L'avion* s'est écrasé la nuit dans le brouillard.
2. Les secours *ont retrouvé l'avion* sur *la municipalité* de Maennolsheim.
3. L'avion s'est écrasé près du village *où est né* le pilote.
4. Les sauveteurs *ont libéré* les blessés de l'appareil.
5. Les journalistes *avaient des difficultés à* comprendre ce qui s'était passé.
6. Ils *ont couru rapidement* vers les survivants pour les interviewer.
7. Un des blessés *a remis* son chat *à la garde* d'un journaliste.

Plus de quatre heures nécessaires pour localiser l'appareil

Un Airbus s'écrase en Alsace

*Plusieurs survivants dans le vol Lyon-Strasbourg,
qui avait 96 personnes à bord.
Tout contact avait été perdu cinq minutes avant l'atterrissage.*

Un Airbus A-320 assurant[1], hier soir, le vol Lyon-Strasbourg s'est écrasé en Alsace, à 500 mètres au sud du mont Sainte-Odile.

■ **L'appareil,** qui avait décollé de l'aéroport de Satolas à 18 h 30, était attendu à 19 h 25 à Strasbourg. Tout contact radio a été perdu à 19 h 20, cinq minutes avant l'atterrissage.

■ **Quatre-vingt-dix voyageurs,** dont un bébé, et six membres d'équipage se trouvaient à bord.

■ **Les secours** ont mis plus de quatre heures pour localiser l'avion, retrouvé peu avant minuit sur la commune de Maennolsheim, à une cinquantaine de kilomètres de la capitale alsacienne.

■ **Les premiers rescapés**—onze blessés, dont une fillette—étaient dégagés vers 1 heure du matin. Mais d'autres gémissements[2] étaient entendus par les sauveteurs dans les débris de l'appareil.

■ **Le «plan rouge»** avait été déclenché[3]. Plus d'une centaine d'hommes de la Sécurité civile, ainsi que d'importants moyens médicaux, ont été mobilisés. Deux cents gendarmes et trois cents militaires, aidés d'hélicoptères et d'un Mirage F1, ont ratissé[4] la zone avant de découvrir l'épave.

■ **Les recherches** ont été rendues particulièrement difficiles par la nuit, le brouillard[5] et la configuration du terrain, un paysage accidenté[6] recouvert de forêts de sapins.

■ **Deux accidents** ont déjà affecté des appareils de ce type. Le premier, à Habsheim (en Alsace déjà), a provoqué la mort de trois passagers le 26 juin 1988. Le second, au sud de l'Inde, a fait quatre-vingt-dix morts le 14 février 1990.

Alsace: une forêt de sapins

---

[1] assurant *used by*
[2] gémissements *moans*
[3] déclenché *launched*

[4] ratissé *combed*
[5] brouillard *fog*
[6] accidenté *hilly*

Après la lecture

A Vrai ou faux? Corrigez les phrases fausses.
1. L'avion s'est écrasé en Normandie.
2. Tout contact radio a été perdu vingt minutes avant l'atterrissage.
3. Les secours ont eu du mal à localiser l'appareil.
4. Un bébé était parmi les premiers rescapés.
5. L'accident a eu lieu à une heure de l'après-midi.
6. Quatre-vingt-dix personnes ont ratissé la zone avant de découvrir l'appareil.
7. Il n'y avait jamais eu de problèmes avant avec des Airbus.

B Compte-rendu Expliquez.
1. Pourquoi est-ce que les secours ont eu du mal à trouver l'épave?
2. Comment ont-ils réussi à trouver l'appareil?

C Résumé des faits Donnez les renseignements suivants.
1. le type d'appareil utilisé
2. sa destination
3. l'heure de l'accident
4. le lieu de l'accident
5. le nombre de personnes à bord
6. le nombre d'heures mises pour trouver l'avion
7. le nombre de personnes qui ont participé à la recherche de l'avion
8. le nombre de blessés
9. le nombre de morts dans les deux autres accidents affectant des Airbus

Un hélicoptère de la Sécurité civile

Le car-ferry éperonne une baleine

Au cours de la traversée Nice-Calvi, hier après-midi, le car-ferry «Corse» a éperonné une baleine au large de[1] l'Île de Beauté*. Poussant devant lui l'animal qui mesure une vingtaine de mètres de long, il l'a ramené à quai à Calvi.

Si l'on en croit certains avis, jamais un cétacé[2] en bonne santé ne se laisserait éperonner en surface. De là à conclure que la baleine était malade, et que les «boues rouges[3]» de la Montedison** en sont responsables, il n'y avait qu'un pas que beaucoup ont rapidement franchi[4].

[1] au large de *off*
[2] un cétacé *whale*
[3] les boues rouges *red sludge*
[4] il n'y avait qu'un pas… franchi *it didn't take much for many people to reach this conclusion*

* l'Île de Beauté *surname given to Corsica*
** la Montedison *Italian chemical company which dumps its waste (from the manufacture of aluminum) in the Mediterranean Sea, off the coast of Corsica*

Après la lecture

Une collision pas ordinaire Répondez d'après le texte.
1. D'où venait le car-ferry et où allait-il quand il a eu cet accident?
2. Qu'est-ce qu'il a éperonné?
3. Combien la baleine mesurait-elle?
4. Où le car-ferry l'a-t-il ramenée?
5. D'après certaines personnes, est-ce que la baleine était en bonne santé?
6. Qu'est-ce qui aurait causé sa maladie?

Un chaton parcourt[1] 1.000 km pour retrouver ses anciens[2] maîtres

Un petit chat, qui ne supportait[3] pas l'exil en Allemagne où l'avaient conduit ses nouveaux maîtres, a parcouru plus de 1.000 km en deux ans pour revenir auprès de sa maison natale à Tannay, près de Clamecy (Nièvre).

Peu de temps après sa naissance, Gribouille avait été confié par sa maîtresse à un voisin gendarme qui devait être muté[4] quelques semaines plus tard à Reutliegen, près de Stuttgart. Quelques jours après son arrivée en Allemagne, le chaton disparaissait.

Il est réapparu, deux ans plus tard, durant l'été, galeux[5], amaigri, sur le paillasson de Mme Martinet, après avoir parcouru plus de 1.000 km et avoir franchi une frontière. «J'ai eu du mal à le reconnaître, mais sa mère s'est jetée sur lui pour le lécher», confie sa maîtresse. «Il avait l'habitude de se coucher sur le thym au pied du prunier[6], il s'y est précipité»... «Cette fois, on le garde», a-t-elle ajouté.

[1] parcourt *travels*
[2] anciens *former*
[3] ne supportait pas *couldn't bear*
[4] muté *transferred*
[5] galeux *covered with scabs*
[6] prunier *plum tree*

Après la lecture

Le long voyage d'un petit chat Complétez d'après le texte.
1. Le chaton a parcouru…
2. Il voulait retrouver…
3. Son voyage a duré…
4. Le chaton avait été confié à… .
5. Son nouveau maître avait été muté à…
6. Le chaton est réapparu…
7. … l'a reconnu tout de suite.

Communication libre

A **Un accident d'avion** Vous êtes journaliste. Écrivez un article au sujet d'un accident d'avion.

B **Le journal d'un chaton** Imaginez que vous êtes le chaton qui est rentré chez ses premiers maîtres. Écrivez tout ce que «vous» avez fait et pourquoi.

C **La réaction de ses maîtres** Imaginez que vous êtes le maître/la maîtresse du chaton. Écrivez une lettre à un(e) ami(e) en lui décrivant tout ce qui est arrivé. Décrivez vos émotions et vos réactions.

Structure II

Describing past actions in formal writing
Le passé simple des verbes réguliers

1. Like the **passé composé,** the **passé simple** indicates an action completed sometime in the past. But unlike the **passé composé,** which is used in conversation and informal writing, the **passé simple** is used in formal writing only. You will therefore encounter it a great deal as you read French literature or read about French history.

2. To form the **passé simple** of regular verbs, the infinitive ending **-er, -ir,** or **-re** is dropped and the **passé simple** endings are added to the stem. Note that regular **-ir** and **-re** verbs have the same endings in the **passé simple.**

Infinitive	PARLER	FINIR	ATTENDRE
Stem	parl-	fin-	attend-
Passé simple	je parlai tu parlas il/elle/on parla nous parlâmes vous parlâtes ils/elles parlèrent	je finis tu finis il/elle/on finit nous finîmes vous finîtes ils/elles finirent	j' attendis tu attendis il/elle/on attendit nous attendîmes vous attendîtes ils/elles attendirent

3. Remember that verbs ending in **-cer** have a cedilla before the vowel **a,** and verbs that end in **-ger** add an **e** before the vowel **a.**

   il commença   nous mangeâmes

4. The verbs below follow the same pattern as regular **-ir** and **-re** verbs in the formation of the **passé simple.**

Infinitive	Passé simple	
dormir	il dormit	ils dormirent
partir	il partit	ils partirent
sentir	il sentit	ils sentirent
servir	il servit	ils servirent
sortir	il sortit	ils sortirent
offrir	il offrit	ils offrirent
ouvrir	il ouvrit	ils ouvrirent
découvrir	il découvrit	ils découvrirent
suivre	il suivit	ils suivirent
rompre	il rompit	ils rompirent
combattre	il combattit	ils combattirent

Communication guidée

Historiette Compte-rendu oral d'un texte écrit Mettez les phrases suivantes au passé composé.

1. Le directeur entra dans le salon.
2. Il se dirigea vers le patron.
3. Le patron se leva.
4. Les deux hommes se saluèrent.
5. Le directeur attendit.
6. Enfin le patron commença à parler.
7. Le directeur répondit.
8. Les deux hommes discutèrent longtemps.
9. Le directeur réussit à convaincre le patron.
10. Le patron changea d'avis.
11. Les deux hommes se serrèrent la main.
12. Ils partirent déjeuner ensemble.

Historiette Pour en faire un événement historique
Récrivez les phrases suivantes au passé simple. Suivez le modèle.

Le président est rentré ce matin. ⟶
Le président rentra le matin du 15 janvier.

1. Son avion a atterri à huit heures.
2. À huit heures trois, le président est descendu de l'avion.
3. Il a salué les dignitaires.
4. Les dignitaires l'ont applaudi.
5. Le président s'est dirigé tout de suite vers la capitale.
6. Il est arrivé à l'Assemblée nationale à neuf heures.
7. Tous les députés se sont levés quand le président est entré.
8. Le président a commencé à parler.
9. Les députés ont écouté attentivement.
10. Quand le président a fini son discours, les députés se sont levés et l'ont applaudi.
11. Il est sorti de l'Assemblée nationale.
12. Les journalistes l'ont suivi.
13. Le président a refusé de parler aux journalistes.
14. Il est parti pour le palais de l'Élysée, sa résidence.

Le palais de l'Élysée

Describing past actions in formal writing
Le passé simple des verbes irréguliers

1. Many irregular verbs that end in **-ir** and **-re** use the past participle as the stem of the **passé simple.** Note the forms in the chart below.

Infinitive	Past Part.	Passé simple	
mettre	mis	il mit	ils mirent
prendre	pris	il prit	ils prirent
conquérir	conquis	il conquit	ils conquirent
dire	dit	il dit	ils dirent
s'asseoir	assis	il s'assit	ils s'assirent
rire	ri	il rit	ils rirent
sourire	souri	il sourit	ils sourirent
avoir	eu	il eut	ils eurent
boire	bu	il but	ils burent
connaître	connu	il connut	ils connurent
courir	couru	il courut	ils coururent
croire	cru	il crut	ils crurent
devoir	dû	il dut	ils durent
lire	lu	il lut	ils lurent
plaire	plu	il plut	ils plurent
pouvoir	pu	il put	ils purent
recevoir	reçu	il reçut	ils reçurent
savoir	su	il sut	ils surent
vivre	vécu	il vécut	ils vécurent
vouloir	voulu	il voulut	ils voulurent
falloir	fallu	il fallut	
pleuvoir	plu	il plut	
valoir	valu	il valut	

Paris: l'Assemblée nationale

L'Assemblée nationale
en session

2. The following irregular verbs have irregular stems for the **passé simple.**
The stem is not based on either the infinitive or the past participle.

Infinitive	Passé simple	
être	il fut	ils furent
mourir	il mourut	ils moururent
voir	il vit	ils virent
faire	il fit	ils firent
écrire	il écrivit	ils écrivirent
conduire	il conduisit	ils conduisirent
construire	il construisit	ils construisirent
traduire	il traduisit	ils traduisirent
vaincre	il vainquit	ils vainquirent
naître	il naquit	ils naquirent
craindre	il craignit	ils craignirent
peindre	il peignit	ils peignirent
rejoindre	il rejoignit	ils rejoignirent
tenir	il tint	ils tinrent
venir	il vint	ils vinrent
devenir	il devint	ils devinrent

3. All irregular verbs in the **passé simple** have endings that belong to one of
the following categories.

je	-us	-is	-ins
tu	-us	-is	-ins
il/elle/on	-ut	-it	-int
nous	-ûmes	-îmes	-înmes
vous	-ûtes	-îtes	-întes
ils/elles	-urent	-irent	-inrent

Structure II

Communication guidée

A **Historiette** **Alfred de Vigny** Faites un compte-rendu oral de ce texte: remplacez le passé simple par le passé composé.

Le grand écrivain Alfred de Vigny naquit dans une famille noble en 1797. À cette époque, juste après la Révolution, les aristocrates étaient méprisés (scorned) par la plupart des gens. Au collège, les étudiants persécutèrent Vigny à cause de sa noblesse.

Pour gagner honneur et gloire au service de son pays, Vigny décida d'entrer dans l'armée. Il fut envoyé dans le sud de la France. Il passa quelques années dans le Midi où il fit la connaissance d'une belle Anglaise, Lydia Bunbury, fille d'un millionnaire. Il tomba amoureux d'elle et la demanda en mariage. Il obtint la permission. Mais son beau-père, un excentrique, le détestait car il n'aimait pas les Français. Il partit immédiatement après le mariage de sa fille. Il n'écrivit même pas le nom de son gendre (son-in-law) dans son carnet d'adresses, tant il avait envie de l'oublier.

Quelques années plus tard, le poète français Lamartine fit la connaissance d'un riche Anglais qui visitait l'Italie. À cette époque, Lamartine était secrétaire d'ambassade à Florence et il invita l'Anglais à dîner à l'ambassade. Pendant le dîner, l'Anglais dit à M. de Lamartine que sa fille avait épousé un grand poète français. Lamartine lui en demanda le nom, mais l'Anglais ne put pas se rappeler le nom de son gendre. Lamartine énuméra le nom de plusieurs poètes célèbres, mais à chaque nom l'Anglais disait: «Ce n'est pas ça.» Enfin Lamartine nomma le comte de Vigny. Notre excentrique répondit: «Ah oui! Je crois que c'est ça.»

B **Historiette** **Un écrivain décrit un vol** Complétez au passé simple.

1. Le voleur _____. (écouter)
2. Il n' _____ aucun bruit. (entendre)
3. Il _____ la porte. (pousser)
4. Il _____ dans la chambre. (entrer)
5. Un homme qui y dormait _____ un peu. (bouger)
6. Le voleur _____. (s'arrêter)
7. Il _____ perdu. (se croire)
8. Il _____ autour de lui. (regarder)
9. Il _____ le chandelier. (voir)
10. Il _____ le chandelier. (saisir)
11. Il le _____ sous son bras. (mettre)
12. Il _____ la chambre à grands pas. (traverser)
13. Il ne _____ pas regarder vers l'homme qui dormait. (vouloir)
14. Il _____ le chandelier dans son sac. (jeter)
15. Il _____ la porte. (ouvrir)
16. Il _____. (s'échapper)

C **Historiette** **La vie de Louis XIV**

Vous êtes historien(ne): récrivez ces notes au passé simple.

1. Louis XIV est né à Saint-Germain-en-Laye en 1638.
2. À la mort de son père, Louis XIV est devenu roi de France à l'âge de cinq ans.
3. Le roi a vécu sous la tutelle (*supervision*) de Mazarin.
4. Mazarin lui a fait épouser Marie-Thérèse d'Autriche en 1660.
5. Ils ont eu un fils, le Grand Dauphin.
6. À la mort de Mazarin, Louis XIV a pris le pouvoir à vingt-trois ans.
7. Il s'est révélé tout de suite un monarque absolu.
8. Il a envoyé des représentants dans toutes les provinces.
9. Ils ont été chargés de faire exécuter ses ordres.
10. À partir de 1680, il a eu des agents partout.
11. Il a fait construire le château de Versailles.
12. Entre 1661 et 1695, trente mille hommes ont travaillé à la construction de ce palais.
13. Le roi s'est entouré d'une Cour resplendissante composée de plusieurs milliers de serviteurs et de toute la haute noblesse de France.
14. Il a gardé les nobles auprès de lui.
15. Les descendants des ducs de Normandie, de Bourgogne et de Bretagne sont devenus les valets du roi.
16. Louis XIV a soutenu (*supported*) la bourgeoisie.
17. Colbert, fils d'un marchand, est devenu ministre en 1661.
18. Sous Colbert, des industries nouvelles se sont développées dans toutes les provinces.
19. Dès le début du règne, Louis XIV a voulu imposer à l'extérieur la prédominance française.

Louis XIV **par Rigaud**

20. Tout le temps qu'il a été roi, il y a eu une succession de guerres. Ses difficultés ont commencé avec la guerre de Hollande.
21. Les Hollandais ont rompu les digues (*dikes*) du Zuiderzee, et une inondation affreuse a chassé les troupes françaises.
22. En 1685, Louis XIV a commis une faute grave. Il a révoqué l'édit de Nantes pour supprimer (*suppress*) le protestantisme en France.
23. Des milliers de huguenots ont quitté la France et ont porté leurs talents à l'étranger.
24. Louis XIV, le Roi-Soleil, est mort en 1715, laissant son pays dans un état de grande pauvreté.

Using the subjunctive after conjunctions
Le subjonctif après les conjonctions

1. The subjunctive is used after the following conjunctions:

bien que	*although*	de sorte que	*so that*
quoique	*although*	de façon que	*so that*
pourvu que	*provided that*	de manière que	*so that*
à moins que	*unless*	pour que	*in order that*
sans que	*without*	afin que	*in order that, so that*
de crainte que	*for fear that*	avant que	*before*
de peur que	*for fear that*	jusqu'à ce que	*until*

2. Study the following sentences:

> Il fera le voyage **bien qu'**il n'ait pas assez d'argent.
> Il prendra l'avion **pourvu que** vous le preniez aussi.
> Il ne prendra pas l'avion **à moins que** vous (ne) le preniez aussi.
> Il ne partira pas **sans que** nous le voyions.
> Le guide parle aux touristes **pour qu'**ils sachent ce qu'ils vont voir.
> Il leur parle lentement **de peur qu'**ils ne comprennent pas son accent.
> Il leur parle ainsi, **de façon qu'**ils le comprennent.
> Nous parlerons à Jacques **avant qu'**il (ne) parte.

3. Note that the conjunctions **de façon que, de sorte que,** and **de manière que** can also be followed by the indicative when the result of the action of the clause is an accomplished fact. This is most often the case when the verb of the dependent clause is in the past.

> Il a parlé lentement **de façon que** tout le monde **a compris** ce qu'il a dit.
> Il parlera lentement **de façon que** tout le monde **comprenne** ce qu'il dira.

In the first sentence above, the indicative is used since he already spoke and it is a known fact that everyone understood. In the second sentence, it is not yet known if everyone will understand even though he will speak slowly.

4. The following conjunctions are often used with **ne** in the dependent clause. **Ne** in this case does not indicate a negative.

avant que	de peur que
à moins que	de crainte que

> Je voudrais lui parler **avant qu'**elle (ne) parte.
> Je lui parlerai ce soir, **à moins qu'**elle (ne) doive travailler.

Communication guidée

A **Pourvu qu'ils puissent le faire!** Suivez le modèle.

Elle partira pourvu qu'elle…
a. être en forme
b. pouvoir prendre la voiture

Elle partira pourvu qu'elle soit en forme.
Elle partira pourvu qu'elle puisse prendre la voiture.

1. Elle partira pourvu qu'elle…
   a. finir son travail
   b. pouvoir obtenir la permission
   c. avoir la journée libre
2. Le professeur enseigne de façon que ses élèves…
   a. apprendre beaucoup
   b. comprendre tout ce qu'il dit
   c. connaître bien la matière qu'il enseigne

B **Historiette** **Il n'a pas un caractère facile.** Complétez.

1. Il partira sans que personne le _____. (savoir)
2. Il ira pourvu que tu y _____ aussi. (aller)
3. Il ne fera rien à moins que nous ne lui _____ de le faire. (dire)
4. Il ne le fera pas quoiqu'il _____ assez d'argent. (avoir)
5. Sa sœur, elle, le fera bien qu'elle n'_____ pas un sou. (avoir)
6. Je le lui expliquerai de manière qu'il le _____ et sans qu'il _____ fâché. (comprendre, être)
7. Je le lui dirai avant qu'il ne _____. (partir)
8. Je resterai ici jusqu'à ce qu'il _____. (revenir)
9. Nous ne dirons rien de peur qu'il _____ une scène. (faire)
10. Nous ferons tout pour qu'il _____ bien. (se sentir)

Les misérables Victor Hugo

Avant la lecture

Vous allez lire un chapitre du célèbre roman de Victor Hugo, *Les misérables.*

Dans ce chapitre, deux hommes sont face à face. Le premier, l'évêque, est un homme très pieux qui veut aider tout le monde—un homme qui aime faire le bien. Le deuxième, Jean Valjean, un ancien forçat qui vient de sortir du bagne, est un homme rendu mauvais par ses années de captivité.

Jean Valjean va faire quelque chose de très mal. Quelqu'un va découvrir ce qu'il a fait—son crime. Les gendarmes vont-ils arrêter Jean Valjean? Sera-t-il à nouveau condamné? C'est ce que vous saurez en lisant ce chapitre des *Misérables.*

Vocabulaire

un bagne

un chandelier

un forçat

un placard

une cheminée

le chevet

une serrure

une clef/clé

des couverts en argent/de l'argenterie

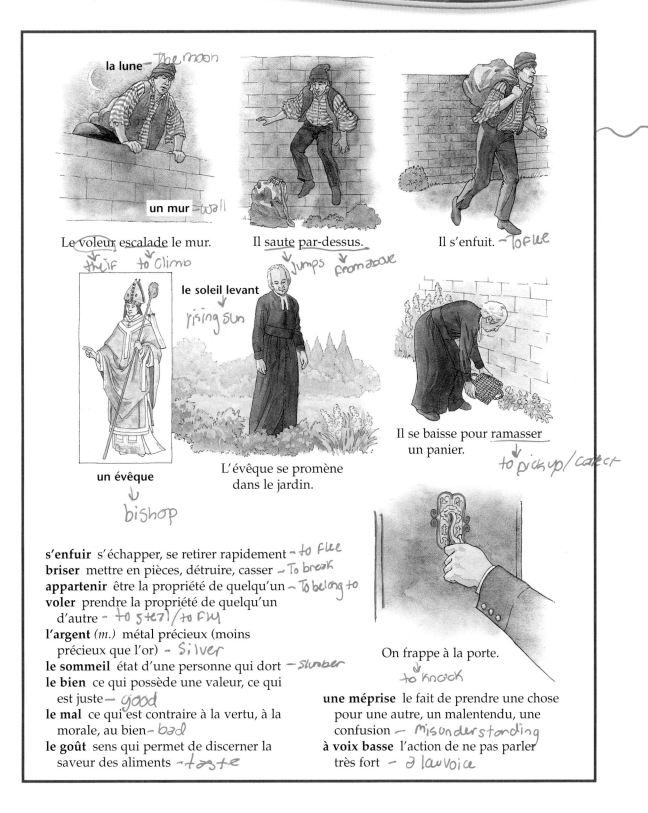

la lune

un mur

Le voleur escalade le mur.

Il saute par-dessus.

Il s'enfuit.

le soleil levant

un évêque

L'évêque se promène dans le jardin.

Il se baisse pour ramasser un panier.

On frappe à la porte.

s'enfuir s'échapper, se retirer rapidement

briser mettre en pièces, détruire, casser

appartenir être la propriété de quelqu'un

voler prendre la propriété de quelqu'un d'autre

l'argent (m.) métal précieux (moins précieux que l'or)

le sommeil état d'une personne qui dort

le bien ce qui possède une valeur, ce qui est juste

le mal ce qui est contraire à la vertu, à la morale, au bien

le goût sens qui permet de discerner la saveur des aliments

une méprise le fait de prendre une chose pour une autre, un malentendu, une confusion

à voix basse l'action de ne pas parler très fort

Littérature

Communication guidée

A **Historiette** **Dans le jardin de l'évêque** Répondez.

1. La lune se lève le matin ou le soir?
2. Le soleil brille le jour ou la nuit?
3. On voit le soleil levant le matin ou le soir?
4. L'évêque se promène dans son jardin pour voir le soleil levant?
5. Il se baisse pour ramasser quoi dans son jardin?
6. De quoi le jardin est-il entouré?
7. L'évêque saute par-dessus le mur?
8. Quelqu'un frappe à la porte?
9. La clé est dans la serrure de la porte?
10. L'évêque s'enfuit?

B **Quelle est la définition?** Choisissez.

1. le bagne
2. un forçat
3. voler
4. un évêque
5. le bien
6. une méprise
7. le sommeil
8. s'enfuir
9. ramasser
10. briser
11. se promener
12. le chevet

a. le contraire du mal
b. prendre une chose qui est sur le sol
c. prison avec travaux forcés
d. s'échapper
e. détruire
f. un condamné aux travaux forcés
g. prendre une chose qui n'est pas à soi
h. marcher, faire une promenade
i. un malentendu
j. la tête du lit
k. un dignitaire ecclésiastique
l. état de quelqu'un qui dort

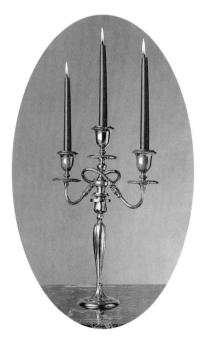

C **D'après vous** Complétez.

1. Le _____ était condamné aux travaux forcés dans un _____.
2. Les prisons sont entourées de hauts _____.
3. De temps en temps, des prisonniers essaient d'_____ le mur pour _____.
4. Un voleur est un criminel dont le crime est de _____.
5. Je n'ai pas compris ce qu'il a dit parce qu'il parlait à _____. Je n'ai rien entendu.
6. Je dors bien. J'ai le _____ profond.
7. Qui a _____ la fenêtre? Il y a des morceaux de verre partout.
8. Je n'aime pas du tout ce vin. Il a le _____ de vinaigre.
9. Il a mis les assiettes et l'argenterie dans le _____.
10. Elle a de très beaux couverts d'_____. Cette argenterie lui vient de sa grand-mère.
11. C'est une nuit froide d'hiver. Il y a un feu dans la _____.
12. Il lit à la lumière d'un _____.
13. Un voleur prend ce qui ne lui _____ pas.

Introduction

Victor Hugo occupe une place exceptionnelle dans la littérature française.

Il naquit en 1802 à Besançon où son père était commandant. Par la suite, son père devint général, et Victor accompagna le général Hugo dans les pays où l'appela le service de l'Empereur Napoléon Ier: Naples en 1808, l'Espagne en 1811–1812. Au retour d'Espagne, Victor habita Paris avec sa mère et souffrit de la mésentente[1] entre ses parents.

En 1814, après la séparation de ses parents, Victor Hugo devint interne à la pension Cordier et fit ses études au lycée Louis-le-Grand où il obtint de nombreux succès scolaires. C'est au lycée, à quinze ans, qu'il composa ses premiers poèmes.

En 1822, à l'âge de vingt ans, il commença à publier poèmes, drames et romans. Et au cours des années, il devint «l'écho sonore» de son siècle. En 1845, Victor Hugo commença à méditer sa grande œuvre *Les misérables*.

Publié en 1862, cet énorme roman est dominé par une thèse humanitaire. Pour Hugo, les misérables sont les infortunés et les infâmes. Il croit qu'il y a des infortunés parce qu'il y a de la misère et de la pauvreté. Il croit aussi que beaucoup d'infortunés deviennent des infâmes, à cause de l'injustice et de l'indifférence de la société.

Le héros, Jean Valjean, est un infortuné qui a été envoyé au bagne pour avoir volé du pain. Quand il sort du bagne, les autorités lui donnent un passeport jaune d'ancien forçat. Ce passeport le rend suspect partout et il ne peut pas trouver de travail. Il commence à devenir criminel. L'évêque de Digne, surnommé monseigneur Bienvenu pour sa compassion pour les malheureux, accueille chez lui Jean Valjean. Monseigneur Bienvenu a une mission évangélique: il veut aider Jean Valjean.

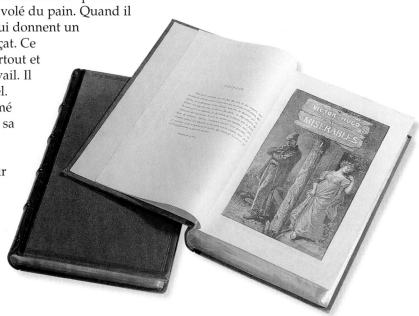

---

[1] la mésentente *dissension*

Lecture 🎧

LES
MISÉRABLES

L'évêque continuait de dormir dans une paix° profonde sous ce regard effrayant°. *Bishop is sleeping*

Un reflet de lune faisait confusément visible au-dessus de la cheminée le crucifix qui semblait leur ouvrir les bras à tous les deux, avec une *reflection of the moon* bénédiction pour l'un et un pardon pour l'autre. Tout à coup Jean Valjean remit sa casquette sur son front, puis marcha rapidement, le long du lit, sans regarder l'évêque, droit au placard qu'il entrevoyait° près du chevet; il leva le chandelier de fer° comme pour forcer la serrure; la clef y était; il l'ouvrit; la première chose qui lui apparut fut le panier d'argenterie; il le prit,

Got the key from the night table, opened the cabinet stole the silverware and left up the stairs

paix *peace*
effrayant *terrifying*

entrevoyait *caught a glimpse of*
fer *iron*

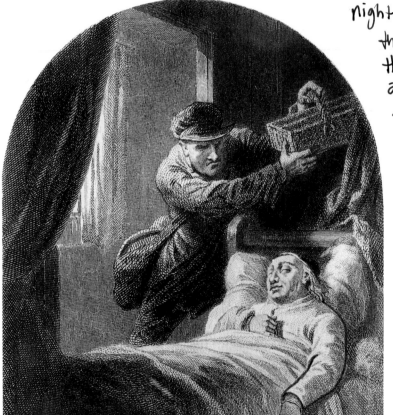

«Le vol de l'argenterie»

traversa la chambre à grands pas sans précaution et sans s'occuper du bruit, gagna° la porte, rentra dans l'oratoire, ouvrit la fenêtre, saisit son bâton°, enjamba l'appui° du rez-de-chaussée, mit l'argenterie dans son sac, jeta le panier, franchit° le jardin, sauta par-dessus le mur comme un tigre, et s'enfuit.

Le lendemain, au soleil levant, monseigneur° Bienvenu se promenait dans son jardin. Madame Magloire accourut vers lui toute bouleversée°.

—Monseigneur, monseigneur, cria-t-elle, votre grandeur° sait-elle où est le panier d'argenterie?

—Oui, dit l'évêque.

—Jésus Dieu soit béni°! reprit-elle. Je ne savais ce qu'il était devenu.

L'évêque venait de ramasser le panier dans une plate-bande°. Il le présenta à Madame Magloire.

—Le voilà.

—Eh bien! dit-elle. Rien dedans! et l'argenterie?

—Ah! repartit° l'évêque. C'est donc l'argenterie qui vous occupe? Je ne sais où elle est.

—Grand bon Dieu! elle est volée! c'est l'homme d'hier soir qui l'a volée.

En un clin d'œil°, avec toute sa vivacité de vieille alerte, madame Magloire courut à l'oratoire, entra dans l'alcôve et revint vers l'évêque. L'évêque venait de se baisser et considérait en soupirant° un plant de cochléaria des Guillons* que le panier avait brisé, en tombant à travers la plate-bande. Il se redressa° au cri de madame Magloire.

—Monseigneur, l'homme est parti! l'argenterie est volée!

Tout en poussant cette exclamation, ses yeux tombaient sur un angle du jardin où on voyait des traces d'escalade. Le chevron° du mur avait été arraché°.

—Tenez! c'est par là qu'il s'en est allé. Il a sauté dans la ruelle Cochefilet! Ah! l'abomination! il nous a volé notre argenterie.

L'évêque resta un moment silencieux, puis leva son œil sérieux, et dit à madame Magloire avec douceur:

—Et d'abord, cette argenterie était-elle à nous?

Madame Magloire resta interdite°. Il y eut encore un silence, puis l'évêque continua:

—Madame Magloire, je détenais à tort° et depuis longtemps cette argenterie. Elle était aux pauvres. Qui était cet homme? Un pauvre évidemment.

—Hélas! Jésus! repartit madame Magloire. Ce n'est pas pour moi ni pour mademoiselle. Cela nous est bien égal. Mais c'est pour monseigneur. Dans quoi monseigneur va-t-il manger maintenant?

L'évêque la regarda d'un air étonné:

—Ah ça! est-ce qu'il n'y a pas des couverts d'étain°?

Madame Magloire haussa les épaules.

—L'étain a une odeur.

—Alors, des couverts de fer.

---

* cochléaria des Guillons *type of plant belonging to the family of plants called Cruciferae which includes the cabbage, turnip, and mustard*

Glossary (margin):

- gagna *reached*
- saisit son bâton *grabbed his stick*
- enjamba l'appui *stepped over the sill*
- franchit *crossed*
- monseigneur *His Grace (My Lord)*
- bouleversée *upset*
- votre grandeur *Your Grace*
- béni *blessed*
- plate-bande *flowerbed*
- repartit *replied*
- clin d'œil *wink of an eye*
- en soupirant *with a sigh*
- se redressa *straightened up*
- le chevron *top tile*
- arraché *broken*
- resta interdite *was taken aback*
- je détenais à tort *I wrongly kept*
- étain *pewter*

«Le souper chez
l'évêque Myriel»

[handwritten note: lucky that he did was steal he did was steal]

Madame Magloire fit une grimace expressive.

—Le fer a un goût.

—Eh bien, dit l'évêque, des couverts de bois.

Quelques instants après, il déjeunait à cette même table où Jean Valjean s'était assis la veille°. Tout en déjeunant, monseigneur Bienvenu faisait gaiement remarquer à sa sœur qui ne disait rien, et à madame Magloire qui grommelait sourdement°, qu'il n'est nullement besoin d'une cuiller ni d'une fourchette, même en bois, pour tremper° un morceau de pain dans une tasse de lait.

—Aussi a-t-on idée! disait madame Magloire toute seule en allant et venant, recevoir un homme comme cela! et le loger à côté de soi! et quel bonheur° encore qu'il n'ait fait que voler! Ah! mon Dieu! cela fait frémir° quand on songe°!

Comme le frère et la sœur allaient se lever de table, on frappa à la porte.

—Entrez, dit l'évêque.

La porte s'ouvrit. Un groupe étrange et violent apparut sur le seuil°. Trois hommes en tenaient un quatrième au collet°. Les trois hommes étaient des gendarmes; l'autre était Jean Valjean.

Un brigadier de gendarmerie, qui semblait conduire le groupe, était près de la porte. Il entra et s'avança vers l'évêque en faisant le salut militaire.

—Monseigneur… dit-il.

À ce mot, Jean Valjean, qui était morne° et semblait abattu°, releva la tête d'un air stupéfait.

la veille *the night before*

grommelait sourdement *grumbled to herself*

tremper *dunk*

bonheur *luck*

frémir *shudder*

on songe *one thinks about it*

le seuil *doorstep, threshold*

au collet *by the scruff of the neck*

morne *glum*

abattu *exhausted, despondent*

[handwritten note: Knock at the door — police w/ Jean]

—Monseigneur! murmura-t-il. Ce n'est donc pas le curé°?

—Silence! dit un gendarme. C'est monseigneur l'évêque.

Cependant monseigneur Bienvenu s'était approché aussi vivement que son grand âge le lui permettait.

—Ah! vous voilà! s'écria-t-il en regardant Jean Valjean. Je suis aise° de vous voir. Eh bien, mais! je vous avais donné les chandeliers aussi, qui sont en argent comme le reste et dont vous pourrez bien avoir deux cents francs. Pourquoi ne les avez-vous pas emportés avec vos couverts?

Jean Valjean ouvrit les yeux et regarda le vénérable évêque avec une expression qu'aucune langue humaine ne pourrait rendre.

—Monseigneur, dit le brigadier de gendarmerie, ce que cet homme disait était donc vrai? Nous l'avons rencontré. Il allait comme quelqu'un qui s'en va. Nous l'avons arrêté pour voir. Il avait cette argenterie…

—Et il vous a dit, interrompit l'évêque en souriant, qu'elle lui avait été donnée par un vieux bonhomme de prêtre° chez lequel il avait passé la nuit? Je vois la chose. Et vous l'avez ramené° ici? C'est une méprise°.

—Comme cela, reprit le brigadier, nous pouvons le laisser aller?

—Sans doute, répondit l'évêque.

Les gendarmes lâchèrent° Jean Valjean, qui recula°.

—Est-ce que c'est vrai qu'on me laisse? dit-il d'une voix presque inarticulée et comme s'il parlait dans le sommeil.

—Oui, on te laisse, tu n'entends donc pas? dit un gendarme.

—Mon ami, reprit l'évêque, avant de vous en aller, voici vos chandeliers. Prenez-les.

Il alla à la cheminée, prit les deux flambeaux° d'argent et les apporta à Jean Valjean. Les deux femmes le regardaient faire sans un mot, sans un geste, sans un regard qui pût déranger° l'évêque.

Jean Valjean tremblait de tous ses membres. Il prit les deux chandeliers machinalement et d'un air égaré°.

—Maintenant, dit l'évêque, allez en paix. À propos, quand vous reviendrez, mon ami, il est inutile de passer par le jardin. Vous pourrez toujours entrer et sortir par la porte de la rue. Elle n'est fermée qu'au loquet° jour et nuit.

Puis se tournant vers la gendarmerie:

—Messieurs, vous pouvez vous retirer.

Les gendarmes s'éloignèrent°.

Jean Valjean était comme un homme qui va s'évanouir°.

L'évêque s'approcha de lui, et lui dit à voix basse:

—N'oubliez pas, n'oubliez jamais que vous m'avez promis d'employer cet argent à devenir honnête homme.

Jean Valjean, qui n'avait aucun souvenir d'avoir rien promis, resta interdit. L'évêque avait appuyé sur ces paroles° en les prononçant. Il reprit avec solennité:

—Jean Valjean, mon frère, vous n'appartenez plus au mal, mais au bien. C'est votre âme° que je vous achète; je la retire aux pensées noires° et à l'esprit de perdition°, et je la donne à Dieu.

Victor Hugo, *Les misérables*

le curé *parish priest*

aise *pleased*

prêtre *priest*
ramené *brought back*
une méprise
　　misunderstanding
lâchèrent *released*
recula *drew back*

flambeaux *candlesticks*

déranger *disturb*

l'air égaré *distraught*

fermée… au loquet
　　latched

s'éloignèrent *withdrew*
s'évanouir *to faint*

paroles *words*
âme *soul*
aux pensées
　　noires *evil thoughts*
l'esprit de perdition
　　feeling of despair

Après la lecture

A On a volé l'argenterie de l'évêque. Répondez d'après la lecture.
1. Qui a volé l'argenterie de l'évêque?
2. Qui a découvert le crime?
3. Où l'évêque était-il quand Madame Magloire lui a annoncé que l'argenterie avait été volée?
4. Avec qui l'évêque a-t-il pris le petit déjeuner?
5. Qui a frappé à la porte quand l'évêque se levait de table?
6. Avec qui les gendarmes étaient-ils?

B L'évêque a pitié de Jean Valjean. Complétez d'après la lecture.
1. L'évêque a trouvé le panier qui avait contenu l'argenterie dans _____. Mais quand il l'a trouvé, il était vide. Il n'y avait rien dedans.
2. L'évêque a dit que l'argenterie n'était pas à lui, qu'elle appartenait _____.
3. L'évêque a dit à Jean Valjean qu'il lui avait donné aussi _____.
4. Il a dit à Jean Valjean que quand il reviendrait, il pourrait entrer dans la maison par _____.

C L'évêque veut sauver Jean Valjean. Expliquez.
1. Pourquoi l'évêque n'avait-il pas besoin de l'argenterie?
2. Pourquoi l'évêque a-t-il dit: «Je suis aise de vous voir» à Jean Valjean quand il est entré avec les gendarmes?
3. Pourquoi les gendarmes avaient-ils arrêté Jean Valjean?
4. Pourquoi les gendarmes l'ont-ils laissé aller?
5. Pourquoi l'évêque donne-t-il les chandeliers à Jean Valjean?

Une représentation des *Misérables* à Broadway

Communication libre

A **Les émotions de Jean Valjean** Écrivez un paragraphe dans lequel vous imaginez ce que peuvent être les émotions de Jean Valjean pendant cet épisode.

B **Au théâtre** Écrivez une petite pièce basée sur ce chapitre des *Misérables*.

C **Le prochain épisode** À votre avis, qu'est-ce que Jean Valjean devient après cet épisode? Il continue sa vie de criminel ou il devient un honnête homme?

D **Toujours actuel, Victor Hugo?** Est-ce que les idées de Victor Hugo peuvent être appliquées à la société contemporaine? Est-ce qu'il y a de la misère dans notre société? Est-ce que la misère crée des infortunés? Est-ce que les infortunés deviennent souvent des infâmes? Comment? Pourquoi? L'injustice et l'indifférence existent-elles toujours? Donnez des exemples.

E **Jean Valjean à la une des journaux** Les vols sont des faits divers qui apparaissent tous les jours dans les journaux. Récrivez ce chapitre comme si c'était un fait divers pour un journal français.

CHAPITRE
6

Les valeurs

Objectifs

In this chapter you will:

✔ *learn what values are important to the French, both young and old, and compare them with yours*

✔ *talk about who does the chores in your house and decide whether the tasks are divided fairly among your family members*

✔ *learn how to express congratulations, best wishes, and condolences in typical real-life situations*

✔ *review how to express* some *and* any, *refer to things and people already mentioned, and express* who, whom, which, *and* that

✔ *read and discuss the daily announcements page of a French newspaper and a magazine article about young French people's opinions concerning gender equality and sex roles*

✔ *learn how to express* of which *and* whose, *how to write complex sentences using prepositions and relative pronouns, how to express certainty and doubt, and how to talk about past actions that precede other past actions*

✔ *read and discuss the poetic song* La mauvaise réputation *by Georges Brassens, and a fable by La Fontaine*

Culture

ADULTES/JEUNES

Introduction

Les jeunes et les moins jeunes ont-ils les mêmes valeurs? Dans le sondage qui suit, trois générations ont été interrogées: celle des 15–20 ans, celle des 21–49 ans et celle des 50 ans et plus. Les résultats vous surprendront peut-être.

Vocabulaire

une bonne conduite

une mauvaise conduite

avoir la cote être populaire
mentir dire quelque chose de faux, ne pas dire la vérité
nouer une relation faire une relation
l'exigence (*f.*) l'action d'exiger, de demander impérativement

la foi le fait de croire en quelque chose
le mensonge l'acte de mentir
la patrie son pays
interdit pas permis, défendu

Communication guidée

A **Familles de mots** Choisissez le mot qui correspond.

1. poli
2. honnête
3. menteur
4. interdit
5. autoritaire
6. tolérant
7. exigeant
8. libre
9. patriotique

a. l'interdiction
b. la liberté
c. la politesse
d. l'exigence
e. l'honnêteté
f. le mensonge
g. l'autorité
h. la patrie
i. la tolérance

B **Contraires** Donnez le contraire des mots suivants.

1. permis
2. intolérant
3. impoli
4. exigeant

C **Qualité ou défaut?** Dites s'il s'agit d'une qualité ou d'un défaut.

1. la tolérance
2. la politesse
3. le courage
4. l'exigence
5. l'honnêteté
6. le mensonge

D **Conseils** Complétez les phrases.

1. Il faut toujours être très poli, bien élevé. Votre _____ doit être irréprochable.
2. Il ne faut pas être désagréable si vous voulez _____ une relation avec quelqu'un.
3. Il faut toujours être honnête; il ne faut jamais _____.
4. Pour avoir la _____, il faut être gentil avec les autres.
5. Il faut croire en quelque chose. Il faut avoir la _____.

Le 11 novembre au tombeau du soldat inconnu sous l'Arc de Triomphe

SONDAGE

notre*temps*
PHOSPHORE

Adultes/jeunes:
Avez-vous les mêmes valeurs?

En tête de vos valeurs, vous avez placé la tolérance et l'honnêteté.

La tolérance. *«Respecter l'autre, admettre ses opinions, écouter ses différences, voilà une valeur moderne en accord avec notre époque»,* nous dit le sociologue François de Singly. Les grandes utopies collectives du XXe siècle (le communisme, par exemple) ou le fanatisme religieux (exemple iranien) ont poussé à l'extrême l'intolérance. Aujourd'hui, la tolérance apparaît comme le principal rempart contre la barbarie, le fascisme, le racisme.

Mais faut-il tolérer pour autant l'intolérable? Peut-on accepter n'importe quoi[1] au nom du respect des différences? *«C'est la moindre des choses[2] d'accepter une opinion adverse, d'argumenter sans se fâcher, mais faut-il discuter tranquillement avec des racistes et admettre leur point du vue?»* se demande Anne, en terminale à Maisons-Alfort.

L'honnêteté. Vous ne confondez pas cette valeur avec le respect de la propriété—qui ne vient, elle, qu'en quinzième position.

Vous préférez donner à l'honnêteté son sens fort: le refus du mensonge à soi-même et aux autres.

LES VALEURS IMPORTANTES POUR VOUS

Quelles sont les valeurs qui comptent le plus pour vous, qui vous paraissent les plus fondamentales?

les 15–20 ans répondent	%
La tolérance, le respect des autres	46
L'honnêteté	44
La politesse, les bonnes manières	39
Le respect de l'environnement, de la nature	32
L'obéissance	26
La générosité	25
Le goût de l'effort, du travail	21
La solidarité avec les gens, avec les peuples	19
Le sens de la famille	17
La réussite sociale, l'esprit de compétition	16
Le courage	15
La patience, la persévérance	13
La fidélité, la loyauté	13
Le sens de la justice	10
Le respect de la propriété	8
Le sens du devoir	7
L'autorité, le sens du commandement	6
La recherche spirituelle, la foi	5
Le respect de la tradition	5
L'attachement à la patrie	4
Le civisme, le respect du bien commun	3

---

[1] n'importe quoi *anything and everything*
[2] la moindre des choses *the least one can do*

«La tolérance, la politesse, cela dépend du contexte. L'honnêteté, c'est une règle absolue. Sans elle, il n'y a pas de relations possibles avec les autres», proclame Serge, en seconde dans un lycée parisien.

La politesse. Vous êtes surpris de voir cette vertu un peu désuète[3] dans le peloton de tête[4]? Pas les sociologues! Ils savent qu'aujourd'hui, la politesse est vue comme le passage obligé pour engager un dialogue, pour nouer une relation.

À notre époque de valorisation des relations de proximité, tout ce qui nous permet de mieux communiquer avec notre environnement immédiat a la cote.

«Après les grandes remises en question des années 68 et suivantes qui ont permis de conquérir des libertés nouvelles, on redécouvre la commodité des codes de bonne conduite qui mettent de l'huile dans les rouages[5]. Mais, attention, prévient le sociologue François de Singly, *une société ne revient jamais à son point de départ. Elle passe des compromis entre le nouveau et l'ancien pour inventer autre chose».*

LES VALEURS DE VOS PARENTS ET GRANDS-PARENTS

Quelles sont les valeurs qui comptent le plus pour vous, qui vous paraissent les plus fondamentales?

les 21-49 ans répondent	%
La tolérance, le respect des autres	45
L'honnêteté	41
La politesse, les bonnes manières	39
Le goût de l'effort, du travail	34
Le sens de la famille	30
Le respect de l'environnement, de la nature	28
les 50 ans et plus répondent	%
Le goût de l'effort, du travail	47
L'honnêteté	47
La politesse, les bonnes manières	37
La tolérance, le respect des autres	33
Le sens de la famille	29
Le courage	21

Ainsi, en 1968, les étudiants proclamaient: *«Il est interdit d'interdire.»*

Aujourd'hui, ils acceptent l'obéissance, contrainte qu'on se donne à soi-même. Mais ils refusent l'autorité, cette contrainte qui est imposée de l'extérieur.

Autour de la table familiale, ça baigne[6]! Disparu le conflit de générations! Les mêmes valeurs importantes sont partagées par vous, vos parents et vos grands-parents.

Vos parents ont été les contemporains, actifs ou passifs, de la révolution qui a bouleversé[7] les mentalités ces vingt dernières années.

---

[3] désuète *old-fashioned*
[4] le peloton de tête *at the top of the list*

[5] mettent de l'huile dans les rouages *lit: oil the gears; make things run smoothly*

[6] ça baigne *everything's cool*
[7] bouleversé *drastically changed*

Plus souples, moins bardés de[8] certitudes qu'autrefois, ils ont privilégié avant tout le dialogue. La politique, hier source d'interminables affrontements[9], ne fait plus se dresser les fils contre[10] les pères. On préfère évoquer des craintes[11] partagées, celles du chômage ou de la pollution.

Les grands-parents aussi participent à ce grand consensus. Seule rupture, la place donnée au travail par cette génération qui a connu le plein-emploi et la salarisation triomphante.

L'environnement est à coup sûr la valeur montante, celle que les nouvelles générations veulent promouvoir. *«Tous les sondages le confirment, ce sont les jeunes qui poussent toute la société à une plus grande exigence écologique. C'est pour eux la forme moderne du civisme»*, affirme le politologue Roland Cayrol.

LES VALEURS QUI NE SONT PLUS FONDAMENTALES

Quatre valeurs sont en baisse quel que soit l'âge: la patrie, la foi, la tradition, l'autorité. Ce qui change selon la catégorie, c'est l'intensité du rejet. La patrie, par exemple, est rejetée par 22% des plus de 50 ans, 38% des 20–50 ans et 45% des 15–20 ans.

La foi s'effrite[12] aussi un peu plus à chaque génération. Elle est jugée dépassée[13] par 19% des plus de 50 ans, 35% des 20–50 ans et 42% des jeunes. Encore faut-il savoir de quoi on parle.

Pour le théologien et moraliste Xavier Thévenot, vivre, c'est déjà un acte de foi: *«Décider d'avoir un enfant, continuer à vivre quand on est accablé par[14] le malheur, lutter[15] contre l'absurde, c'est déjà croire*, selon lui.

L'acte de croire a une dimension sociale et la recherche spirituelle n'est pas une fuite[16] dans un monde imaginaire. Elle consiste à se poser les questions fondamentales: À quoi bon vivre? Pourquoi sommes-nous sur Terre? D'où vient le mal? Ces questions, les jeunes se les posent et ils ont besoin de donner un sens à leur vie.»

Pour Amandine, 17 ans, la foi se vit aussi au quotidien. *«Chaque jour, je fais un retour sur ce que je vis et je m'interroge. Cela me pousse à éviter la facilité, à donner toujours un peu plus. Par exemple, en tant que déléguée de classe, j'essaye d'avoir un rôle d'entraide et de ne pas me contenter d'une tâche administrative.»*

LES VALEURS QUI NE SONT PLUS FONDAMENTALES

Quelles sont les valeurs dont vous pensez qu'elles ne devraient plus, aujourd'hui, être considérées comme fondamentales?

les 15–20 ans répondent	%
L'attachement à la patrie	45
La recherche spirituelle, la foi	42
L'autorité, le sens du commandement	29
Le respect de la tradition	24
Le respect de la propriété	11
les 21–49 ans répondent	**%**
L'attachement à la patrie	38
La recherche spirituelle, la foi	35
L'autorité, le sens du commandement	30
Le respect de la tradition	18
La réussite sociale, l'esprit de compétition	13
les 50 ans et plus répondent	**%**
L'autorité, le sens du commandement	24
L'attachement à la patrie	22
La recherche spirituelle, la foi	19
Le respect de la tradition	13
La réussite sociale, l'esprit de compétition	10

---

[8] bardés de *filled with*
[9] affrontements *confrontations*
[10] se dresser contre *rise up against*
[11] craintes *fears*

[12] s'effrite *is crumbling away, disintegrating*
[13] dépassée *outmoded*

[14] accablé par *weighed down by, overwhelmed by*
[15] lutter *to fight*
[16] fuite *flight, escape*

Après la lecture

A Vrai ou faux? Corrigez les phrases fausses.

1. L'honnêteté et la tolérance sont les valeurs les plus importantes pour les jeunes.
2. L'honnêteté est plus importante que la tolérance.
3. La politesse n'est pas nécessaire pour communiquer avec les autres.
4. Les jeunes sont très attachés à la patrie.
5. Les jeunes ont besoin de donner un sens à leur vie.
6. Les générations ne se battent (*fight*) plus pour des raisons politiques.
7. Les jeunes ne se préoccupent pas d'écologie.
8. Enfants et parents parlent du chômage et de la pollution.

B De quoi parle-t-on? Dites de quoi il s'agit.

1. respecter l'autre personne, admettre ses opinions, écouter ses différences
2. être contre des gens à cause de la couleur de leur peau
3. avoir de bonnes manières
4. faire ce que quelqu'un vous dit de faire
5. se poser des questions fondamentales
6. aimer travailler

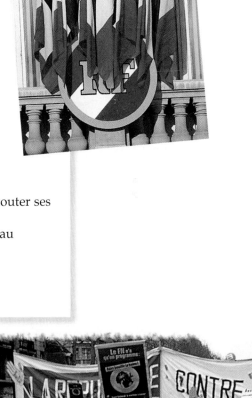

Communication libre

A **Sondage** Reprenez les catégories du sondage et faites une enquête à l'école et chez vous. Comparez vos résultats à ceux de vos camarades et étudiez les similarités et les différences entre les Français et les Américains.

B **Débats**

1. Répondez à la question d'Anne: «C'est la moindre des choses d'accepter une opinion adverse, d'argumenter sans se fâcher, mais faut-il discuter tranquillement avec les racistes et admettre leur point de vue?»
2. Que pensez-vous de cette phrase de Serge: «L'honnêteté, c'est une règle absolue. Sans elle, il n'y a pas de relations possibles avec les autres.»

Manifestation antiraciste à Paris

Conversation

VIVRE EN FAMILLE

Vocabulaire

vider les ordures

faire le marché

s'énerver se fâcher

mettre la main à la pâte travailler

répartir distribuer

se plaindre protester, exprimer son mécontentement

faire une comédie s'énerver, faire une scène

une tâche ménagère faire la vaisselle, faire la lessive, etc.

gâché qui est dépensé sans discernement, inutilement

équitablement avec justice

ce n'est pas sorcier ce n'est pas difficile

Communication guidée

 Définitions Trouvez le mot.

1. travailler
2. se fâcher
3. un travail que l'on doit faire pour la famille
4. distribuer

5. avec justice
6. c'est facile
7. qui est dépensé inutilement
8. dire qu'on n'est pas content

B **Que fait-on dans la famille Vernier?** Répondez d'après les dessins.

1. Qui fait la vaisselle?
2. Qui lave la voiture?
3. Qui vide les ordures?
4. Qui fait le ménage (housework)?

5. Qui fait la cuisine?
6. Qui fait le marché?
7. Qui fait la lessive?
8. Qui travaille dans le jardin?

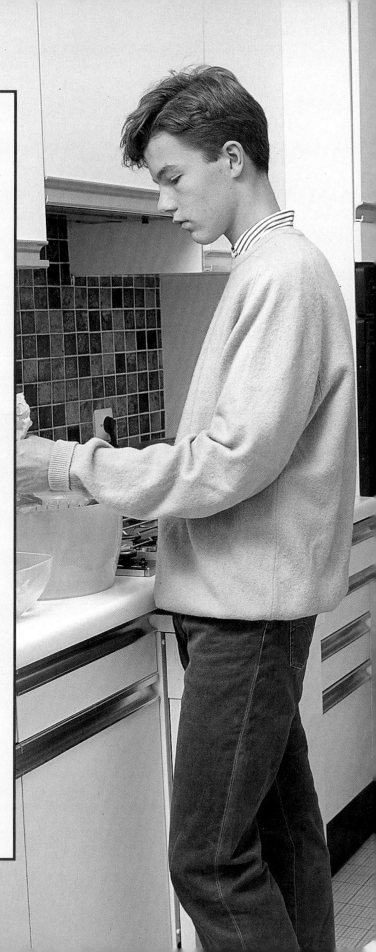

À chacun sa tâche 🎧

ÉMILIE: Depuis que Maman a recommencé à travailler, c'est pas la joie à la maison. Papa et Maman sont toujours en train de discuter pour savoir qui doit faire quoi, et en fin de compte, rien n'est fait.

LOUISE: Ben, il faut que vous vous organisiez un peu. Ce n'est pas sorcier, vous n'êtes que trois. Nous, à la maison, on est cinq, et il y a Olivier qui est tout petit.

ÉMILIE: Oui, mais ta mère ne travaille pas.

LOUISE: Ma mère? Mais si, elle travaille! Elle est prof d'anglais. Simplement, chacun a ses responsabilités. Moi, c'est la vaisselle et les ordures, mon frère, c'est la lessive; mon père, c'est les courses et ma mère, c'est la cuisine et Olivier.

ÉMILIE: On a bien essayé, mais Papa dit toujours que ça ne presse pas. Tiens, par exemple, la semaine dernière, Papa devait faire la vaisselle. Tous les jours il a dit qu'il la ferait le lendemain, si bien qu'on a utilisé toute la vaisselle qu'on avait jusqu'à ce qu'il n'y ait plus un plat de propre. Alors, tu sais ce que Maman a fait?

LOUISE: Non.

ÉMILIE: Elle est allée acheter des assiettes en papier et des couverts en plastique. Papa en a fait une comédie! Il a dit que c'était de l'argent de gâché. Alors Maman s'est énervée et lui a dit qu'il n'avait pas le sens des responsabilités, et que s'il ne faisait pas la vaisselle, elle, elle ne ferait plus la cuisine, et patati, et patata.

LOUISE: C'est sûr qu'il faut que tout le monde mette la main à la pâte et que les tâches soient réparties équitablement. Chez nous, ça marche assez bien. De temps en temps, c'est Papa qui fait les courses... Quand il se plaint que Maman dépense trop d'argent, elle l'envoie faire le marché et après ça, il ne se plaint plus du tout.

Conversation

Après la conversation

La maison Répondez d'après le texte.
1. Pourquoi les parents d'Émilie discutent-ils?
2. Comment les choses se passent-elles chez Louise?
3. Que fait la mère de Louise quand son mari se plaint?
4. Combien y a-t-il d'enfants dans la famille de Louise?
5. Que doit faire le père d'Émilie?
6. Que fait-il?
7. Qu'a fait la mère d'Émilie quand il n'y avait plus de vaisselle propre?
8. Quand la mère de Louise envoie-t-elle son mari faire les courses? Pourquoi?

Communication libre

A **Tâches ménagères** Tout d'abord, faites une liste de toutes les tâches à exécuter chez vous. (N'oubliez pas la vaisselle à faire, le chien à nourrir, etc.) Indiquez qui fait chaque tâche. Décidez si votre famille est plutôt traditionnelle ou plutôt moderne. Ensuite, comparez votre famille à celles de vos camarades.

B **Au travail!** Reprenez la liste que vous avez faite pour l'Activité A. À votre avis, les tâches sont-elles réparties équitablement dans votre famille? Si elles ne le sont pas, répartissez-les d'une façon équitable.

C **Et les hommes?** Croyez-vous que les hommes doivent partager les tâches ménagères? Pourquoi?

D **En excursion** Votre classe doit partir en excursion pendant le week-end. Vous décidez tout d'abord où vous allez aller, ce que vous devez amener et qui sera chargé de quoi.

Langage

FÉLICITATIONS ET CONDOLÉANCES 🎧

Que dit-on dans les circonstances suivantes?

Naissance

> Permettez-moi de vous féliciter pour la naissance
> de votre petit(e)…
> Toutes mes félicitations pour…
> Avec tous mes vœux de bonne santé
> pour la maman.
> Comme il/elle est mignon(ne)!
> C'est tout le portrait de sa mère/son père.
> Il/Elle a les mêmes yeux, le même nez, le même
> sourire… que son père/sa mère.

C'est tout le portrait de son père!

Mariage

> Toutes mes félicitations pour votre mariage!
> Tous mes vœux de bonheur.
> Je vous souhaite d'être très heureux.
> Vous êtes faits l'un pour l'autre.
> Quel beau couple!
> À votre santé!

Anniversaire

> Bon anniversaire!
> Joyeux anniversaire!
> Tous mes vœux.

Joyeux anniversaire!

Noël

> Joyeux Noël!

Nouvel An

> **Bonne année!**
> **Bonne santé!**
> **Tous mes vœux pour la nouvelle année.**
> **Mes meilleurs vœux pour vous et les vôtres.**
> **Que cette nouvelle année vous apporte prospérité, bonheur…**

Décès

> **Je vous présente mes plus sincères condoléances.**
> **C'est avec une grande tristesse que j'ai appris le décès de…**
> **La mort de… m'a fait beaucoup de peine.**
> **J'ai beaucoup de peine pour toi.**
> **C'était un homme/une femme remarquable.**

Communication libre

A **Vivent les mariés!** Vous et votre camarade avez été invités au mariage de l'un de vos cousins et vous devez porter un toast aux nouveaux mariés. Vous rédigez ce toast et vous l'apprenez par cœur. Récitez-le à vos camarades qui vous diront ce qu'ils en pensent.

B **Un bébé** Votre cousine vient d'avoir un bébé que vous ne trouvez pas très beau, mais vous voulez tout de même dire quelque chose de gentil à votre cousine. Que lui dites-vous?

C **La veille du Jour de l'An** Toute la classe célèbre le Jour de l'An ensemble.

1. Qu'est-ce que vous vous dites à minuit?
2. Chacun d'entre vous fait un vœu pour cette nouvelle année. Partagez-le avec vos camarades.

D **Pauvre Fido!** Le chien (ou un autre animal) de votre ami(e) est mort. Présentez-lui vos condoléances.

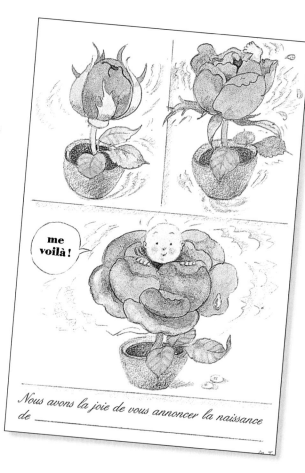

Structure I

Talking about an indefinite quantity
Le partitif

1. When speaking only of a certain quantity or part of a whole, the partitive articles **du, de la,** and **des** are used. **Du** and **de la** become **de l'** in front of a word beginning with a vowel. In English, the partitive is expressed by *some, any,* or no word at all.

Avez-vous de la patience?	*Do you have patience?*
Il faut du courage!	*You need courage!*
Il faut de l'autorité.	*You need authority!*
J'ai des amis français.	*I have some French friends.*

   Note that in English, *some* or *any* can be omitted. In French, the partitive cannot be omitted.

2. In the negative, **du, de la, de l',** and **des** change to **de** or **d'.**

J'ai de la patience.	**Je n'ai pas de patience.**
Il faut du courage.	**Il ne faut pas de courage.**
Il faut de l'autorité.	**Il ne faut pas d'autorité.**
J'ai des amis français.	**Je n'ai pas d'amis français.**

3. Remember that a noun used in a general sense, not a specific sense, is preceded by the articles **le, la, l',** or **les.**

   Je déteste l'intolérance.
   J'aime beaucoup le thé.
   J'adore les livres.

4. Here are some helpful hints. Verbs that express likes and dislikes are usually followed by the definite articles **le, la, l', les** + a noun.

   LE, LA, L', LES—*General Sense*
   adorer   **détester**
   aimer   **préférer**
   aimer mieux

   The following verbs are often followed by a partitive construction: **du, de la, de l', des** + a noun.

   DU, DE LA, DE L', DE—*Partitive*
   acheter   **manger**
   avoir   **prendre**
   boire   **vendre**
   commander

5. Remember that in the negative, only the partitive becomes **de.**

   Je n'aime pas les mariages.
   BUT
   Il n'y aura pas de mariage cette année.

Communication guidée

A **Pour être professeur** Complétez.

1. Il faut avoir _____ patience.
2. Il faut préparer _____ cours.
3. Il faut corriger _____ devoirs.
4. Il faut avoir _____ ordre.
5. Il faut avoir _____ bon sens.

B **Qui va faire les courses?** Répondez d'après le modèle.

—Il y a des fruits?
—Non, il faut acheter des fruits.
—De toute façon, je n'aime pas les fruits.

1. Il y a du fromage?
2. Il y a des sardines?
3. Il y a de la crème?
4. Il y a de l'orangeade?
5. Il y a des yaourts?
6. Il y a du poisson?
7. Il y a des saucisses?
8. Il y a du dessert?

C **Historiette** **La famille d'Éric** Complétez.

Éric a __1__ sœurs, mais il n'a pas __2__ frères. Les sœurs d'Éric font __3__ études universitaires à l'Université de Grenoble. Catherine fait __4__ anglais, mais Michèle ne fait pas __5__ anglais. Elle fait __6__ russe. Catherine est très sportive et elle fait toujours __7__ sport. Michèle ne fait jamais __8__ sport. Elle déteste __9__ sport.

Quand les deux sœurs vont au restaurant, Catherine commande toujours __10__ poisson. Elle aime bien __11__ poisson. Mais Michèle n'aime pas du tout __12__ poisson. Elle commande toujours __13__ viande. Elle ne commande pas __14__ bœuf, elle préfère __15__ agneau.

Referring to things already mentioned
Le pronom **en**

1. The pronoun **en** replaces a partitive construction.

Je voudrais du pain.	J'en voudrais.
Il mange de la viande.	Il en mange.
Elle prépare des légumes.	Elle en prépare.

2. The pronoun **en** also replaces a noun qualified by a specific quantity.

Il a un frère.	Il en a un.
Je veux deux œufs.	J'en veux deux.
Elle a beaucoup d'amis.	Elle en a beaucoup.
Nous avons un peu d'argent.	Nous en avons un peu.

3. **En** also replaces all other phrases introduced by **de** referring to a thing.

Il vient de Rome.	Il en vient.
Il est fier de son travail.	Il en est fier.
Il parle trop de son travail.	Il en parle trop.
Il n'a pas besoin de ton aide.	Il n'en a pas besoin.

4. Note, however, that when the preposition **de** is followed by a person, stress pronouns are used, not **en**.

Elle parle de son travail.	Elle en parle.
Elle parle de sa fille.	Elle parle d'elle.
Elle est fière de son travail.	Elle en est fière.
Elle est fière de sa fille.	Elle est fière d'elle.

5. Also note that in cases in English when *some* or *any* is not used, **en** must be used in French.

Tu as des œufs?	*Do you have any eggs?*
Oui, j'en ai.	*Yes, I do.*

6. Like the other object pronouns, the pronoun **en** comes directly before the verb to which its meaning is tied.

Elle vend des timbres.	Elle en vend.
Elle ne vend pas de timbres.	Elle n'en vend pas.
Elle a vendu des timbres.	Elle en a vendu.
Elle n'a pas vendu de timbres.	Elle n'en a pas vendu.
Elle va vendre des timbres.	Elle va en vendre.
Elle ne va pas vendre de timbres.	Elle ne va pas en vendre.

7. When there are several object pronouns in a sentence, **en** always comes last.

Elle a vendu des timbres à ses amis.	Elle leur en a vendu.
Elle m'a donné de l'argent.	Elle m'en a donné.

Communication guidée

A **Oui ou non?** Répondez en utilisant **en**.

1. Il y a du pain?
2. Il y a des carottes?
3. Il y a du lait?
4. Il y a du vin?
5. Tu as acheté de la viande?
6. Tu as mis du beurre dans les carottes?

B **Les courses** Répondez en utilisant **en**.

1. Tu as assez d'argent?
2. Tu vas acheter deux bouteilles d'eau minérale?
3. Tu peux manger deux côtelettes?
4. On a besoin d'un kilo de tomates?
5. On a besoin de plus d'un litre de lait?
6. Tu veux plusieurs oranges?

C **Angoisses** Refaites les phrases en utilisant **en**.

1. Elle ne parle jamais de son travail.
2. Elle n'est pas fière de son travail.
3. Elle a besoin de son travail.
4. Il parle de ses difficultés.
5. Il a peur des conséquences de son acte.

D **La famille** Répondez avec des pronoms.

1. Il parle quelquefois de son fils?
2. Il a besoin de son aide?
3. Elle est fière de son fils?
4. Elle est fière de sa fille?
5. Elle est fière de ses enfants?
6. Elle est contente de leur succès?

E **Historiette** **L'argent!** Complétez la conversation.

—Tu as parlé à ton père de tes problèmes financiers?
—Oui, je _____ _____ ai parlé.
—Et alors? Il t'a donné de l'argent?
—Oui, il _____ _____ a donné.
—Il _____ _____ a donné beaucoup?
—Ouais. Il _____ _____ a donné assez pour l'instant.
—J'espère que tu ne vas pas _____ emprunter à tes copains.
—Ne t'en fais pas! Je ne _____ _____ demanderai certainement pas.

Making complex sentences
Les pronoms relatifs **qui** et **que**

1. A relative pronoun introduces a clause that modifies a noun. The relative pronoun **qui** functions as the subject of the clause and may refer to either a person or a thing.

> **La jeune fille qui vient d'entrer est la femme de mon frère.**
> **L'alliance qui est à son doigt est très belle.**

2. The relative pronoun **que (qu')** functions as the direct object of the clause. Like **qui, que** may refer to either a person or a thing.

> **Le garçon que nous avons vu hier est le mari de Marie.**
> **L'alliance qu'il lui a donnée est très belle.**

Note that if a relative clause introduced by **que** is in the **passé composé,** the past participle agrees with the noun represented by **que** which is a preceding direct object.

3. When there is no definite antecedent, **ce qui** and **ce que** are used.

> **Dites-moi ce qui s'est passé.**
> **Je n'ai pas compris ce qu'il a dit.**

Carthage: les ruines romaines

Communication guidée

A **Historiette** **Un bon livre** Complétez avec **qui** ou **que**.

1. La fille _____ parle maintenant est très intéressante.
2. Oui, et le discours _____ elle donne est très intéressant.
3. Tu as lu le livre _____ elle a écrit?
4. Oui, c'est le livre _____ Maman vient de m'acheter.
5. C'est un livre _____ va se vendre comme des petits pains!
6. Oui, c'est un premier livre _____ va avoir un succès fou.

B **Historiette** **Voyage** Combinez les deux phrases en une seule en utilisant **qui** ou **que**.

1. Alain est un homme. Il aime voyager.
2. Il a fait des voyages. Il aime les décrire à ses amis.
3. Il a des tas de photos. Il les a prises pendant ses voyages.
4. Il a des amis. Ils habitent à Carthage.
5. Carthage est un très joli village. Carthage se trouve près de Tunis.
6. Ses amis ont une très belle villa. Elle donne sur la mer.
7. Alain va visiter les célèbres ruines romaines. Elles datent des guerres puniques.
8. Il va aussi visiter le cimetière américain. Le cimetière se trouve à Carthage.

C **Confusion** Complétez avec **ce qui** ou **ce que**.

1. Je ne comprends pas _____ tu dis.
2. Tu ne comprends pas _____ je dis parce que tu ne sais pas _____ est arrivé.
3. C'est vrai. Dis-moi _____ est arrivé.
4. Tu ne sais pas _____ Michèle a écrit dans sa lettre?
5. Non, mais je vais bientôt savoir _____ elle a écrit.

Expressing *of which* and *whose*
Le pronom relatif **dont**

1. You have already seen that the relative pronouns **qui** and **que** are used to join two sentences. **Qui** replaces the subject of the relative clause and **que** replaces the direct object of the clause. The relative pronoun **dont** is also used to join two sentences. **Dont** replaces the preposition **de** and its object in the relative clause.

   Il parle à une femme. Elle travaille avec lui.
   Il parle à une femme qui travaille avec lui.

   Elle va manger dans un restaurant. Il a recommandé ce restaurant.
   Elle va manger dans un restaurant qu'il a recommandé.

   Il a fait un voyage. Il parle souvent de son voyage.
   Il a fait un voyage dont il parle souvent.

   Les femmes sont en chômage. Elle s'occupe de ces femmes.
   Les femmes dont elle s'occupe sont en chômage.

2. The following is a list of verbs and verbal expressions which take **de**: **parler de, s'occuper de, se souvenir de, avoir envie de, avoir besoin de, être content(e) de, avoir peur de.**

3. **Dont** is also the equivalent of *whose, of whom,* and *of which* in English.

   Il a épousé une fille. Les parents de cette fille sont très riches.
   Il a épousé une fille dont les parents sont très riches.

   Il a épousé une fille. Je connais les parents de cette fille.
   Il a épousé une fille dont je connais les parents.

Note the placement of **les parents** in the above example. It is the direct object of the verb **connaître,** and contrary to English usage, it remains after the verb.

Communication guidée

A **Historiette** **Le vieil homme** Combinez les deux phrases en une seule.

1. Voilà le vieil homme. Je t'ai déjà parlé de ce vieil homme.
2. Il a un bon travail. Il est content de ce travail.
3. Il a une petite maison. Il s'occupe bien de cette maison.
4. Va lui porter ce livre. Il a besoin de ce livre.
5. C'est un homme très gentil. Tu ne devrais pas avoir peur de cet homme.

B **Familles** Combinez les deux phrases en une seule.

1. Elle est fiancée à un garçon. Je connais la sœur de ce garçon.
2. Il a rencontré une fille. Le nom de cette fille est Marie.
3. Ce garçon est célèbre. J'ai oublié le nom de ce garçon.
4. C'est une femme remarquable. Il reconnaît son importance.
5. Je sors avec une fille. Le père de cette fille travaille avec mon père.

C **Historiette** **Les sans-abri** Complétez avec **qui, que** ou **dont**.

Partout dans le monde il y a des sans-abri, des gens __1__ n'ont pas de maison et __2__ dorment dans les stations de métro ou dans les parcs. Ce sont les gens __3__ on a l'habitude de voir sur les trottoirs des grandes villes avec des panneaux en carton __4__ disent: «J'ai faim» ou «Au chômage, je cherche du travail». Il y en a d'autres __5__ mendient dans les couloirs des stations de métro en jouant de la musique. Ces gens, __6__ personne ne s'occupe vraiment, sont souvent des gens comme vous et moi mais __7__ n'ont pas eu de chance et __8__ la société a un peu peur. Il faut faire quelque chose pour aider ces gens à obtenir ce __9__ ils ont besoin.

STRUCTURE I

deux cent quatre-vingt-sept ✦ **287**

Journalisme

LES GRANDES OCCASIONS

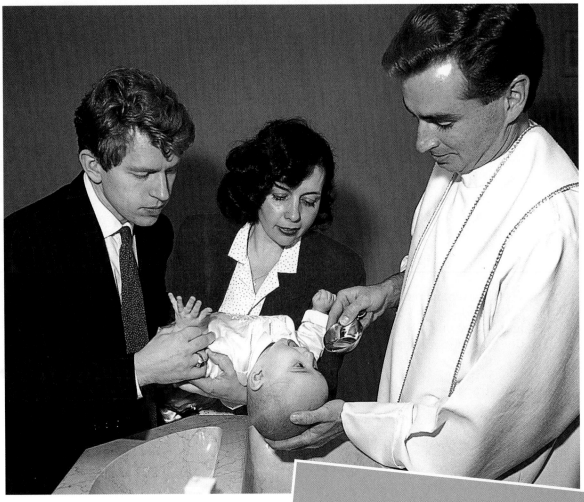

Introduction

De nombreux journaux ont un carnet du jour où l'on annonce les événements de la vie. On envoie au journal les faire-part (les annonces) de naissance, de fiançailles, de mariage, de décès et les amis ainsi informés envoient leurs félicitations ou leurs condoléances. Dans le carnet du jour, on trouve aussi des communications diverses.

Je m'appelle Florence

Je suis née le Mardi 14 Octobre.

Je vous adresse mon premier sourire.

Je me porte bien, ma maman aussi.

Mon Papa est content.

Michel et Anne-Marie Désille
29, Rue du Midi
94300 Vincennes

Vocabulaire

les fiançailles

D'abord, ils se fiancent.
Ensuite, ils se marient.
Le mariage aura lieu dans un an.

la naissance

Leur bébé est né la semaine dernière.

les obsèques, l'enterrement

décéder mourir

Communication guidée

A **Votre famille** Répondez personnellement.

1. Quelle est votre date de naissance?
2. Quel est le nom de jeune fille de votre mère?
3. Êtes-vous déjà allé(e) à un mariage? Racontez.
4. Qui s'occupe des obsèques dans votre ville?

B **Historiette** **Marie et Jean** Complétez.

Marie, qui est __1__ en 1980, et Jean, qui est __2__ en 1978, sont amoureux l'un de l'autre. Ils vont bientôt __3__, et ensuite, ils vont __4__. Les annonces des __5__ et du __6__ vont paraître dans le journal local.

Trois ans plus tard, ils célèbrent __7__ d'un garçon. Malheureusement, les __8__ de la grand-mère de Marie ont lieu quand le bébé a un mois seulement.

LE CARNET DU JOUR

NAISSANCES

M. Marc MILLAUD-LEONI et Mme, née

Alicia Ricolais, Inès ont la joie d'annoncer la naissance de

Laetitia
Lyon, le 12 décembre 2000.

M. et Mme Jean-Jacques HOUCHARD

ont la grande joie de vous annoncer la naissance de leurs septième, huitième et neuvième petits-enfants,

Jean-Louis
à Lyon, le 22 février 2000, chez
Jérôme et Marie HOUCHARD

Margaux
à Paris, le 3 mai 2000, chez
Bertrand et Sophie CHEVREUL

Nicolas
à Paris, le 11 décembre 2000, chez
Vincent et Muriel HOUCHARD

ADOPTIONS

M. Olivier de CHELLES et Mme, née

Pascale Simon, ont la joie d'annoncer l'arrivée de

Clémence
née à Paris,
le 8 septembre 2000.

FIANÇAILLES

M. Joël VIARDOT et Mme, née
Elisabeth Mercier,

M. Jean-Claude BRESLAIN et Mme, née Claude Fichet,
ont le plaisir d'annoncer les fiançailles de leurs enfants

Béatrix et François
Montesson. Paris.

M. et Mme Jean-Jacques CHARPENTIER
M. et Mme François LEBŒUF
ont la joie d'annoncer les fiançailles de leurs enfants

Sylvie et Frédéric

M. Philippe LASALLE et Mme, née Céline Ferreri,
M. Jean-Luc GAUMONT Mme Andrea von ODEN-GAUMONT
sont heureux d'annoncer les fiançailles de leurs enfants

Luce et Eric

SIGNATURES

Bénédicte BALIMI
signera
«Un Hiver doux»
et
«Les Amies de Dana»
à la
Galerie MERCURE Françoise LIBERETTO

le lundi 8 janvier 2001, de 18 h 30 à 20 h 30, 104, rue de Seine, Paris (6e).

MARIAGES

M. et Mme Patrick JEANBON
sont heureux de vous faire part du mariage de leur fils
Thierry
avec
Tereza PINHEIRO
qui sera célébré à Ponta Grossa (Brésil), le samedi 26 décembre 2000.

Véronique CHASTAIN
et
Philippe TRIGNAC
sont heureux de vous faire part de leur mariage, célébré dans l'intimité, le 16 décembre 2000.

COMMUNICATIONS DIVERSES

M., Mme Jacques DUMONT
anciens élèves de l'École nationale d'Administration

rappellent à leurs amis qu'ils vivent une agréable retraite[1], sans souci de santé[2].

Résidence Belair,
83270 St-Cyr-sur-Mer.

REMERCIEMENTS

Dominique SAINT-JEAN
nous a quittés le 9 décembre. Ses parents, sa famille, ses amis, la compagnie Saint-Jean, centre chorégraphique national de Montpellier Languedoc-Roussillon, remercient tous ceux qui, par leurs divers témoignages, ont manifesté leur soutien[3] et leur amitié.

DEUILS[4]

Mme Catherine Perret, ses enfants et petits-enfants, M. et Mme Jacques Bagouet et leurs enfants, Mlle Anna Guénegou ont la tristesse de vous faire part du décès de

Mme Denis PERRET
née Janine Marmontel,
survenu le 12 décembre 2000.

Ses obsèques seront célébrées en la chapelle de l'Est, au cimetière du Père-Lachaise, à Paris (20e), le vendredi 15 décembre 2000, à 14 heures.

15, rue Saint-Martin,
92400 Courbevoie.

Le président de l'
Univerité François-Rabelais

le doyen de l'

Unité de formation et de recherche Lettres (UFR)

ses collègues et amis, enseignants, chercheurs, personnels et étudiants ont la douleur de vous faire part du décès de

Michel SEGUIN
professeur de littérature française.

Ses élèves et anciens élèves ont la douleur de faire part du décès du

professeur Michel SEGUIN

et s'associent à la douleur de Monique, Cécile et Claire. Leur gratitude envers leur maître n'a d'égal que leur tristesse.

---

[1] retraite *retirement*
[2] sans souci de santé *free from health worries*
[3] soutien *support*
[4] deuils *deaths, losses*

Après la lecture

A Familles Répondez d'après le texte.
1. Comment s'appellent les grands-parents de Laetitia?
2. Combien de petits-enfants ont M. et Mme Jean-Jacques Houchard?
3. Donnez les prénoms de trois des enfants de M. et Mme Jean-Jacques Houchard.
4. Qui annonce le mariage de Véronique Chastain et Philippe Trignac?
5. D'après vous, que faisait Dominique Saint-Jean?
6. Où les obsèques de Mme Perret auront-elles lieu?
7. Où est la chapelle de l'Est?
8. Qui était Michel Seguin?

B Traditions Commentez.
1. Que pensez-vous de l'idée d'annoncer une adoption?
2. À votre avis, pourquoi est-ce que M. et Mme Jacques Dumont ont mis une annonce dans «Communications Diverses»?

Communication libre

A **Vos parents** Écrivez le faire-part (l'annonce) des fiançailles ou du mariage de vos parents.

B **Comparaisons** Demandez aux élèves de «Journalisme» de vous aider à analyser les différences de style entre les annonces dans le carnet du jour français (page 290) et le même genre d'annonces dans votre journal local. Ensuite, choisissez une annonce dans votre journal et récrivez-la pour un journal français.

Paris: le cimetière du Père-Lachaise

GARÇONS–FILLES

Introduction

Pour les jeunes de 15 à 25 ans, l'égalité entre hommes et femmes est une chose parfaitement naturelle. Les filles comme les garçons sont indignés par les différences de salaires et autres discriminations. Ils veulent lutter contre ces injustices, mais peut-être pas avec la même véhémence que dans les années 70. Juste avec des moyens réalistes et efficaces comme les quotas ou la parité. La parité est une loi[1] qui impose 50% de femmes sur les listes électorales.

---

[1] loi *law*

Vocabulaire

Les Martin se partagent les tâches.
Mme Martin s'occupe de la cuisine, et M. Martin s'occupe des enfants.

un instituteur

se débrouiller se sortir d'une mauvaise situation, se tirer d'affaire
s'ennuyer le contraire de s'amuser

faire une bouffe *(fam.)* préparer un repas
un boulot *(fam.)* un travail
parfois quelquefois

Communication guidée

 Définitions Choisissez le mot qui correspond.

1. tout ce qu'on fait à la maison
2. le contraire de s'amuser
3. le contraire de jamais
4. une personne qui enseigne dans une école primaire

 **Comment dit-on... ?** Exprimez d'une autre façon.

1. C'est un bon *travail*.
2. On va *préparer un repas*.
3. Il *se tire* toujours *d'affaire*.
4. Nous allons *nous charger* de ça.
5. Ils vont *diviser* en trois.

Tous féministes?

L'égalité entre les hommes et les femmes, c'est la question que le magazine *Phospore* a proposée à des lycéens, des étudiants, et d'autres jeunes qui travaillent déjà. Voici des extraits de leurs témoignages[1].

Angélique, 17 ans
Lycéenne, Cateau-Cambrésis (Nord)

David, 19 ans
Étudiant, Évry (Essonne)

TRADITIONS: Aujourd'hui, dans notre culture, les filles et les garçons ont droit à la même éducation et aux mêmes chances. Dans la vie, chacun doit être indépendant et se débrouiller seul, que[2] l'on soit garçon ou fille. C'est sur ce modèle que j'ai envie de construire ma vie.

ÉGALITÉ: Plus tard dans le couple, je trouve que l'égalité et le partage des tâches entre l'homme et la femme sont indispensables au quotidien, ça témoigne d'une bonne entente entre les deux. Dans la vie professionnelle, ça devrait être la même chose, je trouve que c'est dommage d'attribuer aux sexes des tâches spécifiques. Et si un jour, ma femme a une position sociale plus élevée que la mienne, je serai heureux pour elle, ça voudra dire qu'elle s'est donné la peine d'y arriver. Les gens qui pensent le contraire ont sûrement peur du changement.

TRAVAIL: En principe, c'est les hommes qui ont la responsabilité de ramener l'argent à la maison. Mais même si mon mari a un emploi, j'aimerais en avoir un aussi pour ne pas m'ennuyer. Et puis, ça me gênerait[3], pour m'acheter un vêtement, de demander à mon mari.

ÉGALITÉ: L'égalité entre filles et garçons, ça n'existe pas. Sauf dans certains domaines comme le dessin, où les deux peuvent réussir aussi bien l'un que l'autre. Je ne trouve pas qu'il y ait besoin de plus d'égalité. Je ne vois pas dans quoi il y aurait besoin de changer les choses. Bon, que les femmes gagnent autant d'argent que les hommes, ce serait bien, mais si ce n'est pas le cas, ce n'est pas grave.

Virginie, 21 ans
Vendeuse dans un hypermarché, Quimper (Finistère)

FOOT: Samedi dernier, je suis allée au café où nous avons nos habitudes. Les garçons étaient partis voir un match de foot et les filles étaient parties faire une bouffe chez une copine! Parfois, c'est comme ça, chacun de son côté.

MÉTIERS: Aujourd'hui, il y a des hommes infirmiers et des femmes pompiers[4] ou policiers. Alors, j'ai été un peu déçue[5] quand on m'a préféré un homme pour du rayonnage[6] en magasin. J'ai pensé que c'était injuste même si je sais que c'est un travail physique et que j'allais avoir le dos cassé.

---

[1] témoignages *answers, opinions*
[2] que *whether*
[3] ça me gênerait *it would bother me*
[4] pompier *firefighter*
[5] déçue *disappointed*
[6] rayonnage *stocking on shelves*

Olivier, 17 ans
Lycéen, Brest
(Finistère)

MÉTIERS: J'ai envie de devenir instituteur. Quand j'en parle dans ma classe, certains me disent «tiens, instit, c'est marrant». Eux, ils pensent devenir ingénieur ou médecin. Je sais que c'est une profession assez féminine mais cela ne me gêne pas, même d'être dirigé par une femme directrice d'école.

QUOTAS: S'il y a encore un combat à mener pour les femmes, je pense que c'est en politique. Les quotas ou la parité, je trouve cela assez normal. En même temps, c'est vrai qu'il faut aussi qu'elles aient le goût[7] pour ça. Et en politique, je ne pense pas ce soit gagné. Peut-être que les hommes sont plus attirés par le pouvoir[8].

CHANCES: Mon patron est une femme, et je respecte aussi bien son autorité que celle d'un homme. Je mets homme et femme sur un pied d'égalité. Je crois qu'en général, les femmes ont autant de chances de réussir que les hommes.

PARITÉ: Il n'y a rien de plus sexiste que la parité homme/femme en politique. L'égalité existe, il ne faut pas l'imposer. On nous oblige à prendre des femmes parce qu'il y a trop d'hommes, sans tenir compte des compétences de chacun!

Sébastien, 23 ans
Technicien, Toulouse
(Haute-Garonne)

Marie-Laure, 23 ans
Administratice dans une banque française, Francfort (Allemagne)

TRAVAIL: Je travaille depuis un an. J'ai un très bon salaire. J'avais hâte[9] de travailler, d'être indépendante financièrement, d'avoir des responsabilités. J'ai une énorme volonté de réussir. Je crois que les filles et les garçons ont les mêmes chances. Moi, j'ai eu un parcours[10] facile. En sortant de l'école, j'ai été recrutée parce que j'ai su montrer que j'étais dynamique, intéressée et responsable. Concernant l'accès aux mêmes salaires et aux mêmes responsabilités, mon exemple montre que c'est possible.

FAMILLE: Aujourd'hui, ma priorité, c'est le travail, mais je n'oublie pas la famille. Quand ma famille existera, elle passera avant tout. J'aimerais beaucoup m'occuper de mes enfants et que mon mari s'en occupe également. Je garderai peut-être ce boulot si mon mari est à la maison ou alors nous aurons tous les deux un boulot plus calme. Chacun pourrait s'occuper des enfants à son tour, en prenant un an de congé chacun.

QUOTAS: Les quotas de femmes en politique, je suis pour si ça facilite l'arrivée des femmes, si ça leur donne envie de participer. Je pense que les femmes en politique seraient plus efficaces, parce qu'elles agissent[11] plus qu'elles ne parlent. Mais je retombe dans les idées bateau[12]! Chacun est unique, qu'il soit homme ou femme!

---

[7] goût *liking*
[8] pouvoir *power*
[9] avoir hâte *to be anxious*
[10] parcours *professional life*
[11] agissent *act*
[12] idées bateau *clichés*

Après la lecture

A Témoignages Répondez d'après les différents témoignages.

David
1. Les filles et les garçons ont-ils les mêmes chances de réussir?
2. À la maison, que doivent partager l'homme et la femme?
3. Dans la vie professionnelle, y a-t-il des tâches spécifiquement féminines et d'autres spécifiquement masculines?

Angélique
4. Pourquoi Angélique veut-elle travailler?
5. L'égalité entre filles et garçons existe-t-elle?

Virginie
6. Les garçons et les filles font-ils toujours tout en groupe mixte?
7. Pourquoi Virginie a-t-elle été déçue au travail?

Olivier
8. Quel métier Olivier veut-il faire?
9. Qu'en pense ses camarades de classe?
10. Pourquoi y a-t-il plus d'hommes que de femmes en politique?

Sébastien
11. Les femmes ont-elles autant de chances de réussir que les hommes?
12. Sébastien est-il pour ou contre la parité homme/femme en politique?

Marie-Laure
12. Pourquoi Marie-Laure a-t-elle obtenu un bon travail?
13. Que se passera-t-il quand elle aura une famille?
14. Pourquoi les femmes en politique seraient-elles plus efficaces que les hommes?

B La parité Faites une liste des arguments pour et contre la parité en politique.

C Féministes ou pas? Quels sont les jeunes qui sont féministes et quels sont ceux qui ne le sont pas? Justifiez vos réponses.

Communication libre

A **L'égalité filles/garçons** D'après votre expérience personnelle, pensez-vous que les garçons et les filles aient les mêmes chances de réussir dans la vie? Donnez des exemples.

B **Débat** Il n'y a pas de loi sur la parité en politique aux États-Unis. Croyez-vous que ce serait une bonne idée de proposer une telle loi? Justifiez votre opinion.

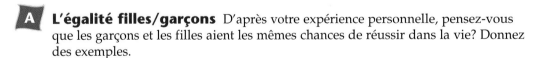

C **Lesquels?** Parmi tous les jeunes qui ont été interviewés, quel est le garçon ou la fille qui vous est le (la) plus sympathique? Dites pourquoi.

Making complex sentences
Les prépositions avec les pronoms relatifs

1. **Lequel, laquelle, lesquels,** and **lesquelles** are relative pronouns used to join two sentences. They follow prepositions and refer to things.

> **C'est une voiture. Je suis parti en vacances avec cette voiture.**
> **C'est la voiture avec laquelle je suis parti en vacances.**

> **C'est un travail. J'ai beaucoup à faire pour ce travail.**
> **C'est un travail pour lequel j'ai beaucoup à faire.**

2. The following contractions occur when **lequel** follows **à** and **de**.

à + lequel = auquel	à + lesquels = auxquels
à + laquelle = à laquelle	à + lesquelles = auxquelles

de + lequel = duquel	de + lesquels = desquels
de + laquelle = de laquelle	de + lesquelles = desquelles

> **C'est un bureau. Je me suis adressé à ce bureau.**
> **C'est le bureau auquel je me suis adressé.**

> **C'est un parc. Il habite près de ce parc.**
> **C'est le parc près duquel il habite.**

Note that **lequel, lesquels,** and **lesquelles** are contracted with the preposition **de** only when **de** is part of a longer prepositional phrase (**à côté de, en face de,** etc.). Otherwise, **dont** is used. Study the following examples.

DONT
Je t'ai parlé d'un travail.   **C'est le travail dont je t'ai parlé.**
LEQUEL
J'habite à côté de ces magasins.   **Ce sont les magasins à côté desquels j'habite.**

3. Note that when referring to a place or time, **où** is frequently used.

J'habite dans une ville.	**C'est la ville où j'habite.**
Il est parti cette année-là.	**C'est l'année où il est parti.**

4. After a preposition other than **de, lequel** is generally used only to refer to things. **Qui** is used to refer to people. Study the following chart.

	People	Things
de + noun	dont	dont
Other prep. + noun	(avec) qui	(avec) lequel, laquelle (avec) lesquels, lesquelles
à + noun	à qui	auquel, à laquelle auxquels, auxquelles
(près) de + noun	(près) de qui	(près) duquel, de laquelle (près) desquels, desquelles
Location chez (dans, sur, à)	chez qui	où
Time		où

Communication guidée

A **Mon ami** Complétez.

1. C'est une personne _____ j'aime bien.
2. C'est une personne avec _____ je parle souvent.
3. C'est une personne pour _____ je travaille.
4. C'est une personne _____ je t'ai souvent parlé.
5. C'est une personne à côté de _____ j'habite.
6. C'est une personne chez _____ je déjeune souvent.

B **Mon travail** Complétez.

1. C'est un travail _____ j'aime assez.
2. C'est un travail _____ je pense beaucoup.
3. C'est un travail sans _____ je ne peux pas vivre.
4. C'est un travail _____ j'ai besoin.

C **Souvenirs** Complétez.

1. C'est l'année _____ je suis parti.
2. C'est la raison pour _____ je suis parti.
3. Ce sont des moments _____ je pense souvent.
4. C'est une personne _____ je me souviens très bien.
5. Ce sont des gens pour _____ je ferais tout.

Expressing uncertainty and doubt
Le subjonctif avec des expressions de doute

1. The subjunctive is used after any expression that implies doubt or uncertainty since it is not known whether the action will take place or not.

> **Je doute qu'il vienne demain.**
> **Je ne crois pas qu'ils aient le temps de venir.**

2. If the statement implies certainty rather than doubt, the indicative, not the subjunctive, is used.

> **Je crois qu'ils viendront demain.**
> **Je suis sûr qu'ils n'ont pas le temps de lire ça.**

3. Below is a list of common expressions of doubt and certainty.

Subjunctive	Indicative
douter que	ne pas douter que
ne pas être sûr(e) que	être sûr(e) que
ne pas être certain(e) que	être certain(e) que
ne pas croire que	croire que
ne pas penser que	penser que
il n'est pas sûr que	il est sûr que
il n'est pas certain que	il est certain que
il n'est pas probable que	il est probable que
il n'est pas évident que	il est évident que
ça m'étonnerait que	

Communication guidée

A **Historiette** **Luc sait tout.** Répondez selon le modèle.

—**Luc croit que Marie réussira à l'examen.**
—**Moi, je doute qu'elle réussisse à l'examen.**

1. Luc croit qu'elle sait toutes les réponses.
2. Il croit qu'ils nous donneront les résultats tout de suite.
3. Il croit que Marie aura les résultats demain.
4. Luc croit que tout le monde sera d'accord avec lui.

B **Pas d'accord** Répondez en utilisant la forme négative du verbe en italique. Faites les changements nécessaires.

1. Je *doute* qu'il vienne.
2. Je *suis certain* qu'il le saura.
3. Je *crois* qu'il sera d'accord avec nous.
4. Je *suis sûre* qu'elle voudra y participer.
5. Il *est évident* que ce projet l'intéresse beaucoup.

Talking about a past action that occurred before another past action
Le plus-que-parfait

1. The **plus-que-parfait** is formed by using the imperfect tense of either **avoir** or **être** and the past participle.

Infinitive	PARLER	ARRIVER	SE COUCHER
Plus-que-parfait	j' avais parlé	j' étais arrivé(e)	je m'étais couché(e)
	tu avais parlé	tu étais arrivé(e)	tu t'étais couché(e)
	il avait parlé	il était arrivé	il s'était couché
	elle avait parlé	elle était arrivée	elle s'était couchée
	on avait parlé	on était arrivé	on s'était couché
	nous avions parlé	nous étions arrivé(e)s	nous nous étions couché(e)s
	vous aviez parlé	vous étiez arrivé(e)(s)	vous vous étiez couché(e)(s)
	ils avaient parlé	ils étaient arrivés	ils s'étaient couchés
	elles avaient parlé	elles étaient arrivées	elles s'étaient couchées

2. The **plus-que-parfait** describes a past action that occurred before another past action that is in the **passé composé** or imperfect.

Ils étaient déjà partis quand je suis arrivé.	*They had already left when I arrived.*
Sa mère ne savait pas qu'il s'était marié.	*His mother didn't know that he had gotten married.*

3. The rules of agreement for the past participle in the **plus-que-parfait** are the same as those for the past participle in the **passé composé**.

La vaisselle? Elle l'avait déjà faite quand je me suis proposé.

Communication guidée

 A **Avant et après** Formez une phrase d'après le modèle.

Ils sont partis avant. Je suis arrivé après. →
Ils étaient déjà partis quand je suis arrivé.

1. Ils sont arrivés avant. Je suis arrivé après.
2. Ils sont rentrés avant. Je suis rentré après.
3. Ils l'ont vu avant. Je l'ai vu après.
4. Ils lui ont parlé avant. Je lui ai parlé après.
5. Ils l'ont fait avant. Je l'ai fait après.
6. Ils ont fini avant. J'ai fini après.

 B **L'inverse** Dites l'inverse de ce que vous avez dit précédemment dans l'Activité A.

Je suis parti avant. Ils sont arrivés après. →
J'étais déjà parti quand ils sont arrivés.

C **C'est fait** Faites des phrases d'après le modèle.

faire le ménage →
Ils avaient déjà fait le ménage quand je suis arrivé.

se marier →
Je ne savais pas que tu t'étais marié.

1. déménager
2. partir en vacances
3. faire la vaisselle
4. finir de manger
5. se coucher
6. se lever
7. commencer son cours

To learn more about celebrations and holidays in the Francophone world, go to the Glencoe French Web site:
french.glencoe.com

Le nettoyage municipal à Paris

Littérature

La mauvaise réputation

Georges Brassens

Avant la lecture

Anticonformiste: qui s'oppose au conformisme, dit le dictionnaire. *Conformisme: fait de se conformer aux normes et aux usages.* En français, le terme a souvent un sens péjoratif; il implique une attitude passive qui accepte tout sans poser de questions. Qu'est-ce que le conformisme pour vous?

Georges Brassens

sonner le clairon

marcher au pas

croiser quelqu'un   un voleur   lancer la patte

un aveugle une personne qui ne peut
  pas voir
un cul-de-jatte une personne qui n'a pas
  de jambes
un manchot une personne à qui il manque
  un bras ou les deux

un sourd-muet une personne qui ne peut
  ni entendre ni parler
ça va de soi c'est évident
cela ne me regarde pas ce n'est pas
  mon affaire
sauf excepté

Communication guidée

A **Définitions** De quel mot s'agit-il?

1. quelqu'un qui n'a pas de bras
2. quelqu'un qui n'a pas de jambes
3. quelqu'un qui ne voit pas
4. quelqu'un qui n'entend pas
5. quelqu'un qui ne peut pas parler
6. quelqu'un qui prend la propriété
   des autres
7. faire tomber quelqu'un

B **Historiette** **Au village** Complétez.

1. Le 14 juillet, c'est la _____ nationale.
2. Les soldats marchent _____.
3. Le clairon _____.
4. La fanfare joue de la _____.
5. Tout le monde était là _____ Mélanie qui était malade.
6. Moi, je ne veux pas le savoir. Ça ne me _____ pas!
7. Mais mon pauvre ami, c'est évident! Ça va _____!
8. J'ai _____ des tas de gens que je connaissais dans la rue.

Introduction

La chanson française a une longue tradition de popularité et de diversité. Les chansons françaises sont célèbres dans le monde entier. *La mer* de Charles Trenet ("Somewhere Beyond the Sea") et *Les feuilles mortes* de Jacques Prévert ("Autumn Leaves") sont célèbres dans le monde entier. Dans des genres différents, de nombreux chanteurs deviennent célèbres. Certains le restent quelques années, d'autres s'imposent au-delà des modes passagères et dominent la chanson française. Parmi eux, Georges Brassens et Jacques Brel, tous deux disparus, dominent toujours la chanson française de l'après-guerre. La chanson qui suit est de Georges Brassens. Georges Brassens (1921–1981) est un auteur, compositeur et interprète de chansons françaises. Ses chansons sont écrites dans un style très simple et parlent de l'amitié, l'amour, les copains et la mort. Il s'accompagnait simplement à la guitare (sans amplificateur) et chantait l'anticonformisme avec sensibilité.

Lecture 🎧

La mauvaise réputation

1. Au village sans prétention
   J'ai mauvaise réputation
   Qu'je m'démène ou qu'je reste coi°
   Je pass' pour un je-ne-sais-quoi
   Je ne fais pourtant de tort° à personne
   En suivant mon ch'min de petit bonhomme°

   Refrain:

   Mais les brav's gens° n'aiment pas que
   L'on suive une autre route qu'eux
   Non les brav's gens n'aiment pas que
   L'on suive une autre route qu'eux
   Tout le monde médit° de moi
   Sauf les muets, ça va de soi!

Qu'je m'démène ou qu'je reste coi *whether I try or do nothing*

fais... de tort *harm*

En suivant mon ch'min de petit bonhomme *carrying on in my own sweet way*

les brav's gens *decent people*

médit *badmouths*

2. Le jour du 14 juillet
   Je reste dans mon lit douillet°
   La musique qui marche au pas
   Cela ne me regarde pas
   Je ne fais pourtant de tort à personne
   En n'écoutant pas le clairon qui sonne

   (Refrain)

   Tout le monde me montre du doigt
   Sauf les manchots, ça va de soi.

3. Quand j'croise un voleur malchanceux°
   Poursuivi par un cul-terreux°
   J'lanc' la patte et, pourquoi le taire°
   Le cul-terreux se r'trouv' par terre
   Je ne fais pourtant de tort à personne
   En laissant courir les voleurs de pommes

   (Refrain)

   Tout le monde se rue sur moi°
   Sauf les culs-de-jatte, ça va de soi.

4. Pas besoin d'être Jérémie*
   Pour d'viner l'sort° qui m'est promis
   S'ils trouv'nt une corde à leur goût°
   Ils me la passeront au cou°
   Je ne fais pourtant de tort à personne
   En suivant les ch'mins qui n'mènent pas à Rome

   (Refrain)

   Tout l'mond' viendra me voir pendu°
   Sauf les aveugles, bien entendu!

Georges Brassens, «La mauvaise réputation»,
Poèmes et chansons, © Éditions du Seuil, 1993

douillet *cozy*

malchanceux *unlucky*
cul-terreux *peasant (derog.), yokel*
le taire *keep (it) quiet*

se rue sur moi *pounces on me*

d'viner l'sort *guess the fate*
à leur goût *that suits them*
cou *neck*

pendu *hanged*

---

* Jérémie est un prophète juif.

LA MAUVAISE RÉPUTATION

Après la lecture

A Quoi qu'il fasse
Répondez d'après le texte.
1. Dans la première strophe *(stanza)*, de quoi l'auteur se plaint-il?
2. Que fait-il le jour du 14 juillet? Est-ce très patriotique?
3. Qui aide-t-il dans la troisième strophe?
4. Quelle est la réaction des villageois?
5. D'après l'auteur, quel pourrait bien être son sort?

B Ironie
Relevez dans le texte tout ce qui indique que les «brav's gens» ne sont pas si braves que ça.

C Humour
Relevez dans le texte les expressions ou situations amusantes. Quelles sont celles qui vous amusent le plus? Pourquoi?

Communication libre

A La Réputation
Donnez un titre à chaque strophe, et racontez ce qui se passe à la troisième personne.

B Plaidoirie
Prenez la défense de l'auteur et essayez de redresser *(rectify)* le tort qu'on lui a fait.

C Pour ou contre le conformisme
Dans quel(s) cas doit-on être conformiste, dans quel(s) cas doit-on ne pas l'être? Donnez des exemples concrets. Discutez vos exemples avec vos camarades.

Le corbeau et le renard

Jean de La Fontaine

Avant la lecture

Si vous cherchez le mot «fable» dans le dictionnaire, vous trouverez la définition suivante: «petit récit, le plus souvent en vers, d'où l'on tire une morale». Peut-être connaissez-vous déjà les fables de l'écrivain grec Ésope. Jean de La Fontaine s'est inspiré d'Ésope pour écrire ses fables, mais il leur a donné une dimension dramatique. Il a créé de vraies «comédies» où la morale est passée au second plan. Comme vous le verrez dans la fable «Le corbeau et le renard», les fables de La Fontaine ont une histoire et une morale.

Vocabulaire

le bec

un corbeau

un bois

un renard

saisir prendre
allécher attirer

mentir ne pas dire la vérité

Communication guidée

A **Une bêtise** Répondez.

1. Le corbeau et le renard sont dans les bois?
2. Qui est perché sur l'arbre, le corbeau ou le renard?
3. Quel animal a un grand bec, le corbeau ou le renard?
4. Le renard s'est saisi de sa proie *(prey)*?

B **Quel est le mot?** Complétez.

1. La bouche d'un oiseau, c'est un ____.
2. Il y a beaucoup d'arbres dans un ____.
3. Un ____ est un oiseau et un ____ est un mammifère.
4. Il n'a pas dit la vérité. Il a ____.
5. Il a été ____ par l'odeur d'une bonne bouillabaisse.

Littérature

Introduction

Jean de La Fontaine (1621–1695) est d'origine bourgeoise et provinciale. Il fréquente les cercles littéraires où il rencontre les grands écrivains de l'époque: Molière, Racine, La Rochefoucault, Mme de Sévigné.

La Fontaine a écrit un roman, des poèmes, des contes et des nouvelles. Mais c'est assez tard, à l'âge de 47 ans, qu'il écrit ces *Fables* qui le rendent immortel. Les fables de La Fontaine sont des petits drames qui mettent en scène des personnages[1]. Ces personnages sont le plus souvent des animaux, mais des animaux qui parlent et se conduisent[2] comme des humains avec toutes leurs qualités et surtout leurs défauts.

---

[1] personnages *characters*
[2] se conduisent *behave*

Lecture 🎧

Le corbeau et le renard

Maître corbeau, sur un arbre perché,
   Tenait en son bec un fromage.
Maître renard, par l'odeur alléché,
   Lui tint à peu près ce langage°:
«Eh bonjour, Monsieur du Corbeau.
Que vous êtes joli, que vous me semblez beau!
   Sans mentir, si votre ramage°
   Se rapporte° à votre plumage,
Vous êtes le phénix des hôtes de ces bois.»
À ces mots, le corbeau ne se sent pas° de joie;
   Et pour montrer sa belle voix,
Il ouvre un large bec, laisse tomber sa proie°.
Le renard s'en saisit, et dit: «Mon bon monsieur,
   Apprenez que tout flatteur
   Vit aux dépens de° celui qui l'écoute.
Cette leçon vaut bien un fromage sans doute.»
   Le corbeau, honteux° et confus,
Jura, mais un peu tard, qu'on ne l'y prendrait plus°.

La Fontaine, *Fables choisies*

lui tint à peu près ce langage	*uttered more or less these words*
ramage	*voice, song*
se rapporte	*resembles*
ne se sent pas	*is overcome*
proie	*prey*
aux dépens de	*at the expense of*
honteux	*ashamed*
on ne l'y prendrait plus	*never be fooled again*

Après la lecture

A Qui ou quoi? Donnez les informations suivantes.
1. le nom d'un oiseau
2. le nom d'un mammifère
3. l'endroit où le corbeau était perché
4. ce que le corbeau avait dans son bec
5. ce qui a attiré le renard

B Attention! Répondez.
1. Que fait le corbeau pour montrer sa belle voix?
2. Qu'est-ce qui tombe de son bec?
3. Qui prend ce qui tombe? Qui s'en saisit?
4. D'après le renard, tout flatteur vit aux dépens de qui?
5. Est-ce que le corbeau était content de lui?

C Dans l'ordre Mettez les phrases dans l'ordre de l'histoire.
1. Le corbeau est perché sur un arbre.
2. Le fromage tombe.
3. Le renard flatte le corbeau.
4. Le corbeau a un bon fromage dans son bec.
5. Le corbeau ouvre le bec et commence à chanter.
6. Le renard sent l'odeur du fromage.
7. Le renard donne une leçon au corbeau.
8. Le renard s'approche du corbeau et lui parle.

Communication libre

A Le renard parle. Dites dans vos propres mots tout ce que le renard dit au corbeau.

B Une bonne leçon Discutez la morale de cette fable. Vous êtes d'accord avec la morale de cette fable ou pas? Donnez des exemples qui illustrent (ou n'illustrent pas) cette morale.

C Une petite pièce Avec deux camarades, jouez cette fable. Choisissez chacun votre rôle: le corbeau, le renard et le narrateur (la narratrice).

1. Bayou du delta du Mississippi, près de La Nouvelle-Orléans
2. Canray Fontenot à un festival de musique zydeco à Plaisance
3. Vue de La Nouvelle-Orléans
4. Pêcheurs d'écrevisses dans le bassin de l'Atchafalaya
5. Balcons de fer forgé de Royal Street, à La Nouvelle-Orléans
6. Les vitraux de la rotonde de l'ancien capitole de la Louisiane, à Baton Rouge
7. Char au défilé du mardi gras à La Nouvelle-Orléans

6

NATIONAL
GEOGRAPHIC

REFLETS
de la Louisiane

7

CHAPITRE
7

Santé et bien-être

Objectifs

In this chapter, you will:

- ✔ learn about French people's concern about their health and physical fitness, and what they do to maintain both

- ✔ learn to handle health care situations such as having a medical checkup

- ✔ learn how to discuss your physical or emotional health

- ✔ review how to tell what people do or did at one point in the past for themselves or for each other; how to ask who, whom, and what

- ✔ read and discuss magazine articles about the ear and noise, and snacking between meals

- ✔ review how to express which one(s), this one, that one, these, or those; learn more about telling what belongs to you and others

- ✔ read and discuss excerpts from the following literary works: Le malade imaginaire, a play by Molière; and Knock ou le Triomphe de la médecine, a play by Jules Romains

Culture

LA SANTÉ DES FRANÇAIS

Introduction

«Comment vas-tu?» est presque toujours la première question que des amis se posent quand ils se rencontrent. La santé—la nôtre et celle de nos amis—nous intéresse toujours. De plus, non seulement nous voulons être en bonne santé mais, de nos jours, nous voulons aussi être «en forme». La forme—physique, mentale et morale—est très importante pour notre bien-être. Nous faisons tout pour préserver notre santé et notre bien-être.

Vocabulaire

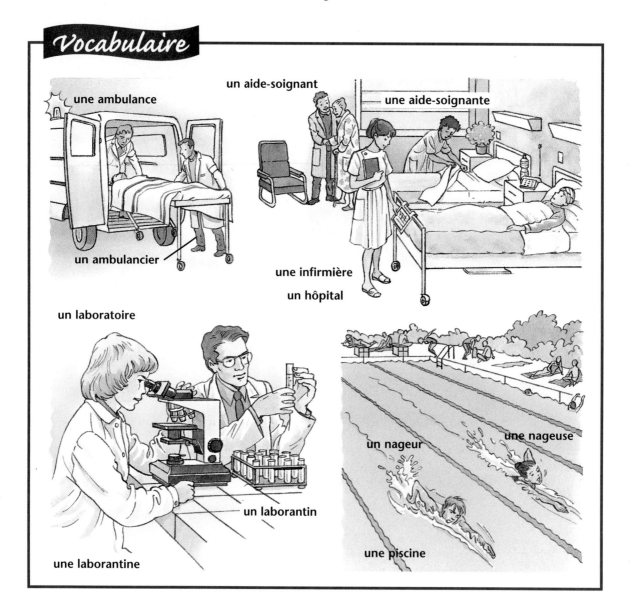

une ambulance

un ambulancier

un aide-soignant

une aide-soignante

une infirmière

un hôpital

un laboratoire

un laborantin

une laborantine

un nageur

une nageuse

une piscine

un cavalier une cavalière

Ils font de l'équitation.

Ils font de la marche.

Ils font du ski de fond.

Ils font de la randonnée.

prévenir prendre des précautions pour ne pas avoir de problème (de santé ou autre), assurer la prévention

guérir délivrer d'un mal physique ou mental, rendre la santé

privilégier favoriser, donner une situation privilégiée

se plaindre exprimer son mécontentement ou sa souffrance

les dépenses (f.) les frais, les charges, les sommes d'argent à payer

un ménage un groupe familial vivant ensemble

l'accueil (m.) l'action d'accueillir, de recevoir; la réception

la rémunération le salaire, l'argent qu'on reçoit pour faire quelque chose

la recherche l'action de chercher, la quête; les études qu'on fait pour découvrir quelque chose de nouveau

l'accroissement (m.) l'action d'augmenter, l'augmentation

un terrain de plein air un terrain de sport, de jeux

Culture

Communication guidée

A **D'après vous** Répondez.

1. Qu'est-ce qu'un ambulancier conduit?
2. Qui aide les infirmiers et les infirmières dans un hôpital?
3. Qui aide les techniciens et les techniciennes dans un laboratoire?
4. Pour être un bon nageur ou une bonne nageuse, où faut-il aller nager?
5. Qu'est-ce qu'il faut faire comme sport pour devenir un bon cavalier ou une bonne cavalière?
6. Tu préfères le ski de fond ou le ski alpin?
7. Tu préfères la marche ou le jogging?
8. Tu préfères la randonnée ou l'alpinisme?
9. Tu essaies de prévenir les maladies?
10. Le médecin veut toujours guérir les malades?
11. Il est toujours possible de guérir les malades?
12. Est-ce que toutes les familles ou tous les ménages ont des dépenses médicales?
13. Est-ce que la Sécurité Sociale en France rembourse beaucoup de dépenses médicales (des frais médicaux)?
14. Est-ce que les médecins font de la recherche en laboratoire?

B **Le mot juste** Complétez.

1. La _____ qu'un médecin reçoit s'appelle des honoraires.
2. En ce moment, il est impossible de _____ les gens qui ont le sida. Il faut continuer la _____ pour découvrir et développer un vaccin et des remèdes.
3. Il faut que chaque _____ consacre une partie de son budget familial aux _____ médicales.
4. L' _____ de la pratique du sport est vraiment un phénomène mondial, surtout dans les pays industrialisés.
5. De nos jours, même les villages ont une piscine, un terrain de _____ et des courts de tennis.
6. Ils vont _____ de leurs conditions de travail qui ne sont pas très bonnes.

C **Familles de mots** Choisissez le mot qui correspond.

1. marcher   **a.** la prévention
2. prévenir   **b.** la rémunération
3. dépenser   **c.** l'accueil
4. rémunérer   **d.** la marche
5. accueillir   **e.** la dépense

LA SANTÉ ET LE SPORT

Malgré les progrès considérables de la recherche médicale, les Français n'ont jamais eu aussi peur de la maladie, ni autant fait d'efforts pour la prévenir ou la guérir. Les dépenses de santé représentent 12% du budget des ménages en 1998 contre 5% en 1960.

La santé apparaît comme une condition nécessaire pour réussir sa vie

Mieux vaut être riche et en bonne santé que pauvre et malade. Jamais cette vérité[1] d'évidence n'aura été autant ressentie[2] que dans la société actuelle. Une société dure et

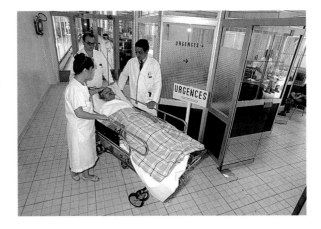

---

[1] vérité *truth*
[2] ressentie *felt*

compétitive qui tend à privilégier, dans les faits comme dans l'imagerie populaire, ceux qui affichent[3] une forme physique parfaite. La santé paraît d'autant plus[4] précieuse aux Français qu'elle constitue de plus en plus un atout[5] dans leur vie professionnelle et personnelle.

Les professions de santé

Un million de personnes exercent une profession de santé: près de 600 000 pratiquent des activités médicales ou paramédicales; plus de 400 000 sont agents des services hospitaliers, aides-soignants, ambulanciers, laborantins ou psychologues.

Le nombre de médecins a beaucoup augmenté; il est aujourd'hui pléthorique[6]. Il en est de même de la capacité d'accueil des hôpitaux. Beaucoup de membres de la profession médicale se plaignent de leurs conditions de travail et de leur rémunération, ainsi que de la dégradation de leur statut social. Depuis 1975, le pouvoir d'achat[7] des médecins généralistes a diminué régulièrement.

---

[3] affichent *parade, sport*
[4] d'autant plus… que *all the more… since*
[5] un atout *asset*
[6] pléthorique *excessive*
[7] pouvoir d'achat *buying power*

Culture

Les activités physiques

Depuis le début des années 80, les sportifs sont plus nombreux et plus assidus[8]. Pourtant, la pratique sportive ne concerne encore qu'un peu moins d'un Français sur deux et reste modeste par rapport à[9] d'autres pays.

L'évolution des préférences et des pratiques est significative de l'état de la société française. Les sports en vogue sont plus individuels. La recherche du plaisir est plus importante que celle de la performance.

L'accroissement de la pratique du sport répond à un désir, collectif et inconscient, de mieux supporter les agressions de la vie moderne par une meilleure résistance physique. Elle traduit aussi la place prise par l'apparence dans une société qui valorise souvent plus la forme (dans tous les sens du terme) que le fond[10]. Elle a été aussi favorisée par le développement des équipements sportifs des communes (gymnases, piscines, courts de tennis, terrains de plein air).

---

[8] assidus *devoted*
[9] par rapport à *in comparison with*
[10] le fond *essence*

Plus d'un Français sur trois pratique un sport individuel; un sur quinze pratique un sport collectif

La grande lame de fond[11] de l'individualisme ne pouvait pas épargner[12] le sport. L'engouement[13] pour le jogging, puis pour l'aérobic en a été, dès le début des années 80, la spectaculaire illustration. On peut y ajouter le tennis, l'équitation, le ski, le squash, le golf et bien d'autres sports.

Les femmes sont en train de rattraper[14] les hommes dans la pratique des sports individuels

Depuis une dizaine d'années, les femmes ont réduit leur retard sur les hommes en matières sportives. Les sports d'équipe ne les passionnent pas (à l'exception du basket et du hand-ball). Elles se ruent[15] en revanche[16] sur les sports individuels: plus de 75% des pratiquants de la gymnastique ou de la danse sont des femmes, plus de 60% des nageurs ou des cavaliers.

Les femmes sont aussi nombreuses que les hommes à pratiquer le ski de fond, la marche, la randonnée ou le hand-ball.

---

[11] la grande lame de fond *groundswell*
[12] épargner *to spare*
[13] l'engouement *craze*
[14] en train de rattraper *catching up with*
[15] se ruent sur *throw themselves into*
[16] en revanche *on the other hand*

Après la lecture

A **Vrai ou faux?** Corrigez les phrases fausses.

1. De nos jours, les Français ont moins peur de la maladie qu'avant.
2. De nos jours, on fait plus pour prévenir et guérir les maladies que dans le passé.
3. Les dépenses de santé d'un ménage typique ont baissé.
4. Le nombre de médecins a augmenté en France.
5. Mais la capacité d'accueil des hôpitaux a baissé.
6. En France, le pouvoir d'achat des médecins augmente régulièrement, il devient de plus en plus fort.
7. Les Français sont plus sportifs que les autres Européens.
8. Les sports collectifs passionnent les Françaises.
9. L'apparence et la forme sont devenues de plus en plus importantes.
10. Les sportifs en France sont plus nombreux et plus assidus depuis la fin des années 80.
11. Les agressions de la vie moderne n'ont rien à voir avec la pratique du sport.
12. On considère en général que les Français sont très individualistes.
13. Les femmes n'ont rattrapé les hommes dans la pratique d'aucun sport.
14. Le basket et le hand-ball sont des sports populaires en France.
15. La plupart des personnes qui font de la gymnastique sont des femmes.

B **Dans la société française actuelle** Répondez
d'après le texte.

1. Qui tend à être privilégié dans la société française actuelle?
2. Combien de personnes exercent une profession de santé?
3. De quoi se plaignent de nombreux membres de la profession médicale?
4. Quels sont les sports en vogue depuis le début des années 80?
5. Quels sont les deux sports collectifs que les femmes tendent à pratiquer?

C **Qu'est-ce que vous en pensez?** Expliquez.

1. La santé paraît d'autant plus précieuse aux Français qu'elle constitue de plus en plus un atout dans leur vie personnelle et professionnelle.
2. Dans la pratique d'un sport, la recherche du plaisir est plus importante que celle de la performance.
3. L'accroissement de la pratique du sport répond à un désir, collectif et inconscient, de mieux supporter les agressions de la vie moderne par une meilleure résistance physique.
4. La grande lame de fond de l'individualisme ne pouvait pas épargner le sport.

Communication libre

A **Médecins français et américains** Vous venez d'apprendre certains
faits sur la situation des médecins français. Croyez-vous que la situation
des médecins américains soit la même? Écrivez un paragraphe où vous
comparez les deux.

B **Le sport aux États-Unis** Les sports individuels attirent les Français beaucoup plus que les sports collectifs. Si un Français vous demandait si la situation est semblable aux États-Unis, que répondriez-vous?

C **Les Américains sont individualistes?** Le texte que vous venez de lire dit: «La grande lame de fond de l'individualisme (français) ne pouvait pas épargner le sport.» Cette phrase indique que les Français sont de vrais individualistes. Que diriez-vous des Américains? Ils préfèrent les activités individuelles ou les activités «de groupe»? Justifiez votre opinion.

D **Discussion et débat** Discutez avec un(e) camarade qui n'a pas la même opinion que vous sur cette dernière question. Préparez un débat pour la classe.

Une randonnée dans les Alpes près de Chamonix

EN PLEINE FORME

Vocabulaire

Un examen médical: le médecin
prend le pouls du patient.

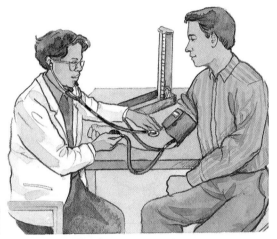

Elle prend sa tension (artérielle).

Elle lui fait une prise de sang.

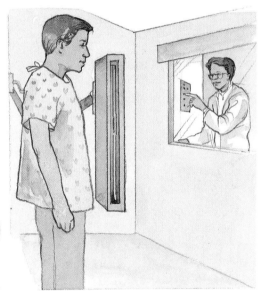

Elle lui fait une radio(graphie)
des poumons.

la nourriture/l'alimentation

exiger demander avec beaucoup d'autorité, commander, ordonner

être en bonne (parfaite) santé aller bien

pulmonaire qui concerne les poumons

cardiaque qui concerne le cœur

Communication guidée

  Vrai ou faux? Corrigez les phrases fausses.

1. Une tension (artérielle) élevée est dangereuse.
2. Pour faire une prise de sang, il faut faire une piqûre.
3. Une radio(graphie) est une photographie faite avec des rayons X.
4. Prendre le pouls est une activité sportive.
5. Quand on respire, on utilise ses poumons.

  Quel est le mot? Trouvez le mot qui correspond à la définition donnée ici.

1. quand on se réfère aux poumons
2. aller très bien
3. ordonner
4. les aliments, ce qu'on mange
5. quand on se réfère au cœur

Christophe (25 ans) rend visite à sa mère, Mme Perrin. Comme toujours, elle veut tout savoir de la vie de son fils préféré.

Le médecin me trouve en parfaite santé!

CHRISTOPHE: Je viens de passer un examen médical.

MME PERRIN: Pourquoi? Tu es malade?

CHRISTOPHE: Non, mais je veux faire de la plongée sous-marine et le club exige un examen médical complet.

MME PERRIN: Qu'est-ce que le médecin t'a fait?

CHRISTOPHE: Il m'a pris le pouls et la tension.

MME PERRIN: Et alors?

CHRISTOPHE: Normaux. J'ai 12/7 de tension.

MME PERRIN: Il t'a fait une prise de sang?

CHRISTOPHE: Oui, et ça je n'aime pas du tout! Mais il faut bien, pour faire une analyse de sang!

MME PERRIN: Tu as les résultats?

CHRISTOPHE: Oui, il m'a dit que tout est normal: le cholestérol, le sucre... tout ça, ça va.

MME PERRIN: Il t'a fait une radio des poumons?

CHRISTOPHE: Oui, négatif: pas de problèmes pulmonaires. Et l'électrocardiogramme est normal: pas de troubles cardiaques.

MME PERRIN: Autrement dit, tu es en bonne santé?

CHRISTOPHE: Absolument! En parfaite santé!

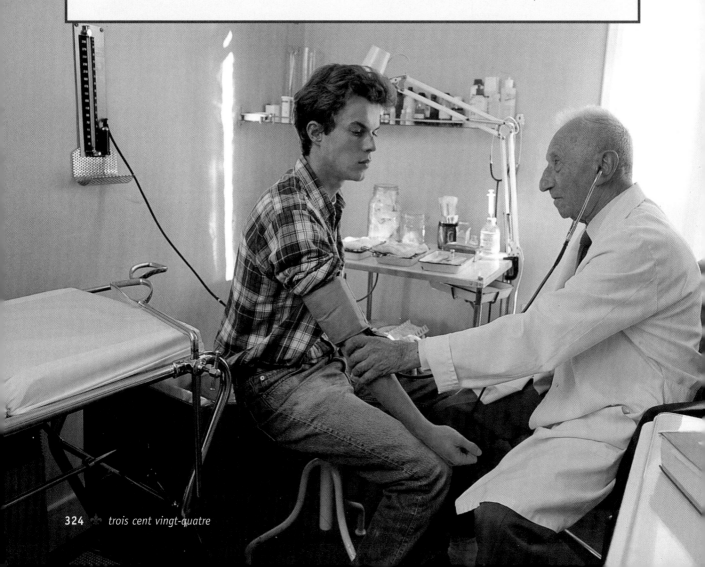

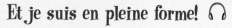

Et je suis en pleine forme!

CHRISTOPHE: Et je suis en pleine forme!

MME PERRIN: Tu es en bonne forme parce que tu fais beaucoup de sport. Tu fais toujours du jogging?

CHRISTOPHE: Oui, je fais toujours mes 10 km par semaine. Et puis, je fais très attention à ce que je mange. La nourriture, c'est important!

MME PERRIN: Tu commences la journée par un bon petit déjeuner, j'espère?

CHRISTOPHE: Certainement! Le matin, je bois un grand jus d'orange, et je mange un yaourt et des céréales. Et puis, je fais trois repas par jour, et je ne mange jamais entre les repas.

MME PERRIN: Jamais? Tu es sûr?!

CHRISTOPHE: Disons, presque jamais!

Après la conversation

A Comment va Christophe? Répondez d'après la conversation.
1. Qu'est-ce que Christophe vient de passer?
2. Pour quelle raison?
3. Qu'est-ce que le médecin lui a fait?
4. Il a reçu les résultats?
5. Quels sont les résultats?
6. Il a des problèmes ou des troubles?
7. Il est en bonne santé?
8. Il est en forme?
9. Que fait-il pour rester en forme?
10. Quand mange-t-il?
11. Il mange entre les repas?
12. Que mange-t-il au petit déjeuner?

B Le dossier médical de Christophe Donnez les renseignements suivants sur la santé de Christophe.
1. sa tension artérielle
2. le résultat de son analyse de sang
3. le résultat de sa radiographie des poumons
4. le résultat de son électrocardiogramme
5. les sports qu'il pratique
6. le nombre de repas qu'il fait chaque jour

Communication libre

A **Chez le médecin** Vous voulez devenir membre d'un club d'alpinisme. Ce club exige que vous alliez voir votre médecin pour un examen médical complet. Avec un(e) camarade de classe, préparez la conversation que vous allez avoir avec votre médecin. Votre camarade jouera le rôle du médecin.

B **Il faut être en forme pour faire du ski.** Un(e) ami(e) vous invite à aller passer une semaine à la montagne pour faire du ski. Vous n'en avez jamais fait. Votre ami(e) vous dit que ce n'est pas difficile, mais qu'il faut être en forme—ce qui n'est pas votre cas. Vous demandez à votre ami(e) ce qu'il faut que vous fassiez pour vous mettre en forme. Travaillez avec un(e) camarade de classe qui jouera le rôle de votre ami(e).

Ski de fond au Canada

Langage

LA SANTÉ PHYSIQUE 🎧

Quand quelqu'un vous pose la question: «Comment allez-vous?» ou «Comment vas-tu?», vous pouvez répondre:

POSITIF	NÉGATIF
Je vais très bien.	Pas très bien.
Ça va bien.	Comme ci, comme ça.
Je suis en pleine forme.	Je ne suis pas en forme.
	Je ne suis pas dans mon assiette.*
	Je suis souffrant(e).
	Je suis malade.

Notez qu'il y a une différence entre «Je suis souffrant(e)» et «Je suis malade»: «malade» indique quelque chose de plus grave que «souffrant(e)».

Je ne suis pas dans mon assiette.

Quand on vous pose la question: «Qu'est-ce que tu as?» (*What's the matter?*) ou «Qu'est-ce qui ne va pas?» (*What's wrong?*), vous pouvez donnez des détails:

COURANT	FAMILIER
J'ai (un rhume/la grippe/etc.)	
J'ai mal à (la tête/l'estomac/etc.)	
Je suis très fatigué(e).	Je suis crevé(e).
Je dors tout le temps.	Je dors debout.
Je n'ai pas d'appétit.	J'ai un appétit d'oiseau.
J'ai beaucoup de fièvre.	J'ai une fièvre de cheval.

---

* This expression is somewhat familiar.

J'ai une fièvre de cheval.

Si quelqu'un vient de vous dire qu'il est malade, vous pouvez lui dire:

> **Soigne-toi bien!**
> **Remets-toi vite!**
> **Je te souhaite un prompt**
>   **rétablissement.**
>
> **Soignez-vous bien!**
> **Remettez-vous vite!**
> **Je vous souhaite un prompt**
>   **rétablissement.**

Communication guidée

 A **Et vous? Comment va la santé?**
Donnez des réponses personnelles.

1. Comment allez-vous aujourd'hui?
2. Vous êtes en forme?
3. Vous connaissez quelqu'un qui est malade? Qui? Qu'est-ce qu'il (elle) a?
4. Vous connaissez quelqu'un qui est souffrant? Qui? Qu'est-ce qu'il (elle) a?
5. Vous êtes en pleine forme quand vous avez un rhume? Comment êtes-vous?
6. Vous êtes fatigué(e) en ce moment?
7. Vous dormez bien ou mal?
8. Vous avez bon appétit?

 B **Question de style** Exprimez d'une autre façon.

1. Ça va?
2. Je vais très bien.
3. Je ne vais pas très bien.
4. Il n'a rien de grave. Il a un rhume, c'est tout.
5. Il n'a pas d'appétit.
6. Qu'est-ce que je suis fatigué(e)!
7. Il dort tout le temps, ce type.
8. Elle a une grosse fièvre.
9. Nous vous souhaitons un prompt rétablissement.

info santé

OFFERT PAR VOTRE PHARMACIEN

RHUME & GRIPPE

- LE RHUME, LA GRIPPE,
- LES SYNDROMES GRIPPAUX
- LA VACCINATION ANTIGRIPPALE : QUI ? QUAND ? COMMENT ?

N°158

LE BIEN-ÊTRE PSYCHOLOGIQUE 🎧

Il y a des choses qui vous rendent contents et il y en a d'autres qui vous rendent mécontents.

Pour exprimer votre contentement, vous pouvez utiliser les expressions suivantes:

COURANT	FAMILIER
J'e me sens bien.	J'ai le moral.
Je suis de bonne humeur.	Je suis de bon poil.
Je suis très content(e).	Je suis super-content(e).
Je suis très heureux (-se).	Je suis vachement heureux (-se).

Pour exprimer votre mécontentement, vous pouvez utiliser les expressions suivantes:

COURANT	FAMILIER
Je suis triste.	J'ai le moral à zéro.
Je suis déprimé(e).	J'ai le cafard.
J'ai beaucoup de peine.	J'ai le cœur gros.
Je suis énervé(e).	Je suis sur les nerfs.
Je suis de mauvaise humeur.	Je suis de mauvais poil.
Je suis fâché(e)/en colère.	Je suis furax.

J'ai le cafard.

Les choses qui vous rendent mécontents vous affectent d'une façon négative parce qu'elles vous ennuient *(annoy)*. Pour exprimer votre ennui, vous pouvez dire:

COURANT	FAMILIER
C'est ennuyeux.	C'est rasoir!
	C'est embêtant!
Ça m'ennuie.	Ça me rase!
	Ça m'embête!
J'en ai assez.	J'en ai marre!
Tu nous ennuies.	Tu nous rases!
Tu nous embêtes.	Tu nous casses les pieds!

Oh, là là!

Notez que le verbe **ennuyer** est très utilisé en français, et qu'il peut avoir des sens différents selon le contexte.

Ce discours m'*ennuie*.	*This speech **bores** me.*
Il fait des choses qui m'*ennuient*.	*He does things that **annoy** me.*
Ça m'*ennuie* de vous demander de l'argent.	*It **bothers** (upsets) me to ask you for money.*
Ça m'*ennuie* de refaire ce que je viens de faire.	*I **don't like** to redo what I have just done.*

J'en ai marre!

Enfin, de temps en temps nous avons tous besoin d'un peu d'encouragement. Pour encourager quelqu'un à faire ou à endurer quelque chose, vous pouvez dire:

Vas-y! (Allez-y!)
Allez, du courage!
Allez, ça ira bientôt mieux!
Allez, encore un petit effort!
Ça y est presque!

Communication guidée

A Et vous? Comment va le moral?
Donnez des réponses personnelles.

1. Vous êtes content(e) ou triste, aujourd'hui?
2. Vous êtes toujours content(e)?
3. Vous êtes de bonne humeur ou de mauvaise humeur, aujourd'hui?
4. Vous êtes toujours de bonne humeur?
5. Vous êtes déprimé(e) en ce moment?

CHAPITRE 7

B **Comment réagissez-vous?** Imaginez que vous êtes dans les situations suivantes. Qu'est-ce que vous dites?

1. Votre petit frère fait toujours des choses que vous n'aimez pas du tout, des bêtises.
2. Votre ami(e) a pris votre bicyclette et il (elle) l'a perdue. Il (Elle) l'a laissée quelque part.
3. Un(e) de vos ami(e)s est très malade.
4. Vous venez de recevoir une très bonne nouvelle.
5. Vous venez de gagner à la loterie.
6. Vous savez que vous allez recevoir de très mauvaises notes.
7. Vous le ferez si c'est absolument nécessaire, mais vous ne voulez pas.
8. Votre ami(e) a presque fini ses devoirs et il (elle) se sent un peu frustré(e).

C **Question de style** Exprimez d'une autre façon.

1. C'est ennuyeux, ça.
2. Ça m'embête.
3. Je suis énervé(e).
4. Il est en colère.
5. J'en ai assez.
6. Tu m'ennuies.
7. Tes bêtises m'ennuient.
8. Elle est furieuse.
9. Elle est triste, la pauvre.
10. Il est de mauvaise humeur.
11. Tu te sens bien?
12. Je suis déprimé(e).
13. Il a de la peine.
14. Elle est très heureuse.
15. Allez, encore un petit effort!

Il est énervé.

D **Quelles sont les choses qui vous ennuient?**
Complétez. Donnez des réponses personnelles.

1. Je suis de mauvais poil quand…
2. Ça me casse les pieds de…
3. Je suis sur les nerfs quand…
4. Je suis furax de…
5. J'ai le cafard si…

Il est furax.

E **Quelles sont les choses qui les ennuient?**
Complétez. Donnez des réponses personnelles.

1. Je connais bien mon prof, et je sais qu'il ne sera pas content si je…
2. Mes parents deviennent furieux quand…
3. Ça ennuie mes amis que je…
4. Mes frères sont de mauvaise humeur quand…
5. Ma grand-mère a de la peine si…

Communication libre

A **Meilleure santé!** Vous aviez rendez-vous avec un(e) ami(e) pour jouer au tennis dimanche. Samedi matin, vous vous réveillez avec la grippe. Vous téléphonez à votre ami(e) pour lui dire que vous ne pourrez pas jouer avec lui (elle) et pourquoi. Votre ami(e) est désolé(e), mais lui (elle) aussi ne se sent pas bien. Vous échangez des détails sur vos problèmes de santé, et des encouragements. Travaillez avec un(e) camarade de classe qui jouera le rôle de votre ami(e).

B **Quand on fait du sport, on se sent mieux.** Vous rencontrez trois copains sur la plage. Ils ont l'air de s'ennuyer. Vous leur proposez d'aller faire de la planche à voile. Vos copains réagissent très négativement. Vous leur demandez ce qui ne va pas. L'un dit qu'il est triste, l'autre qu'elle est déprimée, le troisième qu'il a de la peine. Vous demandez à chacun(e) pourquoi. Et puis vous les encouragez à venir faire de la planche à voile pour oublier leurs problèmes. Travaillez avec trois camarades de classe qui joueront les rôles de vos copains.

On fait de la planche à voile sur l'Erdre, près de Nantes.

Structure I

Telling what people do for themselves or for each other
Les verbes réfléchis

1. A reflexive verb is one whose action is both performed and received by the subject. In the following sentences, the reflexive pronouns **me** and **se** indicate that the action of the verb is reflected back on the subject.

Je me lave.	*I wash myself.*
Il se rase.	*He's shaving (himself).*

Review the following forms of reflexive verbs.

SE LAVER	S'HABILLER
je me lave	je m' habille
tu te laves	tu t' habilles
il/elle/on se lave	il/elle/on s' habille
nous nous lavons	nous nous habillons
vous vous lavez	vous vous habillez
ils/elles se lavent	ils/elles s' habillent

Other commonly used reflexive verbs are:

s'amuser	**se baigner**	**se brosser**	**se coucher**
se lever	**se peigner**	**se raser**	**se réveiller**

2. Remember that a reflexive pronoun is used only when the subject also receives the action of the verb. If a person or object other than the subject receives the action of the verb, no reflexive pronoun is used. Compare the following sentences.

Reflexive	Non-reflexive
Pierre se lave.	Il lave sa voiture.
Anne se couche.	Anne couche le bébé.
Je me regarde dans le miroir.	Je regarde la télé.

3. A reciprocal verb is one in which people do something to or for each other. A reciprocal verb in French functions the same way as a reflexive verb. Review the following examples.

> **Nous nous voyons souvent.**   *We see **each other** often.*
> **Ils s'embrassent sur la joue.**   *They kiss **one another** on the cheek.*

4. In the negative, **ne** is placed before the reflexive pronoun, and **pas (plus, jamais)** follows the verb.

> **Je ne me couche pas avant minuit.**
> **Il ne se rase plus tous les jours.**
> **Elles ne se parlent jamais.**

5. When a reflexive verb is used in the infinitive form, the reflexive pronoun must agree with the subject.

> **Je vais me coucher.**

Communication guidée

A   **Historiette**   **Et vous?** Donnez des réponses personnelles.

1. Tu t'appelles comment?
2. Tu te couches à quelle heure?
3. Et tu te lèves à quelle heure?
4. Est-ce que tu te réveilles facilement?
5. Tu te laves le matin ou le soir?
6. Tu te brosses les dents après le petit déjeuner?
7. Tu t'habilles avant de prendre le petit déjeuner?

Il se lave la figure.

B **Historiette** **La routine quotidienne** Complétez.

1. Je _____ à 7 heures du matin. (se lever)
2. Quand je _____, je _____ la figure et je _____ les dents. (se lever, se laver, se brosser)
3. Mais ma sœur ne _____ pas à 7 heures. Elle _____ à 7 heures, mais elle reste au lit jusqu'à 7 heures et demie. (se lever, se réveiller)
4. Elle ne _____ pas le matin. Elle _____ le soir avant de _____. (se laver, se laver, se coucher)
5. Nous prenons notre petit déjeuner et ensuite nous _____ les dents. (se brosser)
6. À quelle heure _____-tu? (se lever)
7. Et ta sœur, elle _____ à quelle heure? (se lever)
8. Est-ce que vous _____ le soir avant de _____? (se laver, se coucher)

C **Pour soi ou pour les autres?**
Complétez avec le pronom réfléchi quand c'est nécessaire.

1. Je _____ couche à onze heures du soir.
2. Je _____ lave avant de me coucher.
3. Maman _____ lave le bébé, ensuite papa _____ couche le bébé.
4. Elle _____ amuse bien à l'école.
5. Elle _____ amuse tous mes amis aussi.
6. Tous les matins, je _____ réveille mon frère. Si je ne _____ réveillais pas mon frère, il ne _____ lèverait pas.
7. Mon chien a de très longs poils. Je _____ brosse souvent mon chien.

D **C'est réciproque.** Complétez.

1. Je la vois tous les jours et elle me voit tous les jours. Nous _____ _____ à l'école.
2. Il lui donne la main et elle lui donne la main. Ils _____ _____ la main chaque fois qu'ils se rencontrent.
3. Elle me connaît et je la connais. Nous _____ _____ depuis longtemps.
4. Elle m'écrit souvent et je lui écris souvent. Nous _____ _____ souvent.
5. Elle m'aime et je l'aime. Nous _____ _____ beaucoup.
6. Pierre aime Thérèse et Thérèse aime Pierre. Ils _____ _____ beaucoup.
7. Il l'embrasse et elle l'embrasse. Ils _____ _____ sur les joues.

Ils s'embrassent sur les joues.

Telling what people did for themselves or for each other at one point in the past

Les verbes réfléchis au passé composé

1. The **passé composé** of reflexive verbs is formed with **être**, not **avoir**.

SE LEVER		S'AMUSER	
je me	suis levé(e)	je me	suis amusé(e)
tu t'	es levé(e)	tu t'	es amusé(e)
il s'	est levé	il s'	est amusé
elle s'	est levée	elle s'	est amusée
nous nous	sommes levé(e)s	nous nous	sommes amusé(e)s
vous vous	êtes levé(e)(s)	vous vous	êtes amusé(e)(s)
ils se	sont levés	ils se	sont amusés
elles se	sont levées	elles se	sont amusées

2. The past participle of reflexive verbs agrees in gender and number with the reflexive pronoun when the reflexive pronoun is the direct object of the sentence.

> **Elle s'est lavée.**   **Elles se sont lavées.**
> **Il s'est lavé.**   **Ils se sont lavés.**

3. When the reflexive pronoun is not the direct object of the sentence, there is no agreement of the past participle.

> **Elle s'est lavé les mains.**   **Elles se sont lavé les mains.**
> **Il s'est lavé les mains.**   **Ils se sont lavé les mains.**

In the above sentences, **les mains** (not the reflexive pronoun **se**) is the direct object of the sentence. **Se** is the indirect object. Consequently, there is no agreement of the past participle.

4. With reciprocal verbs in the **passé composé,** it is very important to determine whether the reflexive pronoun is a direct or an indirect object. When the reciprocal pronoun is the direct object of the verb, the past participle must agree with the reciprocal pronoun. If the pronoun is the indirect object, however, there is no agreement.

Direct object pronoun	Indirect object pronoun
Ils se sont embrassés.	Ils se sont donné la main.
Ils se sont fiancés.	Ils se sont parlé.
Ils se sont mariés.	Ils se sont souri.

Note that some verbs like **se parler** or **se sourire** never have a direct object, consequently their past participle is invariable.

5. In the negative, **ne** is placed before the reflexive pronoun, and **pas (plus, jamais)** follows the verb **être.**

> **Je ne me suis pas amusé(e).**
> **Elle ne s'est jamais mariée.**
> **Ils ne se sont plus parlé, après ça.**

Elles se sont parlé.

Structure I

Communication guidée

A **Historiette** **Qui s'est couché de bonne heure?** Répondez.

1. Est-ce que Jacques s'est couché de bonne heure hier soir?
2. Et sa sœur? Elle s'est couchée de bonne heure aussi?
3. Est-ce que Jacques s'est endormi tout de suite?
4. Et sa sœur Annette? Elle s'est endormie tout de suite?
5. À quelle heure se sont-ils réveillés ce matin?
6. Se sont-ils levés tout de suite?

B **Ce matin** Mettez au passé composé.

1. Je me réveille à sept heures.
2. Je me lève tout de suite.
3. Ma mère se lève à la même heure.
4. Mon père ne se lève pas avant huit heures.
5. Je me lave, et ensuite ma mère se lave.
6. Mon père se lave en dernier, et il se rase.
7. Nous nous habillons rapidement.
8. Corinne et Anne, vous vous dépêchez ce matin?

Il s'est habillé.

C **Florence et les autres** Faites l'accord quand c'est nécessaire.

1. Florence s'est lavé _____ .
2. Elle s'est lavé _____ les mains avant de manger.
3. Avant de sortir, elle s'est habillé _____ .
4. Elle s'est brossé _____ les cheveux.
5. Ses frères se sont rasé _____ .
6. Ils se sont lavé _____ la figure et les mains.
7. Et ils se sont vite habillé _____ .
8. Paul, tu t'es dépêché _____ ce matin?

D **Historiette** **Isabelle et Philippe s'aiment bien?**
Répondez par «oui» ou par «non».

1. Isabelle et Philippe se sont vus hier?
2. Ils se sont embrassés quand ils se sont rencontrés?
3. Ils se sont donné la main?
4. Ils se sont souri?
5. Ils se sont parlé longtemps?

E **Historiette** **L'histoire de Gigi et Robert**
Faites l'accord quand c'est nécessaire.

1. Ils se sont regardé _____.
2. Ils se sont souri _____.
3. Ils se sont dit _____ bonjour.
4. Ils se sont présenté _____.
5. Ils se sont parlé _____.
6. Ils se sont beaucoup amusé _____.
7. Ils se sont dit _____ au revoir.
8. Ils se sont téléphoné _____.
9. Ils se sont écrit _____.
10. Ils se sont rencontré _____ une deuxième fois.
11. Ils se sont fiancé _____.
12. Un an après, ils se sont marié _____.

Ils se sont souri.

Structure I

Asking *who* or *whom*
Le pronom interrogatif **qui**

1. **Qui** refers to a person and can be the subject or object of the verb, or the object of a preposition.

Subject	Object	Object of a preposition
—Qui est là?	—Tu as vu qui?	—Tu as dîné avec qui?
—Paul.	—Anne.	—Avec elle.
—Qui parle?	—Qui avez-vous vu?	—Pour qui l'avez-vous acheté?
—Lui.	—Luc.	—Pour lui.

Remember that **qui** followed by inversion (verb + subject) is used in formal or written French.

2. You will sometimes see or hear the long forms **qui est-ce qui** or **qui est-ce que.** Study the following.

Subject	Object
—Qui est-ce qui parle à Paul?	—Qui est-ce que tu as vu?
—Son ami Luc.	—J'ai vu Jacqueline.

Object of a preposition
—Avec qui est-ce que tu as dîné?
—Avec Paul.

Communication guidée

A **Qui ça?** Complétez.

1. —Marie joue au tennis.
   —_____ joue au tennis?
2. —Paul est très bon joueur.
   —_____ est très bon joueur?
3. —Son frère aime faire du jogging.
   —_____ aime faire du jogging?
4. —J'aime écouter Marie.
   —Tu aimes écouter _____?
5. —J'ai vu son frère.
   —_____ as-tu vu?
6. —Elle chante avec son frère.
   —Avec _____ chante-t-elle?

2e CONCERTO

(en Ut majeur)

POUR

VIOLON

Avec Accompagnement d'Orchestre
ou de Piano

PAR

Camille Saint-Saëns

OP. 58.

DURAND S.A. Editions Musicales
215, RUE DU FAUBOURG ST-HONORE — 75008 PARIS
United Music Publishers Ltd. Londres.
Theodore Presser Company, Bryn Mawr (U.S.A.)
Tous droits d'exécution, de traduction, de reproduction, et d'arrangements réservés.
MADE IN FRANCE
IMPRIMÉ EN FRANCE

B **Qui?** Complétez.

1. —Marie chante.
   —_____ est-ce _____ chante?
2. —Elle a une très belle voix.
   —_____ est-ce _____ a une belle voix?
3. —Et son frère l'accompagne au piano.
   —_____ est-ce _____ l'accompagne au piano?
4. —J'aime écouter Marie.
   —_____ est-ce _____ tu aimes écouter?
5. —Et j'aime écouter son frère.
   —_____ est-ce _____ tu aimes écouter?
6. —Elle chante avec son frère.
   —Avec _____ est-ce _____ elle chante?

 C **Vous n'avez pas bien entendu.** Posez des questions d'après le modèle.

—*Catherine* **va partir demain.**
—**Pardon, qui va partir demain?**

1. *Philippe* va partir demain.
2. *Philippe* va en Italie.
3. J'ai parlé avec *Philippe* hier.
4. J'ai vu *Philippe* hier.
5. Il va en Italie avec *Catherine*.

Asking *what*
Les pronoms interrogatifs **que** et **quoi**

1. When *what* is the subject of the question, **qu'est-ce qui** must be used.

> —**Qu'est-ce qui ne va pas?**
> —**J'ai mal à la tête.**

> —**Qu'est-ce qui se passe?**
> —**Rien de spécial.**

2. When *what* is the object of the question, **qu'est-ce que** can be used, or **que** followed by inversion (verb + subject).

> —**Qu'est-ce que vous voyez?/Que voyez-vous?**
> —**Mars et Jupiter.**

> —**Qu'est-ce qu'il a?/Qu'a-t-il?**
> —**Il a la grippe.**

Remember that **que** followed by the inversion is used in formal or written French.

3. **Quoi** is always used after a preposition when referring to a thing.

> —**De quoi avez-vous peur?**
> —**De la maladie.**

> —**À quoi pense-t-il?**
> —**À ses problèmes.**

> —**Dans quoi est-ce que tu mets ça?**
> —**Dans un sac.**

4. Review the following chart.

	Persons	Things
Subject	Qui Qui est-ce qui	Qu'est-ce qui
Object	Qui (+ inversion) Qui est-ce que	Que (+ inversion) Qu'est-ce que
Object of a preposition	De qui (+ inversion) De qui est-ce que	De quoi (+ inversion) De quoi est-ce que

Communication guidée

 A **Dites-moi!** Complétez.

1. Jacques, _____ se passe?
2. _____ est arrivé?
3. _____ a fait ce bruit?
4. _____ tu as fait, mon petit?
5. _____ tu as vu?
6. De _____ tu as peur?
7. _____ va-t-il faire?
8. À _____ pensez-vous?

 B **Qu'est-ce qu'on fait?** Écrivez des questions d'après le modèle.

 —Je pense *à mes examens.*
—À quoi pensez-vous?

1. Bernard va faire *un voyage en Suisse.*
2. Beaucoup de gens ont peur *de voyager en avion.*
3. Je vais mettre mes affaires *dans cette grande valise.*
4. Nous pensons souvent *à notre voyage en France.*
5. Elle a besoin *d'un passeport.*
6. Elle va obtenir *son passeport* la semaine prochaine.

C **Vous voulez tout savoir.** Complétez.

1. Le téléphone a sonné.
   _____ a sonné?
2. Lisette a répondu au téléphone.
   _____ a répondu au téléphone?
3. Robert est à l'appareil.
   _____ est à l'appareil?
4. Lisette parle avec Robert.
   Avec _____ parle-t-elle?
5. Ils parlent du marathon.
   De _____ parlent-ils?
6. Leur ami Pierre a gagné le marathon.
   _____ a gagné le marathon?
7. Pierre a reçu un trophée.
   _____ il a reçu?
8. Pierre a donné son trophée à sa mère.
   À _____ a-t-il donné son trophée?
9. Il a embrassé sa mère.
   _____ a-t-il embrassé?
10. Robert et Lisette vont donner une fête pour Pierre.
    _____ vont-ils donner? Pour _____?

Journalisme

L'OREILLE ET LE BRUIT

Introduction

On parle toujours de la pollution de l'environnement. Malheureusement, nous sommes tous exposés à la pollution par le bruit. Les personnes qui vivent dans des endroits bruyants ont souvent des troubles de l'oreille et entendent de moins en moins bien. Les jeunes surtout, qui jouent leur musique très fort, sont affectés.

Les deux articles qui suivent et qui concernent l'oreille et le bruit ont paru dans *Okapi*, un magazine français consacré aux jeunes.

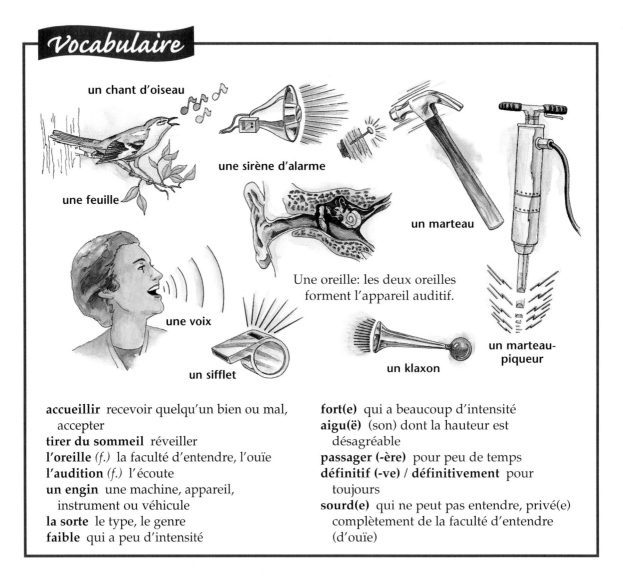

Vocabulaire

un chant d'oiseau

une feuille

une sirène d'alarme

un marteau

une voix

Une oreille: les deux oreilles forment l'appareil auditif.

un sifflet

un klaxon

un marteau-piqueur

accueillir recevoir quelqu'un bien ou mal, accepter
tirer du sommeil réveiller
l'oreille *(f.)* la faculté d'entendre, l'ouïe
l'audition *(f.)* l'écoute
un engin une machine, appareil, instrument ou véhicule
la sorte le type, le genre
faible qui a peu d'intensité

fort(e) qui a beaucoup d'intensité
aigu(ë) (son) dont la hauteur est désagréable
passager (-ère) pour peu de temps
définitif (-ve) / définitivement pour toujours
sourd(e) qui ne peut pas entendre, privé(e) complètement de la faculté d'entendre (d'ouïe)

Communication guidée

A **Quels sont vos goûts?** Donnez des réponses personnelles.

1. Tu préfères les sons faibles ou forts?
2. Tu aimes les sons aigus?
3. Tu aimes être tiré(e) du sommeil par une sirène d'alarme?
4. Tu aimes quelle sorte de musique?
5. Tu accueilles tes amis à bras ouverts?
6. Tu aimes chanter? Tu as une belle voix?

B **Sons agréables ou désagréables?** Répondez d'après le modèle.

—**Une belle voix douce?**
—**C'est très agréable!**

1. Le chant des oiseaux?
2. Le vent dans les feuilles des arbres?
3. Une sirène d'alarme?
4. Un marteau-piqueur?
5. Le sifflet d'un agent de police?
6. La voix d'une personne aimée?
7. Les klaxons de cent voitures?
8. Un son très aigu?
9. Un engin très bruyant?

C **Quel est le mot?** Complétez.

1. Cette chanteuse a une _____ très agréable.
2. Une voiture a un _____.
3. Une ambulance a une _____.
4. Un charpentier utilise souvent un _____.
5. Ceux qui font des travaux dans les rues ou sur les routes utilisent souvent des _____.
6. Les sons très _____ et _____ ne sont pas agréables.
7. Les organes de l'ouïe sont les _____. Elles forment l'appareil _____.
8. Tu vas devenir _____ si tu continues à mettre cette musique aussi fort.
9. Il y a différentes _____ de musiques: classique, jazz, etc.
10. À la première _____, ils ont beaucoup aimé cette musique.
11. Je ne peux pas juger cette musique: j'ai une très mauvaise _____.

D **Familles de mots** Choisissez le mot qui correspond.

1. cesser
2. crier
3. enregistrer
4. perdre
5. détruire
6. définitif
7. percevoir
8. reposer
9. passer

a. la perte
b. la perception
c. un cri
d. sans cesse
e. passager
f. le repos
g. l'enregistrement
h. la destruction
i. définitivement

L'OREILLE

Nos oreilles fonctionnent sans cesse

Nos oreilles, quels appareils! Tandis que[1] nos yeux peuvent se fermer, nos oreilles, elles, restent ouvertes. Elles ne cessent d'entendre. Nuit et jour, immobiles, elles accueillent les bruits.

Notre oreille est pleine de souvenirs

Il y a longtemps que vous entendez, bien longtemps! Dans le ventre de votre mère déjà, vous aviez deux oreilles qui entendaient. De là, vous entendiez vivre le monde des hommes. Les voix, les musiques, les bruits d'engins, tout vous parvenait[2], feutré[3]. Ainsi, par vos oreilles, vous avez eu vos premiers contacts avec le monde extérieur.

Notre oreille veille à[4] notre sécurité

Nous n'avons pas d'yeux derrière la tête, mais nos deux oreilles nous signalent les dangers que nous ne voyons pas: le klaxon de la voiture qui arrive à toute vitesse, la sirène d'alarme qui nous tire du sommeil pour nous permettre de fuir[5] l'incendie[6]. Grâce à[7] notre oreille, nous courons moins de dangers.

Nous avons soif de sons

Le son, c'est la vie. Nous aimons l'entendre, le produire. Quand nous sommes joyeux, que nous faisons la fête, nous chantons, nous rions, nous crions, nous applaudissons. Dans certaines prisons, le silence total a été utilisé comme une sorte de torture: il rendait souvent les gens fous[8] d'angoisse.

Le bruit peut-il blesser?

Notre oreille perçoit bien la différence entre un son faible et un son fort. L'intensité d'un son se mesure en décibels, avec un sonomètre.

Zéro décibel correspond à la force du bruit le plus faible que l'oreille peut entendre. Cela ne se trouve à peu près jamais. Même dans une campagne très calme, la nuit, le sonomètre enregistre toujours quelques décibels.

À partir de 90 décibels, l'oreille se fatigue. À 130 décibels, on commence à ressentir de la douleur[9]. Au-dessus de 150 décibels, l'oreille se détruit: on est définitivement sourd.

---

[1] tandis que *while*
[2] parvenait *reached*
[3] feutré *filtered*
[4] veille à *looks out for*
[5] fuir *to flee*
[6] incendie *fire*
[7] grâce à *thanks to*
[8] fous *crazy*
[9] ressentir de la douleur *to feel pain*

Faut-il faire la guerre[1] aux décibels? Pas nécessairement, car le bruit est parfois agréable: la musique, le chant des oiseaux, le vent dans les arbres, une voix que l'on aime… Ces sons n'ont aucun rapport avec ceux des marteaux-piqueurs, sirènes et autres engins bruyants.

Vous qui êtes «branché[2]», débranchez[3] un instant votre walkman pour lire ce qui suit. Vous y trouverez «tout ce que vous avez toujours voulu savoir sur le bruit, sans oser[4] le demander».

LA MUSIQUE, C'EST DU BRUIT?

Oui et non, les dictionnaires ne sont pas d'accord. Distinguons:

- *le son*, terme général qui désigne toutes les ondes[5] qui parviennent[6] à notre oreille qu'elles soient agréables ou désagréables;

- *le bruit*, ensemble de sons non désirés ou non contrôlés.

Mais les définitions ont des limites: le reggae, la musique des Andes, le Rock'n roll, les percussions, pour certains constituent un ensemble harmonieux, pour d'autres une cacophonie.

Et pour aller plus loin, définissons les principales caractéristiques du son et du bruit.

Un son a une certaine intensité (force) qui se mesure en décibels (la voix humaine est environ de 55 db, le bruissement[7] des feuilles en forêt 30 db, un orchestre de musique pop 110 db). Il a aussi une ☞

---

[1] la guerre *war*
[2] branché *"with it,"*
  cool (lit.: plugged in)
[3] débranchez *unplug*
[4] oser *to dare*
[5] ondes *waves*
[6] parviennent *reach*
[7] le bruissement
  rustling

fréquence, c'est-à-dire que le son produit est plus ou moins haut, plus ou moins aigu, cette mesure s'exprime en Hertz.

L'oreille humaine ne perçoit pas toutes les fréquences existantes: en dessous de 16 Hz on n'entend rien, c'est le domaine des infrasons que l'on peut percevoir par le toucher. Au-delà de 16.000 Hz, nous n'entendons rien non plus, ce sont les ultra-sons que certains animaux perçoivent (c'est le principe utilisé pour les sifflets des chiens, le maître n'entend rien mais son chien accourt[8]).

LE BRUIT, C'EST MAUVAIS POUR LA SANTÉ?

Distinguons bruits désagréables (craie qui crisse sur le tableau), bruits gênants[9] (le marteau du voisin quand on essaie d'apprendre un cours), bruits dangereux (explosion proche). Il n'y a pas d'adaptation de l'oreille au niveau[10] d'un bruit. Même lorsqu'on croit s'y être habitué, on est touché par le bruit. C'est ainsi qu'on peut devenir sourd, malade, avoir des problèmes nerveux parce que l'on a été soumis longtemps à un bruit élevé (c'est le cas dans certaines professions…) ou parce que l'on a entendu un bruit brusque très important (explosion).

En résumé, l'oreille peut subir[11] deux sortes de traumatismes:

- *une fatigue passagère,* il suffit alors de rester au calme pendant un certain temps pour retrouver ses facultés auditives;
- *une lésion définitive,* alors là, il faut un appareil (prothèse auditive).

LE WALKMAN: POUR OU CONTRE? L'AVIS DU MÉDECIN

Le walkman n'est pas un objet dangereux en soi. Le seul vrai risque pour la santé résulterait d'une écoute prolongée de musique à forte intensité. L'oreille «se fatigue» et le sujet perdrait une partie de sa faculté auditive pendant quelques heures. Si cette opération se renouvelle souvent, la perte de capacité auditive peut devenir définitive.

Mais en fait, les vrais risques du walkman résident plutôt dans les conséquences «psychologiques» de l'écoute. Absorbé par l'audition d'un morceau musical, on ne verra peut-être pas une voiture arriver, on réagira moins vite au danger.

En bref, un conseil valable lorsqu'on écoute de la musique à un niveau sonore assez élevé (walkman ou chaîne hifi): FAIRE DES PAUSES pour permettre aux membranes de l'oreille interne de se reposer. En effet, sous l'action du bruit, elles vibrent en permanence et elles ont besoin d'un temps de repos pour reprendre leur place.

[8] accourt *comes running*
[9] gênants *bothersome, annoying*
[10] niveau *level*
[11] subir *be subjected to*

Après la lecture

A Tout sur l'oreille
Répondez d'après le texte.
1. Quand les oreilles fonctionnent-elles?
2. Qu'est-ce qu'elles accueillent?
3. Qu'est-ce que notre oreille perçoit?
4. Comment l'intensité d'un son se mesure-t-elle?
5. Est-ce que l'oreille peut entendre un son à zéro décibel?
6. Quand l'oreille commence-t-elle à se fatiguer?
7. À combien de décibels commence-t-on à ressentir de la douleur?
8. Quand l'oreille se détruit-elle?
9. Comment l'oreille peut-elle nous protéger du danger? Donnez des exemples.

B Vrai ou faux?
Corrigez les phrases fausses.
1. Le bruit n'est jamais agréable.
2. La musique est toujours du bruit.
3. Ce qui est considéré comme étant du bruit varie d'un individu à l'autre.
4. L'intensité d'un son se mesure en décibels.

5. Les Hertz mesurent la fréquence d'un son.
6. L'oreille perçoit toutes les fréquences existantes.

C C'est fragile, l'oreille.
Répondez d'après le texte.
1. Donnez des exemples de bruits agréables.
2. Quelles sont les fréquences que l'oreille ne perçoit pas?
3. Quels troubles les bruits désagréables entraînent-ils?
4. Quelles sortes de traumatismes l'oreille peut-elle subir?
5. Quand le walkman peut-il être dangereux?
6. Quel conseil donne-t-on aux personnes qui utilisent un walkman?

D Pour savoir de quoi on parle
Définissez.
1. le son
2. le bruit
3. l'ultrason
4. l'infrason

Communication libre

A **Oreille = sécurité** Écrivez un paragraphe intitulé: «Nos oreilles nous protègent».

B **Le son, c'est la vie.** Vous êtes d'accord ou pas? Expliquez comment et pourquoi en un paragraphe.

C **Pollution sonore** Discutez avec vos camarades: donnez des exemples de pollution par le bruit, là où vous habitez.

D **Goûts sonores** Travaillez avec un(e) camarade de classe. Chacun(e) fera une liste des bruits qu'il/elle considère agréables ou désagréables. Ensuite, comparez vos listes et voyez si vous avez des goûts communs.

RÉGIME

Introduction

Récemment, il y avait dans le magazine *Santé*, un régime pour perdre 5 kilos. Pour les gens qui veulent perdre des kilos, c'est-à-dire maigrir, il est absolument nécessaire de ne rien manger entre les repas. Il est interdit de «picorer» ou de «grignoter». Quels sont les pièges (les dangers) du grignotage? Vous le saurez en lisant l'article qui suit.

Vocabulaire

une pomme

un poulet

les grains de maïs

une souris

un bout de fromage

un piège

Les poulets picorent les grains de maïs.
La souris grignote des petits bouts de fromage.

éviter s'abstenir
picorer/grignoter manger peu mais souvent
effacer faire disparaître, éliminer
escamoter supprimer, éviter

un régime discipline observée dans l'alimentation (souvent pour perdre du poids)
le grignotage l'action de grignoter
un piège danger caché, qu'on ne voit pas

Communication guidée

A **Tu as une bonne alimentation?** Donnez des réponses personnelles.

1. Tu aimes picorer ou grignoter?
2. Qu'est-ce que tu aimes grignoter?
3. On peut grignoter quand on est au régime?
4. Tu suis un régime de temps en temps?

B **Synonymes** Exprimez d'une autre façon ce qui est en italique.

1. Je voudrais un petit *morceau* de fromage.
2. Il est interdit de *grignoter* quand on est au régime.
3. Il faut *s'abstenir* de manger entre les repas.
4. Les «grignotis» (ce qu'on grignote) *n'éliminent pas* le besoin de faire un repas.
5. Il ne faut pas *supprimer* un repas. Il faut faire trois repas par jour.

C **Définitions**

Trouvez le mot qui correspond.

1. ce qu'on donne à picorer aux poulets
2. ce que les souris aiment bien grignoter
3. l'action de grignoter
4. danger caché
5. fruit du pommier

info santé

OFFERT PAR VOTRE PHARMACIEN

LA MINCEUR

• SURCHARGE PONDERALE ET CELLULITE.
• DIETETIQUE, PHYTOTHERAPIE ET COSMETIQUE MINCEUR.

N°155

LES PIÈGES DU GRIGNOTAGE

Trois repas par jour pris à table, avec assiette et couverts: telle est la démarche[1] essentielle d'une alimentation structurée et d'un régime efficace.

Ne replongez pas dans vos erreurs passées. Et surtout évitez les grignotages et les repas escamotés. Vous reprendriez inévitablement vos kilos, même si vous croyez ne pas trop manger.

De cette période de régime, gardez la bonne habitude de faire trois repas par jour. Pas debout, mais à table. Même pour le petit déjeuner. Avec une assiette et des couverts. C'est la démarche essentielle pour avoir une alimentation structurée. Et ne pas picorer. Les calories des «grignotis» (un petit bout de fromage par-ci, une petite pomme par-là...) sont immédiatement comptabilisées, enregistrées, utilisées par l'organisme. Et elles n'effacent pas le besoin de manger, plus tard, à l'heure où l'on doit manger. Elles s'additionnent inévitablement.

Alors, un peu de volonté[2], que diable![3] Et un verre d'eau à la place du petit bout de quelque chose. Ça, on est sûr que ça fait 0 calorie.

---
[1] démarche *step, procedure*
[2] volonté *willpower*

[3] que diable! *for Pete's sake!*

Après la lecture

A **Pour perdre des kilos** Répondez d'après le texte.
1. On doit faire combien de repas par jour?
2. Où doit-on les prendre?
3. Comment doit-on les prendre?
4. Que deviennent les calories des «grignotis»?
5. Qu'est-ce qu'on doit prendre à la place du petit bout de quelque chose?
6. Pourquoi?

B **Vrai ou faux?**
Corrigez les phrases fausses.
1. Il est prudent d'escamoter un repas de temps en temps.
2. Si on mange entre les repas, on n'a plus faim à l'heure des repas.
3. On peut prendre son petit déjeuner debout.
4. On conseille de ne pas prendre de petit déjeuner.

Communication libre

A **Un repas équilibré** Préparez un menu pour un repas bien équilibré en calories, vitamines, etc. Comparez votre menu avec ceux de vos camarades de classe.

B **Grignotage** Quand on n'est pas au régime, on peut grignoter de temps en temps, mais il faut manger des choses saines, c'est-à-dire bonnes pour la santé. Préparez une liste de ce qu'il est permis de grignoter. Puis préparez une autre liste pour les «grignotis» qui ne sont pas recommandés. Travaillez avec un(e) camarade.

Structure II

Expressing *which one(s)* and *this one, that one, these,* or *those*

Les pronoms interrogatifs et démonstratifs

1. The interrogative adjective **quel** means *which* or *what*. The pronoun *which one(s)* is a combination of **quel** and the definite article. Review the following forms.

Adjective	Pronoun
quel	lequel
quels	lesquels
quelle	laquelle
quelles	lesquelles

2. The interrogative pronoun must agree in gender and number with the noun to which it refers.

—J'ai lu un livre super.	—Ah, oui? Lequel?
—J'ai lu des livres super.	—Ah, oui? Lesquels?
—J'ai entendu une cassette super.	—Ah, oui? Laquelle?
—J'ai entendu des cassettes super.	—Ah, oui? Lesquelles?

3. When the question *which one(s)* is asked, one often answers with *this one, that one, these,* or *those.* These are called demonstrative pronouns. Review the following forms of the demonstrative pronouns in French.

—Quel livre préfères-tu?	—Celui-là.
—Quels livres préfères-tu?	—Ceux-là.
—Quelle cassette préfères-tu?	—Celle-là.
—Quelles cassettes préfères-tu?	—Celles-là.

4. The demonstrative pronouns are never used alone. They are followed by:

- **-là,** to single out
  —**Lequel de ces stylos aimes-tu?**
  —**J'aime bien celui-là.**

- **de** to indicate possession
  —**C'est ton livre?**
  —**Non, c'est celui de Jean.**

- **qui/que/dont** to identify
  —**Laquelle de ces filles est ta sœur?**
  —**C'est celle qui parle à Jean.**

  —**Lesquels de ces disques as-tu écoutés?**
  —**J'ai écouté ceux que mon ami m'a recommandés.**

  —**Lequel de ces livres préfères-tu?**
  —**Je préfère celui dont le prof nous a parlé.**

5. Note that **-ci** is used to refer to a person or object that is nearer the speaker and **-là** to a person or object farther away.

  —**Quel livre préfères-tu: ce livre-ci ou ce livre-là?**
  —**Celui-ci est bien, mais je préfère celui-là.**

Communication guidée

 Vous ne faites pas attention à ce qu'on vous dit.
Suivez le modèle.

—Je voudrais ce livre.
—Pardon, lequel voulez-vous?
—Je voudrais celui-là.

1. Je voudrais ces livres.
2. Je voudrais ce disque.
3. Je voudrais ces cassettes.
4. Je voudrais cette cassette.
5. Je voudrais ces skis.
6. Je voudrais ce dentifrice.
7. Je voudrais cette brosse à dents.

B **Vous êtes un peu dur d'oreille.** Suivez le modèle.

—Je préfère celui-là.
—Excusez-moi… Vous préférez lequel?

1. Je préfère ceux-là.   3. Je préfère celle-là.
2. Je préfère celles-là.   4. Je préfère celui-là.

C **Lequel avez-vous choisi?** Complétez.

1. _____ de ces livres avez-vous choisi?
2. _____ de ces livres avez-vous choisis?
3. _____ de ces chansons a-t-elle chantée?
4. _____ de ces chansons a-t-elle chantées?
5. _____ de ces sports as-tu pratiqué?
6. _____ de ces sports as-tu pratiqués?

D **Historiette** **Un vélo neuf** Complétez avec une forme de **celui de, celui qui/que** ou **celui dont.**

Je fais beaucoup de vélo en ce moment et j'ai envie d'acheter un vélo neuf. Je voudrais en acheter un comme __1__ mon ami Marc. C'est __2__ on a vraiment besoin pour faire de longues promenades en montagne. De tous les modèles, c'est __3__ je préfère.

Le mois prochain, nous allons faire une excursion dans les Alpes. __4__ nous avons faites l'année dernière étaient vraiment formidables. J'espère que le voyage que nous allons faire cette année sera aussi amusant que __5__ l'année dernière.

On fait du vélo dans les Alpes–Maritimes

E **À qui est-ce?** Suivez le modèle.

—Tu vois les deux voitures?
—Lesquelles?
—Celles-ci.
—Ah, oui. Celle-ci est à Robert et celle-là est à Carole.

1. Tu vois les deux mobylettes?
2. Tu vois les deux planches à voile?
3. Tu vois les deux raquettes?
4. Tu vois les deux walkmans?
5. Tu vois les deux sacs à dos?

Structure II

Telling what belongs to you and others
Les pronoms possessifs

1. A possessive pronoun is used to replace a noun that is modified by a possessive adjective. The possessive pronoun must agree in gender and number with the noun it replaces. Note that the possessive pronoun is accompanied by the appropriate definite article.

mon livre	le mien	ma cassette	la mienne
mes livres	les miens	mes cassettes	les miennes
ton livre	le tien	ta cassette	la tienne
tes livres	les tiens	tes cassettes	les tiennes
son livre	le sien	sa cassette	la sienne
ses livres	les siens	ses cassettes	les siennes
notre livre	le nôtre	notre cassette	la nôtre
nos livres	les nôtres	nos cassettes	les nôtres
votre livre	le vôtre	votre cassette	la vôtre
vos livres	les vôtres	vos cassettes	les vôtres
leur livre	le leur	leur cassette	la leur
leurs livres	les leurs	leurs cassettes	les leurs

—Tu as mon billet?
—J'ai le mien, mais je n'ai pas le tien.

—C'est le sac de Marie-France?
—Oui, c'est le sien.

—Ce sont les valises de Pierre?
—Oui, ce sont les siennes.

Note that contrary to English usage, in French the possessive pronoun agrees in gender with the object possessed (rather than the possessor).

2. Possessive pronouns are not used to express ownership in sentences with **être** where the subject is a noun or a personal pronoun. Instead, the preposition **à** is used with the stress pronoun.

Ce sac est à moi. *This bag is mine.*
Cette moto est à elle. *This motorcycle is hers.*

However, possessive pronouns can be used after **c'est** and **ce sont.**

—C'est à moi ce stylo?
—Non, c'est le mien.

Ma moto est plus belle que la tienne!

Communication guidée

A **À l'aéroport** Complétez la conversation.

LUC: Yves, tu as ton billet?

YVES: Oui, j'ai __1__. Le voilà.

LUC: Zut! Je ne sais pas ce que j'ai fait avec __2__. Où est-ce que je l'ai mis? J'espère que je ne l'ai pas perdu.

YVES: Non, tu ne l'as pas perdu. J'ai __3__ aussi. Je l'ai mis avec __4__.

LUC: Alors, donne-moi __5__, s'il te plaît. Je vais le mettre avec ma carte d'embarquement.

YVES: Mais, calme-toi, mon vieux! Tu n'as pas ta carte d'embarquement. C'est moi qui l'ai. J'ai __6__ et __7__.

LUC: Tu as __8__ aussi? Alors, donne-la-moi.

B **Historiette** **Sa chemise ou la mienne?**
Refaites les phrases en utilisant des pronoms possessifs.

1. Aurélie a acheté sa chemise aux Galeries Lafayette; mais j'ai acheté *ma chemise* dans une petite boutique.
2. Nos chemises sont du même modèle, mais *ma chemise* est verte, et *sa chemise* est bleue.
3. Mais *ma chemise* a coûté plus cher que *sa chemise*.
4. Pourquoi? Parce qu'Aurélie a acheté *sa chemise* en solde, et moi pas.

C **Ma voiture ou la vôtre?** Refaites les phrases en utilisant des pronoms possessifs.

—Ma voiture est une Renault. De quelle marque est *votre voiture?*
—*Ma voiture* est une Peugeot.
—Combien avez-vous payé *votre voiture?*
—Ma voiture a coûté vingt mille euros. Et *votre voiture?*

D **Historiette** **C'est à qui?** Suivez le modèle.

—**C'est à vous, ces livres?**
—**Lesquels?**
—**Ceux-là.**
—**Ah oui, ce sont les miens.**

1. Ces cassettes sont à vous?
2. C'est à toi, la mobylette?
3. C'est à Philippe, ce ballon?
4. Ces disques sont à Marie?
5. C'est à nous, ce billet?
6. C'est aux enfants, ce walkman?
7. Ces livres sont à nous?
8. Ces raquettes sont aux filles?
9. C'est à Christophe, cette planche à voile?

Littérature

Le malade imaginaire Molière

Avant la lecture

Vous allez lire un extrait d'une célèbre comédie de Molière (1622–1673), *Le malade imaginaire.* Cet extrait met en scène le héros de la pièce, Argan, qui s'imagine toujours qu'il est malade—d'où le titre de la pièce. Dans cette scène, Argan parle avec sa servante, Toinette. Mais Argan ne sait pas que la personne à qui il parle est Toinette, car celle-ci est déguisée. En quoi, à votre avis? Est-ce que vous pouvez deviner?

Vocabulaire

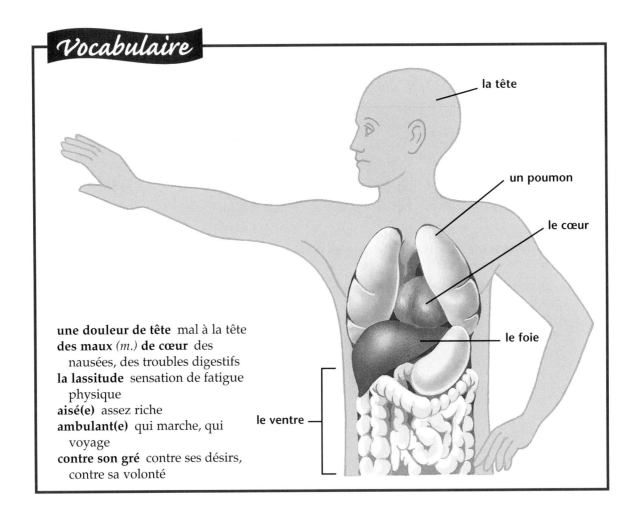

la tête

un poumon

le cœur

le foie

le ventre

une douleur de tête mal à la tête

des maux *(m.)* **de cœur** des nausées, des troubles digestifs

la lassitude sensation de fatigue physique

aisé(e) assez riche

ambulant(e) qui marche, qui voyage

contre son gré contre ses désirs, contre sa volonté

Communication guidée

A **Vrai ou faux?** Corrigez les phrases fausses.

1. L'être humain a un poumon et deux cœurs.
2. Le poumon est un organe vital.
3. Le poumon est le principal organe de l'appareil respiratoire.
4. «Ventre» veut dire «abdomen».
5. Quand on a des maux de cœur ou mal au cœur, on a des troubles cardiaques.
6. Quand on a des douleurs de tête ou mal à la tête, il faut prendre de l'aspirine.
7. Quand on a mal au foie, il faut manger des aliments riches.

B **La bonne réplique** Choisissez.

1. Il a des douleurs abdominales.
   a. Il a mal à la tête?
   b. Il a mal au ventre?
   c. Il a mal au foie?
2. Elle l'a fait contre son gré.
   a. Elle voulait le faire?
   b. Elle était contente?
   c. Elle ne voulait pas le faire?
3. Il a des maux de cœur.
   a. Il fait une crise cardiaque?
   b. Il souffre de troubles digestifs?
   c. Il a un problème pulmonaire?
4. Quelle lassitude!
   a. Tu es plein d'énergie?
   b. Tu ne peux pas dormir?
   c. Tu es fatigué?
5. Il vient d'une famille aisée.
   a. Ils sont pauvres?
   b. Ils sont riches?
   c. Ils sont assez riches?
6. Ce sont des comédiens ambulants.
   a. Ils jouent toujours dans le même théâtre?
   b. Ils voyagent dans tout le pays?
   c. Ils sont acrobates?

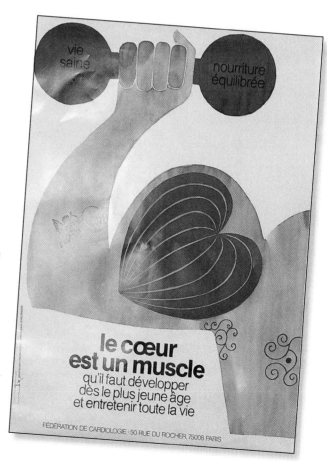

vie saine

nourriture équilibrée

le cœur est un muscle qu'il faut développer dès le plus jeune âge et entretenir toute la vie

FÉDÉRATION DE CARDIOLOGIE · 50 RUE DU ROCHER, 75008 PARIS

Littérature

Introduction

Jean-Baptiste Poquelin naquit à Paris en 1622, dans une famille de bourgeois aisés. Il fit de solides études au collège de Clermont (maintenant lycée Louis-le-Grand).

Quand il était enfant, il allait souvent à la foire, voir les comédiens ambulants, et il eut très tôt la vocation du théâtre.

À vingt ans, il se fit comédien, prit le nom de «Molière» et fonda une troupe d'acteurs. C'est pour sa troupe que Molière devint auteur et écrivit une trentaine de comédies et farces.

La dernière comédie de Molière, *Le malade imaginaire*, fut présentée en 1673. Elle met en scène un «malade imaginaire», Argan. Pour être sûr d'être bien soigné pendant le reste de sa vie, Argan veut marier, contre son gré, sa fille, Angélique, à un médecin, Thomas. Mais Angélique est amoureuse de Cléante. Elle ne veut pas épouser le médecin. À la fin de la pièce, Argan consent au mariage d'Angélique et de Cléante, et il se fait lui-même médecin.

Dans la scène qui suit, Toinette, la servante d'Argan, est déguisée.

Molière, par Pierre Mignard

Une représentation du *Malade imaginaire,* au Théâtre de l'Atelier

Lecture 🎧

Le malade imaginaire

TOINETTE

De quoi disent-ils que vous êtes malade?

ARGAN

Certains disent de la rate°*, d'autres du foie.

TOINETTE

Ce sont des ignorants. C'est le poumon. Que sentez-vous?

ARGAN

Je sens de temps en temps des douleurs de tête.

TOINETTE

Le poumon.

ARGAN

Il me semble que parfois° j'ai un voile devant les yeux.

TOINETTE

Le poumon.

ARGAN

J'ai quelquefois des maux de cœur.

TOINETTE

Le poumon.

ARGAN

Je sens parfois des lassitudes dans tous les membres.

TOINETTE

Le poumon.

ARGAN

Et il me prend des douleurs dans le ventre.

TOINETTE

Le poumon, le poumon, vous dis-je!

Molière, *Le malade imaginaire*

la rate *spleen*

parfois *sometimes*

---

* la rate *17th century doctors thought it was the seat of emotions, especially melancholia*

Après la lecture

A La consultation

Répondez d'après la lecture.

1. Qui est Argan?
2. Qui est Toinette?
3. Qui est déguisé en médecin?
4. Argan répond sérieusement à ses questions?
5. Quel est le diagnostic de Toinette?

B C'est vous le médecin.

Faites une liste de tous les symptômes du malade.

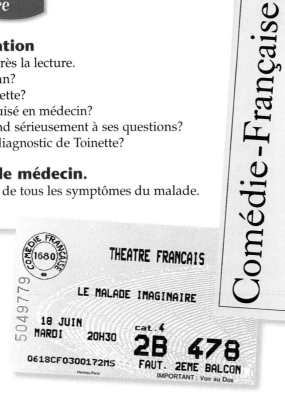

COMÉDIE FRANÇAISE 1680

Comédie-Française.

Le Malade imaginaire

Comédie en trois actes et en prose de
Molière

Mise en scène de Jean-Laurent Cochet
Décor et costumes de Jacques Marillier
Réalisation de Jean-Paul Carrère

COMÉDIE FRANÇAISE 1680

5049779

THEATRE FRANCAIS

LE MALADE IMAGINAIRE

18 JUIN
MARDI   20H30   cat. 4
2B 478
FAUT. 2EME BALCON

0618CF0300172MS

IMPORTANT : Voir au Dos

Molière, sculpture qui se trouve à
Avignon, devant le théâtre

Communication libre

Mort en scène Quand Molière écrit *Le malade imaginaire,* il est malade lui-même. Mais le roi Louis XIV lui a commandé une comédie-ballet à l'occasion du carnaval, et Molière s'est mis au travail. Il présente cette comédie en trois actes le 10 février 1673. C'est lui qui joue le rôle d'Argan. Le 17 février, pendant la quatrième représentation, la comédie tourne à la tragédie: alors que Molière est en scène, il est pris de convulsions. Il meurt quelques heures après.

Décrivez cet événement tragique, comme si vous étiez journaliste et écriviez pour un journal français de l'époque.

Knock Jules Romains

Avant la lecture

Vous allez lire un extrait d'une pièce de théâtre intitulée *Knock ou le Triomphe de la médecine*. Dans cet extrait, il n'y a que deux personnages: Knock, qui est médecin, et le tambour de ville—ce qu'on appelait en anglais «town crier». Knock pose des questions au tambour, au sujet de sa santé. En lisant cet extrait, décidez si ces questions du médecin sont sérieuses ou pas.

Vocabulaire

Ça te chatouille?
Tu es chatouilleux?

la plante
des pieds

Il réfléchit. Il médite.

les côtes

Ha! Ha! Ha! Arrête
de me chatouiller!

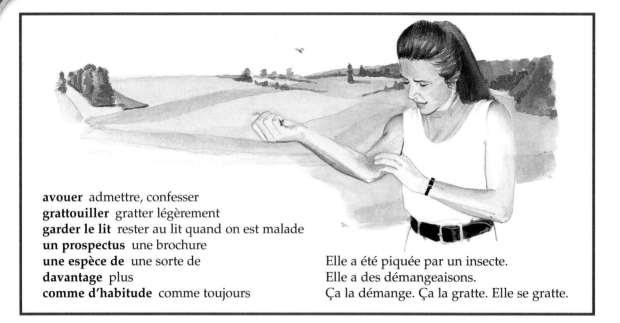

avouer admettre, confesser
grattouiller gratter légèrement
garder le lit rester au lit quand on est malade
un prospectus une brochure
une espèce de une sorte de
davantage plus
comme d'habitude comme toujours

Elle a été piquée par un insecte.
Elle a des démangeaisons.
Ça la démange. Ça la gratte. Elle se gratte.

Communication guidée

A **Et toi?** Donnez des réponses personnelles.

1. Ça te chatouille quand quelqu'un te touche les côtes ou la plante des pieds?
2. Tu connais des gens qui ne sont pas chatouilleux?
3. Est-ce qu'une piqûre d'insecte peut donner des démangeaisons?
4. Tu as déjà été piqué(e) par un insecte? Est-ce que ça t'a démangé(e)?
5. Tu réfléchis avant de faire quelque chose?

B **Synonymes** Exprimez d'une autre façon ce qui est en italique.

1. Quand je me gratte, ça me démange encore *plus*.
2. Quand il a la grippe, *il ne se lève pas*.
3. Il faut *méditer* un peu.
4. Il le fait *comme toujours*.
5. Allez! *Avoue* que tu es chatouilleux!
6. J'ai été piqué par *une sorte de* gros insecte.
7. Tu as lu les *brochures* de l'agence de voyages?

C **Familles de mots** Choisissez le mot qui correspond.

1. chatouiller	**a.** l'habitude
2. gratter	**b.** une démangeaison
3. méditer	**c.** chatouilleux (-se)
4. piquer	**d.** la méditation
5. s'habituer	**e.** grattouiller
6. réfléchir	**f.** une piqûre
7. démanger	**g.** la réflexion

Introduction

Jules Romains était poète et romancier. Mais il a aussi occupé une place importante dans le théâtre des années 1920–1930. En 1923, il publia *Knock ou le Triomphe de la médecine*. Cette pièce eut un énorme succès. C'est une farce satirique, dans laquelle Romains attaque le charlatanisme de certains médecins et la crédulité de leurs clients.

La pièce a lieu dans un petit village de montagne. Le vieux médecin, Paraplaid, avait très peu de clients. Il a vendu sa clientèle à Knock. Le nouveau médecin vient s'installer au village et découvre très vite que sa clientèle est presque inexistante. Il essaie donc de persuader tous les habitants du village qu'ils sont malades. Knock n'a pas beaucoup d'expérience, et il avoue lui-même qu'il a beaucoup appris en lisant les prospectus pharmaceutiques.

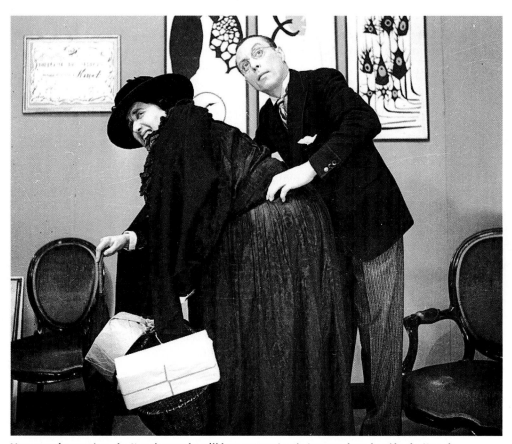

Une représentation de *Knock* avec le célèbre acteur Louis Jouvet dans le rôle de Knock

Lecture 🎧

KNOCK

Le Tambour: *(après plusieurs hésitations)* Je ne pourrai pas venir plus tard ou j'arriverai trop tard. Est-ce que ça serait un effet de votre bonté° de me donner ma consultation maintenant?

est-ce que… bonté *would you be so kind as*

Knock: Heu… oui. Mais dépêchons-nous. J'ai un rendez-vous avec M. Bernard, l'instituteur, et avec M. le pharmacien Mousquet. Il faut que je les reçoive avant que les gens n'arrivent. De quoi souffrez-vous?

Le Tambour: Attendez que je réfléchisse! *(Il rit.)* Voilà. Quand j'ai dîné, il y a des fois que je sens une espèce de démangeaison ici. *(Il montre son estomac.)* Ça me chatouille ou plutôt ça me grattouille.

Knock: *(d'un air de profonde concentration)* Attention! Ne confondons pas! Est-ce que ça vous chatouille ou est-ce que ça vous grattouille?

Le Tambour: Ça me grattouille. *(Il médite.)* Mais ça me chatouille bien un peu aussi.

Knock: Montrez-moi exactement l'endroit.

Le Tambour: Par ici.

Knock: Par ici? Où cela, par ici?

Le Tambour: Là, ou peut-être là… entre les deux.

Knock: Juste entre les deux?… Est-ce que ça ne serait pas un petit peu à gauche, là, où je mets mon doigt?

Le Tambour: Il me semble bien.

Knock: Ça vous fait mal quand j'enfonce° mon doigt?

enfonce *press*

Le Tambour: Oui, on dirait que ça me fait mal.

Knock: Ah! Ah! *(Il médite d'un air sombre.)* Est-ce que ça ne vous grattouille pas davantage quand vous avez mangé de la tête de veau° à la vinaigrette?

tête de veau *calf's head*

Le Tambour: Je n'en mange jamais. Mais il me semble que si j'en mangeais, effectivement° ça me grattouillerait plus.

effectivement *indeed, certainly*

Knock: Ah! Ah! Très important. Ah! Ah! Quel âge avez-vous?

Le Tambour: Cinquante et un. Dans mes cinquante-deux°.

dans mes cinquante-deux *going on fifty-two*

Knock: Plus près de cinquante-deux ou de cinquante et un?

Le Tambour: *(Il se trouble un peu°.)* Plus près de cinquante-deux. Je les aurai fin novembre.

il se trouble un peu *he gets a little flustered*

Knock: *(lui mettant la main sur l'épaule°)* Mon ami, faites votre travail aujourd'hui comme d'habitude. Ce soir, couchez-vous de bonne heure. Demain matin, gardez le lit. Je passerai° vous voir.

l'épaule *shoulder*

je passerai *I'll stop by*

Jules Romains, *Knock*, © Éditions Gallimard

Après la lecture

A Dans le cabinet du docteur Knock

Répondez d'après la lecture.
1. Pourquoi Knock est-il pressé?
2. De quoi le tambour souffre-t-il?
3. Où a-t-il une espèce de démangeaison?
4. Ça le chatouille ou ça le grattouille?
5. Ça lui fait mal quand Knock enfonce le doigt?
6. Quel âge le tambour a-t-il?
7. Quand aura-t-il cinquante-deux ans?

B Vrai ou faux? Corrigez les phrases fausses.

1. Le tambour peut expliquer les symptômes de sa maladie immédiatement.
2. Le tambour a mal au foie.
3. Le tambour mange toujours de la tête de veau à la vinaigrette.
4. Knock décide que le tambour n'a pas besoin d'une autre consultation.

C Bien, Docteur! Expliquez:

1. le diagnostic de Knock
2. ses conseils au malade

Communication libre

A **Problèmes de santé** Vous êtes médecin généraliste. Faites une liste des problèmes de santé que vous voyez le plus souvent.

B **Pour rire un peu de nos problèmes**
Avec un(e) camarade de classe, choisissez dans votre liste un problème de santé qui peut faire rire. Écrivez une petite scène satirique que vous présenterez ensuite à la classe.

CHAPITRE
8

Arts et sciences

Objectifs

In this chapter, you will:

 learn about French people's passion for their artistic heritage and the pride they take in it, and about the latest achievements in French scientific research

 read about a visit to a French monument and learn to express your feelings about it

 learn to express your reactions (positive and negative) to works of art of all kinds

 review how to express conditions and how to ask for things politely; learn to describe actions that precede other actions in the past and to describe people, events, and simultaneous actions

 read and discuss a newspaper article by Italian movie director Federico Fellini about the French painter Toulouse-Lautrec, and an episode from the adventures of Tintin, the famous comic-strip hero

 learn to express what would have happened if certain conditions had prevailed; review how to tell what you and others have someone else do for you

 read and discuss the following literary works: Le jet d'eau, a poem by Guillaume Apollinaire; an excerpt from Sans dessus dessous, a novel by Jules Verne; La légende de la peinture, a tale by Michel Tournier

Culture

LES FRANÇAIS ET LES ARTS

L'inauguration de l'aile Richelieu du Grand Louvre

Introduction

Les Français sont très fiers de leur patrimoine artistique. Depuis une vingtaine d'années, on voit se succéder de vastes projets de construction dont le but est de rendre la culture accessible à tous. Rien qu'à Paris, on a vu la construction du centre Pompidou et de la Grande Arche, et la création du musée d'Orsay et celle du Grand Louvre. Toutes ces réalisations combinent avec audace le passé et le présent, la tradition et la technologie moderne. Même si elles sont critiquées par certains, elles n'en font pas moins la fierté des Français. Le Grand Louvre en est un exemple.

un palais

une aile

un roi

Le roi est fier de son palais. Il est plein de fierté.

des vestiges

des fouilles

un chantier de fouilles archéologiques

le patrimoine la propriété, l'héritage, la fortune, ce qui est hérité du «père»
souterrain(e) sous la terre, en sous-sol
piétonnier(-ère) pour les piétons seulement, pas pour les voitures

Communication guidée

A **Associations** Choisissez les mots qui sont associés.

1. des fouilles
2. un musée
3. une aile
4. fier
5. une rue piétonnière
6. le patrimoine

a. un palais
b. une promenade
c. le père
d. une exposition
e. un chantier
f. la fierté

B **Définitions** Trouvez le mot qui correspond.

1. qui est en sous-sol
2. un monarque
3. l'héritage
4. être content d'être associé à quelque chose ou à quelqu'un
5. lieu où on fait des fouilles archéologiques
6. ce qu'on trouve en faisant des fouilles
7. partie d'un palais

La pyramide du Louvre

LE GRAND LOUVRE

Le Grand Louvre est un espace culturel spectaculaire qui redonne à l'ancien palais des rois toute sa splendeur, et au musée une nouvelle vie. Avec en plus, en sous-sol, une ville piétonnière dédiée à l'art, et des parkings souterrains.

Point de départ: la Pyramide

Le point de départ de la visite de ce que les Français appellent déjà «le plus beau musée du monde» est la pyramide de Pei*, le monument

---

* I. M. Pei *architecte américain d'origine chinoise, a conçu la pyramide de verre par laquelle les visiteurs ont accès au musée du Louvre*

Le *Scribe accroupi*

La *Victoire de Samothrace*

Buste d'Akhenaton (Aménophis IV)

d'art moderne qui attire le plus de visiteurs en France (5 millions par an). De là, on peut choisir entre des visites thématiques ou des visites à la carte[1], des visites en groupes ou individuelles.

Le musée s'agrandit d'une aile

Nombreux sont les visiteurs étrangers qui ont admiré *La Joconde*, la *Vénus de Milo*, *Le sacre* (de Napoléon) ou la *Victoire de Samothrace*. Mais étrangers et Français vont maintenant pouvoir découvrir ou redécouvrir de nombreux objets d'art, redistribués de façon plus fonctionnelle dans un espace plus vaste. En effet, le musée peut maintenant disposer de toute une aile du palais, l'aile Richelieu, qui jusqu'à ces dernières années était occupée par le ministère des Finances.

Découvert: des vestiges du premier Louvre

La vaste opération de restauration du Louvre a été entreprise[2] en 1983, lorsqu'on a mis au jour[3], sous la Cour Carrée du palais, des vestiges du premier Louvre: le château fort[4] construit en 1190 par le roi Philippe Auguste. Ce fut alors le plus grand chantier urbain de fouilles archéologiques.

[1] à la carte *free-choice*
[2] entreprise *launched*
[3] mis au jour *brought to light*
[4] château fort *fortified castle*

Le Grand Louvre + palais restauré = musée agrandi + ...

Finalement, qu'est-ce que le Grand Louvre? C'est l'ancien palais du Louvre, restauré, modernisé, entièrement voué aux activités de musée, entouré de jardins transformés en une promenade splendide, avec en sous-sol toute une ville souterraine liée aux activités culturelles.

Visiteurs devant *La Joconde* de Léonard de Vinci

Le sacre de Jacques Louis David

Après la lecture

A Le Grand Louvre Répondez d'après le texte.
1. Qu'est-ce que le Louvre était avant d'être un musée?
2. Quelles œuvres d'art est-ce que les touristes veulent voir en priorité quand ils visitent le Louvre?
3. Comment les visiteurs entrent-ils dans le Grand Louvre?
4. Qu'est-ce qui a permis de réorganiser le musée de façon plus fonctionnelle?
5. Qu'est-ce qu'on a découvert en faisant des fouilles sous la Cour Carrée du Louvre?
6. Depuis combien d'années le palais du Louvre est-il en existence?
7. En quoi consiste le Grand Louvre?

B Une ville piétonnière Décrivez une ville piétonnière. En quoi diffère-t-elle d'une ville habituelle?

Communication libre

La culture À l'heure actuelle, les Français sont passionnés de culture. La peinture, la musique, l'opéra en particulier, la danse, sont en plein renouveau de popularité. Faites une enquête sur la situation de la culture aux États-Unis, ou plus précisément dans votre région.

LA RECHERCHE SCIENTIFIQUE

Introduction

Depuis le début du XXᵉ siècle, la science française occupe une place de tout premier plan. En physique, les noms de Pierre et Marie Curie sont associés au radium, ceux d'Irène et Frédéric Joliot-Curie à la structure de l'atome. En mathématiques, biologie et médecine, de nombreux scientifiques français ont fait des découvertes de premier ordre: le docteur Montagnier, par exemple, qui a isolé le virus du sida (syndrome immuno-déficitaire acquis) en 1983.

En France, la recherche scientifique est assurée principalement par l'État; elle est donc en majeure partie au service du bien public. Cette recherche a lieu dans de grands centres de recherche tels que l'Institut national de santé et de la recherche médicale (INSERM), le Centre national d'études des télécommunications (CNET), le Centre national d'études spatiales (CNES), l'Institut Pasteur, et, le plus important, le Centre national de la recherche scientifique (CNRS).

Vocabulaire

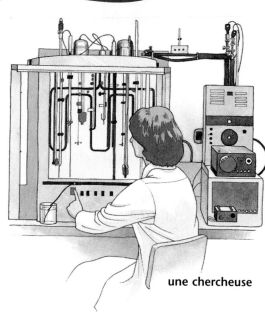

une chercheuse

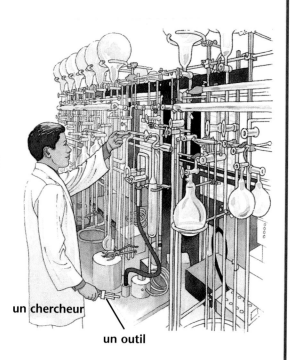

un chercheur

un outil

Pour faire de la recherche, les chercheurs ont besoin d'outils perfectionnés.

fournir donner, apporter
tirer profit de profiter de
être à même de avoir la possibilité de, pouvoir

le partenariat le travail en association avec des partenaires
primordial de première importance, très important

Communication guidée

 A **Familles de mots** Choisissez le mot qui correspond.

1. un partenaire   **a.** le profit
2. des fournitures   **b.** découvrir
3. profiter   **c.** parfait
4. une découverte   **d.** la recherche
5. la richesse   **e.** le partenariat
6. la connaissance   **f.** riche
7. un chercheur   **g.** connaître
8. perfectionné   **h.** fournir

B **Synonymes** Exprimez d'une autre façon ce qui est en italique.

1. Avec des *instruments* aussi perfectionnés, ces chercheurs *ont la possibilité* de faire une découverte importante.
2. Ils *profitent* de leurs rencontres avec d'autres *personnes qui se consacrent à la recherche scientifique*.
3. Ces rencontres leur *apportent* des informations *de première importance*.
4. Cet organisme de recherche scientifique favorise le *travail en association avec des partenaires*.

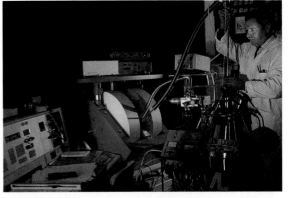

Montage d'une sonde pour l'étude des ions en phase gazeuse

Étude de magnétisme par spectroscopie à la température de l'hélium liquide

LE CENTRE NATIONAL DE LA RECHERCHE SCIENTIFIQUE

L'atout[1] de la multidisciplinarité

Dès son origine en 1939, le CNRS s'est organisé pour couvrir la totalité du champ scientifique, pour être présent dans toutes les disciplines majeures. Là réside sa principale originalité. Là est aussi sa plus grande force.

Son activité sur tous les fronts de la connaissance fournit au CNRS deux avantages primordiaux: d'une part les chercheurs tirent profit de leurs rencontres, bénéficiant des comparaisons qu'ils sont à même d'établir entre la logique, les méthodes et les outils propres à[2] leurs différentes spécialités; d'autre part, l'approche conjuguée[3] de scientifiques[4] de différents horizons favorise l'émergence et l'exploration d'une richesse de thèmes et préoccupations interdisciplinaires. Or[5], c'est aux interfaces entre disciplines que naissent de nombreuses découvertes.

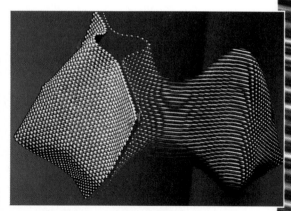

Voile souple de sphères creuses utilisé pour la fabrication d'un matériau composite alvéolaire isotrope

---

[1] atout *advantage*
[2] propres à *characteristic of*
[3] conjuguée *joint*
[4] scientifiques *scientists*
[5] or *now*

Radiotélescope de l'IRAM à Grenoble

Ouverture et partenariat

La pratique du partenariat est une caractéristique du CNRS, inscrite au plus profond de sa culture.

En permanence à l'écoute de la société, l'organisme mène[6] une constante politique d'ouverture, multipliant des liens[7] qu'il ne cesse aujourd'hui de renforcer: par son association avec les universités, les grandes écoles et les autres organismes de recherche; par ses collaborations avec de nombreuses entreprises; par ses actions d'information; par ses différents modes de coopération internationale.

Cette capacité de travail en commun et d'échanges avec ses divers partenaires est une des plus grandes richesses du CNRS. Elle lui permet d'être présent dans la majorité des découvertes et avancées scientifiques réalisées en France depuis ces cinquante dernières années.

Au cœur[8] des découvertes

De nombreux exemples récents en témoignent[9]:
- les travaux des chimistes et des physiciens sur les matériaux supraconducteurs à haute température critique, les quasi-cristaux ou encore la chimie supramoléculaire qui a valu le prix Nobel 1987 à Jean-Marie Lehn;
- la découverte du virus du sida par Luc Montagnier (directeur de recherche au CNRS) et son équipe à l'Institut Pasteur;
- l'analyse des forages[10] profonds en Antarctique et au Groenland par Claude Lorius et son équipe, qui a permis de déterminer dans des glaces vieilles de 30 000 ans les caractéristiques du climat et de l'environnement de la Terre;
- la mise au jour d'un important oppidum gaulois[11] à Bibracte, près d'Autun;
- la découverte d'un manuscrit inconnu des sermons de saint Augustin, apportant des informations inédites[12] sur l'agitation politique et religieuse en Afrique du Nord vers l'an 400.

Antenne embarquée à bord de la sonde interplanétaire Galileo d'exploration de Jupiter

[6] mène *carries on*
[7] liens *connections*
[8] cœur *heart*
[9] en témoignent *attest to this*
[10] forages *drilling, boring*
[11] oppidum gaulois *Gallic citadel*
[12] inédites *new, original*

Après la lecture

Le CNRS Répondez d'après le texte.
1. Dans quel but le CNRS a-t-il été créé?
2. Quels sont les avantages de son activité sur tous les fronts? Donnez des exemples concrets.
3. Expliquez ce qu'est le partenariat. Avec quels organismes le CNRS est-il partenaire?
4. Quel profit le CNRS tire-t-il de ce partenariat?
5. Qu'est-ce qui a valu le prix Nobel à Jean-Marie Lehn?
6. Qui est-ce qui a découvert le virus du sida?
7. Pour quelle raison Claude Lorius et son équipe ont-ils analysé des glaces de l'Antarctique et du Groenland vieilles de 30 000 ans?
8. Qu'est-ce qu'on a mis au jour à Bibracte, près d'Autun?
9. Qu'est-ce qu'on a découvert de saint Augustin?

Communication libre

 Thèmes de recherche
Voici une liste de quelques thèmes de recherche au CNRS. Quels thèmes vous intéressent le plus? Pour quelles raisons?

Quelques thèmes de recherche...
- Recherche polaire en coopération nationale et internationale
- Histoire du temps présent
- Communication homme/machine: informatique, robotique, langages
- Mise au point de molécules actives dans le traitement de certains cancers
- Les institutions pénales et la population carcérale
- L'étude des climats et les interactions atmosphère, océan et biosphère
- L'électronique et les semi-conducteurs
- Recherches sur les bases moléculaires des maladies
- Le chercheur, l'artiste et la production
- Projet de TGV à 2 étages
- Évolution du monde rural
- Optique et lasers
- Étude sur les modes et influences du transfert technologique
- Bosons et neutrinos
- La biodisponibilité des médicaments
- Chantiers d'archéologie: l'oppidum de Bibracte, les fours de potiers de Sallèles d'Aude
- Transformation génomique des plantes
- Dynamique et bilan de la Terre
- Recherche multidisciplinaire sur le sida: biologie, éthique, sociologie
- Astrophysique de l'univers froid: milieu interstellaire et formation d'étoiles
- Mathématiques et outils de modélisation

B **Inventions** Voici une liste d'inventions faites par des Français, inventions qui ont changé la vie de tous les jours. Faites une liste semblable d'inventions faites par des Américains.

1826—**la photographie**
(Nicéphore Niepce)

1829—**l'alphabet pour aveugles**
(Louis Braille)

1858—**le réfrigérateur**
(Ferdinand Carré)

1859—**le moteur à explosion**
(Étienne Lenoir)

1891—**le pneu**
(les frères Michelin)

1893—**le périscope**
(T. Garnier)

1895—**le cinéma**
(les frères Lumière)

1910—**l'hydravion**
(Henri Fabre)

1952—**le four solaire**
(CNRS)

Scène d'un des premiers films français: *Le voyage à travers l'impossible* de Georges Méliès (1904)

Photo de Daguerre: *Boulevard parisien* (1839)
Daguerre perfectionna l'invention de Niepce.

VISITE À LA GRANDE ARCHE

Vocabulaire

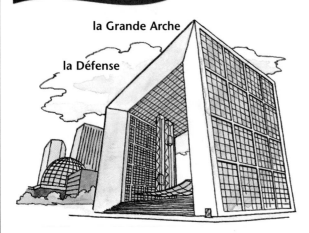

la Grande Arche

la Défense

La Grande Arche se trouve dans
le quartier de la Défense.

le toit

Ce touriste ne peut pas regarder
vers le bas: il a le vertige.

Il y a beaucoup de gens dans cet
ascenseur: ils sont serrés.

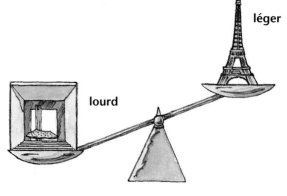

léger

lourd

La Grande Arche est lourde:
elle pèse 300 000 tonnes.
La tour Eiffel, elle, est légère:
elle ne pèse que 9 000 tonnes.

être dépaysé(e) ne pas se sentir à l'aise
dans un endroit
s'en faire être anxieux, inquiet
se plaindre dire qu'on n'est pas content

dire du mal de dire des choses pas très
gentilles au sujet de
un coup d'œil un regard rapide
à peine presque pas

Communication guidée

A **Quel est le mot?** Complétez.

1. Il y a une terrasse sur le _____. De là-haut, il y a une très belle vue sur tout Paris.
2. Je ne veux pas monter en haut de la tour Eiffel. Ça va me donner le _____.
3. J'ai horreur des ascenseurs. Il y a toujours plein de gens et on est trop _____.
4. Quand il était bébé, il était _____, je pouvais le porter. Mais maintenant, je ne peux plus: il pèse trop _____.
5. C'est la première fois qu'elle vient à Paris. Elle est toute _____.
6. Ils ne sont jamais contents. Ils sont toujours en train de _____.
7. Elle est inquiète pour lui. Elle _____.
8. Il m'a dit des choses pas très gentilles au sujet de Marianne. Il adore _____ de ses amis.
9. Je n'ai presque pas dormi. J'ai _____ fermé l'œil.
10. Ne regarde pas vers le bas trop longtemps: un _____ suffit, sinon tu vas avoir le vertige.

B **Connaissez-vous Paris?** Dites de quoi il s'agit.

1. le quartier des affaires
2. un monument qui se trouve à la Défense
3. le monument place Charles-de-Gaulle
4. le monument place de la Concorde
5. un monument qui se trouve dans les jardins du Carrousel
6. le monument par lequel on a accès au musée du Louvre

La pyramide du Louvre et l'arc de triomphe du Carrousel

En route pour la Grande Arche 🎧

ROGER: Comment va-t-on à la Grande Arche? On prend un taxi?

ALAIN: Non. Ce n'est pas la peine. Avec le RER, on est à la Défense en dix minutes!

ROGER: C'est formidable le progrès! Tout ça n'existait pas la dernière fois que je suis venu à Paris.

ALAIN: Pas étonnant puisque tu ne viens pratiquement que tous les trente ans!

ROGER: Tous les trente ans, n'exagérons pas!

ALAIN: Si tu venais un peu plus souvent, tu serais moins dépaysé.

Au pied de la Grande Arche 🎧

ALAIN: Nous y voilà!

ROGER: C'est impressionnant! C'est énorme!

ALAIN: Ouais. Ça pèse 300 000 tonnes!

ROGER: 300 000 tonnes! Ben dis donc! C'est pas léger! Mais…, c'est les ascenseurs qu'on voit là dehors?

ALAIN: Oui. Tu vas voir, on a une vue formidable en montant.

ROGER: Euh, oui, mais… euh… j'ai facilement le vertige, moi.

ALAIN: Ne t'en fais pas. Tu vas aimer!

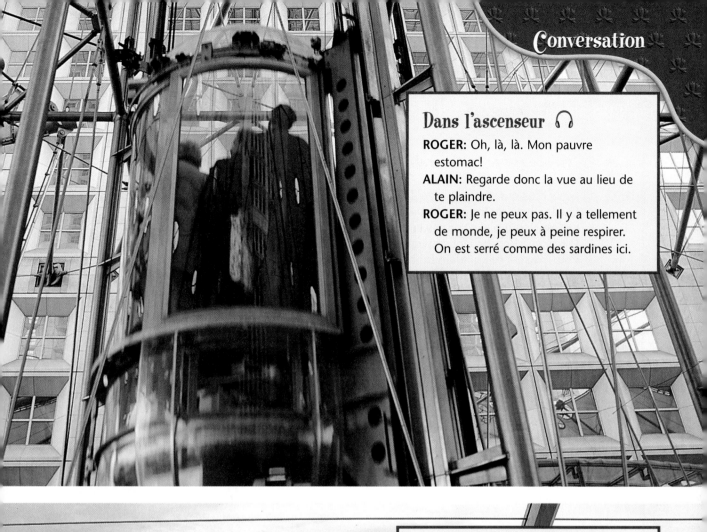

Dans l'ascenseur 🎧

ROGER: Oh, là, là. Mon pauvre estomac!

ALAIN: Regarde donc la vue au lieu de te plaindre.

ROGER: Je ne peux pas. Il y a tellement de monde, je peux à peine respirer. On est serré comme des sardines ici.

Sur le toit de la Grande Arche 🎧

ALAIN: Maintenant, tu peux voir la vue. Regarde, tu vois l'arc de triomphe de l'Étoile, et dans l'axe, l'obélisque, l'arc de triomphe du Carrousel et la pyramide du Louvre. Tu vois?

ROGER: Ah oui. C'est intéressant cette perspective.

ALAIN: Intéressant! C'est tout ce que tu trouves à dire! En un coup d'œil, tu contemples 2 000 ans d'histoire de France, mon cher!

ROGER: Il faut reconnaître que c'est un beau panorama!

ALAIN: C'est pas dans ta province qu'on voit ça, tout de même!

ROGER: Ah attention! Ne dis pas de mal de «ma province». Il y a des choses très bien à Montagnac. Ce n'est pas parce que c'est petit…

Après la conversation

A En route pour la Grande Arche
Répondez d'après la conversation.
1. Dans quel quartier se trouve la Grande Arche?
2. Quel moyen de transport les deux amis prennent-ils pour y aller?
3. Qu'est-ce qui n'existait pas la dernière fois que Roger est venu à Paris?
4. Est-ce que Roger vient souvent à Paris?
5. Pourquoi est-ce qu'Alain lui conseille de venir plus souvent?

B Au pied de la Grande Arche et dans l'ascenseur
Répondez d'après la conversation.
1. Est-ce que la Grande Arche est légère? Combien pèse-t-elle?
2. Où se trouvent les ascenseurs pour monter à la terrasse?
3. Est-ce que Roger est content à la perspective de prendre l'un de ces ascenseurs? Pour quelle raison?
4. De quoi se plaint-il en montant dans l'ascenseur? Pour quelle raison?

C Sur le toit de la Grande Arche
Répondez d'après la conversation.
1. Quels monuments peut-on voir dans l'axe Grande Arche–Louvre?
2. Comment Roger trouve-t-il cette perspective?
3. Est-ce qu'Alain trouve que Roger montre assez d'enthousiasme?
4. Quand on voit Paris de haut, qu'est-ce qu'on contemple?
5. Est-ce que Roger habite dans une grande ville?
6. D'après vous, est-ce qu'il aimerait habiter dans une grande ville comme Paris? Pour quelles raisons?

Communication libre

A **Votre ville** Vous organisez la visite culturelle de votre ville (ou de la ville la plus proche) pour des amis français. Travaillez avec un groupe de camarades.

B **Paris** Si vous n'êtes jamais allé(e) à Paris, prenez un guide (comme le guide Michelin) et organisez votre visite, en choisissant ce qui vous intéresse le plus. Travaillez avec un(e) camarade. Si vous êtes déjà allé(e) à Paris, faites un exposé oral sur votre visite.

Langage

RÉACTIONS

Comment exprimer ce que vous ressentez devant un spectacle, une œuvre d'art, une réalisation technique ou scientifique?

D'une façon générale…

Si vous avez aimé, vous pouvez dire:

> C'est formidable!
> C'est extraordinaire!
> C'est incroyable!
> C'est superbe!
> C'est splendide!
> C'est génial!
> J'adore!
> Ça m'a beaucoup plu.
> J'ai été enthousiasmé(e)!
> J'ai trouvé ça extra!

C'est une merveille!

Si vous n'avez pas aimé, vous pouvez dire:

> C'est débile!
> C'est horrible!
> J'ai été très déçu(e).
> J'ai trouvé ça nul.

Pour un spectacle…

Si vous avez aimé, vous pouvez dire:

> C'est émouvant/très drôle…
> C'est plein d'humour/de poésie…
> L'histoire est vraiment originale.
> Les acteurs sont extraordinaires.
> Les chanteurs sont de première classe.
> Les décors sont superbes.
> Les costumes sont splendides.
> La photographie est remarquable.
> J'ai pleuré comme une madeleine.
> Je le (la) reverrais avec plaisir.

Si vous n'avez pas aimé, vous pouvez dire:

> **C'est ennuyeux à mourir.**
> **C'est bête à pleurer.**
> **Quel mélo!**
> **L'histoire ne tient pas debout.**
> **Les acteurs sont lamentables.**
> **Les chanteurs n'ont pas de voix.**

C'est minable!

Pour une exposition ou une réussite technologique…

Si vous avez aimé, vous pouvez dire:

> **C'est incroyable ce qu'on fait maintenant!**
> **On n'arrête pas le progrès.**
> **Je n'en reviens pas.**
> **C'est à vous couper le souffle.**
> **C'est grandiose!**

Si vous n'avez pas aimé, vous pouvez dire:

> **C'est horrible! On dirait un(e)…**
> **Pour le prix que ça a coûté!**
> **Ils auraient pu mieux faire.**
> **Ils auraient mieux fait de…**
> **C'est horriblement laid.**
> **C'est une honte!**

Communication libre

Exprimez vos réactions.

1. Vous êtes à une exposition de peinture avec un(e) camarade. Vous voyez un tableau que vous trouvez extraordinaire, mais que votre camarade n'aime pas du tout. Vous discutez.
2. Faites la critique d'un film, d'une pièce, d'un opéra que vous venez de voir.
3. Vous avez vu en photo la pyramide du Louvre et la Grande Arche. Quelles ont été vos réactions? Maintenant regardez ces photos. Elles montrent d'autres réalisations artistiques récentes à Paris. Quelles sont vos réactions?

Les colonnes de Buren (cour du Palais-Royal à Paris)

Sculpture de Niki de Saint-Phalle
(fontaine Stravinski à Paris)

Le centre Pompidou
à Paris

La Géode (Cité des
Sciences de La Villette
à Paris)

Sculpture d'Arman: *L'heure de tous* (devant la gare Saint-Lazare à Paris)

Sculpture
devant l'église
Saint-Eustache
à Paris

Structure I

Expressing conditions
Le conditionnel

1. The conditional is formed by adding the imperfect endings to the future stem of the verb.

Infinitive	Future stem	Imperfect endings	Conditional	
parler	parler	-ais	je	parlerais
finir	finir	-ais	tu	finirais
vendre	vendr	-ait	il	vendrait
faire	fer	-ions	nous	ferions
pouvoir	pourr	-iez	vous	pourriez
acheter	achèter	-aient	ils	achèteraient

2. The conditional is used in French to express what would take place if it were not for some other circumstances.

   J'irais bien au cinéma, mais il faut que je travaille.
   J'aimerais aller à Paris.

3. The conditional is used to make a polite request.

   Je voudrais deux billets, s'il vous plaît.
   Pourriez-vous vous pousser un peu, s'il vous plaît?

4. The conditional is used to express a future action in a past context.

   Il a dit qu'il irait avec vous à l'opéra.

Communication guidée

Historiette **Un petit service** Complétez au conditionnel présent.

1. _____-tu m'acheter trois billets pour samedi? (pouvoir)
2. Ça m'_____, parce que sinon, je ne _____ pas y aller moi-même. (arranger, pouvoir)
3. J'_____ aussi que tu m'envoies le programme pour le mois prochain. (aimer)
4. Car ça m'_____ que je puisse me libérer avant ça. (étonner)
5. Philippe et Jean m'ont dit qu'ils _____ peut-être aussi. (venir)
6. Au fait, tu _____, toi aussi, venir avec nous. (pouvoir)
7. Nous _____ très heureux d'avoir ta compagnie. (être)

Describing actions that occurred prior to other actions
L'infinitif passé

1. There are two forms of the infinitive in French—present and past. You already know the present form, which you have been using to identify verbs: **aimer, répondre, sortir.** There is also a past infinitive, which is composed of two parts: the infinitive of the verb **avoir** or **être** (depending on which verb the infinitive takes in the **passé composé**) and the past participle of that verb.

> **avoir fini**
> **être sorti(e)(s)**

Note that the rules of agreement for the past infinitive are the same as those for the **passé composé**.

> **Cette statue? Il est content de l'avoir finie.**
> **Elle est contente d'être allée à cette exposition.**
> **Nous sommes tous désolés de nous être trompés.**

2. The past infinitive is used to express an action that occurred prior to another one.

> **Elle est partie sans avoir entendu les plus belles chansons.**
> **Elle regrette beaucoup d'être partie avant la fin du spectacle.**

3. The past infinitive is always used after **après**.

> **Après avoir vu le film, elles sont allées au restaurant.**
> **Après s'être bien amusées, elles sont rentrées en métro.**

4. To make a past infinitive negative, **ne pas** is placed before **avoir** or **être**.

> **Elle est très heureuse de ne pas avoir vu cette pièce.**

Rodin: *Les bourgeois de Calais*

Communication guidée

A **Historiette** **Le samedi de Corinne et Pierre** Racontez ce que Corinne et Pierre ont fait samedi dernier. Lisez le modèle et continuez.

se lever tôt ⟶
Ils se sont levés tôt.

prendre le petit déjeuner ensemble ⟶
Après s'être levés tôt, ils ont pris le petit déjeuner ensemble.

faire du jogging dans le parc ⟶
Après avoir pris le petit déjeuner ensemble, ils ont fait du jogging dans le parc.

1. aller faire des courses en ville
2. déjeuner dans un bon restaurant
3. aller à l'exposition Degas
4. prendre quelque chose dans un café
5. voir le dernier film de Catherine Deneuve
6. dîner chez des amis
7. aller dans un cabaret
8. rentrer chez eux
9. se coucher tout de suite
10. s'endormir immédiatement

B **Historiette** **Et vous?** Racontez de la même façon ce que vous avez fait (véritablement) samedi dernier.

Je me suis levé(e) tôt/tard.
Après m'être levé(e) tôt/tard, ...

C **Loisirs culturels** Répondez aux questions suivantes. Suivez le modèle.

—**Tu as vu l'exposition Picasso?**
—**Non, je regrette de ne pas l'avoir vue.**

1. Tu as vu le dernier film d'Yves Montand?
2. Vous avez lu les poèmes de Prévert?
3. Il a écouté le disque d'Édith Piaf?
4. Elle a visité le musée du Louvre?
5. Ils sont allés à la Grande Arche?
6. Elles se sont amusées à la Comédie-Française?

Degas: *Petite danseuse de quatorze ans*

Talking about people, events, and successive or simultaneous actions
Le participe présent

1. The present participle of all verbs, except **avoir, être,** and **savoir,** is formed by dropping the **-ons** of the **nous** form of the present tense and adding **-ant.**

Infinitive	Stem	Ending	Present participle
parler	parl	-ant	parlant
finir	finiss	-ant	finissant
vendre	vend	-ant	vendant
faire	fais	-ant	faisant
pouvoir	pouv	-ant	pouvant

2. The following verbs have irregular present participles.

Infinitive	Present participle
avoir	ayant
être	étant
savoir	sachant

3. The present participle has a compound form. It is formed with the present participle of either **avoir** or **être** and the past participle of the verb.

   ayant parlé
   étant sorti(e)(s)

4. The present participle is used in the following cases:

   • to express the reason why an action happens or happened
      Le tableau étant très célèbre, ils ont pris une grosse assurance.

   • to express an action which occurred prior to the main verb (compound form only)
      Étant parti trop tard, j'ai manqué mon rendez-vous.

   • to express an action occurring at the same time as another one. In such cases, the present participle is often preceded by **en.**

Ils marchaient en chantant.	*They walked while singing (as they sang).*
Elle m'a dit bonjour en arrivant.	*She said hello upon arriving.*

Communication guidée

A **Historiette** **Sur la tour Eiffel** Faites une seule phrase. Utilisez **en** + le participe présent.

1. Il est monté en ascenseur. Il s'est senti mal.
2. Il a regardé en bas. Il a eu le vertige.
3. Il est allé au troisième étage. Il a découvert une vue magnifique.
4. Il a parlé au garde. Il a appris des tas de choses.
5. Il a acheté des souvenirs. Il a fait de la monnaie.
6. Il est rentré chez lui. Il s'est senti fatigué.

B **Décisions** Refaites la phrase en utilisant le participe présent composé.

1. Après avoir décidé de partir, ils sont partis.
2. Après avoir été occupée toute la journée, je ne me suis pas occupée de vous.
3. Après avoir choisi un itinéraire, ils ont appelé l'agence de voyages.
4. Après avoir peint le plus beau tableau de sa vie, il s'est arrêté de peindre.
5. Après être arrivé en haut, il a décidé de redescendre immédiatement.

TOULOUSE-LAUTREC VU PAR FELLINI

Introduction

De nos jours, il ne fait aucun doute que le cinéma est un art: tout comme un peintre, un cinéaste peut représenter sa vision personnelle du monde qui l'entoure. Il n'est donc pas surprenant que Federico Fellini (1920–1993), l'un des cinéastes les plus influents de notre époque, exprime sa «sympathie» pour le peintre Toulouse-Lautrec (1864–1901). Tous deux, à des époques différentes et dans des pays différents, ont su décrire en images le monde fabuleux et grotesque qui les fascinait.

Toulouse-Lautrec

Toulouse-Lautrec, dans le Paris de la fin du XIXe siècle, a peint Montmartre et le monde des artistes qui y vivaient. Il est considéré comme le père de l'affiche *(poster)* moderne.

Federico Fellini, lui, nous a présenté l'Italie de son époque telle qu'il la voyait—riche en images, couleurs, formes—dans des films comme *La Strada, La Dolce Vita, Huit et demi, Juliette des Esprits* ou *Amarcord*.

---

* *Henri de Toulouse-Lautrec belonged to a very old aristocratic family with ties to the royal families of France, England, and Spain. He was 5 feet tall and deformed (due to a genetic bone disease and two falls he took while horseback riding when he was fourteen years old).*

† *Valentin le Désossé (désossé meaning "boneless" or in this case "supple") was one of the café-concert dancers whom Toulouse-Lautrec painted.*

Toulouse-Lautrec*: *Moulin Rouge, la Goulue* **(le Moulin Rouge est un café-concert; la Goulue est le nom de la danseuse; le danseur au premier plan s'appelle Valentin le Désossé†)**

Vocabulaire

une foire

une marionnette

un spectacle de marionnettes

une trapéziste
un trapéziste
un écuyer
une écuyère

un spectacle de cirque

un regard action de regarder; expression des yeux de celui qui regarde
un geste mouvement des bras, des mains ou de la tête
un cinéaste auteur ou réalisateur de films
un metteur en scène personne qui dirige la réalisation d'un spectacle (pièce de théâtre, film, etc.)

les habits (*m.*) les vêtements, costumes
les rentes (*f.*) l'argent qu'on reçoit sans travailler: des intérêts, par exemple
un rentier personne qui vit de ses rentes, qui ne travaille pas
émerveillé fasciné
exprimer dire, donner ses impressions

Communication guidée

A **Le monde du spectacle** Donnez des réponses personnelles.

1. Vous aimez le monde du spectacle?
2. Vous êtes déjà allé(e) au cirque?
3. Qu'y avez-vous vu?
4. Vous êtes déjà allé(e) dans une foire?
5. Avez-vous déjà vu un spectacle de marionnettes? Où ça?
6. Allez-vous souvent au cinéma?
7. Quel est le dernier film que vous avez vu? Il y a combien de temps?
8. Quels sont vos cinéastes préférés?

Federico Fellini

B **Un cinéaste célèbre** Complétez.

1. Il a besoin de travailler! Il ne peut pas vivre de ses _____. Ce n'est pas un _____.
2. C'est toujours lui, le _____; il ne veut jamais que quelqu'un d'autre dirige la réalisation de ses films.
3. Il s'occupe de tout, même des costumes, des _____ que portent les acteurs.
4. Il aime beaucoup montrer le monde du _____: des chanteurs, des danseurs, des acrobates, etc.
5. Il veut que les acteurs _____ leurs émotions en toute liberté.
6. Il veut voir leurs émotions dans leurs yeux, dans leur _____.
7. Il parle beaucoup avec ses mains: il fait de grands _____.
8. Je suis toujours _____ par la beauté de ses films.

Une scène de *La Strada* de Federico Fellini avec Giulietta Masina et Anthony Quinn (1954)

Toulouse-Lautrec: *Au cirque Fernando, l'écuyère* (1888)

Fellini: *Le dompteur de rêves*
© Diogenes Verlag AG Zürich

LA FAMILLE DU SPECTACLE
Toulouse, mon frère
—par Federico Fellini

«Il avait une mentalité de cinéaste…»

Comme Toulouse-Lautrec, j'ai toujours été fasciné par le cirque, les foires, les marionnettes, le music-hall. Comme lui aussi, je fais partie de la famille des clowns, des trapézistes, des écuyers et des chanteurs de cabaret. Enfant, je ne me demandais jamais si je serais avocat, médecin ou prêtre[1], mais peintre, oui, parce que les peintres ont gardé ce privilège de pouvoir se barbouiller de[2] couleurs sans que personne n'ose[3] protester.

Lautrec adorait le spectacle. Il avait une mentalité de cinéaste, une façon d'exprimer à travers[4] ses cadrages[5] un sentiment, une émotion, une idée qui sont ceux du metteur en scène. Toulouse n'a jamais voulu jouer les peintres aristocratiques. Il a préféré un autre genre: faiseur de BD[6], de posters, de caricatures. Toutes choses qui me le rendent très proche et me donnent l'impression de l'avoir connu.

Il aimait les femmes. Mais les autres aussi, au fond[7]. Il avait pour eux le regard émerveillé de l'enfant. Il leur serrait la taille[8], leur allongeait le nez, coloriait leurs habits, enrichissait leurs regards et leurs gestes.

Il voulait faire voir le monde tel qu'[9]il le voyait. Et il le voyait en perspective. Avec cette affectueuse déformation de ceux qui regardent d'en bas.

Pas plus que Toulouse-Lautrec, je n'ai le goût du grotesque. Il se trouve simplement que toute vision artistique est stylisation, synthèse, concentration, et ne peut donc être objective. Comme Toulouse encore, je gomme[10] beaucoup et je reconstruis. Quand j'ai refait le visage lisse[11] et marécageux[12] de Donald Sutherland pour «Casanova», je me suis senti tel un peintre qui récrit l'essentiel d'un personnage; tel Toulouse-Lautrec réinventant Valentin le Désossé.

C'est peut-être pour cela que, par-delà les rhétoriques faciles, cet homme incroyable ne peut que susciter[13] ma sympathie: ce visage trop lourd sur un corps trop petit, ces évidents complexes d'infériorité et d'infirmité, qui ont à coup sûr stimulé sa créativité… Il est béni des dieux[14], l'artiste qui naît avec une disgrâce, une blessure psychologique, une humiliation mortifiante qui, parce qu'il est marginal, le rendent pour ainsi dire illégitime. Ces traumatismes sont une richesse, un magasin de stockage[15] où le créateur puise[16] indéfiniment. Comme un rentier qui vivrait de ses rentes!

Propos recueillis par Marcelle Padovani

---

[1] prêtre *priest*
[2] se barbouiller de *to daub themselves with*
[3] n'ose *dare*
[4] à travers *through*

[5] ses cadrages *his way of centering, framing*
[6] faiseur de BD *comic-strip artist*
[7] au fond *basically*

[8] leur serrait la taille *made their waists smaller*
[9] tel qu' *as*
[10] gomme *rub out, erase*
[11] lisse *smooth*

[12] marécageux *marshlike*
[13] susciter *arouse*
[14] béni des dieux *blessed by the gods*
[15] un magasin de stockage *warehouse*
[16] puise *draws from*

Après la lecture

A **Deux artistes** Répondez.
1. Qui parle dans cet article?
2. De qui nous parle-t-il?
3. Qu'est-ce qui a toujours fasciné les deux hommes?
4. Faites une liste des comparaisons entre ces deux hommes.

B **Oui ou non?** Répondez d'après le texte.
1. Toulouse-Lautrec regardait le monde comme une vieille personne.
2. Toulouse-Lautrec adorait le grotesque.
3. Il croyait que toute vision artistique devait être objective.
4. Il voyait le monde tel qu'il était.
5. Quand il était petit, Fellini voulait être avocat.
6. Toulouse-Lautrec était cinéaste.

C **Que veut dire... ?** Expliquez les phrases suivantes tirées du texte.
1. «Toulouse-Lautrec n'a jamais voulu jouer les peintres aristocratiques.»
2. «Il voulait faire voir le monde tel qu'il le voyait.»
3. «Il voyait le monde avec cette affectueuse déformation de ceux qui regardent d'en bas.»
4. «Comme Toulouse-Lautrec, je gomme et je reconstruis.»

Toulouse-Lautrec: *Portrait d'Yvette Guilbert* (1894)

DATES ET HORAIRES DE PROGRAMMATION

FEVRIER

Me 20	MONTPARNASSE 19	(2)
Je 21	MONTPARNASSE 19	(2)
Ve 22	MONTPARNASSE 19	(2)
Sa 23	MONTPARNASSE 19	(2)
Di 24	MONTPARNASSE 19	(2)
Lu 25	MONTPARNASSE 19	(2)
Ma 26	MONTPARNASSE 19	(1)
Me 27	LE JOUEUR	(1)
Je 28	LE JOUEUR	

MARS

Ve 1er	LE JOUEUR	(1)
Sa 2	LE ROUGE ET LE NOIR	(3)
Di 3	LE ROUGE ET LE NOIR	(3)
Lu 4	LE ROUGE ET LE NOIR	(3)
Ma 5	LE JOUEUR	(1)
Me 6	LE ROUGE ET LE NOIR	(3)
Je 7	LE JOUEUR	(1)
Ve 8	LE ROUGE ET LE NOIR	(3)
	LE DIABLE AU CORPS *	
Sa 9	LE ROUGE ET LE NOIR	(3)
Di 10	LE JOUEUR	(1)
Lu 11	LE JOUEUR	(1)
Ma 12	LE ROUGE ET LE NOIR	(3)
Me 13	POT BOUILLE	(1)
Je 14	POT BOUILLE	(1)
Ve 15	POT BOUILLE	(1)
Sa 16	Les LIAISONS DANGEREUSES	(1)
Di 17	POT BOUILLE	(1)
Lu 18	Les LIAISONS DANGEREUSES	(1)
Ma 19	POT BOUILLE	(1)
Me 20	LA CHARTREUSE DE PARME	(3)
Je 21	LA CHARTREUSE DE PARME	(3)
Ve 22	LA CHARTREUSE DE PARME	(3)
Sa 23	L'IDIOT	(3)
Di 24	LA CHARTREUSE DE PARME	(3)
Lu 25	LA CHARTREUSE DE PARME	(1)
Ma 26	L'IDIOT	(1)
Me 27	LA RONDE	(1)
Je 28	LA RONDE	(1)
Ve 29	LA RONDE	(1)
Sa 30	LA MEILLEURE PART	(1)
Di 31	LA RONDE	(1)

AVRIL

Lu 1er	LA MEILLEURE PART	(1)
Ma 2	LA RONDE	(1)

Me 3	MONSIEUR RIPOIS	(1)
Je 4	MONSIEUR RIPOIS	(1)
Ve 5	MONSIEUR RIPOIS	(3)
Sa 6	LA CHARTREUSE DE PARME	(1)
Di 7	LA CHARTREUSE DE PARME	(3)
Lu 8	MONSIEUR RIPOIS	(1)
Ma 9	MONSIEUR RIPOIS	(1)
Me 10	FANFAN LA TULIPE	(1)
Je 11	Les GRANDES MANOEUVRES	(1)
Ve 12	LA BEAUTE DU DIABLE	(1)
Sa 13	LA BEAUTE DU DIABLE	(1)
Di 14	LES BELLES DE NUIT	(1)
Lu 15	Les GRANDES MANOEUVRES	(1)
Ma 16	LES BELLES DE NUIT	(1)
Me 17	Les AVENTURES DE TILL	(1)
Je 18	UNE SI JOLIE PETITE PLAGE	(1)
Ve 19	UNE SI JOLIE PETITE PLAGE	(1)
Sa 20	MONSIEUR RIPOIS	(1)
Di 21	LE PAYS SANS ETOILES	(1)
Lu 22	MONSIEUR RIPOIS	(1)
Ma 23	LES AVENTURES DE TILL....	(1)
Me 24	LA FIEVRE MONTE A EL PAO	(1)
Je 25	LES ORGUEILLEUX	(1)
Ve 26	LA FIEVRE MONTE A EL PAO	(1)
Sa 27	LA FIEVRE MONTE A EL PAO	(1)
Di 28	LES ORGUEILLEUX	(1)
Lu 29	LA FIEVRE MONTE A EL PAO	(1)
Ma 30	LES ORGUEILLEUX	

MAI

Me 1er	LE PAYS SANS ETOILES	(1)
Je 2	TOUS LES CHEMINS MENENT..	(1)
Ve 3	LA FIEVRE MONTE A EL PAO	(3)
Sa 4	LA CHARTREUSE DE PARME	(1)
Di 5	FANFAN LA TULIPE	(1)
Lu 6	LA FIEVRE MONTE A EL PAO	(1)
Ma 7	SOUVENIRS PERDUS	(1)
Me 8	POT BOUILLE	(1)
Je 9	JULIETTE OU LA CLEF	(1)
Ve 10	LES ORGUEILLEUX	(2)
Sa 11	MONTPARNASSE 19	(1)
Di 12	POT BOUILLE	(2)
Lu 13	MONTPARNASSE 19	(2)
Ma 14	MONSIEUR RIPOIS	(1)

HORAIRES SEANCES : (1) 12h - 14h - 16h - 18h - 20h - 22h   (2) 12h - 14h30 - 17h - 19h15 - 21h35
(3) 14h - 17h15 - 20h40   * Séance unique 22 h

ATLAS et les ACACIAS CINEAUDIENCE présentent

Gérard Philipe
L'ETERNELLE JEUNESSE
22 FILMS À PARTIR DU 20 FEVRIER

L'EXPRESS PARIS

SOUS LE HAUT PATRONAGE DU MINISTERE DE LA CULTURE ET DE LA COMMUNICATION AVEC LE SOUTIEN DU CNC

LES GENIES DU CINEMA

PROGRAMME

Communication libre

A   **Le cinéma**   En France, il y a beaucoup de ciné-clubs et les rétrospectives sont très populaires. Imaginez que vous et votre camarade allez ouvrir un ciné-club. Choisissez les films que vous allez présenter.

B   **Débat**   Fellini dit que l'infirmité de Toulouse-Lautrec «a stimulé sa créativité». On dit aussi souvent qu'on ne peut pas être créatif si on ne souffre pas. Qu'en pensez-vous?

LES AVENTURES DE TINTIN

Introduction

La bande dessinée est universelle. Elle s'adresse à des publics très différents. Il y a des bandes dessinées pour enfants, il y a celles pour adultes. Il y a des bandes dessinées qui n'ont aucune prétention intellectuelle ou artistique, d'autres qui sont de véritables œuvres d'art. En France, la bande dessinée est très appréciée. Tous les enfants connaissent les aventures de Tintin, et celle du cowboy Lucky Luke, «l'homme qui tire plus vite que son ombre» *(the man who shoots faster than his shadow)*.

Vous allez lire un épisode d'une aventure de Tintin: On a marché sur la Lune. Comme dans toutes les aventures de Tintin, on y retrouve ses fidèles compagnons: Milou, son chien; le capitaine Haddock, un ancien marin qui jure *(swears)* tout le temps—ses jurons favoris étant «Tonnerre de Brest!» et «Mille millions de mille sabords!» *(Blistering barnacles!)*; les Dupont et Dupont, deux policiers jumeaux *(twins)* qui font gaffe *(blunder)* sur gaffe. Tout ce petit monde se retrouve dans de nombreuses aventures qui se passent aux quatre coins de la planète. Mais dans l'épisode qui suit, ils viennent d'atterrir sur une autre planète: la Lune!

Vocabulaire

la Terre

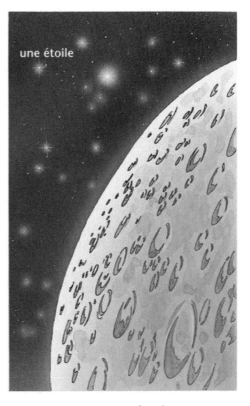

un paysage lunaire

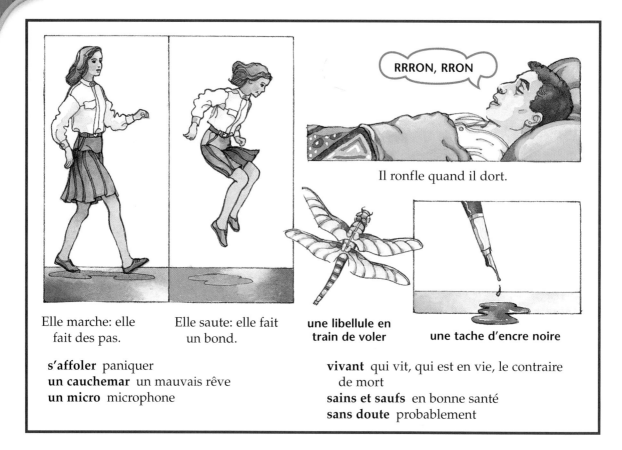

Il ronfle quand il dort.

Elle marche: elle
fait des pas.

Elle saute: elle fait
un bond.

**une libellule en
train de voler**

une tache d'encre noire

s'affoler paniquer
un cauchemar un mauvais rêve
un micro microphone

vivant qui vit, qui est en vie, le contraire
de mort
sains et saufs en bonne santé
sans doute probablement

Communication guidée

A **Associations** Quels mots vont ensemble?

1. ronfler
2. une étoile
3. de l'encre
4. un pas
5. une libellule
6. une fusée
7. s'affoler
8. sauter
9. un micro

a. marcher
b. la peur
c. l'espace
d. un bond
e. le ciel
f. parler
g. dormir
h. voler
i. un stylo

B **L'espace** Complétez.

1. Pour aller de la _____ à la _____, il faut une fusée.
2. Sur la Lune, il n'y a pas de végétation. Le _____ est lunaire.
3. Rien ne vit sur la Lune; rien n'est _____. Tout semble _____.
4. Le paysage lunaire ressemble à un mauvais rêve, à un _____.
5. Le voyage des astronautes n'a pas été facile, mais ils sont arrivés _____ et _____.
6. On construira sans _____ prochainement une station spatiale sur la Lune.

ON A MARCHÉ SUR LA LUNE

Il se passe quelque chose d'anormal...Voilà plus d'une demi-heure que nous les appelons...et toujours rien!... Essayez encore!...

Allo, allo, ici la Terre!... J'appelle fusée lunaire!...

Allo, allo, ici fusée lunaire!... Ici, fusée lunaire!... J'appelle la Terre...J'appelle la Terre...

Vivants!... Ils sont vivants!...

Hourrah!...

Ici Tournesol qui vous parle depuis la Lune!!!...Victoire!...Victoire!...Nous sommes tous sains et saufs!...Il n'y a pas eu moyen de vous parler plus tôt: des avaries[1] à la radio, provoquées sans doute par les trépidations[2] qui ont secoué[3] la fusée...Allo, avez-vous bien compris mon message?...

Compris!...Mais ces trépidations n'ont pas cessé, dirait-on; on entend jusqu'ici des espèces de ron-flements bizarres...

Je...Hem...Non, ce n'est rien: ne vous inquiétez pas!... Ce que vous entendez...ce sont les deux policiers qui ronflent!...Ils ne sont pas encore réveillés!...

RRRON...

RRRON...

A présent, nous allons sortir de la fusée!...Honneur au plus jeune d'entre nous: c'est Tintin qui a été désigné pour être le premier homme à fou-ler[4] le sol de la Lune!...Il vient de descendre pour s'équiper...C'est lui-même qui vous décrira, au micro, ses premières impressions... Je vous mets en communication avec lui...A tout à l'heure...

Allo, allo, ici Tintin!...Je viens de revêtir mon scaphandre[5] et me voici dans le sas, ce compartiment dans lequel on va bientôt faire le vide[6]...C'est le capi-taine Haddock qui s'occupe de la manœuvre...J'attends ses dernières instructions...

Allo, allo, ici le capitaine!...Pression zéro...Les échelons mobiles[7] sont en place...Vous y êtes? Attention!...J'ouvre la porte!...

L'instant est solennel...La porte extérieure tourne len-tement sur ses gonds et...

OOOOOOH!...

Oooh!...Quel spectacle hallucinant!

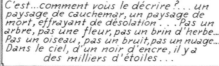

C'est...comment vous le décrire?...un paysage de cauchemar, un paysage de mort, effrayant de désolation...Pas un arbre, pas une fleur, pas un brin d'herbe... Pas un oiseau, pas un bruit, pas un nuage... Dans le ciel, d'un noir d'encre, il y a des milliers d'étoiles...

...mais immobiles, glacées, sans ce scintillement qui, de la Terre, nous les fait paraître si vivantes!...

---

[1] avaries *damage*
[2] trépidations *vibrations*

[3] ont secoué *shook*
[4] fouler *to tread*

[5] scaphandre *space suit*
[6] faire le vide *create a vacuum*

[7] les échelons mobiles *accommodation ladder*

(À suivre...)

---

[8] prodigieux *prodigious, fantastic*

[9] la pesanteur *gravity*

[10] moindre *less*

[11] le plus fort... c'est que *the amazing thing . . . is*

[12] pourvu que *let's hope that*

[13] me dégourdir les (jambes) pattes *to stretch my legs*

* Nom d'un homme! *Milou's version (a dog's) of the expression "Nom d'un chien!" (Golly! Gee!)*

Après la lecture

A Suspense Répondez d'après le texte.

1. Pourquoi les ingénieurs sur la Terre s'inquiètent-ils?
2. Qui répond à l'appel de la Terre?
3. Où sont nos amis?
4. Qui ronfle?
5. Qui va sortir le premier de la fusée? Pourquoi?
6. Comment Tintin décrit-il le paysage lunaire?
7. Quelle est la réaction du capitaine Haddock quand il met le pied sur la Lune?
8. Quelle est celle de Milou?
9. Quel est l'effet de la pesanteur lunaire sur nos trois amis?

B On a marché sur la Lune. Cette bande dessinée a été écrite bien avant que l'homme n'ait vraiment marché sur la Lune. Essayez de deviner en quelle année cette bande dessinée a paru. Vous savez certainement en quelle année et qui a marché sur la Lune pour la première fois. Pour savoir la réponse à ces deux questions, regardez en bas de la page.

Imaginez maintenant que c'est vous qui marchez sur la Lune pour la première fois. Utilisez le vocabulaire de ce texte pour décrire vos impressions.

Communication libre

A La suite La dernière image de cet épisode montre que quelque chose va arriver à nos héros. Imaginez ce que c'est.

B Vos héros Avec un(e) camarade, vous discutez des mérites de vos héros de bande dessinée préférés.

Réponses
- *Cette bande dessinée a paru en 1953.*
- *Neil Armstrong a été le premier être humain à marcher sur la Lune, le 21 juillet 1969.*

C **Votre propre BD** Avec un groupe de camarades, faites votre propre BD. Il vous faudra combiner trois éléments:

—une histoire courte racontée en images
—un personnage central ou un groupe de personnages centraux
—un texte ou des dialogues écrits à l'intérieur des dessins.

D **Débat: les bandes dessinées** Les parents et les professeurs n'aiment pas toujours que les jeunes lisent des bandes dessinées. En effet, ils trouvent souvent que les bandes dessinées ne sont pas éducatives et qu'au lieu de développer l'esprit, elles le déforment. Qu'en pensez-vous? Préparez vos arguments avant de débattre avec vos camarades.

Structure II

Expressing what would have happened under certain conditions
Le conditionnel passé

1. The conditional perfect is formed by using the present conditional of **avoir** or **être** and the past participle of the verb.

Infinitive	FINIR	SORTIR
Past conditional	j' aurais fini	je serais sorti(e)
	tu aurais fini	tu serais sorti(e)
	il aurait fini	il serait sorti
	elle aurait fini	elle serait sortie
	nous aurions fini	nous serions sorti(e)s
	vous auriez fini	vous seriez sorti(e)(s)
	ils auraient fini	ils seraient sortis
	elles auraient fini	elles seraient sorties

2. The conditional perfect is used to express what would have happened or what the situation would have been, if conditions had been different.

> **Dans ce cas-là, j'aurais refusé.**
> **Je serais bien allée avec vous, mais j'avais du travail à faire.**

Communication guidée

Pas possible Complétez.
1. J'_____ essayer, mais j'avais peur de ne pas réussir. (pouvoir)
2. J'_____ dormir mais je n'avais pas sommeil. (vouloir)
3. J'_____ quelque chose, mais le frigidaire était vide. (manger)
4. Je l'_____ mais je n'avais pas d'argent. (acheter)
5. J'_____ quelque chose, mais le café était fermé. (boire)
6. J'_____ quelque chose, mais j'avais peur de prendre la parole. (dire)

Expressing conditions
Les propositions avec **si**

A clause beginning with **si** is often used in conditional sentences. In French, sentences with **si** use a particular sequence of tenses.

Si + Présent	Futur/Impératif
Si elle a le temps,	elle ira au cinéma.
Si vous avez le temps,	allez au cinéma!

Si + Imparfait	Conditionnel présent
Si elle avait le temps,	elle irait au cinéma.

Si + Plus-que-parfait	Conditionnel passé
Si elle avait eu le temps,	elle serait allée au cinéma.

Do not confuse **si** (*if*) with the **si** that means *whether*. **Si** meaning *whether* can take any tense.

Je ne sais pas si Paul viendra avec nous.

Communication guidée

A **Oui ou non?** Répondez personnellement.

1. Si tu as le temps, tu iras au théâtre?
2. Si tu avais le temps, tu irais au théâtre?
3. Si tu avais eu le temps, tu serais allé(e) au théâtre?

4. Si tu as de l'argent, tu iras en Chine?
5. Si tu avais de l'argent, tu irais en Chine?
6. Si tu avais eu de l'argent, tu serais allé(e) en Chine?

B **Avec des *si*** Dites ce que vous feriez si…

1. vous aviez un an de vacances.
2. vous aviez beaucoup d'argent.

3. vous parliez vingt langues étrangères.
4. vous étiez président des États-Unis.

C **Dans le passé** Dites ce que vous auriez pu faire, voir, aimer, si…

1. vous aviez vécu au XVIIe siècle.
2. vous étiez né(e) en 1850.
3. vous aviez eu 20 ans en 1910.

Telling what you have others do
Le **faire** causatif

An important use of the verb **faire** in French is in causative constructions.

1. A causative construction is used to express what one makes another do. In a causative construction, the verb **faire** is followed by an infinitive.

Je fais chanter les enfants.	*I make (have) the children sing.*
Je fais restaurer un tableau.	*I have a painting restored.*
Il fait construire une maison.	*He's having a house built.*

2. When object pronouns are used, they precede the verb **faire**.

Je fais chanter la chanson.	**Je la fais chanter.**
Je fais chanter les enfants.	**Je les fais chanter.**
Je fais chanter la chanson aux enfants.	**Je la leur fais chanter.**

3. In the **passé composé,** the past participle of the verb **faire** does not agree with the preceding direct object pronoun since the pronoun is actually the object of the infinitive that follows the verb **faire**.

Il a fait restaurer la statue.	**Il l'a fait restaurer.**

4. A causative construction is often reflexive. In that case, the auxiliary **être** is used in the **passé composé.** Note that again, there is no agreement of the past participle **fait**.

Elle s'est fait faire une robe.	*She had a dress made for herself.*
Il s'est fait couper les cheveux.	*He had his hair cut.*

Un homme restaurant un tableau ancien

Le musée d'Orsay

Communication guidée

 A **Historiette** **Leur nouvelle maison** Ils ne vont pas le faire eux-mêmes. Dites ce qu'ils vont faire.

1. restaurer la façade
2. réparer les meubles
3. repeindre les pièces
4. nettoyer la cave
5. planter des fleurs dans le jardin
6. refaire la route

B **Encore une fois** Récrivez les phrases de l'Activité A en remplaçant les noms par des pronoms.

C **Ils ont tout fait faire.** Complétez.

1. Les peintures qu'il a fait____, je les ai vu____. Je les ai trouvé____ magnifiques.
2. Les peintures qu'il a fait____ restaurer, je les ai vu____. Je les ai trouvé____ magnifiques.
3. La robe qu'elle a fait____, je l'ai vu____. Je l'ai trouvé____ très belle.
4. La robe qu'elle a fait____ faire, je l'ai vu____. Je l'ai trouvé____ très belle.
5. Les maisons qu'ils ont fait____, je les ai vu____. Je les ai trouvé____ très belles.
6. Les maisons qu'ils ont fait____ construire, je les ai vu____. Je les ai trouvé____ très belles.

Littérature

Le jet d'eau   Guillaume Apollinaire

Avant la lecture

Le poète Guillaume Apollinaire disait: «Moi aussi, je suis peintre.» Dans ses *Calligrammes*, Apollinaire allie la poésie et le dessin. Connaissez-vous d'autres artistes qui allient plusieurs formes d'art?

Vocabulaire

La guerre de 1914: les Français se battent contre les Allemands.

Les blessés saignent. Ils perdent beaucoup de sang. Le combat a été sanglant.

Elle pleure.

un laurier-rose

un jet d'eau

une fleur

Le soleil va se lever. C'est l'aube. L'eau jaillit de la fontaine.

Communication guidée

À la guerre Complétez.

1. Pendant une guerre, les gens se _____.
2. Il y a beaucoup de blessés: les combats sont _____.
3. Quand on est blessé, on _____.
4. Le blessé saigne. Il perd beaucoup de _____.
5. Il est triste. Il _____.
6. Quand le soleil est sur le point de se lever, c'est l'_____.
7. Le laurier-rose a de grandes _____.
8. L'eau _____ de la fontaine.

Introduction

Guillaume de Kostrowitzky, «Kostro» pour ses amis, a écrit sous le pseudonyme d'«Apollinaire».

Il est né à Rome en 1880 et a eu une vie très fantaisiste et mouvementée, au cours de laquelle il s'est lié avec de nombreux poètes, peintres et musiciens de son époque. C'est la période de l'avant-guerre de 14, une période riche en idées en tous genres. C'est le début du cubisme, par exemple, qui ne laisse aucun artiste indifférent. Apollinaire est l'ami du poète Max Jacob et des peintres Braque, Derain et Picasso.

En décembre 1914, Apollinaire s'engage volontairement dans l'armée. Il est blessé à la tête en mars 1916 et subit une trépanation. Affaibli par sa blessure, il meurt en novembre 1918 pendant l'épidémie de «grippe espagnole».

Jean Metzinger: *Apollinaire en 1914*

Lecture 🎧

Le Jet d'eau

Tous les souvenirs de naguère[1]
Ô mes amis partis en guerre
Jaillissent vers le firmament[2]
Et vos regards en l'eau dormant
Meurent mélancoliquement

Où sont-ils Braque et Max Jacob
Derain aux yeux gris comme l'aube

Où sont Raynal Billy Dalize
Dont les noms se mélancolisent
Comme des pas dans une église
Où est Cremnitz qui s'engagea[3]
Peut-être sont-ils morts déjà
De souvenirs mon âme[4] est pleine
Le jet d'eau pleure sur ma peine[5]

?

CEUX QUI SONT PARTIS A LA GUERRE AU NORD SE BATTENT MAINTENANT

Le soir tombe O sanglante mer
Jardins où saigne abondamment le laurier rose fleur guerrière

Guillaume Apollinaire, *Calligrammes*, © Éditions Gallimard

---

[1] naguère *yore*

[2] le firmament *le ciel*

[3] s'engagea *enlisted*

[4] âme *soul*

[5] peine *sorrow*

Gromaire: *La guerre*

Après la lecture

Images
1. Notez tous les mots qui suggèrent une fontaine.
2. Notez tous les mots qui suggèrent la guerre et la mort.
3. Étudiez comment ces deux thèmes finissent par se mêler (*mixing*).

Communication libre

Calligramme Écrivez votre propre calligramme. Choisissez d'abord un thème, puis une forme qui conviendrait à ce thème.

Sans dessus dessous Jules Verne

Avant la lecture

On dit que la science a progressé plus vite ces 50 dernières années qu'elle ne l'avait fait en 500 ans. Quels sont les «événements» scientifiques que vous avez vécus?

Vocabulaire

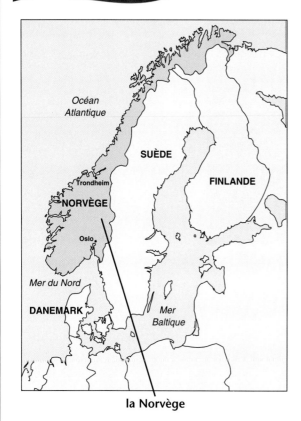

la Norvège

La chaleur fait fondre le glacier.

ajouter dire en plus
jouir de avoir
les Joviens *(m.)* les habitants de Jupiter
les Terrestriens *(m.)* les habitants de la Terre

diurne pendant le jour, pendant la journée
enchanté(e) très content(e)
accru(e) augmenté(e)
amoindri(e) diminué(e)

Communication guidée

Quel est le mot? Complétez.

1. Oslo est la capitale de la _____.
2. Le soleil émet des _____.
3. Quand il fait chaud, il n'est pas content: il n'aime pas la _____.
4. Il aime le froid: quand il fait froid, il est _____.
5. Quand il fait chaud, les glaciers _____.
6. Il va faire beau cet été: nous allons _____ d'un bel été.
7. Il fait plus chaud depuis hier: la chaleur s'est _____.
8. Il fait moins froid depuis hier: le froid s'est _____.
9. Il fera chaud pendant la journée: les températures _____ seront comprises entre 20° et 25°.
10. Elle ne peut pas s'arrêter de parler, il faut toujours qu'elle _____ quelque chose.
11. On ne peut pas vivre sur Jupiter; il ne peut pas y avoir de _____.
12. Il y a de plus en plus d'habitants sur la Terre; il y a maintenant 5 billions de _____.

Introduction

L'extrait que vous allez lire est tiré de *Sans dessus dessous*, un roman de Jules Verne qui n'est pas aussi connu que *Vingt mille lieues sous les mers*, *De la Terre à la Lune* ou *Le tour du monde en quatre-vingts jours*.

Jules Verne (1828–1905) est l'écrivain qui a introduit en France le roman de science-fiction. Des années plus tard, les explorations que Jules Verne avaient décrites dans ses romans sont devenues réalités: la conquête de l'air, celle de l'espace et l'exploration sous-marine, entre autres.

Dans *Sans dessus dessous**, il s'agit d'un projet encore plus grandiose: redresser *(straighten)* l'axe terrestre. Les membres du prestigieux Gun-Club de Baltimore et son président, Mr. Barbicane, ont acheté le Pôle nord à cette fin. Dans l'extrait qui suit, Jules Verne décrit les changements qu'entraînerait le redressement de l'axe terrestre.

---

* Sans dessus dessous *translated literally means "without top or bottom." It is also a play on words referring to the expression* sens dessus dessous, *"topsy turvy."*

Caricature de Jules Verne par Gill, 1874

Lecture 🎧

SANS DESSUS DESSOUS

Ainsi donc, d'après le problème résolu par le calculateur du Gun-Club, un nouvel axe de rotation allait être substitué à l'ancien axe, sur lequel la Terre tourne «depuis que le monde est monde» suivant l'adage vulgaire°. En outre°, ce nouvel axe de rotation serait perpendiculaire au plan de son orbite. Dans ces conditions, la situation climatérique de l'ancien Pôle nord serait exactement égale à la situation actuelle de Trondjhem en Norvège au printemps. Sa cuirasse paléocrystique° fondrait donc naturellement sous les rayons du Soleil. En même temps, les climats se distribueraient sur notre sphéroïde comme à la surface de Jupiter. […]

Jupiter, qui fait partie du monde solaire, comme Mercure, Vénus, la Terre, Mars, Saturne, Uranus et Neptune, circule à près de deux cents millions de lieues° du foyer° commun, son volume étant environ° quatorze cents fois celui de la Terre.

Or°, s'il existe une vie «jovienne», c'est-à-dire s'il y a des habitants à la surface de Jupiter, voici quels sont les avantages certains que leur offre ladite planète. […]

En premier lieu, pendant la révolution diurne de Jupiter qui ne dure que 9 heures 55 minutes, les jours sont constamment égaux aux nuits par n'importe quelle° latitude—soit 4 heures 57 minutes pour le jour, 4 heures 57 minutes pour la nuit.

«Voilà, firent observer les partisans de l'existence des Joviens, voilà qui convient aux gens d'habitudes régulières. Ils seront enchantés de se soumettre à cette régularité!»

Eh bien! c'est ce qui se produirait sur la Terre, si le président Barbicane accomplissait son œuvre. Seulement, comme le mouvement de rotation sur le nouvel axe terrestre ne serait ni accru ni amoindri, comme vingt-quatre heures sépareraient toujours deux midis successifs, les nuits et les jours seraient exactement de douze heures en n'importe quel point de notre sphéroïde. Les crépuscules° et les aubes° allongeraient les jours d'une quantité toujours égale. On vivrait au milieu d'un équinoxe perpétuel, tel qu'il se produit le 21 mars et le 21 septembre sur toutes les latitudes du globe, lorsque l'astre radieux° décrit sa courbe° apparente dans le plan de l'Équateur.

«Mais le phénomène climatérique le plus curieux, et non le moins intéressant, ajoutaient avec raison les enthousiastes, ce sera l'absence de saisons!»

En effet, c'est grâce à l'inclinaison de l'axe sur le plan de l'orbite, que se produisent ces variations annuelles, connues sous les noms de printemps,

l'adage vulgaire *the common saying*
en outre *in addition*

cuirasse paléocrystique *ancient polar ice sheet*

lieues *leagues*
foyer *center*
environ *about*
or *now*

n'importe quelle *any*

le crépuscule *dusk*
l'aube *dawn*

astre radieux *radiant star*
décrit sa courbe *follows its orbit*

d'été, d'automne et d'hiver. Or, les Joviens ne connaissent rien de ces saisons. Donc les Terrestriens ne les connaîtraient plus. Du moment que le nouvel axe serait perpendiculaire à l'écliptique, il n'y aurait plus de zones glaciales ni de zones torrides, mais toute la Terre jouirait d'une zone tempérée. […]

Le Soleil se maintiendrait immuablement° dans le plan de l'Équateur. Durant toute l'année, il tracerait pendant douze heures sa course imperturbable, en montant jusqu'à une distance du zénith égale à la latitude du lieu, par conséquent d'autant plus haut que° le point est plus voisin de° l'Équateur. […]

Donc les jours conserveraient une régularité parfaite, mesurés par le Soleil, qui se lèverait et se coucherait toutes les douze heures au même point de l'horizon.

«Et voyez les avantages! répétaient les amis du président Barbicane. Chacun, suivant son tempérament, pourra choisir le climat invariable qui conviendra à ses rhumes ou à ses rhumatismes, sur un globe où l'on ne connaîtra plus les variations de chaleur actuellement si regrettables!» […]

À la vérité°, l'observateur y perdrait quelques-unes des constellations ou étoiles qu'il est habitué à voir sur le champ du ciel. […] Mais, en somme, quel profit pour la généralité des humains!

Jules Verne, *Sans dessus dessous*

immuablement
perpetually

d'autant plus haut que *ever higher*
plus voisin de
closer to

à la vérité *to be honest*

Après la lecture

A Comme sur Jupiter Décrivez ce qui se passe sur Jupiter, d'après le calculateur du Gun-Club.

B Résumé Résumez à votre façon ce qui se passerait sur la Terre si son axe était redressé.

Communication libre

A Changements Décrivez les changements qui se produiraient dans votre vie s'il n'y avait plus de saisons.

B Découverte Quelle est la découverte scientifique de ces cinquante dernières années qui vous a le plus impressionné(e)? Pour quelles raisons? Discutez avec vos camarades et faites un sondage dans la classe.

Un membre du Gun-Club regarde la Terre.

La légende de la peinture

Michel Tournier

Avant la lecture

En France, la collection «Contes et Légendes (de tous les pays)» est une des lectures préférées des jeunes enfants. Les contes inspirés de mythologies grecques et latines sont aussi bien connus des enfants. Quels contes avez-vous lus? Quels contes vous sont familiers? Comparez vos réponses à celles de vos camarades. Quelle(s) conclusion(s) pouvez-vous tirer? Y a-t-il des contes que la plupart des jeunes Américains connaissent?

Vocabulaire

le plafond

un mur

le sol

un Chinois

la foule

le vainqueur

un rêve

le surlendemain deux jours après
jeter un coup d'œil regarder vite

bouger ne pas rester en place
émouvant qui fait pleurer

Communication guidée

 Définitions Trouvez le mot qui correspond.

1. celui qui arrive le premier dans une course
2. là où on marche
3. ce qui est au-dessus de nous dans une pièce
4. beaucoup de gens
5. ce que l'on voit quand on dort
6. ce qui divise un appartement en pièces
7. un habitant de la Chine

 Contraires Trouvez le contraire.

1. jeter un coup d'œil   **a.** froid
2. bouger   **b.** deux jours avant
3. émouvant   **c.** regarder fixement
4. le surlendemain   **d.** rester en place

Introduction

Michel Tournier est né à Paris en 1924. Il est d'abord professeur de philosophie, puis, à l'âge de 43 ans, il décide de devenir écrivain. Il reçoit le prix Goncourt en 1970 pour son roman *Le roi des Aulnes*.

«*La légende de la peinture*» est extraite de son livre de contes et nouvelles intitulé *Le médianoche amoureux*, publié en 1989.

Lecture 🎧

LA LÉGENDE DE LA PEINTURE

Il était une fois° un calife° de Bagdad qui voulait faire décorer les deux murs de la salle d'honneur° de son palais. Il fit venir deux artistes, l'un d'Orient, l'autre d'Occident. Le premier était un célèbre peintre chinois qui n'avait jamais quitté sa province. Le second, grec, avait visité toutes les nations, et parlait apparemment toutes les langues. Ce n'était pas qu'un peintre. Il était également versé dans l'astronomie, la physique, la chimie, l'architecture. Le calife leur expliqua son propos° et confia à° chacun l'un des murs de la salle d'honneur.

—Quand vous aurez terminé, dit-il, la cour° se réunira en grande pompe. Elle examinera et comparera vos œuvres, et celle qui sera jugée la plus belle vaudra à son auteur une immense récompense.

Puis, se tournant vers le Grec, il lui demanda combien de temps il lui faudrait pour achever sa fresque. Et mystérieusement le Grec répondit: «Quand mon confrère° chinois aura terminé, j'aurai terminé.» Alors le calife interrogea le Chinois, lequel demanda un délai° de trois mois.

—Bien, dit le calife. Je vais faire diviser la pièce en deux par un rideau afin que vous ne vous gêniez° pas, et nous nous reverrons dans trois mois.

Les trois mois passèrent, et le calife convoqua les deux peintres. Se tournant vers le Grec, il lui demanda: «As-tu terminé?» Et mystérieusement le Grec lui répondit: «Si mon confrère chinois a terminé, j'ai terminé.» Alors le calife interrogea à son tour le Chinois qui répondit: «J'ai terminé.»

il était une fois *once upon a time*
un calife *caliph (Moslem ruler)*
la salle d'honneur *reception hall*

son propos *what he wanted*
confia à *entrusted with*
la cour *court*

confrère *colleague*
un délai *time-limit*

vous ne vous gêniez pas *you don't get in each other's way*

La cour se réunit le surlendemain et se dirigea en grand arroi vers° la salle d'honneur afin de juger et comparer les deux œuvres. C'était un cortège° magnifique où l'on ne voyait que robes brodées°, panaches de plumes°, bijoux d'or°, armes ciselées°. Tout le monde se rassembla d'abord du côté du mur peint par le Chinois. Ce ne fut alors qu'un cri d'admiration. La fresque figurait en effet un jardin de rêve planté d'arbres en fleurs avec des petits lacs en forme de haricot qu'enjambaient° de

se dirigea en grand arroi
    vers *made its way in
    great array toward*
un cortège *procession*
brodées *embroidered*
plumes *feathers*
bijoux d'or *gold jewelry*
ciselées *chiseled*
enjambaient *spanned*

Eugène Delacroix: *Le sultan du Maroc avec son entourage,* 1845

Intérieur d'un palais, **peinture de Théodore Chassériau (1819–1856)**

gracieuses passerelles°. Une vision paradisiaque dont on ne se lassait pas°
de s'emplir° les yeux. Si grand était l'enchantement que d'aucuns°
voulaient qu'on déclarât le Chinois vainqueur du concours°, sans même
jeter un coup d'œil à l'œuvre du Grec.

Mais bientôt le calife fit tirer le rideau qui séparait la pièce en deux, et
la foule se retourna. La foule se retourna et laissa échapper une
exclamation de stupeur émerveillée.

Qu'avait donc fait le Grec? Il n'avait rien peint du tout. Il s'était
contenté d'établir un vaste miroir qui partait du sol et montait jusqu'au
plafond. Et bien entendu ce miroir reflétait le jardin du Chinois dans ses
moindres° détails. Mais alors, direz-vous, en quoi cette image était-elle
plus belle et plus émouvante que son modèle? C'est que le jardin du
Chinois était désert et vide° d'habitants, alors que, dans le jardin du Grec,
on voyait une foule magnifique avec des robes brodées, des panaches de
plumes, des bijoux d'or et des armes ciselées. Et tous ces gens bougeaient,
gesticulaient et se reconnaissaient avec ravissement°.

À l'unanimité, le Grec fut déclaré vainqueur du concours.

Michel Tournier, *La légende de la peinture,* © Éditions Gallimard

passerelles *small bridges*
ne se lassait pas *didn't
    tire*
s'emplir *to fill*
d'aucuns *some people*
un concours *competition*

moindres *smallest*

vide *empty*

ravissement *rapture*

Après la lecture

L'art À votre avis.
1. Avant de connaître la fin de l'histoire, comment expliquez-vous la réponse mystérieuse du peintre grec?
2. D'après vous, pour quelles raisons le peintre grec a-t-il gagné?
3. Quelle est, d'après vous, la morale de cette histoire?

Communication libre

A **Débat** La décision finale est-elle juste? Préparez vos arguments avant de débattre avec vos camarades.

B **Le paradis** Décrivez ce que serait pour vous le paradis.

Henri Matisse: *Fenêtre ouverte sur Tanger*

1. Vue aérienne de Bora Bora, un ancient volcan
2. Un frangipanier en fleurs
3. Vue aérienne du port de Papeete à Tahiti
4. Des fidèles en habits du dimanche écoutent le sermon dominical
5. Triage des perles noires sur l'atoll de Marutea
6. Jeune fille polynésienne portant une couronne de fleurs
7. La maison du peintre Paul Gauguin à Tahiti

6

NATIONAL
GEOGRAPHIC

REFLETS

de la Polynésie française

7

Handbook

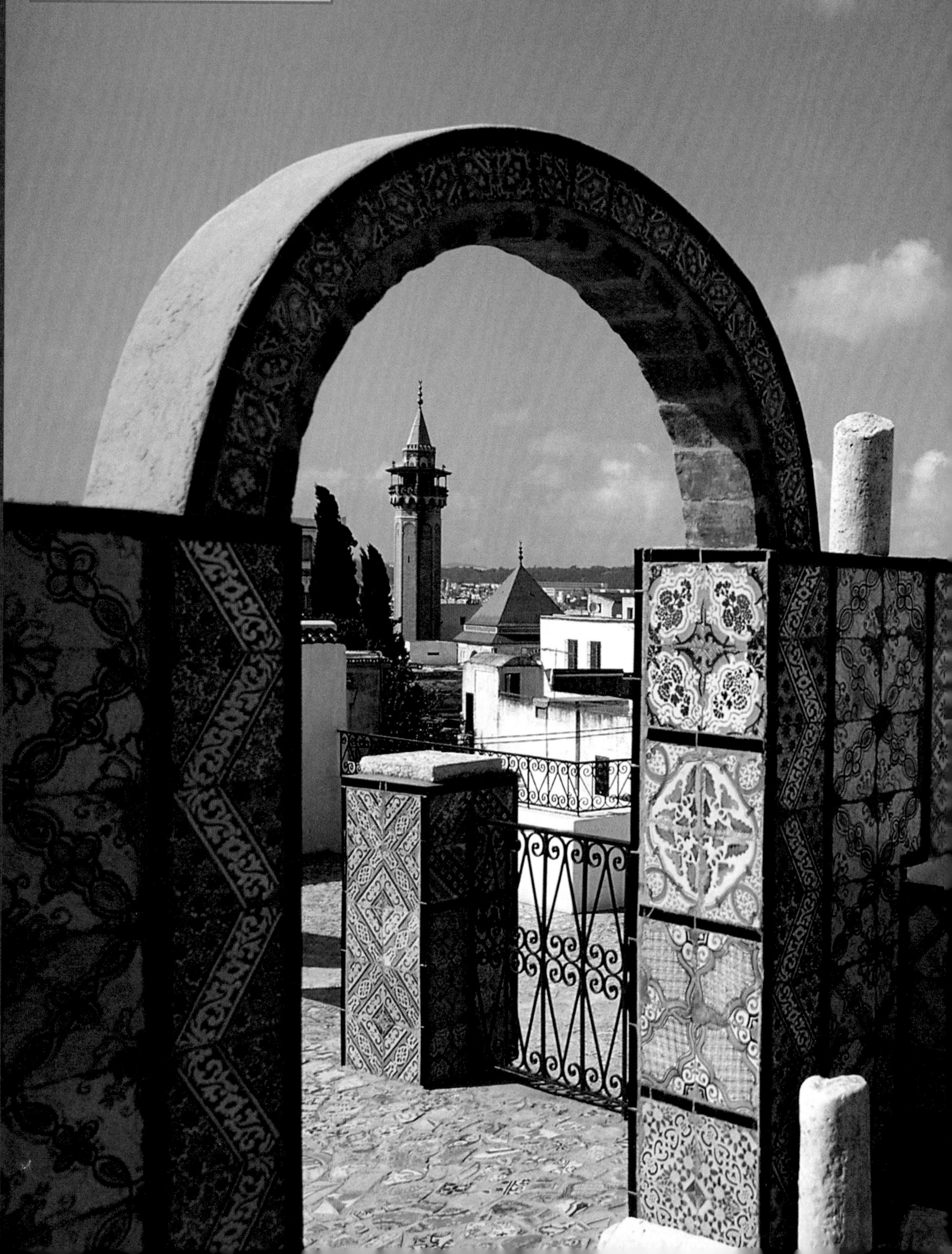

Verb Charts

VERBES RÉGULIERS

	parler *to talk*		finir *to finish*	
PARTICIPE PRÉSENT	parlant		finissant	
PARTICIPE PASSÉ	parlé		fini	
PRÉSENT	je parle	nous parlons	je finis	nous finissons
	tu parles	vous parlez	tu finis	vous finissez
	il parle	ils parlent	il finit	ils finissent
IMPÉRATIF		parlons		finissons
	parle	parlez	finis	finissez
PASSÉ COMPOSÉ	j'ai parlé	nous avons parlé	j'ai fini	nous avons fini
	tu as parlé	vous avez parlé	tu as fini	vous avez fini
	il a parlé	ils ont parlé	il a fini	ils ont fini
PASSÉ SIMPLE	je parlai	nous parlâmes	je finis	nous finîmes
	tu parlas	vous parlâtes	tu finis	vous finîtes
	il parla	ils parlèrent	il finit	ils finirent
IMPARFAIT	je parlais	nous parlions	je finissais	nous finissions
	tu parlais	vous parliez	tu finissais	vous finissiez
	il parlait	ils parlaient	il finissait	ils finissaient
PLUS-QUE-PARFAIT	j'avais parlé	nous avions parlé	j'avais fini	nous avions fini
	tu avais parlé	vous aviez parlé	tu avais fini	vous aviez fini
	il avait parlé	ils avaient parlé	il avait fini	ils avaient fini
FUTUR	je parlerai	nous parlerons	je finirai	nous finirons
	tu parleras	vous parlerez	tu finiras	vous finirez
	il parlera	ils parleront	il finira	ils finiront
FUTUR ANTÉRIEUR	j'aurai parlé	nous aurons parlé	j'aurai fini	nous aurons fini
	tu auras parlé	vous aurez parlé	tu auras fini	vous aurez fini
	il aura parlé	ils auront parlé	il aura fini	ils auront fini
CONDITIONNEL	je parlerais	nous parlerions	je finirais	nous finirions
	tu parlerais	vous parleriez	tu finirais	vous finiriez
	il parlerait	ils parleraient	il finirait	ils finiraient
CONDITIONNEL PASSÉ	j'aurais parlé	nous aurions parlé	j'aurais fini	nous aurions fini
	tu aurais parlé	vous auriez parlé	tu aurais fini	vous auriez fini
	il aurait parlé	ils auraient parlé	il aurait fini	ils auraient fini
SUBJONCTIF PRÉSENT	que je parle	que nous parlions	que je finisse	que nous finissions
	que tu parles	que vous parliez	que tu finisses	que vous finissiez
	qu'il parle	qu'ils parlent	qu'il finisse	qu'ils finissent
SUBJONCTIF PASSÉ	que j'aie parlé	que nous ayons parlé	que j'aie fini	que nous ayons fini
	que tu aies parlé	que vous ayez parlé	que tu aies fini	que vous ayez fini
	qu'il ait parlé	qu'ils aient parlé	qu'il ait fini	qu'ils aient fini

VERBES RÉGULIERS

répondre
to answer

PARTICIPE PRÉSENT	répondant	
PARTICIPE PASSÉ	répondu	
PRÉSENT	je réponds	nous répondons
	tu réponds	vous répondez
	il répond	ils répondent
IMPÉRATIF		répondons
	réponds	répondez
PASSÉ COMPOSÉ	j'ai répondu	nous avons répondu
	tu as répondu	vous avez répondu
	il a répondu	ils ont répondu
PASSÉ SIMPLE	je répondis	nous répondîmes
	tu répondis	vous répondîtes
	il répondit	ils répondirent
IMPARFAIT	je répondais	nous répondions
	tu répondais	vous répondiez
	il répondait	ils répondaient
PLUS-QUE-PARFAIT	j'avais répondu	nous avions répondu
	tu avais répondu	vous aviez répondu
	il avait répondu	ils avaient répondu
FUTUR	je répondrai	nous répondrons
	tu répondras	vous répondrez
	il répondra	ils répondront
FUTUR ANTÉRIEUR	j'aurai répondu	nous aurons répondu
	tu auras répondu	vous aurez répondu
	il aura répondu	ils auront répondu
CONDITIONNEL	je répondrais	nous répondrions
	tu répondrais	vous répondriez
	il répondrait	ils répondraient
CONDITIONNEL PASSÉ	j'aurais répondu	nous aurions répondu
	tu aurais répondu	vous auriez répondu
	il aurait répondu	ils auraient répondu
SUBJONCTIF PRÉSENT	que je réponde	que nous répondions
	que tu répondes	que vous répondiez
	qu'il réponde	qu'ils répondent
SUBJONCTIF PASSÉ	que j'aie répondu	que nous ayons répondu
	que tu aies répondu	que vous ayez répondu
	qu'il ait répondu	qu'ils aient répondu

VERBES RÉFLÉCHIS

se laver
to wash oneself

PARTICIPE PRÉSENT	se lavant	
PARTICIPE PASSÉ	lavé(e)(s)	
PRÉSENT	je me lave	nous nous lavons
	tu te laves	vous vous lavez
	il se lave	ils se lavent
IMPÉRATIF		lavons-nous
	lave-toi	lavez-vous
PASSÉ COMPOSÉ	je me suis lavé(e)	nous nous sommes lavé(e)s
	tu t'es lavé(e)	vous vous êtes lavé(e)(s)
	il s'est lavé	ils se sont lavés
PASSÉ SIMPLE	je me lavai	nous nous lavâmes
	tu te lavas	vous vous lavâtes
	il se lava	ils se lavèrent
IMPARFAIT	je me lavais	nous nous lavions
	tu te lavais	vous vous laviez
	il se lavait	ils se lavaient
PLUS-QUE-PARFAIT	je m'étais lavé(e)	nous nous étions lavé(e)s
	tu t'étais lavé(e)	vous vous étiez lavé(e)(s)
	il s'était lavé	ils s'étaient lavés
FUTUR	je me laverai	nous nous laverons
	tu te laveras	vous vous laverez
	il se lavera	ils se laveront
FUTUR ANTÉRIEUR	je me serai lavé(e)	nous nous serons lavé(e)s
	tu te seras lavé(e)	vous vous serez lavé(e)(s)
	il se sera lavé	ils se seront lavés
CONDITIONNEL	je me laverais	nous nous laverions
	tu te laverais	vous vous laveriez
	il se laverait	ils se laveraient
CONDITIONNEL PASSÉ	je me serais lavé(e)	nous nous serions lavé(e)s
	tu te serais lavé(e)	vous vous seriez lavé(e)(s)
	il se serait lavé	ils se seraient lavés
SUBJONCTIF PRÉSENT	que je me lave	que nous nous lavions
	que tu te laves	que vous vous laviez
	qu'il se lave	qu'ils se lavent
SUBJONCTIF PASSÉ	que je me sois lavé(e)	que nous nous soyons lavé(e)s
	que tu te sois lavé(e)	que vous vous soyez lavé(e)(s)
	qu'il se soit lavé	qu'ils se soient lavés

VERBES AVEC CHANGEMENTS D'ORTHOGRAPHE			
acheter *to buy*[1]		**appeler** *to call*	
PARTICIPE PRÉSENT	achetant		appelant
PARTICIPE PASSÉ	acheté		appelé
PRÉSENT	j'achète tu achètes il achète	nous achetons vous achetez ils achètent	j'appelle tu appelles il appelle	nous appelons vous appelez ils appellent
IMPÉRATIF	achète	achetons achetez	appelle	appelons appelez
PASSÉ COMPOSÉ	j'ai acheté tu as acheté il a acheté	nous avons acheté vous avez acheté ils ont acheté	j'ai appelé tu as appelé il a appelé	nous avons appelé vous avez appelé ils ont appelé
PASSÉ SIMPLE	j'achetai tu achetas il acheta	nous achetâmes vous achetâtes ils achetèrent	j'appelai tu appelas il appela	nous appelâmes vous appelâtes ils appelèrent
IMPARFAIT	j'achetais tu achetais il achetait	nous achetions vous achetiez ils achetaient	j'appelais tu appelais il appelait	nous appelions vous appeliez ils appelaient
PLUS-QUE-PARFAIT	j'avais acheté tu avais acheté il avait acheté	nous avions acheté vous aviez acheté ils avaient acheté	j'avais appelé tu avais appelé il avait appelé	nous avions appelé vous aviez appelé ils avaient appelé
FUTUR	j'achèterai tu achèteras il achètera	nous achèterons vous achèterez ils achèteront	j'appellerai tu appelleras il appellera	nous appellerons vous appellerez ils appelleront
FUTUR ANTÉRIEUR	j'aurai acheté tu auras acheté il aura acheté	nous aurons acheté vous aurez acheté ils auront acheté	j'aurai appelé tu auras appelé il aura appelé	nous aurons appelé vous aurez appelé ils auront appelé
CONDITIONNEL	j'achèterais tu achèterais il achèterait	nous achèterions vous achèteriez ils achèteraient	j'appellerais tu appellerais il appellerait	nous appellerions vous appelleriez ils appelleraient
CONDITIONNEL PASSÉ	j'aurais acheté tu aurais acheté il aurait acheté	nous aurions acheté vous auriez acheté ils auraient acheté	j'aurais appelé tu aurais appelé il aurait appelé	nous aurions appelé vous auriez appelé ils auraient appelé
SUBJONCTIF PRÉSENT	que j'achète que tu achètes qu'il achète	que nous achetions que vous achetiez qu'ils achètent	que j'appelle que tu appelles qu'il appelle	que nous appelions que vous appeliez qu'ils appellent
SUBJONCTIF PASSÉ	que j'aie acheté que tu aies acheté qu'il ait acheté	que nous ayons acheté que vous ayez acheté qu'ils aient acheté	que j'aie appelé que tu aies appelé qu'il ait appelé	que nous ayons appelé que vous ayez appelé qu'ils aient appelé

---

[1] Verbes similaires: **emmener, peser, soulever**

VERBES AVEC CHANGEMENTS D'ORTHOGRAPHE				
	commencer *to begin*[2]		**manger** *to eat*[3]	
PARTICIPE PRÉSENT	commençant		mangeant	
PARTICIPE PASSÉ	commencé		mangé	
PRÉSENT	je commence tu commences il commence	nous commençons vous commencez ils commencent	je mange tu manges il mange	nous mangeons vous mangez ils mangent
IMPÉRATIF	commence	commençons commencez	mange	mangeons mangez
PASSÉ COMPOSÉ	j'ai commencé tu as commencé il a commencé	nous avons commencé vous avez commencé ils ont commencé	j'ai mangé tu as mangé il a mangé	nous avons mangé vous avez mangé ils ont mangé
PASSÉ SIMPLE	je commençai tu commenças il commença	nous commençâmes vous commençâtes ils commencèrent	je mangeai tu mangeas il mangea	nous mangeâmes vous mangeâtes ils mangèrent
IMPARFAIT	je commençais tu commençais il commençait	nous commencions vous commenciez ils commençaient	je mangeais tu mangeais il mangeait	nous mangions vous mangiez ils mangeaient
PLUS-QUE-PARFAIT	j'avais commencé tu avais commencé il avait commencé	nous avions commencé vous aviez commencé ils avaient commencé	j'avais mangé tu avais mangé il avait mangé	nous avions mangé vous aviez mangé ils avaient mangé
FUTUR	je commencerai tu commenceras il commencera	nous commencerons vous commencerez ils commenceront	je mangerai tu mangeras il mangera	nous mangerons vous mangerez ils mangeront
FUTUR ANTÉRIEUR	j'aurai commencé tu auras commencé il aura commencé	nous aurons commencé vous aurez commencé ils auront commencé	j'aurai mangé tu auras mangé il aura mangé	nous aurons mangé vous aurez mangé ils auront mangé
CONDITIONNEL	je commencerais tu commencerais il commencerait	nous commencerions vous commenceriez ils commenceraient	je mangerais tu mangerais il mangerait	nous mangerions vous mangeriez ils mangeraient
CONDITIONNEL PASSÉ	j'aurais commencé tu aurais commencé il aurait commencé	nous aurions commencé vous auriez commencé ils auraient commencé	j'aurais mangé tu aurais mangé il aurait mangé	nous aurions mangé vous auriez mangé ils auraient mangé
SUBJONCTIF PRÉSENT	que je commence que tu commences qu'il commence	que nous commencions que vous commenciez qu'ils commencent	que je mange que tu manges qu'il mange	que nous mangions que vous mangiez qu'ils mangent
SUBJONCTIF PASSÉ	que j'aie commencé que tu aies commencé qu'il ait commencé	que nous ayons commencé que vous ayez commencé qu'ils aient commencé	que j'aie mangé que tu aies mangé qu'il ait mangé	que nous ayons mangé que vous ayez mangé qu'ils aient mangé

---

[2] Verbe similaire: **effacer**

[3] Verbes similaires: **changer, exiger, nager, voyager**

VERBES AVEC CHANGEMENTS D'ORTHOGRAPHE

	payer *to pay*[4]		préférer *to prefer*[5]	
PARTICIPE PRÉSENT	payant		préférant	
PARTICIPE PASSÉ	payé		préféré	
PRÉSENT	je paie	nous payons	je préfère	nous préférons
	tu paies	vous payez	tu préfères	vous préférez
	il paie	ils paient	il préfère	ils préfèrent
IMPÉRATIF		payons		préférons
	paie	payez	préfère	préférez
PASSÉ COMPOSÉ	j'ai payé	nous avons payé	j'ai préféré	nous avons préféré
	tu as payé	vous avez payé	tu as préféré	vous avez préféré
	il a payé	ils ont payé	il a préféré	ils ont préféré
PASSÉ SIMPLE	je payai	nous payâmes	je préférai	nous préférâmes
	tu payas	vous payâtes	tu préféras	vous préférâtes
	il paya	ils payèrent	il préféra	ils préférèrent
IMPARFAIT	je payais	nous payions	je préférais	nous préférions
	tu payais	vous payiez	tu préférais	vous préfériez
	il payait	ils payaient	il préférait	ils préféraient
PLUS-QUE-PARFAIT	j'avais payé	nous avions payé	j'avais préféré	nous avions préféré
	tu avais payé	vous aviez payé	tu avais préféré	vous aviez préféré
	il avait payé	ils avaient payé	il avait préféré	ils avaient préféré
FUTUR	je paierai	nous paierons	je préférerai	nous préférerons
	tu paieras	vous paierez	tu préféreras	vous préférerez
	il paiera	ils paieront	il préférera	ils préféreront
FUTUR ANTÉRIEUR	j'aurai payé	nous aurons payé	j'aurai préféré	nous aurons préféré
	tu auras payé	vous aurez payé	tu auras préféré	vous aurez préféré
	il aura payé	ils auront payé	il aura préféré	ils auront préféré
CONDITIONNEL	je paierais	nous paierions	je préférerais	nous préférerions
	tu paierais	vous paieriez	tu préférerais	vous préféreriez
	il paierait	ils paieraient	il préférerait	ils préféreraient
CONDITIONNEL PASSÉ	j'aurais payé	nous aurions payé	j'aurais préféré	nous aurions préféré
	tu aurais payé	vous auriez payé	tu aurais préféré	vous auriez préféré
	il aurait payé	ils auraient payé	il aurait préféré	ils auraient préféré
SUBJONCTIF PRÉSENT	que je paie	que nous payions	que je préfère	que nous préférions
	que tu paies	que vous payiez	que tu préfères	que vous préfériez
	qu'il paie	qu'ils paient	qu'il préfère	qu'ils préfèrent
SUBJONCTIF PASSÉ	que j'aie payé	que nous ayons payé	que j'aie préféré	que nous ayons préféré
	que tu aies payé	que vous ayez payé	que tu aies préféré	que vous ayez préféré
	qu'il ait payé	qu'ils aient payé	qu'il ait préféré	qu'ils aient préféré

[4] Verbes similaires: **appuyer, employer, essayer, essuyer, nettoyer, tutoyer**

[5] Verbes similaires: **accélérer, célébrer, espérer, oblitérer, récupérer, sécher, suggérer**

Verb Charts

VERBES IRRÉGULIERS

	aller *to go*		avoir *to have*	
PARTICIPE PRÉSENT	allant		ayant	
PARTICIPE PASSÉ	allé(e)(s)		eu	
PRÉSENT	je vais tu vas il va	nous allons vous allez ils vont	j'ai tu as il a	nous avons vous avez ils ont
IMPÉRATIF	va	allons allez	aie	ayons ayez
PASSÉ COMPOSÉ	je suis allé(e) tu es allé(e) il est allé	nous sommes allé(e)s vous êtes allé(e)(s) ils sont allés	j'ai eu tu as eu il a eu	nous avons eu vous avez eu ils ont eu
PASSÉ SIMPLE	j'allai tu allas il alla	nous allâmes vous allâtes ils allèrent	j'eus tu eus il eut	nous eûmes vous eûtes ils eurent
IMPARFAIT	j'allais tu allais il allait	nous allions vous alliez ils allaient	j'avais tu avais il avait	nous avions vous aviez ils avaient
PLUS-QUE-PARFAIT	j'étais allé(e) tu étais allé(e) il était allé	nous étions allé(e)s vous étiez allé(e)(s) ils étaient allés	j'avais eu tu avais eu il avait eu	nous avions eu vous aviez eu ils avaient eu
FUTUR	j'irai tu iras il ira	nous irons vous irez ils iront	j'aurai tu auras il aura	nous aurons vous aurez ils auront
FUTUR ANTÉRIEUR	je serai allé(e) tu seras allé(e) il sera allé	nous serons allé(e)s vous serez allé(e)(s) ils seront allés	j'aurai eu tu auras eu il aura eu	nous aurons eu vous aurez eu ils auront eu
CONDITIONNEL	j'irais tu irais il irait	nous irions vous iriez ils iraient	j'aurais tu aurais il aurait	nous aurions vous auriez ils auraient
CONDITIONNEL PASSÉ	je serais allé(e) tu serais allé(e) il serait allé	nous serions allé(e)s vous seriez allé(e)(s) ils seraient allés	j'aurais eu tu aurais eu il aurait eu	nous aurions eu vous auriez eu ils auraient eu
SUBJONCTIF PRÉSENT	que j'aille que tu ailles qu'il aille	que nous allions que vous alliez qu'ils aillent	que j'aie que tu aies qu'il ait	que nous ayons que vous ayez qu'ils aient
SUBJONCTIF PASSÉ	que je sois allé(e) que tu sois allé(e) qu'il soit allé	que nous soyons allé(e)s que vous soyez allé(e)(s) qu'ils soient allés	que j'aie eu que tu aies eu qu'il ait eu	que nous ayons eu que vous ayez eu qu'ils aient eu

VERBES IRRÉGULIERS

	s'asseoir *to sit*		boire *to drink*	
PARTICIPE PRÉSENT	s'asseyant		buvant	
PARTICIPE PASSÉ	assis(e)(es)		bu	
PRÉSENT	je m'assieds tu t'assieds il s'assied	nous nous asseyons vous vous asseyez ils s'asseyent	je bois tu bois il boit	nous buvons vous buvez ils boivent
IMPÉRATIF	assieds-toi	asseyons-nous asseyez-vous	bois	buvons buvez
PASSÉ COMPOSÉ	je me suis assis(e) tu t'es assis(e) il s'est assis	nous nous sommes assis(es) vous vous êtes assis(e)(es) ils se sont assis	j'ai bu tu as bu il a bu	nous avons bu vous avez bu ils ont bu
PASSÉ SIMPLE	je m'assis tu t'assis il s'assit	nous nous assîmes vous vous assîtes ils s'assirent	je bus tu bus il but	nous bûmes vous bûtes ils burent
IMPARFAIT	je m'asseyais tu t'asseyais il s'asseyait	nous nous asseyions vous vous asseyiez ils s'asseyaient	je buvais tu buvais il buvait	nous buvions vous buviez ils buvaient
PLUS-QUE-PARFAIT	je m'étais assis(e) tu t'étais assis(e) il s'était assis	nous nous étions assis(es) vous vous étiez assis(e)(es) ils s'étaient assis	j'avais bu tu avais bu il avait bu	nous avions bu vous aviez bu ils avaient bu
FUTUR	je m'assiérai tu t'assiéras il s'assiéra	nous nous assiérons vous vous assiérez ils s'assiéront	je boirai tu boiras il boira	nous boirons vous boirez ils boiront
FUTUR ANTÉRIEUR	je me serai assis(e) tu te seras assis(e) il se sera assis	nous nous serons assis(es) vous vous serez assis(e)(es) ils se seront assis	j'aurai bu tu auras bu il aura bu	nous aurons bu vous aurez bu ils auront bu
CONDITIONNEL	je m'assiérais tu t'assiérais il s'assiérait	nous nous assiérions vous vous assiériez ils s'assiéraient	je boirais tu boirais il boirait	nous boirions vous boiriez ils boiraient
CONDITIONNEL PASSÉ	je me serais assis(e) tu te serais assis(e) il se serait assis	nous nous serions assis(es) vous vous seriez assis(e)(es) ils se seraient assis	j'aurais bu tu aurais bu il aurait bu	nous aurions bu vous auriez bu ils auraient bu
SUBJONCTIF PRÉSENT	que je m'asseye que tu t'asseyes qu'il s'asseye	que nous nous asseyions que vous vous asseyiez qu'ils s'asseyent	que je boive que tu boives qu'il boive	que nous buvions que vous buviez qu'ils boivent
SUBJONCTIF PASSÉ	que je me sois assis(e) que tu te sois assis(e) qu'il se soit assis	que nous nous soyons assis(es) que vous vous soyez assis(e)(es) qu'ils se soient assis	que j'aie bu que tu aies bu qu'il ait bu	que nous ayons bu que vous ayez bu qu'ils aient bu

VERBES IRRÉGULIERS				
	conduire *to drive*		**connaître** *to know*	
PARTICIPE PRÉSENT	conduisant		connaissant	
PARTICIPE PASSÉ	conduit		connu	
PRÉSENT	je conduis tu conduis il conduit	nous conduisons vous conduisez ils conduisent	je connais tu connais il connaît	nous connaissons vous connaissez ils connaissent
IMPÉRATIF	conduis	conduisons conduisez	connais	connaissons connaissez
PASSÉ COMPOSÉ	j'ai conduit tu as conduit il a conduit	nous avons conduit vous avez conduit ils ont conduit	j'ai connu tu as connu il a connu	nous avons connu vous avez connu ils ont connu
PASSÉ SIMPLE	je conduisis tu conduisis il conduisit	nous conduisîmes vous conduisîtes ils conduisirent	je connus tu connus il connut	nous connûmes vous connûtes ils connurent
IMPARFAIT	je conduisais tu conduisais il conduisait	nous conduisions vous conduisiez ils conduisaient	je connaissais tu connaissais il connaissait	nous connaissions vous connaissiez ils connaissaient
PLUS-QUE-PARFAIT	j'avais conduit tu avais conduit il avait conduit	nous avions conduit vous aviez conduit ils avaient conduit	j'avais connu tu avais connu il avait connu	nous avions connu vous aviez connu ils avaient connu
FUTUR	je conduirai tu conduiras il conduira	nous conduirons vous conduirez ils conduiront	je connaîtrai tu connaîtras il connaîtra	nous connaîtrons vous connaîtrez ils connaîtront
FUTUR ANTÉRIEUR	j'aurai conduit tu auras conduit il aura conduit	nous aurons conduit vous aurez conduit ils auront conduit	j'aurai connu tu auras connu il aura connu	nous aurons connu vous aurez connu ils auront connu
CONDITIONNEL	je conduirais tu conduirais il conduirait	nous conduirions vous conduiriez ils conduiraient	je connaîtrais tu connaîtrais il connaîtrait	nous connaîtrions vous connaîtriez ils connaîtraient
CONDITIONNEL PASSÉ	j'aurais conduit tu aurais conduit il aurait conduit	nous aurions conduit vous auriez conduit ils auraient conduit	j'aurais connu tu aurais connu il aurait connu	nous aurions connu vous auriez connu ils auraient connu
SUBJONCTIF PRÉSENT	que je conduise que tu conduises qu'il conduise	que nous conduisions que vous conduisiez qu'ils conduisent	que je connaisse que tu connaisses qu'il connaisse	que nous connaissions que vous connaissiez qu'ils connaissent
SUBJONCTIF PASSÉ	que j'aie conduit que tu aies conduit qu'il ait conduit	que nous ayons conduit que vous ayez conduit qu'ils aient conduit	que j'aie connu que tu aies connu qu'il ait connu	que nous ayons connu que vous ayez connu qu'ils aient connu

VERBES IRRÉGULIERS

	croire *to believe*		**devoir** *to have to, to owe*	
PARTICIPE PRÉSENT	croyant		devant	
PARTICIPE PASSÉ	cru		dû	
PRÉSENT	je crois tu crois il croit	nous croyons vous croyez ils croient	je dois tu dois il doit	nous devons vous devez ils doivent
IMPÉRATIF	crois	croyons croyez	dois	devons devez
PASSÉ COMPOSÉ	j'ai cru tu as cru il a cru	nous avons cru vous avez cru ils ont cru	j'ai dû tu as dû il a dû	nous avons dû vous avez dû ils ont dû
PASSÉ SIMPLE	je crus tu crus il crut	nous crûmes vous crûtes ils crurent	je dus tu dus il dut	nous dûmes vous dûtes ils durent
IMPARFAIT	je croyais tu croyais il croyait	nous croyions vous croyiez ils croyaient	je devais tu devais il devait	nous devions vous deviez ils devaient
PLUS-QUE-PARFAIT	j'avais cru tu avais cru il avait cru	nous avions cru vous aviez cru ils avaient cru	j'avais dû tu avais dû il avait dû	nous avions dû vous aviez dû ils avaient dû
FUTUR	je croirai tu croiras il croira	nous croirons vous croirez ils croiront	je devrai tu devras il devra	nous devrons vous devrez ils devront
FUTUR ANTÉRIEUR	j'aurai cru tu auras cru il aura cru	nous aurons cru vous aurez cru ils auront cru	j'aurai dû tu auras dû il aura dû	nous aurons dû vous aurez dû ils auront dû
CONDITIONNEL	je croirais tu croirais il croirait	nous croirions vous croiriez ils croiraient	je devrais tu devrais il devrait	nous devrions vous devriez ils devraient
CONDITIONNEL PASSÉ	j'aurais cru tu aurais cru il aurait cru	nous aurions cru vous auriez cru ils auraient cru	j'aurais dû tu aurais dû il aurait dû	nous aurions dû vous auriez dû ils auraient dû
SUBJONCTIF PRÉSENT	que je croie que tu croies qu'il croie	que nous croyions que vous croyiez qu'ils croient	que je doive que tu doives qu'il doive	que nous devions que vous deviez qu'ils doivent
SUBJONCTIF PASSÉ	que j'aie cru que tu aies cru qu'il ait cru	que nous ayons cru que vous ayez cru qu'ils aient cru	que j'aie dû que tu aies dû qu'il ait dû	que nous ayons dû que vous ayez dû qu'ils aient dû

Verb Charts

VERBES IRRÉGULIERS				
	dire *to say*		**dormir** *to sleep*	
PARTICIPE PRÉSENT	disant		dormant	
PARTICIPE PASSÉ	dit		dormi	
PRÉSENT	je dis	nous disons	je dors	nous dormons
	tu dis	vous dites	tu dors	vous dormez
	il dit	ils disent	il dort	ils dorment
IMPÉRATIF		disons		dormons
	dis	dites	dors	dormez
PASSÉ COMPOSÉ	j'ai dit	nous avons dit	j'ai dormi	nous avons dormi
	tu as dit	vous avez dit	tu as dormi	vous avez dormi
	il a dit	ils ont dit	il a dormi	ils ont dormi
PASSÉ SIMPLE	je dis	nous dîmes	je dormis	nous dormîmes
	tu dis	vous dîtes	tu dormis	vous dormîtes
	il dit	ils dirent	il dormit	ils dormirent
IMPARFAIT	je disais	nous disions	je dormais	nous dormions
	tu disais	vous disiez	tu dormais	vous dormiez
	il disait	ils disaient	il dormait	ils dormaient
PLUS-QUE-PARFAIT	j'avais dit	nous avions dit	j'avais dormi	nous avions dormi
	tu avais dit	vous aviez dit	tu avais dormi	vous aviez dormi
	il avait dit	ils avaient dit	il avait dormi	ils avaient dormi
FUTUR	je dirai	nous dirons	je dormirai	nous dormirons
	tu diras	vous direz	tu dormiras	vous dormirez
	il dira	ils diront	il dormira	ils dormiront
FUTUR ANTÉRIEUR	j'aurai dit	nous aurons dit	j'aurai dormi	nous aurons dormi
	tu auras dit	vous aurez dit	tu auras dormi	vous aurez dormi
	il aura dit	ils auront dit	il aura dormi	ils auront dormi
CONDITIONNEL	je dirais	nous dirions	je dormirais	nous dormirions
	tu dirais	vous diriez	tu dormirais	vous dormiriez
	il dirait	ils diraient	il dormirait	ils dormiraient
CONDITIONNEL PASSÉ	j'aurais dit	nous aurions dit	j'aurais dormi	nous aurions dormi
	tu aurais dit	vous auriez dit	tu aurais dormi	vous auriez dormi
	il aurait dit	ils auraient dit	il aurait dormi	ils auraient dormi
SUBJONCTIF PRÉSENT	que je dise	que nous disions	que je dorme	que nous dormions
	que tu dises	que vous disiez	que tu dormes	que vous dormiez
	qu'il dise	qu'ils disent	qu'il dorme	qu'ils dorment
SUBJONCTIF PASSÉ	que j'aie dit	que nous ayons dit	que j'aie dormi	que nous ayons dormi
	que tu aies dit	que vous ayez dit	que tu aies dormi	que vous ayez dormi
	qu'il ait dit	qu'ils aient dit	qu'il ait dormi	qu'ils aient dormi

VERBES IRRÉGULIERS

	envoyer *to send*[1]		écrire *to write*	
PARTICIPE PRÉSENT	envoyant		écrivant	
PARTICIPE PASSÉ	envoyé		écrit	
PRÉSENT	j'envoie	nous envoyons	j'écris	nous écrivons
	tu envoies	vous envoyez	tu écris	vous écrivez
	il envoie	ils envoient	il écrit	ils écrivent
IMPÉRATIF		envoyons		écrivons
	envoie	envoyez	écris	écrivez
PASSÉ COMPOSÉ	j'ai envoyé	nous avons envoyé	j'ai écrit	nous avons écrit
	tu as envoyé	vous avez envoyé	tu as écrit	vous avez écrit
	il a envoyé	ils ont envoyé	il a écrit	ils ont écrit
PASSÉ SIMPLE	j'envoyai	nous envoyâmes	j'écrivis	nous écrivîmes
	tu envoyas	vous envoyâtes	tu écrivis	vous écrivîtes
	il envoya	ils envoyèrent	il écrivit	ils écrivirent
IMPARFAIT	j'envoyais	nous envoyions	j'écrivais	nous écrivions
	tu envoyais	vous envoyiez	tu écrivais	vous écriviez
	il envoyait	ils envoyaient	il écrivait	ils écrivaient
PLUS-QUE-PARFAIT	j'avais envoyé	nous avions envoyé	j'avais écrit	nous avions écrit
	tu avais envoyé	vous aviez envoyé	tu avais écrit	vous aviez écrit
	il avait envoyé	ils avaient envoyé	il avait écrit	ils avaient écrit
FUTUR	j'enverrai	nous enverrons	j'écrirai	nous écrirons
	tu enverras	vous enverrez	tu écriras	vous écrirez
	il enverra	ils enverront	il écrira	ils écriront
FUTUR ANTÉRIEUR	j'aurai envoyé	nous aurons envoyé	j'aurai écrit	nous aurons écrit
	tu auras envoyé	vous aurez envoyé	tu auras écrit	vous aurez écrit
	il aura envoyé	ils auront envoyé	il aura écrit	ils auront écrit
CONDITIONNEL	j'enverrais	nous enverrions	j'écrirais	nous écririons
	tu enverrais	vous enverriez	tu écrirais	vous écririez
	il enverrait	ils enverraient	il écrirait	ils écriraient
CONDITIONNEL PASSÉ	j'aurais envoyé	nous aurions envoyé	j'aurais écrit	nous aurions écrit
	tu aurais envoyé	vous auriez envoyé	tu aurais écrit	vous auriez écrit
	il aurait envoyé	ils auraient envoyé	il aurait écrit	ils auraient écrit
SUBJONCTIF PRÉSENT	que j'envoie	que nous envoyions	que j'écrive	que nous écrivions
	que tu envoies	que vous envoyiez	que tu écrives	que vous écriviez
	qu'il envoie	qu'ils envoient	qu'il écrive	qu'ils écrivent
SUBJONCTIF PASSÉ	que j'aie envoyé	que nous ayons envoyé	que j'aie écrit	que nous ayons écrit
	que tu aies envoyé	que vous ayez envoyé	que tu aies écrit	que vous ayez écrit
	qu'il ait envoyé	qu'ils aient envoyé	qu'il ait écrit	qu'ils aient écrit

---

[1] Verbe similaire: **renvoyer**

VERBES IRRÉGULIERS

	être *to be*		faire *to make, to do*	
PARTICIPE PRÉSENT	étant		faisant	
PARTICIPE PASSÉ	été		fait	
PRÉSENT	je suis tu es il est	nous sommes vous êtes ils sont	je fais tu fais il fait	nous faisons vous faites ils font
IMPÉRATIF	 sois	soyons soyez	 fais	faisons faites
PASSÉ COMPOSÉ	j'ai été tu as été il a été	nous avons été vous avez été ils ont été	j'ai fait tu as fait il a fait	nous avons fait vous avez fait ils ont fait
PASSÉ SIMPLE	je fus tu fus il fut	nous fûmes vous fûtes ils furent	je fis tu fis il fit	nous fîmes vous fîtes ils firent
IMPARFAIT	j'étais tu étais il était	nous étions vous étiez ils étaient	je faisais tu faisais il faisait	nous faisions vous faisiez ils faisaient
PLUS-QUE-PARFAIT	j'avais été tu avais été il avait été	nous avions été vous aviez été ils avaient été	j'avais fait tu avais fait il avait fait	nous avions fait vous aviez fait ils avaient fait
FUTUR	je serai tu seras il sera	nous serons vous serez ils seront	je ferai tu feras il fera	nous ferons vous ferez ils feront
FUTUR ANTÉRIEUR	j'aurai été tu auras été il aura été	nous aurons été vous aurez été ils auront été	j'aurai fait tu auras fait il aura fait	nous aurons fait vous aurez fait ils auront fait
CONDITIONNEL	je serais tu serais il serait	nous serions vous seriez ils seraient	je ferais tu ferais il ferait	nous ferions vous feriez ils feraient
CONDITIONNEL PASSÉ	j'aurais été tu aurais été il aurait été	nous aurions été vous auriez été ils auraient été	j'aurais fait tu aurais fait il aurait fait	nous aurions fait vous auriez fait ils auraient fait
SUBJONCTIF PRÉSENT	que je sois que tu sois qu'il soit	que nous soyons que vous soyez qu'ils soient	que je fasse que tu fasses qu'il fasse	que nous fassions que vous fassiez qu'ils fassent
SUBJONCTIF PASSÉ	que j'aie été que tu aies été qu'il ait été	que nous ayons été que vous ayez été qu'ils aient été	que j'aie fait que tu aies fait qu'il ait fait	que nous ayons fait que vous ayez fait qu'ils aient fait

VERBES IRRÉGULIERS

	lire *to read*		mettre *to put*[2]	
PARTICIPE PRÉSENT	lisant		mettant	
PARTICIPE PASSÉ	lu		mis	
PRÉSENT	je lis tu lis il lit	nous lisons vous lisez ils lisent	je mets tu mets il met	nous mettons vous mettez ils mettent
IMPÉRATIF	lis	lisons lisez	mets	mettons mettez
PASSÉ COMPOSÉ	j'ai lu tu as lu il a lu	nous avons lu vous avez lu ils ont lu	j'ai mis tu as mis il a mis	nous avons mis vous avez mis ils ont mis
PASSÉ SIMPLE	je lus tu lus il lut	nous lûmes vous lûtes ils lurent	je mis tu mis il mit	nous mîmes vous mîtes ils mirent
IMPARFAIT	je lisais tu lisais il lisait	nous lisions vous lisiez ils lisaient	je mettais tu mettais il mettait	nous mettions vous mettiez ils mettaient
PLUS-QUE-PARFAIT	j'avais lu tu avais lu il avait lu	nous avions lu vous aviez lu ils avaient lu	j'avais mis tu avais mis il avait mis	nous avions mis vous aviez mis ils avaient mis
FUTUR	je lirai tu liras il lira	nous lirons vous lirez ils liront	je mettrai tu mettras il mettra	nous mettrons vous mettrez ils mettront
FUTUR ANTÉRIEUR	j'aurai lu tu auras lu il aura lu	nous aurons lu vous aurez lu ils auront lu	j'aurai mis tu auras mis il aura mis	nous aurons mis vous aurez mis ils auront mis
CONDITIONNEL	je lirais tu lirais il lirait	nous lirions vous liriez ils liraient	je mettrais tu mettrais il mettrait	nous mettrions vous mettriez ils mettraient
CONDITIONNEL PASSÉ	j'aurais lu tu aurais lu il aurait lu	nous aurions lu vous auriez lu ils auraient lu	j'aurais mis tu aurais mis il aurait mis	nous aurions mis vous auriez mis ils auraient mis
SUBJONCTIF PRÉSENT	que je lise que tu lises qu'il lise	que nous lisions que vous lisiez qu'ils lisent	que je mette que tu mettes qu'il mette	que nous mettions que vous mettiez qu'ils mettent
SUBJONCTIF PASSÉ	que j'aie lu que tu aies lu qu'il ait lu	que nous ayons lu que vous ayez lu qu'ils aient lu	que j'aie mis que tu aies mis qu'il ait mis	que nous ayons mis que vous ayez mis qu'ils aient mis

[2] Verbe similaire: **remettre**

Verb Charts

VERBES IRRÉGULIERS				
	ouvrir *to open*[3]		**partir** *to leave*[4]	
PARTICIPE PRÉSENT	ouvrant		partant	
PARTICIPE PASSÉ	ouvert		parti(e)(s)	
PRÉSENT	j'ouvre tu ouvres il ouvre	nous ouvrons vous ouvrez ils ouvrent	je pars tu pars il part	nous partons vous partez ils partent
IMPÉRATIF	ouvre	ouvrons ouvrez	pars	partons partez
PASSÉ COMPOSÉ	j'ai ouvert tu as ouvert il a ouvert	nous avons ouvert vous avez ouvert ils ont ouvert	je suis parti(e) tu es parti(e) il est parti	nous sommes parti(e)s vous êtes parti(e)(s) ils sont partis
PASSÉ SIMPLE	j'ouvris tu ouvris il ouvrit	nous ouvrîmes vous ouvrîtes ils ouvrirent	je partis tu partis il partit	nous partîmes vous partîtes ils partirent
IMPARFAIT	j'ouvrais tu ouvrais il ouvrait	nous ouvrions vous ouvriez ils ouvraient	je partais tu partais il partait	nous partions vous partiez ils partaient
PLUS-QUE-PARFAIT	j'avais ouvert tu avais ouvert il avait ouvert	nous avions ouvert vous aviez ouvert ils avaient ouvert	j'étais parti(e) tu étais parti(e) il était parti	nous étions parti(e)s vous étiez parti(e)(s) ils étaient partis
FUTUR	j'ouvrirai tu ouvriras il ouvrira	nous ouvrirons vous ouvrirez ils ouvriront	je partirai tu partiras il partira	nous partirons vous partirez ils partiront
FUTUR ANTÉRIEUR	j'aurai ouvert tu auras ouvert il aura ouvert	nous aurons ouvert vous aurez ouvert ils auront ouvert	je serai parti(e) tu seras parti(e) il sera parti	nous serons parti(e)s vous serez parti(e)(s) ils seront partis
CONDITIONNEL	j'ouvrirais tu ouvrirais il ouvrirait	nous ouvririons vous ouvririez ils ouvriraient	je partirais tu partirais il partirait	nous partirions vous partiriez ils partiraient
CONDITIONNEL PASSÉ	j'aurais ouvert tu aurais ouvert il aurait ouvert	nous aurions ouvert vous auriez ouvert ils auraient ouvert	je serais parti(e) tu serais parti(e) il serait parti	nous serions parti(e)s vous seriez parti(e)(s) ils seraient partis
SUBJONCTIF PRÉSENT	que j'ouvre que tu ouvres qu'il ouvre	que nous ouvrions que vous ouvriez qu'ils ouvrent	que je parte que tu partes qu'il parte	que nous partions que vous partiez qu'ils partent
SUBJONCTIF PASSÉ	que j'aie ouvert que tu aies ouvert qu'il ait ouvert	que nous ayons ouvert que vous ayez ouvert qu'ils aient ouvert	que je sois parti(e) que tu sois parti(e) qu'il soit parti	que nous soyons parti(e)s que vous soyez parti(e)(s) qu'ils soient partis

---

[3] Verbes similaires: **couvrir, découvrir, offrir, souffrir**

[4] Verbe similaire: **sortir**

VERBES IRRÉGULIERS

	pouvoir _to be able to_		prendre _to take_[5]	
PARTICIPE PRÉSENT	pouvant		prenant	
PARTICIPE PASSÉ	pu		pris	
PRÉSENT	je peux tu peux il peut	nous pouvons vous pouvez ils peuvent	je prends tu prends il prend	nous prenons vous prenez ils prennent
IMPÉRATIF	(pas d'impératif)		prends	prenons prenez
PASSÉ COMPOSÉ	j'ai pu tu as pu il a pu	nous avons pu vous avez pu ils ont pu	j'ai pris tu as pris il a pris	nous avons pris vous avez pris ils ont pris
PASSÉ SIMPLE	je pus tu pus il put	nous pûmes vous pûtes ils purent	je pris tu pris il prit	nous prîmes vous prîtes ils prirent
IMPARFAIT	je pouvais tu pouvais il pouvait	nous pouvions vous pouviez ils pouvaient	je prenais tu prenais il prenait	nous prenions vous preniez ils prenaient
PLUS-QUE-PARFAIT	j'avais pu tu avais pu il avait pu	nous avions pu vous aviez pu ils avaient pu	j'avais pris tu avais pris il avait pris	nous avions pris vous aviez pris ils avaient pris
FUTUR	je pourrai tu pourras il pourra	nous pourrons vous pourrez ils pourront	je prendrai tu prendras il prendra	nous prendrons vous prendrez ils prendront
FUTUR ANTÉRIEUR	j'aurai pu tu auras pu il aura pu	nous aurons pu vous aurez pu ils auront pu	j'aurai pris tu auras pris il aura pris	nous aurons pris vous aurez pris ils auront pris
CONDITIONNEL	je pourrais tu pourrais il pourrait	nous pourrions vous pourriez ils pourraient	je prendrais tu prendrais il prendrait	nous prendrions vous prendriez ils prendraient
CONDITIONNEL PASSÉ	j'aurais pu tu aurais pu il aurait pu	nous aurions pu vous auriez pu ils auraient pu	j'aurais pris tu aurais pris il aurait pris	nous aurions pris vous auriez pris ils auraient pris
SUBJONCTIF PRÉSENT	que je puisse que tu puisses qu'il puisse	que nous puissions que vous puissiez qu'ils puissent	que je prenne que tu prennes qu'il prenne	que nous prenions que vous preniez qu'ils prennent
SUBJONCTIF PASSÉ	que j'aie pu que tu aies pu qu'il ait pu	que nous ayons pu que vous ayez pu qu'ils aient pu	que j'aie pris que tu aies pris qu'il ait pris	que nous ayons pris que vous ayez pris qu'ils aient pris

---

[5] Verbes similaires: **apprendre, comprendre**

Verb Charts

VERBES IRRÉGULIERS				
	recevoir *to receive*		**rire** *to laugh*[6]	
PARTICIPE PRÉSENT	recevant		riant	
PARTICIPE PASSÉ	reçu		ri	
PRÉSENT	je reçois	nous recevons	je ris	nous rions
	tu reçois	vous recevez	tu ris	vous riez
	il reçoit	ils reçoivent	il rit	ils rient
IMPÉRATIF		recevons		rions
	reçois	recevez	ris	riez
PASSÉ COMPOSÉ	j'ai reçu	nous avons reçu	j'ai ri	nous avons ri
	tu as reçu	vous avez reçu	tu as ri	vous avez ri
	il a reçu	ils ont reçu	il a ri	ils ont ri
PASSÉ SIMPLE	je reçus	nous reçûmes	je ris	nous rîmes
	tu reçus	vous reçûtes	tu ris	vous rîtes
	il reçut	ils reçurent	il rit	ils rirent
IMPARFAIT	je recevais	nous recevions	je riais	nous riions
	tu recevais	vous receviez	tu riais	vous riiez
	il recevait	ils recevaient	il riait	ils riaient
PLUS-QUE-PARFAIT	j'avais reçu	nous avions reçu	j'avais ri	nous avions ri
	tu avais reçu	vous aviez reçu	tu avais ri	vous aviez ri
	il avait reçu	ils avaient reçu	il avait ri	ils avaient ri
FUTUR	je recevrai	nous recevrons	je rirai	nous rirons
	tu recevras	vous recevrez	tu riras	vous rirez
	il recevra	ils recevront	il rira	ils riront
FUTUR ANTÉRIEUR	j'aurai reçu	nous aurons reçu	j'aurai ri	nous aurons ri
	tu auras reçu	vous aurez reçu	tu auras ri	vous aurez ri
	il aura reçu	ils auront reçu	il aura ri	ils auront ri
CONDITIONNEL	je recevrais	nous recevrions	je rirais	nous ririons
	tu recevrais	vous recevriez	tu rirais	vous ririez
	il recevrait	Ils recevraient	il rirait	Ils riraient
CONDITIONNEL PASSÉ	j'aurais reçu	nous aurions reçu	j'aurais ri	nous aurions ri
	tu aurais reçu	vous auriez reçu	tu aurais ri	vous auriez ri
	il aurait reçu	ils auraient reçu	il aurait ri	ils auraient ri
SUBJONCTIF PRÉSENT	que je reçoive	que nous recevions	que je rie	que nous riions
	que tu reçoives	que vous receviez	que tu ries	que vous riiez
	qu'il reçoive	qu'ils reçoivent	qu'il rie	qu'ils rient
SUBJONCTIF PASSÉ	que j'aie reçu	que nous ayons reçu	que j'aie ri	que nous ayons ri
	que tu aies reçu	que vous ayez reçu	que tu aies ri	que vous ayez ri
	qu'il ait reçu	qu'ils aient reçu	qu'il ait ri	qu'ils aient ri

[6] Verbe similaire: **sourire**

VERBES IRRÉGULIERS

	savoir *to know*		servir *to serve*	
PARTICIPE PRÉSENT	sachant		servant	
PARTICIPE PASSÉ	su		servi	
PRÉSENT	je sais tu sais il sait	nous savons vous savez ils savent	je sers tu sers il sert	nous servons vous servez ils servent
IMPÉRATIF	sache	sachons sachez	sers	servons servez
PASSÉ COMPOSÉ	j'ai su tu as su il a su	nous avons su vous avez su ils ont su	j'ai servi tu as servi il a servi	nous avons servi vous avez servi ils ont servi
PASSÉ SIMPLE	je sus tu sus il sut	nous sûmes vous sûtes ils surent	je servis tu servis il servit	nous servîmes vous servîtes ils servirent
IMPARFAIT	je savais tu savais il savait	nous savions vous saviez ils savaient	je servais tu servais il servait	nous servions vous serviez ils servaient
PLUS-QUE-PARFAIT	j'avais su tu avais su il avait su	nous avions su vous aviez su ils avaient su	j'avais servi tu avais servi il avait servi	nous avions servi vous aviez servi ils avaient servi
FUTUR	je saurai tu sauras il saura	nous saurons vous saurez ils sauront	je servirai tu serviras il servira	nous servirons vous servirez ils serviront
FUTUR ANTÉRIEUR	j'aurai su tu auras su il aura su	nous aurons su vous aurez su ils auront su	j'aurai servi tu auras servi il aura servi	nous aurons servi vous aurez servi ils auront servi
CONDITIONNEL	je saurais tu saurais il saurait	nous saurions vous sauriez ils sauraient	je servirais tu servirais il servirait	nous servirions vous serviriez ils serviraient
CONDITIONNEL PASSÉ	j'aurais su tu aurais su il aurait su	nous aurions su vous auriez su ils auraient su	j'aurais servi tu aurais servi il aurait servi	nous aurions servi vous auriez servi ils auraient servi
SUBJONCTIF PRÉSENT	que je sache que tu saches qu'il sache	que nous sachions que vous sachiez qu'ils sachent	que je serve que tu serves qu'il serve	que nous servions que vous serviez qu'ils servent
SUBJONCTIF PASSÉ	que j'aie su que tu aies su qu'il ait su	que nous ayons su que vous ayez su qu'ils aient su	que j'aie servi que tu aies servi qu'il ait servi	que nous ayons servi que vous ayez servi qu'ils aient servi

VERBES IRRÉGULIERS

	suivre *to follow*		venir *to come*[7]	
PARTICIPE PRÉSENT	suivant		venant	
PARTICIPE PASSÉ	suivi		venu(e)(s)	
PRÉSENT	je suis	nous suivons	je viens	nous venons
	tu suis	vous suivez	tu viens	vous venez
	il suit	ils suivent	il vient	ils viennent
IMPÉRATIF		suivons		venons
	suis	suivez	viens	venez
PASSÉ COMPOSÉ	j'ai suivi	nous avons suivi	je suis venu(e)	nous sommes venu(e)s
	tu as suivi	vous avez suivi	tu es venu(e)	vous êtes venu(e)(s)
	il a suivi	ils ont suivi	il est venu	ils sont venus
PASSÉ SIMPLE	je suivis	nous suivîmes	je vins	nous vînmes
	tu suivis	vous suivîtes	tu vins	vous vîntes
	il suivit	ils suivirent	il vint	ils vinrent
IMPARFAIT	je suivais	nous suivions	je venais	nous venions
	tu suivais	vous suiviez	tu venais	vous veniez
	il suivait	ils suivaient	il venait	ils venaient
PLUS-QUE-PARFAIT	j'avais suivi	nous avions suivi	j'étais venu(e)	nous étions venu(e)s
	tu avais suivi	vous aviez suivi	tu étais venu(e)	vous étiez venu(e)(s)
	il avait suivi	ils avaient suivi	il était venu	ils étaient venus
FUTUR	je suivrai	nous suivrons	je viendrai	nous viendrons
	tu suivras	vous suivrez	tu viendras	vous viendrez
	il suivra	ils suivront	il viendra	ils viendront
FUTUR ANTÉRIEUR	j'aurai suivi	nous aurons suivi	je serai venu(e)	nous serons venu(e)s
	tu auras suivi	vous aurez suivi	tu seras venu(e)	vous serez venu(e)(s)
	il aura suivi	ils auront suivi	il sera venu	ils seront venus
CONDITIONNEL	je suivrais	nous suivrions	je viendrais	nous viendrions
	tu suivrais	vous suivriez	tu viendrais	vous viendriez
	il suivrait	ils suivraient	il viendrait	ils viendraient
CONDITIONNEL PASSÉ	j'aurais suivi	nous aurions suivi	je serais venu(e)	nous serions venu(e)s
	tu aurais suivi	vous auriez suivi	tu serais venu(e)	vous seriez venu(e)(s)
	il aurait suivi	ils auraient suivi	il serait venu	ils seraient venus
SUBJONCTIF PRÉSENT	que je suive	que nous suivions	que je vienne	que nous venions
	que tu suives	que vous suiviez	que tu viennes	que vous veniez
	qu'il suive	qu'ils suivent	qu'il vienne	qu'ils viennent
SUBJONCTIF PASSÉ	que j'aie suivi	que nous ayons suivi	que je sois venu(e)	que nous soyons venu(e)s
	que tu aies suivi	que vous ayez suivi	que tu sois venu(e)	que vous soyez venu(e)(s)
	qu'il ait suivi	qu'ils aient suivi	qu'il soit venu	qu'ils soient venus

---

[7] Verbes similaires: **devenir, revenir, se souvenir**

VERBES IRRÉGULIERS

	vivre *to live*		voir *to see*	
PARTICIPE PRÉSENT	vivant		voyant	
PARTICIPE PASSÉ	vécu		vu	
PRÉSENT	je vis tu vis il vit	nous vivons vous vivez ils vivent	je vois tu vois il voit	nous voyons vous voyez ils voient
IMPÉRATIF	vis	vivons vivez	vois	voyons voyez
PASSÉ COMPOSÉ	j'ai vécu tu as vécu il a vécu	nous avons vécu vous avez vécu ils ont vécu	j'ai vu tu as vu il a vu	nous avons vu vous avez vu ils ont vu
PASSÉ SIMPLE	je vécus tu vécus il vécut	nous vécûmes vous vécûtes ils vécurent	je vis tu vis il vit	nous vîmes vous vîtes ils virent
IMPARFAIT	je vivais tu vivais il vivait	nous vivions vous viviez ils vivaient	je voyais tu voyais il voyait	nous voyions vous voyiez ils voyaient
PLUS-QUE-PARFAIT	j'avais vécu tu avais vécu il avait vécu	nous avions vécu vous aviez vécu ils avaient vécu	j'avais vu tu avais vu il avait vu	nous avions vu vous aviez vu ils avaient vu
FUTUR	je vivrai tu vivras il vivra	nous vivrons vous vivrez ils vivront	je verrai tu verras il verra	nous verrons vous verrez ils verront
FUTUR ANTÉRIEUR	j'aurai vécu tu auras vécu il aura vécu	nous aurons vécu vous aurez vécu ils auront vécu	j'aurai vu tu auras vu il aura vu	nous aurons vu vous aurez vu ils auront vu
CONDITIONNEL	je vivrais tu vivrais il vivrait	nous vivrions vous vivriez ils vivraient	je verrais tu verrais il verrait	nous verrions vous verriez ils verraient
CONDITIONNEL PASSÉ	j'aurais vécu tu aurais vécu il aurait vécu	nous aurions vécu vous auriez vécu ils auraient vécu	j'aurais vu tu aurais vu il aurait vu	nous aurions vu vous auriez vu ils auraient vu
SUBJONCTIF PRÉSENT	que je vive que tu vives qu'il vive	que nous vivions que vous viviez qu'ils vivent	que je voie que tu voies qu'il voie	que nous voyions que vous voyiez qu'ils voient
SUBJONCTIF PASSÉ	que j'aie vécu que tu aies vécu qu'il ait vécu	que nous ayons vécu que vous ayez vécu qu'ils aient vécu	que j'aie vu que tu aies vu qu'il ait vu	que nous ayons vu que vous ayez vu qu'ils aient vu

Verb Charts

VERBES IRRÉGULIERS		
vouloir *to want*		

PARTICIPE PRÉSENT	voulant	
PARTICIPE PASSÉ	voulu	
PRÉSENT	je veux	nous voulons
	tu veux	vous voulez
	il veut	ils veulent
IMPÉRATIF		veuillons
	veuille	veuillez
PASSÉ COMPOSÉ	j'ai voulu	nous avons voulu
	tu as voulu	vous avez voulu
	il a voulu	ils ont voulu
PASSÉ SIMPLE	je voulus	nous voulûmes
	tu voulus	vous voulûtes
	il voulut	ils voulurent
IMPARFAIT	je voulais	nous voulions
	tu voulais	vous vouliez
	il voulait	ils voulaient
PLUS-QUE-PARFAIT	j'avais voulu	nous avions voulu
	tu avais voulu	vous aviez voulu
	il avait voulu	ils avaient voulu
FUTUR	je voudrai	nous voudrons
	tu voudras	vous voudrez
	il voudra	ils voudront
FUTUR ANTÉRIEUR	j'aurai voulu	nous aurons voulu
	tu auras voulu	vous aurez voulu
	il aura voulu	ils auront voulu
CONDITIONNEL	je voudrais	nous voudrions
	tu voudrais	vous voudriez
	il voudrait	ils voudraient
CONDITIONNEL PASSÉ	j'aurais voulu	nous aurions voulu
	tu aurais voulu	vous auriez voulu
	il aurait voulu	ils auraient voulu
SUBJONCTIF PRÉSENT	que je veuille	que nous voulions
	que tu veuilles	que vous vouliez
	qu'il veuille	qu'ils veuillent
SUBJONCTIF PASSÉ	que j'aie voulu	que nous ayons voulu
	que tu aies voulu	que vous ayez voulu
	qu'il ait voulu	qu'ils aient voulu

Verb Charts

VERBES IMPERSONNELS

	falloir *to be necessary*	pleuvoir *to rain*
PARTICIPE PRÉSENT	(pas de participe présent)	pleuvant
PARTICIPE PASSÉ	fallu	plu
PRÉSENT	il faut	il pleut
IMPÉRATIF	(pas d'impératif)	(pas d'impératif)
PASSÉ COMPOSÉ	il a fallu	il a plu
PASSÉ SIMPLE	il fallut	il plut
IMPARFAIT	il fallait	il pleuvait
PLUS-QUE-PARFAIT	il avait fallu	il avait plu
FUTUR	il faudra	il pleuvra
FUTUR ANTÉRIEUR	il aura fallu	il aura plu
CONDITIONNEL	il faudrait	il pleuvrait
CONDITIONNEL PASSÉ	il aurait fallu	il aurait plu
SUBJONCTIF PRÉSENT	qu'il faille	qu'il pleuve
SUBJONCTIF PASSÉ	qu'il ait fallu	qu'il ait plu

VERBES AVEC ÊTRE AU PASSÉ COMPOSÉ

aller	*to go*	je suis allé(e)
arriver	*to arrive*	je suis arrivé(e)
descendre	*to go down, to get off*	je suis descendu(e)
devenir	*to become*	je suis devenu(e)
entrer	*to enter*	je suis entré(e)
monter	*to go up*	je suis monté(e)
mourir	*to die*	je suis mort(e)
naître	*to be born*	je suis né(e)
partir	*to leave*	je suis parti(e)

VERBES AVEC ÊTRE AU PASSÉ COMPOSÉ

passer	*to go by*	je suis passé(e)
rentrer	*to go home*	je suis rentré(e)
rester	*to stay*	je suis resté(e)
retourner	*to return*	je suis retourné(e)
revenir	*to come back*	je suis revenu(e)
sortir	*to go out*	je suis sorti(e)
tomber	*to fall*	je suis tombé(e)
venir	*to come*	je suis venu(e)

The following dictionary includes all vocabulary—receptive and productive—introduced in **Bon voyage! 1, 2, 3.**

A

à at, to
  à moins que unless
  à peine hardly, barely
  à peu près about
  à pied on foot
  à point medium-rare *(meat)*
  à propos by the way
  à propos de concerning, as regards
  à titre de as
  à tort wrongly
  À tout à l'heure. See you later.
abattre to chop down
abattu(e) exhausted, despondent
l' **abbaye** (f.) abbey
l' **abbé** (m.) abbot
l' **abécédaire** (m.) elementary reader
l' **abeille** (f.) bee
abîmer to destroy
abolir to abolish
l' **abomination** (f.) horror
abondant(e) abundant
l' **abonnement** (m.) subscription, phone service
l' **abri** (m.): **nul ne sera à l'abri** no one will escape
abriter to house, shelter
absolu(e) absolute
absolument absolutely
l' **Acadie** (f.) Acadia
acadien(ne) Acadian
accablant(e) overwhelming
accablé(e) (par) overwhelmed by
l' **accalmie** (f.) lull
accélérer to speed up, go faster
accepter to accept
l' **accès** (m.) access

l' **accessoire** (m.) accessory
l' **accident** (m.) accident
accidenté(e) hilly
acclamer to acclaim
accompagner to go with, accompany
accomplir to accomplish
l' **accord** (m.) agreement
accorder to tune
accourir to rush up to, to come running
accoutumé(e) accustomed
l' **accroissement** (m.) growth; increase
accru(e) increased
l' **accueil** (m.) welcome
  la capacité d'accueil number of beds available
accueillant(e) welcoming; friendly
accueillir to welcome
l' **achat** (m.) purchase
  faire des achats to shop
  le pouvoir d'achat buying power
acheter to buy
achever to complete
  achever (quelqu'un) to finish (someone) off
l' **acidité** (f.) acidity
l' **acier** (m.) steel
l' **acte** (m.) act
l' **acteur** (m.) actor (m.)
  actif, active active
l' **action** (f.) action
l' **activité** (f.) activity
l' **actrice** (f.) actress
l' **actualité** (f.) current events
actuel(le) current, present
actuellement currently
l' **adage** (m.) saying
l' **addition** (f.) check, bill *(restaurant)*
l' **adepte** (m. et f.) follower
adieux: faire ses adieux to say good-bye

admettre to admit
l' **adolescent(e)** adolescent, teenager
adorer to love
l' **adresse** (f.) address
l' **adulte** (m. et f.) adult
adverse opposing
aérien(ne) air, flight; aerial
  les tarifs aériens airfares
l' **aérogare** (f.) terminal with bus to airport
l' **aérogramme** (m.) airgram
l' **aéroport** (m.) airport
aérospatial(e) aerospace
affaibli(e) weakened
les **affaires** (f. pl.) business
  l'homme d'affaires businessman
affectueux(-se) affectionate
l' **affiche** (f.) poster
afficher to put up (a poster, etc.); to parade, sport
affolé(e) panic-stricken
s' **affoler** to panic
affreux, affreuse terrible, horrible
l' **affrontement** (m.) confrontation
s' **affronter** to collide
afin que so that
africain(e) African
l' **âge** (m.) age
  Tu as quel âge? How old are you?
  âgé(e) old
l' **agence** (m.) **de voyages** travel agency
l' **agenda** (m.) datebook
l' **agent** (m.) agent (m. and f.)
  l'agent (m.) **de police** police officer (m. and f.)
l' **agglomération** (f.) populated area
agir to act; to produce a result

s'agir de to be a matter of, to be about
l' **agitation** (f.) disturbance, unrest
agité(e) agitated; rough, stormy
agiter to agitate
l' **agneau** (m.) lamb
s' **agrandir** to get larger
agréable pleasant
agricole agricultural, farm
l' **agriculteur** (m.) farmer (m. and f.)
l' **agriculture biologique** organic farming
l' **aide** (f.) help
aider to help
l' **aide-soignant(e)** auxiliary nurse
aigu(ë) high-pitched
l' **aile** (f.) wing
ailleurs elsewhere
aimable nice (person)
aimer to like, love
l' **aîné(e)** elder
ainsi thus
l' **air** (m.) air; manner, expression
en plein air outdoor(s)
aise pleased
aisé(e) well-off
ajouter to add
l' **alcool-test** (m.) test for drunk driving
alerte alert
l' **algèbre** (f.) algebra
l' **aliment** (m.) food
l' **alimentation** (f.) nutrition, diet
alimenter to feed
allécher to attract
l' **Allemagne** (f.) Germany
allemand(e) German
l' **allemand** (m.) German (language)
aller to go
aller au bout d'eux-mêmes to push themselves to the limit
aller çà et là to go here and there
ça va de soi of course, it goes without saying

s' **en aller** to go away
l' **aller simple** (m.) one-way ticket
l' **allergie** (f.) allergy
allergique allergic
l' **aller-retour** (m.) round-trip ticket
l' **alliance** (f.) wedding ring
l' **allié** (m.) ally
allier to combine
allô hello (telephone)
allonger to stretch out; to lengthen
allouer to allow, allocate
allumer to light; to turn on (a TV, etc.)
l' **allumeur** (m.) **de réverbères** gas-lamp lighter
l' **allure** allure, attractiveness
alors so, then, well then
l' **alpinisme** (m.) mountain climbing
alsacien(ne) Alsatian
l' **altitude** (f.) altitude
amaigri(e) emaciated, thin
l' **amant, l'amante** lover
l' **amateur** (m.): **l'amateur d'art** art lover
l' **ambassade** (f.) embassy
l' **ambiance** (f.) surroundings, environment
l' **ambulance** (f.) ambulance
ambulant(e) strolling, traveling
l' **âme** (f.) soul
l' **amélioration** (f.) improvement
améliorer to improve
aménager to renovate, transform
l' **amende** (f.) fine
américain(e) American
l' **ami(e)** friend
l' **amitié** (f.) friendship
amoindri(e) diminished
l' **amour** (m.) love
amoureux, amoureuse in love
tomber amoureux (amoureuse) de to fall in love with

l' **ampoule** (f.) light bulb
amusant(e) funny
s' **amuser** to have fun
l' **an: avoir… ans** to be . . . years old
le jour de l'An New Year's Day
l' **analyse** (f.) **de sang** blood test
analyser to analyze
l' **ancêtre** (m.) ancestor
ancien(ne) old; former
l' **âne** (m.) donkey
l' **anesthésiste** (m. et f.) anesthesiologist
l' **angine** (f.) throat infection, tonsillitis
l' **anglais** (m.) English (language)
l' **anglaise** (f.) ringlet
l' **angle** (m.) corner
l' **Angleterre** (f.) England
l' **angoisse** (f.) anguish
l' **animal** (m.) animal
l' **animateur, l'animatrice** camp counselor
animé(e) lively, animated
l' **anneau** (m.) ring
l' **année** (f.) year
Bonne Année! Happy New Year!
l' **anniversaire** (m.) birthday
Bon (Joyeux) anniversaire! Happy birthday!
l' **annonce** (f.) announcement
l'annonce publicitaire commercial
la petite annonce classified ad
annoncer to announce
l' **annuaire** (m.) telephone book
annuel(le) annual
annuler to cancel
l' **anorak** (m.) ski jacket
antérieur(e) previous, former
l' **anthropologie** (f.) anthropology
l' **antibiotique** (m.) antibiotic
l' **anticonformisme** (m.) nonconformism

l' **anticyclone** (m.) high pressure area
antillais(e) West Indian
l' **antilope** (f.) antelope
l' **antipathie** (f.) dislike
antipathique unpleasant
l' **Antiquité** (f.) ancient times
anxieux, anxieuse anxious
apercevoir to catch sight of
s'apercevoir to notice
apparaître to appear
l' **appareil** (m.) machine, appliance; system; aircraft
l'appareil auditif auditory system
l'appareil circulatoire circulatory system
l'appareil respiratoire respiratory system
l' **apparence** (f.) (physical) appearance
l' **apparition** (f.) appearance
l' **appartement** (m.) apartment
appartenir to belong
l' **appel** (m.) call; an appeal
l'appel interurbain long-distance call
appeler to call
s'appeler to be called, be named
l' **appétit** (m.) appetite
avoir un appétit d'oiseau to eat like a bird
applaudir to applaud
s' **appliquer** to work hard
apporter to bring
apprécier to appreciate
l' **appréhension** (f.) apprehension
apprendre (à) to learn (to); to teach
s' **approcher de** to approach
approprié(e) appropriate
s' **approprier** to take for one's own
l' **appui** (m.) sill
appuyer sur to press
s'appuyer contre to lean (against)
après after
l' **après-demain** (m.) the day after tomorrow

l' **après-guerre** (m.) post-war period
l' **après-midi** (m.) afternoon
l' **arabe** (m.) Arabic (language)
l' **arbitre** (m.) referee
l' **arbre** (m.) tree
l' **arc** (m.) arch
l'arc de triomphe triumphal arch
l' **arche** (f.) arch
l' **archipel** (m.) archipelago
l' **architecte** (m. et f.) architect
l' **argent** (m.) money; silver
l'argent liquide cash
l'argent de poche allowance
les couverts (m. pl.) **en argent** silverware
l' **argenterie** (f.) silverware
l' **argot** (m.) slang
l' **argument** (m.) argument
aride arid
l' **aristocrate** (m. et f.) aristocrat
l' **arme** (f.) weapon
armé(e) armed
l' **armée** (f.) army
arracher to tear or pull out
l' **arrêt** (m.) stop
l' **arrêté** (m.) **préfectoral** administrative order
arrêter to stop; to arrest
s'arrêter to stop oneself
l' **arrière** (m.) back (of an object)
l' **arrivée** (f.) arrival; finish line
arriver to arrive; to happen
l' **arroi** (m.): **en grand arroi** in great array
l' **arrondissement** (m.) district (in Paris)
arroser to water
l' **art** (m.) art
s' **articuler** to be expressed
l' **artisan(e)** craftsperson
artistique artistic
l' **ascenseur** (m.) elevator
l' **asile** (f.) asylum
aspiré(e) pulled in
l' **aspirine** (f.) aspirin
s' **assembler** to gather

s' **asseoir** to sit (down)
assez fairly, quite; enough
assez de enough
en avoir assez (de) to be fed up (with)
l' **assiette** (f.) plate
ne pas être dans son assiette to be feeling out of sorts
assis(e) seated
l' **assistant(e)** assistant
l'assistante sociale social worker
assister (à) to attend
l' **association** (f.) association
associer to associate; to link
l' **assurance** (f.) insurance
assurant used by
assurer to insure; to assure; to carry out
l' **astre** (m.) star
l' **astronome** (m. et f.) astronomer
l' **atelier** (m.) workshop
l' **atmosphère** (f.) atmosphere
atmosphérique atmospheric
l' **atout** (m.) advantage, asset
attacher to attach
l' **attaque** (f.) attack, assault
s' **attaquer à** to attack
attendre to wait (for)
s'attendre à to expect
l' **attentat** (m.) (murder/assassination) attempt
l' **attente: la salle d'attente** waiting room
l' **attention: faire attention** to pay attention; be careful
atterrir to land
l' **atterrissage** (m.) landing (plane)
attirer to attract
l' **attraction** (f.) attraction
attraper un coup de soleil to get a sunburn
l' **aube** (f.) dawn
l' **auberge** (f.) inn
l'auberge de jeunesse youth hostel
l' **aubergine** (f.) eggplant
aucun(e) any, none; no, not any

d'aucuns some people
l' **audace** (f.) daring
audacieux, audacieuse audacious, bold
au-delà beyond
au-dessous below
au-dessus above
l' **auditeur, l'auditrice** listener
auditif(-ve) auditory
une prothèse auditive hearing aid
l' **audition** (f.) hearing
l' **augmentation** (f.) increase
augmenter to increase
aujourd'hui today
auprès de close to; among
l' **aurore** (f.) dawn
ausculter to listen with a stethoscope
aussi also, too; as
autant de as many
d'autant (plus) que all the more so since
l' **auteur** (m.) author (m. and f.)
l'auteur dramatique playwright
l' **autobus** (m.) bus
l' **autocar** (m.) bus, coach
l' **auto-école** (f.) driving school
l' **automobiliste** (m. et f.) motorist
autoritaire authoritarian
l' **autorité** (f.) authority
l' **autoroute** (f.) highway
autour de around
autre other
autrefois formerly, in the past
autrement dit in other words
l' **Autriche** (f.) Austria
l' **avance: à l'avance** in advance
en avance early, ahead of time
avancé(e) advanced
l' **avancée** (f.) advance
(s') **avancer** to go ahead, move forward
avant before

l' **avant** (m.) front
vers l'avant forward, ahead
l' **avantage** (m.) advantage
l' **avant-bras** (m.) forearm
avant-hier the day before yesterday
l' **avarie** (f.) damage
avec with
l' **avenir** (m.) future
dans un proche avenir in the near future
l' **aventure** (f.) adventure
aventureux, aventureuse adventurous
l' **averse** (f.) downpour
avertir to warn
l' **aveugle** (m. et f.) blind person
l' **avion** (m.) airplane
en avion (by) plane
l' **avis** (m.) opinion
à mon avis in my opinion
l' **avocat(e)** lawyer
l' **avoine** (f.) oats
avoir to have
avoir l'air to seem
avoir... ans to be . . . years old
avoir besoin de to need
avoir de la chance to be lucky
avoir droit à to be entitled to
avoir envie de to feel like (doing something)
avoir faim to be hungry
avoir une faim de loup to be very hungry
avoir lieu to take place
avoir du mal à to have difficulty (doing something)
avoir mal à to have a(n) . . . -ache, to hurt
avoir l'occasion de to have the opportunity to
avoir peur (de) to be afraid (of)
avoir raison to be right
avoir soif to be thirsty
avoir tendance à to tend to

avoir tort to be wrong
ne pas avoir un sou to be penniless
avouer to admit
l' **axe** (m.) axis, street
dans l'axe on the same line
l' **azote** (m.) nitrogen

le **baccalauréat (bac, bachot)** French high school exam
la **bactérie** bacteria
bactérien(ne) bacterial
les **bagages** (m. pl.) luggage
les bagages à main carry-on luggage
le **bagne** prison with hard labor
la **baguette** loaf of French bread
la **baie** bay
baigner: ça baigne everything's cool
se **baigner** to swim
le **bain** bath
prendre un bain de soleil to sunbathe
la **baisse** decrease; fall, decline
baisser to lower
se baisser to bend over
le **bal** ball, formal dance
le **baladeur** Walkman
la **balance** scale
le **balcon** balcony
la **baleine** whale
la **balle** ball (tennis, etc.); franc (slang)
le **ballon** ball (soccer, etc.)
banal(e) commonplace, ordinary
la **banane** banana
le **banc** bench
la **bande dessinée (BD)** comic strip
la **banlieue** suburbs
le/la **banlieusard(e)** suburbanite
la **banque** bank
le **banquier, la banquière** banker

French-English Dictionary

barbant(e) boring *(slang)*
la **barbe** beard
se **barbouiller (de)** to daub oneself (with)
bardé(e) (de) filled (with)
bas(se) low
  à voix basse quietly, in a low voice
le **bas** bottom
  en bas down(stairs)
la **base: à la base** basically
  de base basic; basically
le **base-ball** baseball
le **basket(-ball)** basketball
la **basilique** basilica
le **basque** Basque *(language)*
le **bateau** boat
le **bâtiment** building
le **bâtisseur** builder
le **bâton** ski pole; stick
la **batterie** drums
battre to beat, strike
  battre un record to break a record
  battre en retraite to retreat in battle
  se battre to fight
bavard(e) talkative
bavarder to chat
beau (bel) beautiful *(m.)*
  Il fait beau. It's nice weather.
beaucoup a lot, many
  beaucoup de monde a lot of people, a crowd
la **beauté** beauty
les **beaux-arts** *(m. pl.)* fine arts
le **bec** beak
  le bec de gaz gas lamp
beige beige
belge Belgian
la **Belgique** Belgium
belle beautiful *(f.)*
la **bénédiction** blessing
béni des dieux blessed by the gods
la **béquille** crutch
bercail: au bercail at home
le **berceau** barrel vault
bercer to lull
le **besoin** need
  avoir besoin de to need

la **bêtise** stupid thing, nonsense
le **beurre** butter
la **bibliothèque** library
le **bicentenaire** bicentennial
bien fine, well
  bien cuit(e) well-done *(meat)*
  bien élevé(e) well-mannered
  bien entendu of course; that's understood
  bien que although
  bien sûr of course
le **bien** possession; good
le **bien-être** well-being
bienfaisant(e) charitable, kind
bientôt soon
Bienvenue! Welcome!
la **bière** beer
les **bijoux** *(m. pl.)* jewels, jewelry
le **bilan** appraisal
la **bille** marble
le **billet** bill *(currency)*; ticket
  le billet aller-retour round-trip ticket
la **biologie** biology
le/la **biologiste** biologist
bizarre strange, odd
bizarrement oddly
la **blague: Sans blague!** No kidding!
blanc, blanche white
le **blé** wheat
le/la **blessé(e)** injured person
se **blesser** to hurt oneself
la **blessure** cut, wound
bleu(e) blue
  bleu marine navy blue
blond(e) blond
bloquer to block; to jam
la **blouse** smock
le **blouson** jacket
le **bœuf** beef; ox
boire to drink
le **bois** wood; woods
la **boisson** beverage
la **boîte** box
  la boîte aux lettres mailbox

la **boîte de conserve** can of food
bon(ne) correct; good
  le bon numéro the right number
  bon marché inexpensive
bond leap
  faire un bond to leap
bondé(e) packed
le **bonheur** happiness
bonjour hello
la **bonne** maid
le **bonnet** ski cap, hat
la **bonté** goodness
le **bord: à bord de** aboard *(plane, etc.)*
  au bord de la mer by the ocean, seaside
  bordé(e) de bordered, lined with
la **bosse** mogul *(ski)*
la **botanique** botany
la **botte** boot
la **bouche** mouth
la **boucherie** butcher shop
le **bouchon** traffic jam
la **boucle** curl, ringlet
  bouclé(e) wavy, curly
le **boudin blanc** white sausage
la **boue** sludge
la **bouffe: faire une bouffe** to prepare a meal *(slang)*
bouger to move
la **bougie** candle
la **boulangerie-pâtisserie** bakery
le **boulot** job *(slang)*
  bouleverser to stun; to change drastically
le **bouquin** book
la **bourgeoisie** middle class
le **bourgeon** bud
la **bourse** grant, scholarship
bousculer to shove
le **bout** piece, bit, scrap; end
  au bout de at the end of
la **bouteille** bottle
le **bouton** button; bud
  boutonné(e) buttoned
le **bowling** bowling alley
le **brancard** stretcher

la **branche** branch
branché(e) plugged in; "with it," cool
le **bras** arm
brave good, decent
bravo! Good! Well done!
le **break** station wagon
le **Brésil** Brazil
la **Bretagne** Brittany
breton(ne) from Brittany
bricoler to tinker with things around the house
le **brigadier** (police) sergeant
brillant(e) brillant, shining
briller to shine
le **brin (d'herbe)** blade (of grass)
la **brioche** sweet roll
la **brise** breeze, wind
briser to break
brodé(e) embroidered
la **broderie** embroidery
bronzé(e) tan
bronzer to tan
la **brosse** brush
se **brosser (les dents, etc.)** to brush (one's teeth, etc.)
le **brouillard** fog
brouter to graze
la **bruine** drizzle
le **bruissement** rustling
le **bruit** noise
brûlant(e) hot, burning
brûler to burn
la **brume** haze, mist
brun(e) brunette; brown
brutaliser to brutalize
bruyant(e) noisy
la **bûche: la bûche de Noël** Christmas cake in shape of a log
le **budget** budget
le **bulletin de notes** report card
le **bulletin de remboursement** credit slip
le **bulletin météorologique** weather report
le **bureau** desk; office; bureau
à bureaux fermés sold out (*performance*)

le **bureau de change** foreign exchange office
le **bureau de placement** employment agency
le **bureau de poste** post office
le **bureau de tabac** tobacco shop
le **bus: en bus** by bus
le **but** goal
marquer un but to score a goal

ça that
Ça va. Fine., OK.
Ça va? How's it going?, How are you?
Ça y est! That's it.
le **cabaret** cabaret
la **cabine** cabin (*airplane or boat*)
la **cabine téléphonique** telephone booth
le **cabinet** office (*doctor's*)
caché(e) dark, hidden
se **cacher** to hide
le **cadeau** gift, present
cadet(te) younger, youngest
le **cadrage** way of centering a picture (*photography, movie*)
le **cadran** dial
le **téléphone à cadran** dial phone
le **cadre, la femme cadre** executive
cafard: avoir le cafard to be down in the dumps
le **café** café; coffee
la **cafétéria** cafeteria
le **cahier** notebook
la **caisse** cash register, checkout counter
le **caissier, la caissière** cashier
la **calamité** disaster
le **calcium** calcium
la **calculatrice** calculator
calculer to calculate
le **calendrier** calendar

le/la **camarade** companion, friend
le **cambriolage** burglary
le **cambrioleur** burglar
le **camion** truck
le **camp** side (*in a sport or game*)
le **camp adverse** opponents, other side
le **camp de fortune** makeshift refugee camp
le **camp d'internement** internment camp
la **campagne** country(side); campaign
en rase campagne in the middle of the countryside
le **campeur** camper
le **camping** campground
faire du camping to go camping
canadien(ne) Canadian
le **canal** canal
le **canard** duck
le/la **candidat(e)** applicant
la **candidature** candidacy
poser sa candidature to apply for a position
le **canne à sucre** sugar cane
le **canot** canoe
la **cantine** school lunchroom
la **capacité: la capacité d'accueil** number of beds available
le **capitaine** captain
la **capitale** capital
capituler to capitulate
capter to collect, receive
la **captivité** captivity
car because, for
le **car** bus (coach)
le **caractère** personality; letter
à caractère familial family-style
la **caractéristique** characteristic
la **caravane** caravan; trailer
le **carburant** fuel
carcéral(e) prison
cardiaque cardiac
le **carnet** book of ten subway tickets; notebook, booklet

le carnet d'adresses
address book
le carnet du jour
personal announcements
la **carotte** carrot
carré(e) square
le **carrefour** crossroads
la **carrière** career
la **carte** card; menu; map
à la carte free-choice
la carte de crédit credit card
la carte de débarquement landing card
la carte d'embarquement boarding pass
la carte postale postcard
la carte routière road map
la carte de vœux greeting card
le **carton: en carton** cardboard (adj.)
le **cas** case
en tout cas in any case
casanier, casanière homebody
le **casier** cubbyhole
le **casque** helmet
la **casquette** cap
le **casse-cou** daredevil
casser to break
à tout casser at the most
casser les pieds à quelqu'un to get on somebody's nerves (slang)
se casser to break (an arm, a leg, etc.)
la **cassette** cassette
le **catalan** Catalan (language)
la **cathédrale** cathedral
le/la **catholique** Catholic
le **cauchemar** nightmare
causer to cause
le **cavalier, la cavalière** rider
la **cave** basement
la **caverne** cavern
ce (cet), cette this, that
Ce n'est rien. You're welcome.
céder to cede
la **ceinture de sécurité** seat belt

célèbre famous
célébrer to celebrate
la **célébrité** fame
célibataire single, unmarried
la **cellule** cell
la cellule nerveuse nerve cell
celui, celle this one, that one
les **centaines** (f. pl.) hundreds
le **centimètre** centimeter
centralisé(e) centralized
le **centre: le centre commercial** shopping center
au centre de in the heart of
cependant still, nevertheless
les **céréales** (f. pl.) cereal, grains
la **cérémonie** ceremony
certainement certainly
ces these, those
cesser to stop
le **cétacé** whale
ceux, celles these, those
chacun(e) each (one)
la **chaîne** chain; channel
la chaîne de télévision television channel
la **chair** flesh
la **chaire** seat, chair
la **chaise** chair
le **châle** shawl
le **chalet** chalet
la **chaleur** warmth, heat
chaleureux, chaleureuse warm
la **chambre** room (hotel)
la chambre à coucher bedroom
le **chameau** camel
le **champ** field
le champ de manœuvres parade ground
le/la **champion(ne)** champion
le **championnat** championship
la **chance** luck
avoir de la chance to be lucky

le **chandelier** candelabra
changeant(e) changeable, variable
le **changement** change
changer (de) to change; to exchange
la **chanson** song
le **chant** song
le chant de Noël Christmas carol
un chant d'oiseau birdsong
chanter to sing
le **chanteur, la chanteuse** singer
le **chantier** construction site
le chantier de fouilles archéologiques archaeological site
le **chapeau** hat
chaque each, every
le **charbon** coal
le charbon de bois charcoal
la **charcuterie** deli
charger to put in charge
le **chariot** shopping cart
le chariot à bagages luggage cart
le **charlatanisme** quackery
charmant(e) charming
le **charpentier** carpenter
la **charrette** cart
chasse: aller à la chasse to go hunting
chasser to hunt; to chase
le **chasseur** hunter
le **chat** cat
avoir un chat dans la gorge to have a frog in one's throat
châtain brown (hair)
le **château** castle, mansion
le château fort fortified castle
le **châtiment** punishment
le **chaton** kitten
chatouiller to tickle
chatouilleux(-se) ticklish
la **chatte** female cat
chaud(e) warm, hot
Il fait chaud. It's hot. (weather)

chauffer to heat
le **chauffeur** driver
la **chaussette** sock
la **chaussure** shoe
chauvin fanatically
 patriotic
la **chaux** quicklime
le **chef** head, boss, chief
 le chef d'équipe team
 leader
le **chef-d'œuvre** masterpiece
le **chemin** way, route
 **suivre son chemin de petit
 bonhomme** to carry on in
 one's own sweet way
la **cheminée** fireplace
la **chemise** shirt
la **chemisette** sports shirt
le **chemisier** blouse
le **chèque** check
 le chèque de voyage
 traveler's check
 cher, chère dear;
 expensive,
 coûter cher to be
 expensive
 chercher to look for, seek
le **chercheur, la chercheuse**
 researcher
le **cheval** (*pl.* **chevaux**) horse
le **chevalier** knight
le **chevet** head of a bed
les **cheveux** (*m. pl.*) hair
la **cheville** ankle
la **chèvre** goat
le **chevron** top tile
 chez at the home
 (business) of
 chic chic, stylish
le **chien** dog
le **chiffon** rag
 chiffonné(e) wrinkled
le **chiffonnier** ragpicker
le **chiffre** number
le **Chile** Chile
la **chimie** chemistry
 chimique chemical
le/la **chimiste** chemist
la **Chine** China
 chinois(e) Chinese
le **chirurgien** surgeon
 (*m. and f.*)

le **chirurgien-orthopédiste**
 orthopedic surgeon
le **chocolat** chocolate
 choisir to choose
le **choix** choice
le **chômage** unemployment
 être au chômage to be
 unemployed
le/la **choriste** backup singer
la **chose** thing
 chouette great
le **chou-fleur** cauliflower
 chrétien(ne) Christian
la **chronique** chronicle
 ciao goodbye
 ci-contre opposite
 ci-dessous below
 ci-dessus above
le **ciel** sky; heaven
 un ciel d'encre ink-black
 sky
le **cinéaste** filmmaker
le **cinéma** movie theatre,
 movies
le/la **cinéphile** movie buff
 cinquantaine fifty or so
le **cintre** hanger
la **circonstance** circumstance
la **circulation** traffic;
 circulation
 circulatoire circulatory
 circuler to circulate
le **cirque** circus
les **ciseaux** (*m. pl.*) scissors
 ciselé(e) chiseled
la **cité U** student dorms
 citer to cite, mention
le/la **citoyen(ne)** citizen
le **citron pressé** lemonade
le/la **civilisé(e)** civilized person
le **civisme** public-
 spiritedness
 clair(e) light; clear
le **clairon** bugle
 clandestinement secretly
la **classe** class (*people*)
le **classement** classification
 classer to classify
le **clavier** keyboard
la **clé** key
la **clef** key
 clément(e) mild

le/la **client(e)** customer
la **clientèle** practice
 (*physician*)
le **climat** climate
le **clin d'œil** wink (of the eye)
la **clinique** private hospital
le **coca** cola
le **cocher** coachman
le **cochon** pig
le **code postal** zip code
le **cœur** heart
 avoir le cœur gros to
 have a heavy heart
 avoir des maux de cœur
 to feel sick, nauseous
 par cœur by heart
le **coffre** trunk (*car*)
 le coffre à bagages
 luggage compartment
 coi: rester coi to remain
 silent
le **coin** corner; spot
 du coin neighborhood
 coincé(e) stuck in a tight
 spot
 coincer to trap, to jam
la **colère** anger
 en colère angry
le **colis** package
le **collaborateur, la
 collaboratrice** co-worker,
 associate
le **collant** pantyhose
la **collation** snack
le **collège** junior high, middle
 school
le/la **collègue** colleague
 coller to stick
le **collet** scruff of the neck
la **colline** hill
la **colonie de vacances**
 summer camp
le **colonisateur** colonizer
la **colonisation** colonization
 coloniser to colonize
le **combat** fight; battle
 combattre to combat, fight
 combien (de) how much,
 how many
la **combinaison** wetsuit
la **combine** system, method
le **combiné** telephone
 receiver

comble packed (stadium)
la **combustion** combustion
la **comédie** comedy
  faire une comédie to make a fuss, a scene
le/la **comédien(ne)** actor
comique funny
commander to order
comme like, as; since
  comme ci, comme ça so-so
le **commencement** beginning
commencer to begin
comment how; what
le/la **commerçant(e)** merchant
le **commerce** business
commettre to commit
le **commissariat** police station
commode convenient
commun(e) common
la **communauté** community
la **commune** (small administrative) district
la **compagnie aérienne** airline
le **compagnon** companion, co-worker
la **comparaison** comparison
le **compartiment** compartment
le **complément** complement
complet, complète full; complete
le **complet** suit (man's)
complètement completely
compléter to complete
le/la **complice** accomplice
le **comportement** behavior
composer to compose
composer le numéro to dial a telephone number
le **compositeur, la compositrice** composer
composter to stamp, validate (a ticket)
comprendre to understand; to include; to be made up of
le **comprimé** pill, tablet
compris(e) included
le/la **comptable** accountant
le **compte: le compte d'épargne** savings account

être à son compte to be self-employed
le **compte-chèque postal** postal checking account
compte-gouttes: au compte-gouttes sparingly
compter to count
le **compte-rendu** report, review
le **compteur** meter
le **comptoir** counter
le **concentré** concentration
concerné(e) involved
concerner to concern
le/la **concierge** concierge, caretaker
conclure to conclude
le **concours** competition, contest
le/la **concurrent(e)** competitor
condamner to condemn
les **condoléances** (f. pl.) condolences
le **conducteur, la conductrice** driver
conduire to drive
la **conduite** behavior, conduct
  des leçons de conduite driving lessons
confiant(e) confident
confier to confide, entrust
confondre to mix up, confuse
le **conformisme** conformity
le **confort** comfort
confortable comfortable
le **confrère** colleague
la **confrérie** brotherhood
confus(e) embarrassed
confusément vaguely
le **congé** day off, vacation day; leave of absence
  le jour de congé day off
conjugué(e) joint
la **connaissance** knowledge
  faire la connaissance de to meet
connaître to know
la **conquête** conquest
conquis(e) conquered
consacrer to dedicate; to devote
conscient(e) conscious

le **conseil** advice
conseiller to advise
la **conséquence** consequence
conséquent: par conséquent consequently
conservateur, conservatrice conservative
le **conservatoire** music school
conserve: la boîte de conserve can (food)
la **consigne** checkroom
la **consommation** consumption
consommer to consume
la **constatation** proof, verification
constater to notice
constituer to make up
construire to build
  se construire to be built
le **consulat** consulate
la **consultation** consultation, medical visit
contagieux, contagieuse contagious
le **conte** story, tale
contempler to gaze upon
contemporain(e) contemporary
contenir to contain
content(e) happy
le **contenu** contents
continu(e) continual, ongoing
continuer to continue
le **contraire** opposite
  au contraire on the contrary
contrairement contrary, as opposed (to)
contrasté(e) different
la **contravention** traffic ticket
contre against
  contre le gré de quelqu'un against somebody's will
  par contre on the other hand, however
le **contrôle de sécurité** security (airport)
le **contrôleur** conductor
convaincu(e) convinced
convenable correct

les **convenances** (*f. pl.*) social customs, conventions
convenir to fit; to be appropriate; to suit
convoquer to summon
coordonner to coordinate
le **copain** friend, pal (*m.*)
la **copine** friend, pal (*f.*)
le **corbeau** crow
la **corbeille** dress circle (*theater*)
la **corde** rope
   la corde à linge clothesline
la **corne** horn (*animal*)
le **corps** body
correspondre to correspond
corriger to correct
le **cortège** procession, party
le **costume** costume
cote: avoir la cote to be very popular
la **côte** coast; rib
   la Côte d'Azur French Riviera
le **côté** side
le **coton** cotton
le **cou** neck
la **couche** cover; layer
   la couche de peinture coat of paint
se **coucher** to go to bed
le **coucher du soleil** sunset
la **couchette** berth
le **coude** elbow
couler to flow
la **couleur** color
les **coulisses** (*f. pl.*) backstage
le **couloir** aisle, corridor
le **coup** blow
   le coup d'œil glance
   à coup sûr definitely
   tout à coup suddenly
coupable guilty
la **coupe** winner's cup
couper to cut
   c'est à vous couper le souffle it takes your breath away
la **cour** courtyard; court
courageux, courageuse courageous, brave

couramment fluently
courant(e) common; current; running
le **courant** current
   être au courant to be informed
le **coureur** runner
   le coureur cycliste racing cyclist
la **courgette** zucchini
courir to run
   faire courir to be a big hit
couronné(e) crowned
le **courrier** mail
le **cours** course, class
   le cours du change exchange rate
la **course** race
les **courses** (*f. pl.*)**: faire les courses** to go grocery shopping
court(e) short
le/la **cousin(e)** cousin
le **couteau** knife
coûter to cost
   coûter cher to be expensive
la **coutume** custom
le **couturier** designer (*clothes*)
couver quelque chose to be coming down with something
couvert(e) overcast (*sky*)
le **couvert** table setting
   les couverts en argent silverware
   mettre le couvert to set the table
la **couverture** blanket
couvrir to cover
   bien se couvrir to dress warm
le **crabe** crab
la **craie: le morceau de craie** piece of chalk
craindre to fear
la **crainte** fear
   de crainte que for fear that
la **cravate** tie
le **crayon** pencil
la **crèche** day-care center
la **crédulité** gullibility

créer to create
la **crème** cream
   la crème solaire suntan lotion
le **crème** coffee with cream
la **crémerie** dairy store
la **crêpe** crepe, pancake
le **crépuscule** dusk
le **crétin** (*m.*) jerk
creusé(e) burrowed
crevé(e) exhausted
la **crevette** shrimp
le **cri** sound; shout
crier to shout
le **crime** crime (*specific act*)
   le crime de sang violent crime
la **criminalité** crime (*in general*)
le/la **criminel(le)** criminal
la **crise** crisis
crisser to screech
critique critical
la **critique** criticism
le/la **critique** critic
critiquer to criticize
croire to believe, think
la **croisade** crusade
la **croisée** window
le **croisement** intersection
croiser (quelqu'un) to pass someone
   se croiser to cross (intersect)
la **croissance** growth
croissant(e) growing, increasing
la **croix d'honneur** school medal, award
le **cross** cross country race
crotté(e) covered with mud
la **croyance** belief
cueillir to pick, gather
la **cuiller** spoon
la **cuillère** spoon
le **cuir** leather
la **cuisine** kitchen; cooking
   faire la cuisine to cook
la **cuisson des confitures** jam-making
cuit(e): bien cuit(e) well-done (*meat*)
le **cul-de-jatte** legless cripple

le **cul-terreux** yokel *(pejorative)*
cultiver to cultivate
la **culture** culture; farming
la **cure** cure
le **curé** priest
le **curriculum vitae (CV)** résumé
le **cyclisme** cycling, bicycle riding
le **cycliste** cyclist
les **cymbales** *(f. pl.)* cymbals

D

d'abord first *(adv.)*
d'accord OK
être d'accord to agree
d'ailleurs moreover
la **dame** lady
le **Danemark** Denmark
le **danger: en danger** in danger
dangereux, dangereuse dangerous
dans in
dans mes cinquante-deux going on fifty-two (years old)
la **danse** dance
danser to dance
le **danseur, la danseuse** dancer
d'après according to
dater de to date from
la **datte** date *(fruit)*
davantage more
de from; of, belonging to
débarrasser la table to clear the table
le **débarquement** landing, deplaning
débarquer to get off *(an airplane)*
le **débat** debate
débile stupid, idiotic
debout standing
débrancher to unplug
débrouillard(e) resourceful
se **débrouiller** to manage, get out of trouble
le **début** beginning

le/la **débutant(e)** beginner
débuter to begin
le **décalage horaire** time difference
la **décapotable** convertible
décéder to die
le **décès** death
le **déchet** waste
déchirer to tear
décider (de) to decide (to)
déclarer to declare, call; to report *(a crime)*
déclencher launched
le **décollage** take-off *(airplane)*
décoller to take off *(airplane)*
déconcertant(e) disconcerting, surprising
décontracté(e) relaxed, informal
le **décor** set *(for a play)*
les **décorations** *(f. pl.)* decorations
découvert(e) uncovered
à découvert exposed, uncovered
la **découverte** discovery
le **découvreur** discoverer
découvrir to discover
décrire to describe
décrire sa courbe to follow its orbit
décrocher to pick up a telephone receiver
déçu(e) disappointed
dedans inside
dédié(e) dedicated
se **dédier** to dedicate (oneself)
le **défaut** negative trait
se **défendre** to defend oneself
le **défilé** parade
défiler to march
définir to define
définitif(-ve) permanent
définitivement permanently
déformer to warp, corrupt
dégagé(e) cleared, clearing *(weather)*
dégager to free
se **dégager** to clear *(weather)*; to clear up

dégoûté(e) disgusted
le **degré** degree
la **dégustation** tasting
déguster to savor
dehors outside
en dehors de outside (of)
déjà already
déjeuner to eat lunch
le **déjeuner** lunch
le **délai** time-limit
délicieux, délicieuse delicious
la **délinquance** delinquency
le **delta** delta
demain tomorrow
la **demande d'emploi** job application
demander to ask (for)
se **demander** to wonder
la **démangeaison** itch
avoir des démangeaisons to be itchy
démanger to itch
ça la démange she is itchy
la **démarche** process
déménager to move (one's residence)
se **démener** to exert oneself
demeurer to stay
demi(e) half
et demie half past *(time)*
le **demi-cercle** semi-circle
la **démission: donner sa démission** to resign
la **démocratie** democracy
se **démoder** to go out of style
la **demoiselle** young woman
la demoiselle d'honneur maid of honor
dénoncer to denounce
la **dent** tooth
le **dentifrice** toothpaste
le **départ** departure
le **département** department *(regional division of France)*
le département d'outre-mer French overseas department
dépassé(e) outmoded
dépasser to pass, surpass
dépaysé: être dépaysé(e) to feel like a fish out of water

le **dépaysement**
disorientation
se **dépêcher** to hurry
dépendre (de) to depend
(on)
la **dépense** expense
dépenser to spend (money)
dépérir to wither
dépister to detect
dépit: en dépit de in spite
of
déplacer to move
se **déplacer** to move
(around)
déplaire to displease
Ça me déplaît. I don't
like that.
se **déposer** to be put (down)
on
la **dépression** low-pressure
area (weather)
déprimé(e) depressed
depuis since, for
le **dérangement** displacement
déranger to disturb
dériver to derive
dernier, dernière last
derrière behind
dès que as soon as
désagréable unpleasant
désapprouver to
disapprove
descendre to get off; to
take down; to go down
descendre en spirale to
spiral down
la **descente** getting off (a bus)
le **désert** desert
désertique desert
se **déshabiller** to get
undressed
désirer to want
désolé(e) sorry; sad
désossé(e) boneless, supple
le **dessert** dessert
desservir to serve, fly to,
etc. (transportation)
le **dessin** illustration; design
le dessin animé cartoon
le **dessous** bottom
le **dessus** top
le **destin** fate, destiny
la **destruction** destruction

désuète old-fashioned
désuni(e) apart, separated
détenir to keep (a person)
la **détente** relaxation
détester to hate
**détourner l'attention de
quelqu'un** to divert
someone's attention
détruire to destroy
détruit(e) destroyed
le **deuil** death, loss
deux: tous (toutes) les deux
both
deuxième second
**la Deuxième Guerre
mondiale** World War II
deuxièmement second of
all, secondly
devant in front of; ahead of
le **développement**
development
se **développer** to develop
devenir to become
le **déversement** pouring
deviner to guess
la **devise** currency
le **devoir** homework
(assignment); duty
diable: Que diable! For
Pete's sake!
le **diagnostic** diagnosis
le **diamant** diamond
la **diarrhée** diarrhea
la **dictée** dictation
dicter to dictate
le **dictionnaire** dictionary
le **dieu** god
différencier to distinguish,
differentiate
différent(e) different
difficile difficult
diffusé(e) broadcasted
digérer to digest
la **digue** dike
diluvien(ne) torrential
diminuer to diminish
la **diminution** decrease,
thinning
la **dinde** turkey (for eating)
le **dindon** turkey (animal)
dîner to eat dinner
le **dîner** dinner
dingue crazy

être dingue de to be
crazy about
la **diplomatie** diplomacy
le **diplôme** diploma
**diplômé(e): être diplômé(e)
(de)** to get a degree from
dire to say, tell
Dis donc! Hey!, Say!,
Listen!
Ben dis donc! No
kidding!
dire que to think that
on dirait que it seems
that
pour ainsi dire so to
speak
directement directly
le **directeur, la directrice**
manager; principal
le/la **dirigeant(e)** director (of a
company)
diriger to direct, manage
se diriger (vers) to head
(toward)
discerner to discern,
distinguish
discuter to discuss
disparaître to disappear
la **disparition** disappearance
disponible available
disposer to have at hand
se **disputer** to argue
le **disque** record
distingué(e) distinguished
la **distraction** entertainment
distraire to distract
distribuer to distribute, to
deliver (mail)
le **distributeur automatique**
stamp machine; ticket
machine; ATM
diurne diurnal
divers(es) various
diviser to divide
divorcer to divorce
la **dizaine** around ten
le **docteur** doctor (title)
la **doctrine** doctrine
le **documentaire**
documentary
le **doigt** finger
le doigt de pied toe
le **domaine** domain, field

le **domicile** home
  à domicile to the home
dominer to dominate
le **dommage** damage
  c'est dommage it's a shame
donc so, therefore
les **données** (f. pl.) facts; data
donner to give
  donner à manger à to feed
  donner un coup de fil to call (on the phone)
  donner un coup de pied to kick
  donner une fête to throw a party
  donner sur to face, overlook
  se donner la peine to take the trouble
dont of which, from which, whose
doré(e) golden
dormir to sleep
  dormir debout to be asleep on one's feet
le **dos** back (body)
le **dossier** file
  le dossier du siège back of the seat
la **douane** customs
doublé(e) dubbed (movies)
doubler to pass (car)
doucement gently
la **douceur** gentleness
la **douche** shower
douillet(te) cozy
la **douleur** pain
douloureux, douloureuse painful
doute: sans aucun doute without a doubt
sans doute probably
douter to doubt
doux, douce soft; mild; sweet
la **douzaine** dozen
le **drame** drama
le **drap** sheet
le **drapeau** flag
se **draper** to cover (oneself) with cloth

dresser to draw up (a list)
  dresser les oreilles to prick up one's ears
  se dresser (contre) to rise up (against)
la **drogue** drug(s)
le **droit** right
  le droit de vote right to vote
droite: à droite de to, on the right of
drôle funny, strange
le **duc** duke
duper to trick, fool
dur(e) hard
la **durée** length (of time)
durer to last

E

l' **eau** (f.) water
  l'eau minérale mineral water
s' **écailler** to flake off
ecclésiastique clerical, church
l' **échange** (m.) exchange
échanger to exchange
échapper (à) to escape
s'échapper to escape
l' **écharpe** (f.) scarf
les **échecs** (m. pl.) chess
l' **échelon** (m.) rung (ladder)
  les échelons mobiles accommodation ladder
échouer à un examen to fail an exam
l' **éclair** (m.) lightning
l' **éclairage** (m.) lighting
l' **éclaircie** (f.) clearing, break (in clouds)
éclaircir to clear
éclairer to light
l' **école** (f.) school
  l'école maternelle pre-school
  l'école primaire elementary school
  l'école secondaire junior high, high school
l' **écolier, l'écolière** pupil, schoolchild

l' **écologie** (f.) ecology
l' **écologiste** (m. et f.) ecologist
l' **économie** (f.) economy
les **économies** (f. pl.): faire des économies to save money
économique economic, economical
  la classe économique coach class (plane)
l' **écoute** (f.) listening
écouter to listen (to)
les **écouteurs** (m. pl.) headphones
l' **écran** (m.) screen
s' **écraser** to crash
s' **écrier** to exclaim
écrire to write
l' **écrit** (m.) writing
l' **écriteau** (m.) sign
l' **écriture** (f.) handwriting, penmanship
l' **écrivain** (m.) writer (m. and f.)
l' **écuyer, l'écuyère** (circus) rider
éducatif, éducative educational
l' **éducation** (f.) **physique** physical education
effacer to erase
effectivement in fact; that's true; indeed, certainly
effectuer to accomplish, carry out
l' **effet** (m.) effect
  en effet yes, indeed; in fact
  est-ce que ça serait un effet de votre bonté would you be so kind
efficace efficient; effective
effrayant(e) terrifying, dreadful
s' **effriter** to crumble away
égal: Ça m'est égal. I don't care.
également as well, also
égaliser to tie (score)
l' **égalité** (f.) equality
égard: à l'égard de regarding
égaré(e) distraught

l' **église** *(f.)* church
égorger to cut the throat (of)
l' **Égypte** *(f.)* Egypt
élaboré(e) worked on, refined
l' **électricien** *(m.)* electrician
l' **électricité** *(f.)* electricity
électrifié(e) electrified
l' **électrocardiogramme** *(m.)* electrocardiogram
électronique electronic
l' **élevage** *(m.)* farming *(raising livestock)*
l' **élève** *(m. et f.)* student
élevé(e) high
bien élevé(e) well brought-up
éliminer to eliminate
l' **élite** *(f.)* elite
s' **éloigner (de)** to withdraw, move away (from)
emballé(e) thrilled
l' **embarquement** *(m.)* boarding, leaving
embarquer to board *(a plane, etc.)*
embêtant(e) boring, annoying
embêter to bore, annoy
l' **embouteillage** *(m.)* traffic jam
s' **embrasser** to kiss (each other)
s' **embrouiller** to get mixed up
émerveillé(e) filled with wonder
émigrer to emigrate
l' **émission** *(f.)* TV show
emmener to bring, take *(a person somewhere)*
émotif, émotive emotional
émouvant(e) moving, touching
émouvoir to move *(emotionally)*
s' **émouvoir** to get excited
s' **emparer** to take
l' **empereur** *(m.)* emperor
empirer to get worse
s' **emplir** to fill
l' **emploi** *(m.)* job

la **demande d'emploi** job application
l' **emploi** *(m.)* **du temps** schedule
l' **employé(e)** employee
l' **employé(e) des postes** postal employee
employer to use
l' **employeur, l'employeuse** employer
emporter to bring *(something)*; to carry off
l' **emporter** to win
emprunter to borrow
en in; to; as, by
enceinte pregnant
l' **enceinte** *(f.)* confines
enchanté(e) delighted
encombré(e) congested *(road)*
encore still *(adv.)*; another; again
l' **encre** *(f.)* ink
l' **encyclopédie** *(f.)* encyclopedia
s' **endetter** to go into debt
endommager to damage
endormi(e) sleepy
s' **endormir** to fall asleep
l' **endroit** *(m.)* place
l' **énergie** *(f.)* energy
énergique energetic
énervé(e) irritated; nervous, edgy
énerver to annoy, get on (someone's) nerves
s' **énerver** to get irritated; to get (all) worked up
l' **enfance** *(f.)* childhood
l' **enfant** *(m.)* child *(m. and f.)*
enfermer to lock up, enclose, confine
enfin finally
enfoncer to press
enfoui(e) buried, hidden
s' **enfuir** to run away
engager to hire
s' **engager** to commit oneself; to enlist *(in the army)*
l' **engin** *(m.)* machine; tool; (large) vehicle; aircraft
l' **engouement** *(m.)* craze

l' **engrais** *(m.)* fertilizer
enjamber to step over
enlaidir to make ugly
enlever to lift
enneigé(e) covered with snow
l' **ennemi** *(m.)* enemy
l' **ennui** *(m.)* trouble, problem; boredom, annoyance
ennuyer to bore; to annoy; to bother
s' **ennuyer** to be bored
s' **ennuyer (de quelqu'un)** to miss (someone)
ennuyeux, ennuyeuse boring
c'est ennuyeux à mourir it's deadly dull
énorme enormous
énormément enormously
l' **enquête** *(f.)* survey, opinion poll; investigation
enragé(e) rabid, enraged
enregistrer to record
enrhumé(e): être enrhumé(e) to have a cold
l' **enseignement** *(m.)* education; teaching
enseigner to teach
ensemble together
ensoleillé(e) sunny
ensuite then
s' **entasser** to be crammed
entendre to hear
bien s'entendre to get along well
entendu: Bien entendu. Of course.
C'est entendu. Agreed.
l' **entente** *(f.)* understanding
l' **enterrement** *(m.)* funeral, burial
entêté(e) stubborn
l' **enthousiasme** *(m.)* enthusiasm
enthousiasmé(e) filled with enthusiasm
entier, entière entire, whole
entourer to surround
l' **entracte** *(m.)* intermission
l' **entraide** *(f.)* mutual help

entraîné(e) trained
entraîner to carry along; to lead to, cause
s'entraîner to practice (on)
entre between, among
l' **entrée** (f.) entrance; admission
entreposer to store
entreprendre to launch
l' **entreprise** (f.) company
entrer to enter
entrer par effraction to break into (a house, etc.)
entretenir to keep up, maintain
l' **entretien** (m.) interview; upkeep, care
entrevoir to catch a glimpse of
envahir to invade
l' **enveloppe** (f.) envelope
s' **envelopper dans** to wrap oneself up (in)
envers toward
envie: avoir envie de to feel like
environ around, about
l' **environnement** (m.) environment
envisager to consider, contemplate
envoler to fly away
envoyer to send
envoyé(e) en exil sent into exile
épais(se) thick, heavy
épargner to spare
l' **épaule** (f.) shoulder
l' **épave** (f.) wreckage
l' **épée** (f.) sword
épeler to spell
éperonner to ram
éphémère ephemeral, short-lived
l' **épice** (f.) spice
épicé(e) spicy
l' **épicerie** (f.) grocery store
l' **épilogue** (m.) epilogue, ending
l' **épine** (f.) thorn
l' **épingle** (f.) **à linge** clothespin
l' **épisode** (m.) episode

l' **époque** (f.) period, times, age, era
à l'époque at that time
épouser to marry
épouvantable horrible, dreadful
épuisé(e) exhausted
l' **équilibre** (m.) balance
équilibré(e) balanced
l' **équipe** (f.) team
équipé(e) equipped
l' **équipement** (m.) equipment
les équipements sportifs sports facilities
équitablement fairly
l' **équitation** (f.): **faire de l'équitation** to go horseback riding
l' **erreur** (f.) mistake; wrong number
l' **escalade** (f.) climb
escalader to climb over
l' **escalator** (m.) escalator
l' **escalier** (m.) staircase
l'escalier mécanique (m.) escalator
escamoter to skip
l' **espace** (m.) space
espagnol(e) Spanish
l'espagnol (m.) Spanish (language)
l' **espèce** (f.) species, group
une espèce de a kind/sort of
payer en espèces to pay cash
espérer to hope
l' **espionnage** (m.) spying
l' **espoir** (m.) hope
l' **esprit** (m.) spirit
l' **essai** (m.) attempt
essayer to try
l' **essence** (f.) gas(oline)
essentiel(le) essential
l' **essentiel** (m.) the essential(s)
essentiellement essentially
s' **essuyer** to wipe (one's hands, etc.)
l' **est** (m.) east
estimer to consider
l' **estomac** (m.) stomach

l' **estuaire** (m.) estuary
et and
l' **étable** (f.) cowshed
établir to establish
l' **établissement** (m.) establishment
l' **étage** (m.) floor (of a building)
l' **étain** (m.) pewter
l' **étal** (m.) (market) stall
l' **étang** (m.) pond
l' **état** (m.) state
l' **été** (m.) summer
éteindre to turn off (the T.V., etc.)
étendu(e) extended
éternel(le) eternal
éternuer to sneeze
l' **ethnie** (f.) ethnic group
l' **étoile** (f.) star
étonnant(e) surprising
étonné(e) astonished
étonner to surprise
s'étonner (de) to be very surprised (at)
étouffer to suffocate, smother
s'étouffer to choke
étrange strange
étranger, étrangère foreign
à l'étranger abroad, in a foreign country
être to be
Ça y est! That's it. Finished! I've done it!
J'y suis! I get it!
Vous y êtes? Are you ready?
l' **être** (m.) **humain** human being
étroit(e) tight (shoes), narrow
les **études** (f. pl.) education, studies
faire des études to study
l' **étudiant(e)** (university) student
l'étudiant(e) en licence undergraduate student
étudier to study
l' **euro** (m.) euro
européen(ne) European (adj.)

évangélique evangelical
s' **évanouir** to faint
s' **évaporer** to evaporate
éveiller to awaken
l' **événement** (m.) event
éventuellement possibly
l' **évêque** (m.) bishop
évidemment obviously
évident: il est évident it's
    obvious
l' **évier** (m.) sink
éviter to avoid
évoquer to evoke
exact: C'est exact. That's
    correct.
exactement exactly
l' **exactitude** (f.) exactness,
    promptness
exagérer to exaggerate
l' **examen** (m.) test, exam
examiner to examine
excéder to exceed
excellent(e) excellent
l' **excentrique** (m. et f.)
    eccentric person
exceptionnel(le)
    exceptional
exclus impossible
exécuter to carry out
l' **exemple** (m.) example
par exemple for example
Ça par exemple! My
    word!
exercer to exert, to exercise
s'exercer to practice
exigeant(e) exacting,
    particular
l' **exigence** (f.) strictness
exiger to require
l' **existence** (f.) existence
existentialiste existentialist
existentiel(le) existential
exister to exist
l' **exorcisme** (m.) exorcism
l' **expansion** (f.) expansion
l' **expédition** (f.) expedition
l' **explication** (f.) explanation
expliquer to explain
exploiter to exploit
l' **explorateur** (m.) explorer
l' **explosion** (f.) explosion
l' **exposé** (m.) oral report

faire un exposé to give
    an oral report
exposer to exhibit
l' **exposition** (f.) exhibit,
    show
l' **express** (m.) espresso, black
    coffee
expressément expressly,
    purposely
expressif, expressive
    expressive
l' **expression** (f.) expression
exprimer to express
expulser to expel, to drive
    out
l' **expulsion** (f.) expulsion
exquis(e) exquisite
exténué(e) exhausted
l' **extérieur** (m.) exterior,
    outside
l' **extermination** (f.)
    extermination, killing
extra terrific
l' **extrait** (m.) extract, excerpt
extraordinaire
    extraordinary
extrêmement extremely

la **fabrication** manufacture
la **fabrique** factory
fabriqué(e) made
fabriquer to make
fabuleux, fabuleuse
    fabulous
face: en face de across
    from
fâché(e) angry; sorry
se **fâcher** to lose one's temper
facile easy
facilement easily
la **facilité** skill, ease
la **façon** way, manner
de façon que so that
de toute façon anyway
d'une façon générale
    generally speaking
le **facteur, la factrice** mail
    carrier
la **facture** bill (hotel, etc.)
la **fac(ulté)** university

faible weak; faint, feeble
faiblir to weaken
faillir to almost (have done
    something)
la **faim** hunger
avoir faim to be hungry
avoir une faim de loup
    to be starving
faire to do, make
faire (+ infinitive) to have
    something done for
    oneself
faire attention to pay
    attention; to be careful
faire le compte to count
faire connaissance to
    meet, get acquainted
faire la connaissance de
    to meet
faire cuire to cook
faire la cuisine to cook
faire du (+ nombre) to
    take size . . .
faire des économies to
    save money
faire enregistrer to check
    (luggage)
faire face à to face up to
faire du français (etc.) to
    study French (etc.)
faire son manger to
    prepare food and eat it
faire mal to hurt
faire de la marche to do a
    bit of walking
faire le maximum to do
    one's best
faire le ménage to do
    housework
faire de la monnaie to
    make change
faire la morale to scold,
    lecture
faire de la natation to
    swim, go swimming
faire le numéro to dial a
    telephone number
faire une ordonnance to
    write a prescription
faire part to announce
faire partie de to be a
    part of
faire du patin to skate

faire de la peine à quelqu'un to hurt someone (*emotionally*)

faire peur à to frighten

faire une piqûre to give an injection

faire plaisir (à) to please

faire de la planche à voile to go windsurfing

faire le plein to fill up (*the gas tank*)

faire une prise de sang to take a blood sample

faire une promenade to take a walk

faire la queue to wait in line

faire de la randonnée to go hiking

faire une radio(graphie) to take an X-ray

faire une rédaction to write a composition or paper

faire un régime to go on a diet

faire du ski to ski

faire du sport to play sports

faire du surf to go surfing

faire le tour du monde to go around the world

faire la vaisselle to do the dishes

faire les valises to pack (suitcases)

faire un voyage to take a trip

faire du yoga to do yoga

s'en faire to worry

le **faire-part** announcement (*birth, marriage, death*)

le **faiseur (de)** maker (of)

le **faiseur de BD** comic-strip artist

le **fait** fact

en fait in fact

les faits divers (*m. pl.*) local news items

familial(e) family

se **familiariser (avec)** to familiarize oneself with

familier, familière informal

la **famille** family

le/la **fana** fan

fanatique fanatical

la **fanfare** marching band

la **fantaisie** imagination

fantaisiste whimsical, eccentric

farci(e) stuffed

fasciner to fascinate

fatigué(e) tired

fauché(e) broke (*slang*)

faut: il faut (+ *noun*) (*noun*) is (are) necessary

il faut (+ *infinitive*) one must, it is necessary to

il faut que it is necessary that

la **faute** error

le **fauteuil** seat (*in a theater*)

le **fauteuil roulant** wheelchair

faux, fausse false

favorable in favor of

favori(te) favorite

favoriser to favor; to promote

le **fax** fax; fax machine

les **félicitations** (*f. pl.*) congratulations

féliciter to congratulate

la **femme** woman; wife

la **fenêtre** window

côté fenêtre window (*seat on plane, etc.*)

la **fente** slot

le **fer** iron

la **ferme** farm

fermé(e) closed

le **fermier** farmer

la **fertilité** fertility

les **festivités** (*f.*) festivities

la **fête** holiday; party

la **fête des Lumières** Festival of Lights

le **feu** traffic light; fire

les **feux d'artifice** fireworks

le **feu de détresse** hazard light (*on a car*)

la **feuille** leaf

la **feuille de papier** sheet of paper

le **feutre** felt-tip pen

feutré(e) filtered

le **fiacre** hackney cab

les **fiançailles** (*f. pl.*) engagement

le/la **fiancé(e)** fiancé(e)

la **fiche d'enregistrement** registration card (*hotel*)

fidèle faithful

fier, fière proud

se **fier** to go by

fièrement proudly

la **fierté** pride

la **fièvre** fever

la **figue** fig

la **figure** face

figurer to represent, show

la **file (de voitures)** line (of cars)

la **filiale** branch office

le **filet** net

la **fille** girl; daughter

la **fillette** little girl

le **film** film, movie

le **film d'amour** love story

le **film d'aventures** adventure movie

le **film étranger** foreign film

le **film d'horreur** horror film

le **film policier** detective movie

le **film de science-fiction** science-fiction movie

le **fils** son

la **fin** end

en fin de compte finally

fin(e) fine

finalement finally

finances: le ministère des Finances the Treasury Department

les **fines herbes** (*f. pl.*) herbs

finir to finish

le **firmament** sky (*literary*)

fiscal(e) financial

fixe: à prix fixe at a fixed price

fixer to stare at

le **flacon** bottle
flambé(e) flaming
le **flambeau** candlestick
la **flamme** flame
flâner to stroll, wander
le **flatteur** flatterer
le **fléau** plague, evil
la **flèche** arrow
la **fleur** flower
fleuri(e) decorated with flowers
le **fleuve** river
flotter to float
la **foi** faith
le **foie** liver
avoir mal au foie to have indigestion
le **foin** hay
la **foire** fair
la **fois** time *(in a series)*
le/la **fonctionnaire** government worker, civil servant
la **fonction** function
en fonction de in accordance with
le **fonctionnement** functioning
fonctionner to function, work
le **fond** bottom, back; essence
à fond completely
au fond basically
au fond de at the bottom of; at the back of
dans le fond really
fondamental(e) basic, fundamental
le **fondateur, la fondatrice** founder
fonder to found
fondre to melt
la **fontaine** fountain
le **foot(ball)** soccer
le **football américain** football
le **forage** drilling, boring
la **force** force, power
forcer to force
la **forêt** forest
le **forgeron** blacksmith
la **formation** education
la **forme** form, shape

la **forme (physique)** physical fitness
le **club de forme** health club
être en (pleine) forme to be in (great) shape
rester en forme to stay in shape
se mettre en forme to get in shape
former to form; to train
se **former** to form
formidable great, tremendous
le **formulaire** form, data sheet
la **formule** formula
fort *(adv.)* hard
fort(e) good; strong; loud
le plus fort, c'est que... the amazing thing is that . . .
le **fort** fort
fortement strong, hard
fou, folle crazy
les **fouilles** *(f. pl.)* excavation(s), dig
la **foule** crowd
venir en foule to crowd (into)
la **foulée** stride
fouler to tread upon
se **fouler** to sprain
le **four solaire** solar furnace
la **fourchette** fork
la **fourmi** ant
fournir to produce; to provide
la **fourniture** supply, equipment
la **fourrure** fur
le **foyer** fire(side); household; lobby *(of a theater)*; center
le **foyer (des artistes)** green room *(of a theater)*
la **fracture (compliquée)** (compound) fracture
frais, fraîche fresh, cool
les **frais** *(m. pl.)* expenses, charges
partager les frais to share expenses
le **franc** franc

français(e) French
le **français** French *(language)*
la **France** France
franchement frankly
franchir to pass beyond
francophone French-speaking
frapper to hit; to strike
être frappé(e) to be struck by, notice
frapper à la porte to knock on the door
le **frein à main** emergency brake
freiner to brake, put on the brakes
frémir to shudder
fréquemment frequently
la **fréquence** frequency
fréquenter to frequent, patronize
le **frère** brother
le **fric** money, dough *(slang)*
avoir plein de fric to have lots of money *(slang)*
frisé(e) curly
les **frissons** *(m. pl.)* chills
les **frites** *(f. pl.)* French fries
froid(e) cold
avoir froid to be cold
Ça me laisse froid(e). That leaves me cold.
Il fait froid. It's cold. *(weather)*
le **fromage** cheese
le **front** front *(weather)*; forehead
la **frontière** border
le **fruit** fruit
les fruits de mer seafood
le **fruitier** fruit tree
fuir to flee, escape from
la **fuite** flight, escape
la **fumée** smoke
fumer to smoke
fumeurs smoking (section)
non fumeurs no-smoking (section)
les **funérailles** *(f. pl.)* funeral
furax livid, hopping mad
furibard(e) livid, hopping mad

furieux, furieuse furious
la **fusée** rocket

gâché(e) wasted
le **gadget** gadget
le/la **gagnant(e)** winner
gagner to earn; to win; to reach
gaiement cheerfully
la **gaieté** cheerfulness, joy
la **galaxie** galaxy
la **galerie** upper balcony (in a theater)
le **galet** small stone
galeux, galeuse covered with scabs
le **gamin (des rues)** urchin
le **gant** glove
le **gant de toilette** washcloth
le **garage** garage
le **garçon** boy
le **garçon d'honneur** best man
garder to guard; to keep
garder le lit to stay in bed
le **gardien de but** goalie
la **gare** train station
garer la voiture to park the car
gastronomique gastronomic, gourmet
le **gâteau** cake
gauche: à gauche de to, on the left of
gaulois(e) Gallic
le **gaz** gas
le **gaz carbonique** carbon dioxide
le **gaz d'échappement** exhaust (fumes)
gazeux, gazeuse gaseous
géant(e) gigantic
le **gel** gel
geler to freeze
Il gèle. It's freezing. (weather)
le **gémissement** moan
le **gendarme** police officer
la **gendarmerie** police force

le **gendre** son-in-law
gênant(e) bothersome, annoying
gêner to bother
se gêner to be in each other's way
généraliser to generalize
la **génération** generation
généreux, généreuse generous
la **générosité** generosity
génial(e) superb; fantastic
le **génie** genius
le **genou** knee
le **genre** type, kind
les **gens** (m. pl.) people
les **brav's gens** decent people
gentil(le) nice (person)
le **gentilhomme** gentleman
le **géographe** geographer
la **géographie** geography
la **géométrie** geometry
le **geste** gesture
la **geste** exploit, heroic achievement
la **gigue** jig
giguer to jig
le **gilet de sauvetage** life vest
la **glace** ice; ice cream; mirror
glacé(e) frozen
le **glacier** glacier
la **glande** gland
glisser to slip, slide
globalement in a mass, taken as a whole
la **gloire** glory
le **glucide** carbohydrate
le **golfe** gulf
gominé(e) plastered down
la **gomme** eraser
gommer to erase, rub out
les **gonds** (m. pl.) hinges
la **gorge** throat
avoir la gorge qui gratte to have a scratchy throat
avoir un chat dans la gorge to have a frog in one's throat
avoir mal à la gorge to have a sore throat
gothique Gothic
goulu(e) glutton

gourmand(e) greedy
le **goût** taste
la **goutte (de pluie)** (rain)drop
le **gouvernement** government
gouverner to govern
grâce à thanks to
le **gradin** bleacher (stadium)
les **graffitis** (m. pl.) graffiti
le **grain (de maïs)** (corn) kernel
la **graisse** fat
la **grammaire** grammar textbook
le **gramme** gram
grand(e) tall, big
le **grand couturier** clothing designer
le **grand magasin** department store
de **grand standing** luxury
les **Grands** (m. pl.) **Lacs** The Great Lakes
le/la **grand(e)** grown-up
grand-chose: pas grand-chose not much
la **Grande-Bretagne** Great Britain
grandeur: Votre Grandeur Your Grace
grandir to grow up (children); to grow, get larger
la **grand-mère** grandmother
le **grand-père** grandfather
les **grands-parents** (m. pl.) grandparents
la **grange** barn
le **gratte-ciel** skyscraper
gratter to itch
ça la gratte she has an itch
gratter (de l'argent) sur to scrimp on
se gratter to scratch
grattouiller to itch a bit
Ça me grattouille. I've got a bit of an itch.
gratuit(e) free
la **gratuité** costing no money
grave serious
Ce n'est pas grave. Don't worry about it.; It's not important.

la **gravité** seriousness

gré: contre le gré de quelqu'un against somebody's will

grec(que) Greek

la **grêle** hail

la **griffe** label

le **grignotage** nibbling

grignoter to nibble (at)

la **grimace** grimace

grimper to climb

la **grippe** flu

gris(e) gray

griser to thrill

le **Groenland** Greenland

grogner to grunt

grommeler to grumble

grommeler sourdement to grumble to oneself

gronder to scold

gros(se) large, big

le gros titre headline

grossir to gain weight

la **Guadeloupe** Guadeloupe

guérir to cure

la **guerre** war

la Deuxième Guerre mondiale World War II

la guerre franco-allemande Franco-Prussian War

la Première Guerre mondiale World War I

le **guerrier** warrior

guetter to watch, lie in wait

le **gui** mistletoe

le **guichet** ticket window; box office; counter window (in a post office)

le **guide** guidebook

guillotiner to guillotine

la **guirlande** garland

la **guitare** guitar

le **gymnase** gym(nasium)

la **gymnastique** gymnastics

habillé(e) dressy

s' **habiller** to get dressed

l' **habit** (m.) suit jacket, morning coat

l' **habitant(e)** resident

l' **habitat** (m.) habitat

habiter to live (in a city, house, etc.)

l' **habitude** (f.): **avoir l'habitude de** to be in the habit of

comme d'habitude as usual

d'habitude usually

habitué(e) à used to, accustomed to

l' **habitué(e)** frequent customer

s' **habituer (à)** to get used to

la **haine** hatred

hallucinant(e) staggering, incredible

handicapé(e) handicapped

le **hangar** shed

Hanouka Hanukkah

le **haricot** bean

les haricots verts green beans

hasard: par hasard by chance

l' **hâte** (f.): **en hâte** in hasten a hurry

la **hausse** increase

hausser to shrug

haut (adv.) loudly

haut(e) high

avoir… mètres de haut to be . . . meters high

du haut de from the top of

en haut up(stairs)

en haut de to, at the top of

la haute couture high fashion

le **haut** top

le **haut-parleur** loudspeaker

l' **hebdomadaire** (m.) weekly magazine or newspaper

l' **hectare** (m.) hectare (2.47 acres)

hélas alas

l' **hélicoptère** (m.) helicopter

l' **hémisphère** (m.) hemisphere

l' **hémorragie** (f.) hemorrhage

l' **herbe** (f.) grass

herbivore plant-eating

l' **héritier** (m.) heir

le **héros** hero

hésiter to hesitate

l' **heure** (f.) time (of day)

à l'heure actuelle nowadays

à quelle heure? at what time?

À tout à l'heure. See you later.; Talk to you later.

de bonne heure early

être à l'heure to be on time

les heures (f.) **de pointe; les heures d'affluence** rush hour

heureusement fortunately

heureux, heureuse happy

l' **hexagone** (m.) hexagon

l' **Hexagone** (f.) France

hier yesterday

hier matin yesterday morning

hier soir last night

l' **histoire** (f.) history; story

l' **historien(ne)** historian

l' **hiver** (m.) winter

en hiver in winter

l' **H.L.M.** low-income housing

le **hockey** hockey

le hockey sur glace ice hockey

l' **homicide** (m.) homicide, murder

l' **homme** (m.) man

l'homme d'affaires businessman

honnête honest

l' **honnêteté** (f.) honesty

l' **honneur** (m.) honor

les **honoraires** (m. pl.) fees (doctor)

la **honte** shame, disgrace

l' **hôpital** (m.) hospital

l' **horaire** (m.) schedule, timetable

la **horde** pack (of animals)

l' **horloge** (f.) clock

hors de portée out of reach

hors des limites out of bounds

hospitalier, hospitalière hospital (adj.)

l' **hospitaliser** to hospitalize
l' **hospitalité** *(f.)* hospitality
l' **hôte** *(m.)* host
l' **hôtel** *(m.)* hotel
l' **hôtesse** *(f.)* **de l'air** flight attendant *(f.)*
le/la **huguenot(e)** Huguenot *(French Protestant)*
l' **huître** *(f.)* oyster
humain(e) human
humanitaire humanitarian
l' **humeur** *(f.)* mood
humide wet, humid
humoristique humorous
l' **humour** *(m.)* humor
hurler to shout
hurler de rire to roar with laughter
l' **hydrate** *(m.)* **de carbone** carbohydrate
l' **hydravion** *(m.)* hydroplane
l' **hymne** *(m.)* hymn, song
l'hymne national national anthem
hyper extremely
l' **hypermarché** *(m.)* large supermarket
hypocrite hypocritical
l' **hypocrite** *(m. et f.)* hypocrite
hystérique hysterical

I

l' **idée** *(f.)* idea
une idée de génie a bright idea
identifier to identify
l' **identité** *(f.)* identity
idiot(e) stupid, foolish
ignorant(e) ignorant, uninformed
il the
Il est... heure(s). It's ... o'clock
il faut (+ *noun*) *(noun)* is (are) needed
il faut (+ *infinitive*) it is necessary, one must
Il n'y a pas de quoi. You're welcome.
il vaut mieux it is better

il y a there is, there are; ago
l' **île** *(f.)* island
l' **Île-du-Prince-Édouard** Prince Edward Island
illustrer to illustrate
l' **ilôt** *(m.)* small island, plot of land
l' **image** *(f.)* image
l' **imbécile** *(m.)* imbecile
imiter to imitate
immense immense
l' **immeuble** *(m.)* apartment building
l' **immigration** *(f.)* immigration
passer à l'immigration to go through immigration (airport)
immigré(e) immigrant *(adj.)*
l' **immigré(e)** immigrant
immobile unmoving
immobiliser to immobilize, stop
impatient(e) impatient
l' **impératrice** *(f.)* empress
l' **imper(méable)** *(m.)* raincoat
implanter to establish oneself *(business)*
impliqué(e) implicated
impoli(e) impolite
importer: n'importe no matter
n'importe quel(le) any one *(of them)*
n'importe quoi any old thing; anything and everything
imposer to impose
impressionnant(e) impressive
impressionner to impress
les **impressionnistes** *(m. pl.)* Impressionists
imputable (à) attributable (to)
inarticulé(e) inarticulate
inauguré(e) inaugurated
incarner to bring to life
l' **incendie** *(m.)* fire
l' **incitation** *(f.)* encouragement

s' **incliner** to slope
inclure to include
incolore colorless
l' **inconditionnel** *(m.)* fan, advocate
inconnu(e) unknown
inconscient(e) unconscious
l' **inconvénient** *(m.)* disadvantage
incroyable incredible
l' **Inde** *(f.)* India
l' **indépendance** *(m.)* independence
l' **indicatif** *(m.)* **régional** area code
l'indicatif du pays country code
l' **indication** *(f.)* cue
l' **indifférence** *(f.)* indifference
indiquer to indicate
l' **individu** *(m.)* individual
individuel(le) individual
industrialisé(e) industrialized
l' **industrie** *(f.)* industry
industriel(le) industrial
l' **industriel** *(m.)* manufacturer
inédit(e) new, original
l' **inégalité** *(f.)* inequality
l' **infâme** *(m. et f.)* villain, criminal
infectieux, infectieuse infectious
infect(e) horrible *(slang)*
l' **infection** *(f.)* infection
l' **infériorité** *(f.)* inferiority
infiltrer to seep (into)
infini(e) infinite
l' **infinité** *(f.)* infinity
l' **infirmier, l'infirmière** nurse
l' **infirmité** *(f.)* disability, being a cripple
influencer to influence
l' **info** *(f.)* info(rmation)
l' **informaticien(ne)** computer scientist
informatique computer *(adj.)*
l' **informatique** *(f.)* computer science

s' **informer** to get informed

l' **infortuné(e)** unfortunate person

les **infos** *(f. pl.)* news

l' **infra-son** *(m.)* infrasonic vibration

l' **ingénieur** *(m.)* engineer

l' **initiation** *(f.)* initiation

s' **initier** to take up *(a hobby)*

l' **injure** *(f.)* insult
   se dire des injures to insult each other
   injuste unfair

l' **injustice** *(f.)* injustice
   inodore odorless

l' **inondation** *(f.)* flood
   inquiet, inquiète worried
   inquiéter to concern, to worry
   s'inquiéter to worry

l' **inquiétude** *(f.)* worry, concern

s' **inscrire** to register

l' **insecte** *(m.)* insect

s' **insérer (dans)** to become part (of)
   inspirer to inhale
   installer to settle *(someone)*
   s'installer to get settled

l' **institut** *(m.)* institute

l' **instituteur, l'institutrice** elementary school teacher

l' **institution** *(f.)* institution

l' **institutrice** *(f.)* schoolteacher

les **instructions** *(f. pl.)* instructions
   instruit(e) educated

l' **instrument** *(m.)* instrument
   insuffisament inadequately, insufficiently

l' **intensité** *(f.)* intensity
   interdire to forbid
   interdit(e) forbidden, prohibited
   rester interdit(e) to be taken aback
   intéressant(e) interesting
   intéresser to interest
   Ça ne m'intéresse pas. I'm not interested in that.

s' **intéresser à** to be interested in

l' **intérêt** *(m.)* interest
   intérieur(e) interior; domestic *(flight) (adj.)*

l' **intérieur** *(m.)* interior, inside

l' **interlocuteur, l'interlocutrice** person being spoken to
   interne boarding *(student)*, resident; inner
   l'oreille interne inner ear
   interpréter to interpret
   interroger to question, interrogate
   interrompre to interrupt

l' **interruption** *(f.)* **publicitaire** commercial break
   interurbain long-distance *(phone call)*
   interviewer to interview

l' **intimité** *(f.):* **dans l'intimité** in a private ceremony
   intitulé(e) entitled
   introduire to introduce
   introduire (une pièce) to put in (a coin)
   inutile useless
   inventer to invent

l' **inverse** *(m.)* opposite

l' **investissement** *(m.)* investment
   inviter to invite

l' **Irlande** *(f.)* Ireland

l' **islam** *(m.)* Islam
   islamique Islamic
   isolé(e) isolated
   isoler to isolate

l' **Israël** *(m.)* Israel

l' **issue** *(f.)* **de secours** emergency exit

l' **Italie** *(f.)* Italy
   italien(ne) Italian *(adj.)*

l' **ivoire** *(m.)* ivory

jaillir to gush
jamais ever
   ne... jamais never

la **jambe** leg

le **jambon** ham

le **Japon** Japan
   japonais(e) Japanese

le **jardin** garden

le **jasmin** jasmine
   jaune yellow

le **jean** jeans
   en jean denim *(adj.)*

la **jeep** jeep

le **jersey: en jersey** jersey *(adj.)*

le **jet d'eau** fountain, spray
   jeter to throw; to throw away
   jeter un coup d'œil to glance

le **jeton** token

le **jeu** game
   le jeu vidéo video game
   jeune young
   les jeunes *(m. pl.)* young people, the young
   la jeune fille girl

la **jeunesse** youth

le **job d'été** summer job

le **jogging: faire du jogging** to jog

la **joie** joy
   joindre to join
   joli(e) pretty

la **joue** cheek
   jouer to play, to perform
   jouer à (un sport) to play (a sport)
   jouer d'un instrument de musique to play a musical instrument
   se jouer to be performed

le **jouet** toy

le **joueur** player
   jouir (de) to enjoy

le **jour** day
   c'est quel jour? What day is it?
   de nos jours today, nowadays
   le jour de l'An New Year's Day
   par jour a (per) day
   tous les jours every day

le **journal** newspaper
   le journal intime diary

le journal télévisé newscast
le/la **journaliste** journalist
la **journée** day
joyeux, joyeuse happy
Joyeux Noël! Merry Christmas!
le **judaïsme** Judaism
le/la **juge** judge (m. and f.)
juger to judge
juif, juive Jewish
les **Juifs** (m. pl.) Jews
juillet (m.) July
le 14 juillet July 14 (French national holiday)
juin (m.) June
la **jupe** skirt
la **jupette** tennis skirt
le **Jura** Jura Mountains
jurer to swear
le **juron** swear word
le **jury** selection committee
jus: le jus d'orange orange juice
jusqu'à (up) to, until
jusqu'à ce que until
juste right, exact(ly); fair
il est juste que it's right that

le **kabyle** Berber dialect of the Kabyles
le **kilo(gramme)** kilogram
le **kilomètre** kilometer
le **kiosque** newsstand
le **klaxon** horn (car)
le **kleenex** tissue, Kleenex

là there
là-bas over there
le **laborantin, la laborantine** lab technician
le **laboratoire** laboratory
le **lac** lake
le lac salé salt lake
le **lacet** (boot)lace

lâcher to release
là-haut up there
laïc, laïque lay, non-religious
laid(e) ugly
la **laine** wool
en laine wool
laisser to leave (something behind); to let, allow
Ça me laisse froid(e). That leaves me cold.
laisser un message to leave a message
laisser un pourboire to leave a tip
laisser tomber to drop
le **lait** milk
laitier: le produit laitier dairy product
la **laitue** lettuce
la **lame de fond** groundswell
lamentable awful
lancer to throw;
lancer un appel to make an appeal
lancer la patte (à quelqu'un) to trip (someone)
se lancer to get started
la **langue** language
la langue maternelle native language
le **lapin** rabbit
la **laque** hairspray
large loose, wide
au large de off
largement widely
se **lasser** to tire
la **lassitude** weariness
le **laurier-rose** oleander
le **lavabo** sink
la **lavande** lavender
laver to wash
se laver to wash oneself
se laver les cheveux (la figure, etc.) to wash one's hair (face, etc.)
la machine à laver washing machine
le **lave-vaisselle** dishwasher (machine)
lécher to lick
la **leçon** lesson

la **leçon de conduite** driving lesson
la **lecture** reading
légendaire legendary
la **légende** legend, caption; legend, fairy tale
léger, légère light
léguer to bequeath, leave
le **légume** vegetable
le **lendemain** the next day
lent(e) slow
lentement slowly
lépreux, lépreuse peeling
lequel, laquelle, lesquel(le)s which one(s)
la **lessive** laundry
faire la lessive to do the laundry
la **lettre** letter
levant rising
le soleil levant rising sun
le **levé: faire le levé topographique** to survey
se **lever** to get up; to rise (sun)
le **lever du jour** daybreak
le **lever du soleil** sunrise
la **lèvre** lip
le **lexique** vocabulary
la **liaison** liaison
la **libellule** dragonfly
la **liberté** liberty, freedom
libre free
être libre immédiatement to be available immediately
librement freely
libre-service self-service
la **Libye** Libya
le **lien** connection
le **lieu** place
au lieu de instead of
avoir lieu to take place
le lieu de travail workplace
les **lieues** (f. pl.) leagues
la **ligne** line
les lignes de banlieue commuter trains
les grandes lignes main lines (trains)
la **limitation de vitesse** speed limit

les **limites** *(f. pl.)* boundaries *(on tennis court)*
    hors de limites out of bounds
la **limonade** lemon-lime drink
le **linge** laundry
le **lion** lion
le **lipide** fat
    lire to read
    lisse smooth
le **lit** bed
le **litre** liter
    littéraire literary
la **littérature** literature
la **livre** pound
le **livre** book
    le livre scolaire textbook
    localiser to locate
le/la **locataire** renter
la **location** rental; box office
le **logement** rent, boarding expenses
    loger to put someone up, give shelter
la **loi** law
    loin de far from
    de loin by far
    lointain(e) far away
le **loisir** leisure, spare time; leisure activity
    Londres London
    long: le long de along
    tout au long de all the way through; throughout
    long(ue) long
    de longue portée long-range
    longtemps (for) a long time
la **longueur** length
le **loquet** latch
    lorsque when; while
    louer to rent; to reserve *(train seat)*
le **loup** wolf
    lourd(e) heavy
la **lumière** light
    lunaire lunar
la **lune** moon
les **lunettes** *(f. pl.)* (eye)glasses; goggles
    les lunettes de soleil sunglasses

la **lutte** fight, struggle
    lutter to fight
le **luxe** luxury
    luxueux, luxueuse luxurious
le **lycée** high school
le/la **lycéen(ne)** high school student
    lyonnais(e) from Lyon

    machinalement mechanically
la **machine** machine
    la machine à laver washing machine
    madame (Mme) Mrs., Ms.
    mademoiselle (Mlle) Miss, Ms.
le **magasin** store
    le magasin de stockage warehouse
le **magazine** magazine
le **Maghreb** Maghreb (North African region including Algeria, Morocco, and Tunisia)
    maghrébin(e) from the Maghreb
    magique magic
le **magnétophone** tape recorder
le **magnétoscope** video recorder
    magnifique magnificent
    maigrir to lose weight
le **maillot de bain** bathing suit
la **main** hand
    se serrer la main to shake hands
    se tenir la main to hold hands
    tendre la main to hold out one's hand
    maintenant now
le **maire** mayor
la **mairie** town hall
    mais but
    mais oui (non)! Of course (not)!

le **maïs** corn
    le grain de maïs corn kernel
la **maison** house
le **maître** master
    le maître d'hôtel maitre d'
    le maître (d'école) schoolteacher
la **maîtresse d'école** schoolteacher
la **maîtrise** mastery, command
    majestueux, majestueuse majestic
la **majorité** majority
    mal badly
    avoir mal à to have a(n) . . . -ache, to hurt
    faire mal to hurt
    mal élevé(e) rude
    où avez-vous mal? Where does it hurt?
    pas mal de a lot, quite a few
    pas mal de fois rather often
le **mal** evil
    avoir des maux de cœur to feel sick, nauseous
    dire du mal de to speak ill of
le/la **malade** sick person, patient
    malade sick
la **maladie** illness
    maladroit(e) clumsy
le **malaise** dissatisfaction
    malchanceux(-se) unlucky
le **malentendu** misunderstanding
    malfaisant(e) harmful
    malgré in spite of
le **malheur** unhappiness, misfortune, misery
    malheureusement unfortunately
    malheureux, malheureuse unfortunate
    c'est malheureux it's unfortunate
    malhonnête dishonest
la **malle** trunk
la **manade** herd of cattle (or horses)

la **Manche** English Channel
la **manche** sleeve
  à manches longues (courtes) long- (short-) sleeved
la **manchette** headline
le **manchot** penguin
le/la **manchot(e)** one-armed person, person with no arms
  manger to eat
la **manie** mania
  manier to handle
la **manière** manner, way
  avoir de bonnes manières to have good manners
  de manière que so that
la **manifestation** demonstration
se **manifester** to be shown
la **manivelle** crank
  manquer to lack
  il manque (+ *noun*) (*noun*) is missing
le **maquillage** makeup
se **maquiller** to put on make-up
le **maquisard** Resistance fighter
le **marathon** marathon
le **marbre** marble
le/la **marchand(e) (de fruits et légumes)** (produce) seller
  la marchande des quatre saisons produce seller
  marchander to bargain
la **marchandise** merchandise
la **marche** walking
  faire de la marche to do a bit of walking
le **marché** market
  faire le marché to go to the market, to go grocery shopping
  le Marché Commun Common Market
  marcher to walk
  marcher au pas to march in step
  mardi (*m.*) Tuesday
  marécageux(-se) marshy
la **marée** tide
le **mari** husband

le **mariage** marriage; wedding
  marié(e) married
le **marié** groom
la **mariée** bride
se **marier** to get married
les **mariés** (*m. pl.*) bride and groom
le **marin** sailor
la **marionnette** puppet
  un spectacle de marionnettes puppet show
le **Maroc** Morocco
la **marque** make (*of car*)
  marquer un but to score a goal
la **marquise** French noblewoman
  marrant(e) very funny, hilarious (*slang*)
  marre: en avoir marre (de) to be fed up (with) (*slang*)
  marron (*inv.*) brown
le **marron** chestnut
le **marteau** hammer
le **marteau-piqueur** jackhammer
la **Martinique** Martinique
  martiniquais(e) from Martinique
le **mascara** mascara
le **masque à oxygène** oxygen mask
la **masse** mass
  massif, massive massive
le **match** game
le **matelas** mattress
le **matériau** material
le **matériel agricole** farm equipment
le **matériel scolaire** school supplies
  maternel(le): l'école maternelle pre-school
les **mathémathiques** (*f. pl.*) mathematics
les **maths** (*f. pl.*) math
la **matière** subject (*school*); matter; material
  la matière première raw material
le **matin** morning, in the morning

  du matin A.M. (*time*)
la **matinée** morning
la **maturité** adulthood
  mauvais(e) bad; wrong
  Il fait mauvais. It's bad weather.
  le mauvais numéro the wrong number
  mauve mauve
le **mazout** fuel oil
le **mec** guy (*slang*)
la **mèche** lock of hair
la **Mecque** Mecca
le **médecin** doctor
  chez le médecin at, to the doctor's
la **médecine** medicine (medical profession)
les **médias** (*f. pl.*) media
  médical(e) medical
le **médicament** medicine (*remedy*)
la **médina** old Arab section of northwest African towns
  médire (de quelqu'un) to badmouth (someone)
  méditer to meditate (on)
  meilleur(e) better
le/la **meilleur(e),** the best
  mélangé(e) (à) mixed (with)
se **mêler** to mix
  mélo(drame): Quel mélo! What a soap opera!
le **membre** member
  même same (*adj.*); even (*adv.*); itself
  être à même de to be able to
  la lettre même the letter itself
  lui-même (moi-même, etc.) himself (myself, etc.)
  tout de même all the same
  menacer to threaten
le **ménage** household
  ménager, ménagère household (*adj.*)
  mener to lead, carry on
le **menhir** menhir (*prehistoric stone monument*)
la **menorah** menorah
le **mensonge** lie

mensuel(le) monthly
mental(e) mental
menteur, menteuse lying, dishonest
mentionner to mention
mentir to lie
le **menu: le menu touristique** fixed-price meal
le **mépris** contempt, scorn
la **méprise** misunderstanding
méprisé(e) scorned
la **mer** sea
   la **mer des Caraïbes** Caribbean Sea
   la **mer Méditerranée** Mediterranean Sea
merci thank you
la **mère** mother
   la **mère poule** mother hen
le **méridien** meridian
la **mérite** merit
mériter to deserve
merveille: C'est une merveille! It's marvelous!
merveilleux, merveilleuse marvelous
la **mésentente** dissension
le **message** message
la **messe de minuit** midnight mass
la **mesure** measurement; measure
   dans la mesure où insofar as
mesurer to measure
le **métabolisme** metabolism
la **météo** weather forecast
météorologique meteorological
le **métier** profession, trade; craft
le **mètre** meter
métrique metric
le **métro** subway
   en métro by subway
   la **station de métro** subway station
métropolitain(e) metropolitan
le **mets** food, dish
le **metteur en scène** (movie) director

mettre to put (on), to place; to put on (clothes); to turn on (appliance)
mettre au jour to bring to light
mettre au point to come out with, develop
mettre de l'argent de côté to put money aside, save
mettre de l'huile dans les rouages to oil the gears, to make things run smoothly
mettre en scène to direct (a play); to present
mettre fin à to put an end to
mettre la main à la pâte to pitch in
mettre le contact to start the car
mettre le couvert to set the table
mettre une lettre à la poste to mail a letter
se **mettre à table** to sit down for a meal
se **mettre au premier rang** to get in the front row
se **mettre d'accord** to agree
se **mettre en forme** to get in shape
le **meuble** piece of furniture
le **meurtre** murder
le **Mexique** Mexico
la **microbiologie** microbiology
le **micro(phone)** microphone
le **microscope** microscope
midi (m.) noon
mieux better
   le **mieux** (the) best
la **mi-journée** midday
le **milieu** middle; environment
militaire military
le **militaire** soldier
mille (one) thousand
les **milliers** (m. pl.) thousands
le **million** million
le/la **millionnaire** millionaire
mi-long(ue) medium length

le **mimosa** mimosa
minable pathetic, terrible
le **minaret** minaret, tower of a mosque
mince thin
le **minéral** mineral
le **ministère** ministry
minuit (m.) midnight
miraculeux, miraculeuse miraculous
se **mirer** to look at oneself or each other, to be reflected
le **miroir** mirror
la **mise** putting, setting
   la **mise au jour** bringing to light
   la **mise au point** adjusting
miser sur to bet on
le/la **misérable** poor person; miserable person
la **misère** (extreme) poverty
la **mission** mission
le **mistral** strong cold north wind that blows toward the Mediterranean
la **mi-temps** half (sporting event)
   à mi-temps part-time
mixte co-ed (school)
le **mobile** motive
moche terrible, ugly
la **mode** fashion
   à la mode in style
le **mode** form, mode
   le **mode de vie** lifestyle
le **modèle** model
moderne modern
moderniser to modernize
modeste modest, reasonably priced
moi de même likewise (responding to an introduction)
moi-même myself
moindre less, lesser
   le/la **moindre** the least
   la **moindre des choses** the least one can do
le **moine** monk
moins less
   à moins que unless
   au moins at least

du moins at least

moins... que less . . . than

le **mois** month

les **moissons** *(f. pl.)* harvest

la **moitié** half

le/la **môme** kid *(slang)*

le **moment: en ce moment** right now

la **monarchie** monarchy

le **monarque** monarch

le **monastère** monastery

le **monde** world, people

    beaucoup de monde a lot of people

    faire le tour du monde to go around the world

    un monde fou crowds of people

    le Nouveau Monde the New World

    tout le monde everyone, everybody

    tout ce petit monde this little group (of people)

mondial(e) world

le **moniteur, la monitrice** instructor; camp counselor

la **monnaie** change; currency

    faire de la monnaie to make change

    monseigneur His Grace (My Lord)

    monsieur *(m.)* Mr., sir

le **montagnard** mountain-dweller

la **montagne** mountain

    à la montagne in the mountains

le **montant** amount

    monter to go up, get on; to take upstairs

    monter en voiture to board *(a train)*

    monter une pièce to put on a play

montrer to show

se **moquer de** to make fun of; to not care about

la **moquerie** ridicule

moral(e) moral

le **moral** morale

    avoir le moral to be in good spirits

avoir le moral à zéro to be feeling down in the dumps

la **morale** moral

    faire la morale to scold, lecture

la **moralité** morality

le **morceau** piece

    le morceau de craie piece of chalk

mordu(e) bitten

morne glum

mort(e) dead

la **mort** death

mortel(le) fatal

moscou Moscow

la **mosquée** mosque

le **mot** word

    le mot apparenté cognate

le **motard** motorcycle cop

le **moteur** engine *(car, etc.)*

    le moteur à explosion internal combustion engine

la **moto(cyclette)** motorcycle

le/la **motocycliste** motorcyclist

le **mouchoir** handkerchief

mouillé(e) wet

mourir to die

la **moutarde** mustard

le **mouton** sheep

le **mouvement** movement

    le mouvement de regret pang of remorse

mouvementé(e) eventful

moyen(ne) average, intermediate

    en moyenne on average

    le Moyen-Âge the Middle Ages

le **moyen de transport** mode of transportation

moyennement moderately

les **moyens médicaux** medical personnel

multiplier to multiply

municipal(e) municipal

le **mur** wall

musclé(e) muscular

le **musée** museum

le/la **musicien(ne)** musician

la **musique** music

musulman(e) Muslim *(adj.)*

les **musulmans** *(m. pl.)* Muslims

muter to transfer

le **mutilé de guerre** wounded veteran

la **mythologie** mythology

nager to swim

le **nageur, la nageuse** swimmer

naguère yore

la **naissance** birth

naître to be born

la **nana** gal *(slang)*

la **nappe** tablecloth

natal(e) native

    la maison natale house where someone was born

la **natation** swimming

la **nation** nation

la **natte** braid; straw mat

nature plain

la **nausée** nausea

naviguer to sail

ne... guère hardly

ne... jamais never

ne... ni... ni neither . . . nor

ne... pas not

ne... personne no one, nobody

ne... plus no longer

ne... que only

ne... rien nothing

né: il est né he was born

nécessaire necessary

    il est nécessaire de it is necessary to

    il est nécessaire que it's necessary that

néfaste unfortunate, disastrous, harmful

négatif, négative negative

la **négritude** black pride

la **neige** snow

    neiger: Il neige. It's snowing.

le **néophyte** beginner

nerf: être sur les nerfs to be all keyed up

nerveux, nerveuse
nervous; emotional
(*illness*)
les cellules nerveuses
(*f. pl.*) nerve cells
n'est-ce pas? isn't it,
doesn't it (he, she, etc.)?
nettement clearly
le **nettoyage à sec** dry-
cleaning
nettoyer à sec: faire
nettoyer à sec to dry-clean
neuf, neuve new
neutraliser to neutralize
neutre neutral
le **neveu** nephew
le **nez** nose
avoir le nez qui coule to
have a runny nose
la **nièce** niece
nippon(e) Japanese
le **nitrate** nitrate
le **niveau** level
avoir un bon niveau to
be experienced
vérifier les niveaux to
check under the hood
la **noblesse** nobility
les **noces** (*f. pl.*) nuptials
le voyage de noces
honeymoon
nocif, nocive harmful, toxic
Noël Christmas
Joyeux Noël! Merry
Christmas!
le **nœud** knot
noir(e) black
le tableau noir
blackboard
le **nom** name; noun
nomade nomadic
le **nombre** number
nombreux, nombreuse
numerous
nommer to name, mention
non no
non fumeurs no-smoking
(section)
non seulement not only
le **nord** north
normalement normally,
usually
la **Norvège** Norway

la **nostalgie** nostalgia;
longing
le **notable** dignitary
notamment notably
la **note** bill (*currency*); grade
(*on a test, etc.*)
recevoir de bonnes notes
to get good grades
noter to note
nouer: nouer une relation
to form a relationship
nourri(e) fed
nourrir to feed
se nourrir to get food,
nourishment
la **nourriture** food, nutrition
nouveau (nouvel),
nouvelle new
à nouveau again
le Nouveau Monde the
New World
la **nouvelle** short story
les nouvelles news
La **Nouvelle-Orléans** New
Orleans
le **nuage** cloud
nuageux, nuageuse cloudy
nuancer to vary slightly
la **nuit** night
à la nuit tombante at
nightfall
nul(le) hopeless, worthless
nullement not at all
le **numéro** number; issue (*of a
magazine*)
le bon (mauvais) numéro
the right (wrong)
number
le numéro de téléphone
telephone number
numéroté(e) numbered
la **nuque** nape of the neck
nutritif, nutritive nutritive

l' **oasis** (*f.*) oasis
obéir (à) to obey
l' **obéissance** (*f.*) obedience
l' **objet** (*m.*) object
obligatoire mandatory;
required

obligatoirement
necessarily
obligé(e) required
obliger to oblige, require
les **obsèques** (*f. pl.*) funeral
obtenir to obtain; to get
l' **occasion** (*f.*): **les grandes**
occasions special
occasions
l' **Occident** (*m.*) the West
occidental(e) western
occupé(e) busy
sonner occupé to be busy
(*telephone*)
occuper to occupy
s'occuper de to take care
of
l' **océan** (*m.*) ocean
l' **odeur** (*f.*) scent, smell; odor
l' **œil** (*m., pl.* **yeux**) eye
l' **œuf** (*m.*) egg
l'œuf dur hard-boiled egg
l' **œuvre** (*f.*) work (*of art*)
officiel(le) official
l' **officier** (*m.*) officer
offrir to offer, give
l' **ogive** (*f.*) pointed Gothic
arch
l' **oignon** (*m.*) onion
c'est pas tes oignons!
None of your business!
l' **oiseau** (*m.*) bird
un chant d'oiseau
birdsong
l' **ombre** (*f.*) shadow
l' **omelette** (*f.*) omelette
l'omelette aux fines
herbes omelette with
herbs
l'omelette nature plain
omelette
l' **omnibus** (*m.*) omnibus
omniprésent(e)
omnipresent
on we, they, people
On y va(?) Let's go.; Shall
we go?
l' **oncle** (*m.*) uncle
l' **onde** (*f.*) wave
l' **ondée** (*f.*) shower (*rain*)
l' **ongle** (*m.*) nail (*finger, toe*)
l' **opéra** (*m.*) opera
opérer to operate

l' **oppidum** (*m.*) citadel
opposer to oppose
s'opposer à to be
opposed to
l' **or** (*m.*) gold
or now
l' **orage** (*m.*) storm
orageux, orageuse stormy
orange (*inv.*) orange (*color*)
l' **orange** (*f.*) orange (*fruit*)
l' **oranger** (*m.*) orange tree
l' **oratoire** (*m.*) private chapel
l' **orchestre** (*m.*) band;
orchestra (*seats*)
l' **orchidée** (*f.*) orchid
ordinaire ordinary, regular
d'ordinaire usually
l' **ordinateur** (*m.*) computer
l' **ordonnance** (*f.*) prescription
faire une ordonnance to
write a prescription
l' **ordre** (*m.*) order
les **ordures** (*f. pl.*) garbage
l' **oreille** (*f.*) ear; hearing
avoir mal aux oreilles to
have an earache
l'oreille interne inner ear
l' **oreiller** (*m.*) pillow
les **oreillons** (*m. pl.*) mumps
l' **organisateur,**
l'organisatrice organizer
organisé(e) organized
l' **organisme** (*m.*) organism;
body
orienter to turn
originairement originally
original(e) original
l' **origine** (*f.*): **à l'origine**
originally
orner to decorate
l' **os** (*m.*) bone
oser to dare
ôter to take off (*clothing*)
ou or
où where
ouais yeah
l' **oubli** (*m.*) oblivion
oublier to forget
l' **oued** (*m.*) wadi
l' **ouest** (*m.*) west
oui yes
l' **ouïe** (*f.*) hearing

l' **ours** (*m.*) bear
l' **oursin** (*m.*) sea urchin
l' **outil** (*m.*) tool, instrument
outre: en outre in addition
ouvert(e) open
l' **ouverture** (*f.*) opening
l' **ouvrage** (*m.*) work (*of art*)
l' **ouvrier, l'ouvrière** worker
ouvrir to open
ovale oval
l' **oxyde** (*m.*) oxide
l' **oxygène** (*m.*) oxygen
l' **ozone** (*m.*) ozone

les **pages** (*f. pl.*) **jaunes** yellow
pages
le **paillasson** doormat
le **pain** bread
se vendre comme des
petits pains to sell like
hotcakes
la **paire** pair
la **paix** peace
le **palais** palace
le **palier** landing (*of staircase*)
la **palmeraie** palm grove
le **palmier** palm tree
le **panache** plume
la **pancarte** sign
le **panier** basket
paniquer to panic
le **panneau** backboard
(*basketball*); road sign
le panneau d'affichage
bulletin board
le **pansement** bandage
le **pantalon** pants
le **Pape** Pope
la **papeterie** stationery store
le **papier** paper
le papier hygiénique
toilet paper
la feuille de papier sheet
of paper
le **paquet** package
par by
par avion (by) airmail
par conséquent
consequently

par exemple for example
par hasard by chance
par jour a (per) day
par rapport à compared
with
par semaine a (per) week
par la suite eventually
paraître to appear, to be
published
il paraît it appears;
apparently
le **parallèle** parallel
le **parapluie** umbrella
le **parc** park
le parc d'attractions
amusement park
parce que because
le **parcmètre** parking meter
parcourir to travel, go
through
par-delà beyond
par-dessus over
pardon excuse me, pardon
me
le **pardon** pardon,
forgiveness
le **parebrise** windshield
pareil(le) similar, like
le **parent** relative
les parents parents
parer à to take care of
paresseux, paresseuse lazy
parfait(e) perfect
parfaitement exactly
parfois at times
le **parfum** perfume
parisien(ne) Parisian
la **parité** equality
le **parking** parking lot
le **parlement** parliament
parler to speak, talk
parler au téléphone to talk
on the phone
parmi among
la **parole** word
les paroles lyrics
prendre la parole to
begin to speak
part: à part apart
d'une part... d'autre
part... on the one
hand . . . on the other
hand . . .

le **partage** sharing
partager to share
  partager les frais to share expenses
  se partager to divide (among themselves)
le **partenariat** work in partnership
le **participe** participle
participer (à) to participate (in)
particulier, particulière specific
particulièrement particularly
la **partie** game, match; part
  en partie partly
  faire partie de to be a part of
partir to leave
  à partir de from . . . on (date); based on
partout everywhere
parvenir to arrive, to reach
parvenir à to manage to, succeed in
pas: ne... pas not
  pas de... no . . .
  Pas de quoi. You're welcome.
  pas du tout not at all
  pas forcément not necessarily
  pas mal not bad
  pas mal de quite a few
  pas question no way
le **pas** (foot)step
  faire un pas to take a step
le **passage: être de passage** to be passing through
passager, passagère passing, temporary
le **passager, la passagère** passenger
le **passé** past
le **passeport** passport
passer to spend (time); to pass, go through; to show (a movie); to stop by
  passer à la douane to go through customs
  passer avant tout to come first

passer par le contrôle de sécurité to go through security (airport)
passer un examen to take an exam
se passer to happen
la **passerelle** small bridge
passionnant(e) exciting
passionné(e) de excited by
passionner to excite, fascinate; (sport) to be a passion for
le **pasteur** shepherd
patati: et patati et patata and so on and so forth
la **pâte: mettre la main à la pâte** to pitch in
le **pâté** pâté
patient(e) patient
le/la **patient(e)** patient
le **patin à glace** ice skate; ice skating
  faire du patin to skate
  faire du patin à glace to ice-skate
le **patinage** skating
le **patineur, la patineuse** skater
la **patinoire** skating rink
le **pâtre** shepherd
la **patrie** native country, homeland
le **patrimoine** heritage
patriotique patriotic
le **patriotisme** patriotism
le/la **patron(ne)** boss
la **patte** leg, paw
  lancer la patte to trip (someone)
  les pattes sideburns
le **pâturage** pasture
pauvre poor
la **pauvreté** poverty
le **pavillon** small house, bungalow
payant(e) requiring payment
payer to pay
payer en espèces to pay cash
le **pays** country
le **paysage** landscape
le **paysan** peasant

les **Pays-Bas** (m. pl.) the Netherlands
le **péage** toll
la **peau** skin
la **pêche** fishing
  aller à la pêche to go fishing
le **pêcheur** fisherman
  le port de pêcheurs fishing village
le **peigne** comb
se **peigner** to comb (one's hair)
peindre to paint
la **peine** sorrow
  à peine hardly, only just
  avoir de la peine to be sad, upset
  Ce n'est pas la peine. It's not worth it. Don't bother.
  faire de la peine à quelqu'un to hurt someone (emotionally)
  la peine de mort death penalty
  se donner la peine to take the trouble
peiner to work hard, make great efforts
le/la **peintre** painter, artist
la **peinture** painting
péjoratif, péjorative pejorative, disparaging
pékin Beijing
le **pèlerinage** pilgrimage
la **pelle** shovel
le **peloton** the pack (of runners)
  dans le peloton de tête at the top of the list
le **penalty** penalty (soccer)
penché(e) slanting
pendant during, for (time)
  pendant que while
pendu hanged
pénétrer to penetrate
la **pénicilline** penicillin
la **pensée** thought
penser to think
la **pension** small hotel
la **percée** breakthrough
percevoir to perceive, detect

perché(e) perched
la **perdition** despair
perdre to lose
perdre des kilos to lose weight
le **père** father
le **Père Noël** Santa Claus
perfectionné(e) sophisticated
le **perfectionnement** perfecting
perfectionner to perfect
périlleux, périlleuse dangerous
la **périphérie** outskirts
périphérique: le boulevard périphérique beltway, ring road
la **perle** pearl
permettre to permit, allow
Vous permettez? May I (sit here)?
le **permis** permit
le **permis de conduire** driver's license
perpétuer to perpetuate
le **personnage** character
la **personne** person
ne… personne no one, nobody
personne ne… no one
personnel(le) personal
le **personnel de bord** flight crew
personnellement personally
la **perspective** perspective, view
à la perspective at the prospect
la **perte** loss
la **perturbation** disturbance
la **pesanteur** gravity
peser to weigh
le **pétale** petal
petit(e) short, small
le **petit ami** boyfriend
la **petite amie** girlfriend
la **petite annonce** classified ad
le **petit déjeuner** breakfast
petit à petit little by little

prendre le petit déjeuner to eat breakfast
la **petite-fille** granddaughter
le **petit-fils** grandson
le **pétrolier** oil tanker
peu little, not much
peu (de) few, little
à peu près about
un peu (de) a little
le **peuple** people, nation
peur: avoir peur (de) to be afraid (of)
de peur de for fear of
de peur que for fear that
faire peur à to frighten
peut-être maybe, perhaps
la **pharmacie** pharmacy
le/la **pharmacien(ne)** pharmacist
le **phénomène** phenomenon
le **philosophe** philosopher
la **philosophie** philosophy
le **phosphate** phosphate
la **photo** photograph
photographier to photograph
la **photosynthèse** photosynthesis
la **phrase** sentence
le/la **physicien(ne)** physicist
la **physique** physics
physique physical
la **forme physique** physical fitness
physiquement physically
picorer to peck
la **pièce** room; play; coin; piece
le **pied** foot
à pied on foot
un pied d'égalité an equal footing
la plante du pied sole of the foot
le **piège** trap, snare
la **pierre** stone
le/la **piéton(ne)** pedestrian
piétonnier(-ère) pedestrian (adj.)
pieux, pieuse pious, religious
le **pilier** pillar
piller to pillage

le/la **pilote** pilot
le/la **pilote de ligne** airline pilot
piloter to pilot
pincer to pinch
piquant(e) spicy
piquer to sting
la **piqûre** injection, shot
faire une piqûre to give (someone) a shot
le **piratage** piracy
pire worse
la **piscine** pool
la **piscine couverte** indoor pool
la **piste** track; ski trail
la **pitié** pity
pittoresque picturesque
le **placard** closet
la **place** seat (plane, etc.); parking space; place
les **places debout** standing room
à ta place if I were you
le **plafond** ceiling
la **plage** beach
la **plaie** plague
se **plaindre** to complain
la **plaine** plain
la **plaisanterie** joke
le **plan** map
le **plan du métro** subway map
le **plan de la ville** street map
au premier plan in the foreground
de tout premier plan of the first rank, foremost
la **planche à voile: faire de la planche à voile** to windsurf
la **planche (de surf)** surfboard
la **planète** planet
la **plantation** grove
la **plante** plant
la **plante du pied** sole of the foot
planté(e) set up
le **plastique: en plastique** plastic
le **plateau** plateau; tray
la **plate-bande** flower bed

la **platine** platinum

le **plâtre** (plaster) cast

plein(e) full

  avoir plein de fric to have lots of money (*slang*)

  faire le plein to fill up (*a gas tank*)

  le terrain de plein air playing field (*sports*)

pléthorique excessive

pleurer to cry

pleurer comme une madeleine to cry one's heart out

  C'est bête à pleurer. It's pitifully stupid.

pleuvoir to rain

  Il pleut. It's raining.

plier to bend; to fold

le **plomb** lead

la **plongée sous-marine: faire de la plongée sous-marine** to go deep-sea diving

plonger to dive; to plunge

la **pluie** rain

  les pluies acides acid rain

la **plume** feather, pen

la **plupart (des)** most (of)

le **pluriel** plural

plus more

  de plus moreover

  de plus en plus more and more

  en plus besides, in addition

  plus que quelques échelons only a few rungs left

  plus tard later

plusieurs several

plutôt quite, rather

pluvieux, pluvieuse rainy

le **pneu** tire

  le pneu à plat flat tire

la **poche** pocket

le **poème** poem

la **poésie** poetry

le **poète** poet

le **poids** weight

le **poignet** wrist

poil: être de bon (mauvais) poil to be in a good (bad) mood (*slang*)

le **point** point; period

  le point de suture (surgical) stitch

  le point de vue point of view

point: ne… point not (*literary*)

la **pointure** size (*shoes*)

le **poisson** fish

la **poissonnerie** fish store

le **pôle** pole

  le pôle Nord North Pole

poli(e) polite; polished

la **police secours** emergency aid

le **policier** police officer

poliment politely

la **politesse** politeness

la **politique** politics; policy

le **polluant** pollutant

polluer to pollute

la **pollution** pollution

la **pomme** apple

  la pomme de terre potato

le **pommier** apple tree

le **pompier** firefighter

le/la **pompiste** gas station attendant

le **pont** bridge

populaire popular

la **porcelaine** porcelaine, china

le **port** port; wearing (*n.*)

  le port de pêche fishing port

  le port de pêcheurs fishing port

la **porte** gate (*airport*); door

le **portefeuille** wallet

le **porte-monnaie** change purse

le **porte-plume** penholder

porter to take (carry); to wear

  porter un toast to toast, make a toast

le **porteur** porter

la **portière** door (*of a vehicle*)

le **portrait** portrait

le **Portugal** Portugal

poser: poser sa candidature to apply for a position

  poser une question to ask a question

possédé(e) possessed

la **poste** post office

  mettre à la poste to mail

le **poste** position

le **poster** poster

le **pot** jar

  le pot catalytique catalytic converter

  le pot d'échappement muffler

le **pot-au-feu** braised beef with vegetables

le **pouce** inch; thumb

la **poule** hen, chicken (*animal*)

le **poulet** chicken (*for eating*)

le **pouls** pulse

le **poumon** lung

pour for; in order to

  pour que so that

le **pourboire** tip (*restaurant*)

le **pourcentage** percentage

pourchasser to chase

pourquoi why

poursuivre to pursue

pourtant yet, still, nevertheless

pourvu que provided that; let's hope that

la **poussée** push, shove

pousser to grow; to push

la **poussière** dust

pouvoir to be able to

le **pouvoir** power

  le pouvoir d'achat buying power

pratique practical

la **pratique** method

  pratiquer un sport to play a sport

le **pré** meadow

précieux, précieuse precious

se **précipiter à** to rush towards

  précis(e) precise, exact

  à l'heure précise right on time

préciser to specify

la **prédominance** predominance

préféré(e) favorite
préférer to prefer
le **préfixe** prefix
prélevé(e) deducted
prélever to deduct
premier, première first
  les tout premiers very first
premièrement first of all
prendre to take; to have (to eat or drink)
  prendre un bain de soleil to sunbathe
  prendre un billet to buy a ticket
  prendre conscience de to become aware of
  prendre la correspondance to change trains
  prendre une décision to make a decision
  prendre des kilos to gain weight
  prendre en note to take note
  prendre part à to take part in
  prendre la parole to begin to speak
  prendre le pas sur to pass, surpass
  prendre le petit déjeuner to eat breakfast
  prendre rendez-vous to make an appointment
  prendre les rênes to take command, be in charge
  prendre des rides to get wrinkles
le **préparatif** preparation
préparer to prepare
près de near
prescrire to prescribe
le **présentateur, la présentatrice** announcer
les **présentations** (f. pl.) introductions
présenter to introduce; to present
la **préservation** preservation
préserver to preserve
presque almost

la **presse** press
  pressé(e) in a hurry
la **pression (artérielle)** blood pressure
  prêt(e) ready
le **prêt** loan
  prêter to lend
le **prêtre** priest
la **preuve** proof
  prévenir to prevent
la **prévision** forecast
  prévoir to foresee; to predict
  prier to pray
  je vous prie de please
la **prière: en prière** at prayer, praying
  primaire: l'école (f.) **primaire** elementary school
  primordial(e) essential, utmost
le **prince** prince
  principal(e) main, principal
  principalement mainly
le **principe** principle
le **printemps** spring
  priorité: en priorité first and foremost
  pris(e) taken; busy
la **prise: faire une prise de sang** to take a blood sample
le **prisonnier** prisoner
la **privation** deprivation
  privé(e) private
  privilégier to favor
le **prix** price, cost; prize
  à prix fixe at a fixed price
  probable: il est probable que it's probable
  probablement probably
le **problème** problem
  prochain(e) next; approaching, immediate
  proche close; closely related
  proclamer to proclaim
  produire to produce
le **produit** product
  le produit laitier dairy product

le/la **prof** teacher (informal)
le **professeur** (m.) teacher
la **profession** profession
  professionnel(le) professional
  profit: tirer profit de to benefit from
  profiter de to take advantage of, profit from
  profond(e) deep
  profondément profoundly, deeply
la **progéniture** offspring
la **programmation** computer programming
le **programme** TV program
le **progrès** progress
  progressif, progressive progressive
le **projecteur** projector
le **projet** project, plan
le **prolongement** extension
la **promenade: faire une promenade** to take a walk
se **promener** to walk
le **promeneur, la promeneuse** walker
  prononcer to pronounce, utter
le **pronostic** prediction
  proportionellement proportionately
les **propos** (m. pl.) remarks
le **propos** intention
  proposer to suggest
  propre clean; own (adj.)
le/la **propriétaire** owner
la **propriété** property
le **prospectus** brochure, leaflet
la **protection** protection
  protéger to protect
la **protéine** protein
le **protestantisme** Protestantism
  provenance: en provenance de arriving from (train, plane, etc.)
  provençal(e) from Provence, the south of France
la **Provence** region in the South of France

provenir to come from
la **province** province
les **provisions** *(f. pl.)* groceries
  muni de provisions with food
  provisoire provisional
  provoquer to cause
  prudemment carefully
la **prudence** prudence, caution
le **prunier** plum tree
  prussien(ne) Prussian
le/la **psychologue** psychologist
la **puberté** puberty
le **public** public; audience
la **publicité** advertisement
  publier to publish
les **puces: le marché aux puces** flea market
  puiser to draw from
  puisque since
  puissant(e) powerful
le **puits** well
le **pull** sweater
  pulluler to proliferate
  pulmonaire pulmonary, of the lungs
  punir to punish
la **punition** punishment
le **pupitre** student's desk in a school
  pur(e) pure
la **pureté** purity
le **pyjama** pajamas
la **pyramide** pyramid

le **quai** platform *(railroad);* pier
la **qualité** quality; positive trait
  quand when
  quant à as for
le **quart: et quart** a quarter past *(time)*
  moins le quart a quarter to *(time)*
le **quartier** neighborhood, district
la **quasi-totalité** almost the whole of

que that, which, whom
  que diable! For Pete's sake!
quel(le) which, what
quelque some
  à quelques pointes d'accent près apart from the hint of an accent
  quelque chose à manger something to eat
  quelquefois sometimes
  quelques some
le **qu'en-dira-t-on** gossip
qu'est-ce que what
qu'est-ce qui what
la **question: poser une question** to ask a question
  hors question out of the question
  Il n'en est pas question. It's out of the question.
  pas question no way
la **quête** search, quest
la **queue: faire la queue** to wait in line
qui who; whom; which, that
quinze: tous les quinze jours every two weeks
quitter to leave *(a room, etc.)*
  Ne quittez pas. Hold on. *(telephone)*
quoi what
  de quoi wherewithal; means
quoique although
le **quotidien** everyday life
quotidien(ne) daily
le **quotidien** daily newspaper

R

raccrocher to hang up *(telephone)*
la **racine** root
  raconter to tell (about)
  radicalement radically
  radieux(-se) radiant
la **radio** radio
la **radio(graphie)** X-ray

radioactif, radioactive radioactive
la **radioscopie** radioscopy
la **rafale** gust of wind
la **rage** rabies
le **raisin** grape(s)
  les raisins secs raisins
la **raison** reason
  ralentir to slow down
le **ralentissement** slowing
  ramasser to collect; to pick up
  ramener to bring (back)
le **ramoneur** chimney-sweep
la **randonnée (pédestre)** backpacking
  en randonnée backpacking, hiking
  faire de la randonnée to go backpacking, hiking
le **randonneur, la randonneuse** hiker
le **rang** row
  rangé(e) ordered; arranged in rows
le **rapatriement** repatriation
  rapide quick, fast
  rapidement quickly
  rappeler to call back
  se rappeler to remember
le **rapport** relationship; report
  par rapport à in comparison with
  rapporter to report; to bring back
le **rapprochement** reconciliation
la **raquette** racket
se **raréfier** to become less frequent, become rare
  rarement rarely
  raser to bore
  Ça me rase! It bores me stiff.
se **raser** to shave
  rasoir boring *(slang)*
le **rasoir** razor, shaver
  rassembler to collect, gather together
  rassurer to reassure
la **rate** spleen
  rater to miss *(train, etc.)*
  ratisser to comb

French-English Dictionary

rattraper to catch up with
le **ravissement** rapture
le **rayon** department *(in store)*; ray of light
   les rayons X X-rays
le **rayonnement** ray
la **réaction** reaction
réagir to react
la **réalisation** achievement
réaliser to realize *(an ambition)*, achieve
la **réalité** reality
rebelotte here we go again
récemment recently
la **réception** front desk *(hotel)*
   la réception par câble cable television
le/la **réceptionniste** desk clerk
recevoir to receive, to get
se **réchauffer** to get warm(er)
la **recherche** research, search
recherché(e) sought after
le **récipient** recipient
réciproque reciprocal
le **récit** story, account
réciter to recite
réclamer to demand
la **réclusion solitaire** solitary confinement
la **récolte** harvest
récolter to harvest
recommander to recommend
la **récompense** reward
la **réconciliation** reconciliation
reconnaître to recognize; to admit
reconnu(e) recognized
reconstruire to rebuild
la **récréation** recess
recréer to re-create
récrire to rewrite
le **recueil** collection
recueillir to take down, to take note of
reculé(e) distant, remote
reculer to draw back
récupérer to claim *(luggage)*; to collect
le **recyclage** recycling
la **rédaction** paper, composition; writing

faire une rédaction to write a paper
redistribuer to redistribute, pass (something) out again
redresser to straighten up
réduire to reduce
réduit(e) reduced
refaire to do over, make over
réfléchi(e) reflexive
réfléchir to think
le **reflet** reflected light
refléter to reflect
se **réfugier** to take shelter
le **regard** look
regarder to look at, watch
   cela ne me regarde pas that doesn't concern me
se **regarder** to look at oneself, look at one another
le **régime** diet
   suivre un régime to go on a diet
la **règle** rule; ruler
le **règlement** rule; regulations
régler to direct *(traffic)*
le **règne** reign
régner to reign
le **regret** regret
regretter to be sorry; to miss
régulier, régulière regular
le **rejet** emission
rejeter to give off
rejoindre to join
réjouir to delight
le **réjouissance** festivity
le **relâche** respite, dark *(theater)*
la **relation** relationship
relax(e) carefree
le **relevé (de compte)** statement *(bank)*
relever to raise again
se **relever** to get up
relié(e) connected
relier to connect
religieux, religieuse religious
relire to reread
se **remarier** to remarry

remarquer to notice
le **remboursement** reimbursement
rembourser to pay back, reimburse
remédier to remedy
le **remembrement** regrouping
les **remerciements** *(m. pl.)* thank-you messages
remercier to thank
remettre to put back, to replace
   remettre en place to reset *(a bone)*
se **remettre** to recover *(from an illness)*
   se remettre en route to get back on the road
remise: la remise en question calling into question
les **remparts** *(m. pl.)* ramparts
remplir to fill out
remporter to take back
   remporter la victoire to be victorious
la **rémunération** payment
renaître to be reborn
le **renard** fox
la **rencontre** meeting
rencontrer to meet
   se rencontrer à mi-chemin to meet someone halfway
le **rendez-vous** meeting, appointment
   prendre rendez-vous to make an appointment
rendre to give back; to make
rendre compte to tell about
   se rendre compte to realize
se **renforcer** to grow stronger
renoncer (à) to give up (on)
renouveau: le renouveau de popularité renewed popularity
renouveler to renew, revive
   se renouveler to be repeated
les **renseignements** *(m. pl.)* information
les **rentes** *(f. pl.)* private income

le **rentier** person of independent means

la **rentrée des classes** beginning of school year

rentrer to go home

renverser to overthrow

renvoyer to send back

réparateur, réparatrice refreshing

reparler to talk again

réparti(e) divided, distributed

repartir to go away again; to answer, retort

répartir to divide up, distribute

se **répartir** to be divided, distributed

la **répartition** distribution

le **repas** meal

le **repassage** ironing

repasser to iron

repeindre to repaint

le **répertoire** repertory

répéter to repeat

la **répétition** rehearsal

se **replacer** to regain one's position

le **répondeur automatique** answering machine

répondre to answer

la **réponse** answer

le **repos** rest

reposer to place

se **reposer** to rest

repoussé(e) pushed back

reprendre to take again

la **représaille** reprisal

le/la **représentant(e)** representative

la **représentation** performance (play)

représenter to represent

représenter une pièce to stage a play

la **répression** repression

la **reprise** reshowing

le **reproche** reproach

reproduire to reproduce

la **république** republic, democracy

répudier to repudiate, cast off

le/la **rescapé(e)** survivor

le **réseau** system

la **réserve** reserve, supply; nature preserve

réserver to reserve

le **réservoir** gas tank

résidentiel(le) residential

la **résistance** resistance

résoudre to solve

respecter to respect

respectif, respective respective

la **respiration** breathing

respiratoire respiratory

respirer (à fond) to breathe (deeply)

resplendissant(e) glittering

responsable responsible

resquiller to cut ahead (in line)

ressembler à to resemble

ressentir to feel

resservir to be reused

le **ressortissant** citizen, national

la **restauration** food service

la **restauration rapide** fast food

reste: du reste moreover

rester to stay, remain

rester en forme to stay in shape

rester interdit(e) to be taken aback

le **restoroute** roadside restaurant

le **résultat** result

résumer to summarize

rétablir to reinstate

le **rétablissement** reinstatement; recovery (from an illness)

le **retard** delay

en retard late

retarder to delay

retenu(e) cautious

retirer to take away

se **retirer** to retire

retomber to fall back down

le **retour** return

se **retourner** to turn round

la **retraite** retirement

la **retransmission** rebroadcast

rétrécir to shrink

retrouver to find again

se **retrouver** to meet (again)

la **réunion** meeting

réunir to bring together; to reunite

se **réunir** to meet, to get together

réussir (à) to succeed, to pass (exam)

la **réussite** success

réutiliser to use

revanche: en revanche on the other hand

le **rêve** dream

de rêve dream (adj.)

réveiller to reawaken

se **réveiller** to wake up

le **réveillon** Christmas or New Year's dinner

la **révélation** revelation

révéler to reveal

revenir to come back

je n'en reviens pas! I can't get over it!

le **revenu** revenue, income

rêver to dream; to daydream

le **réverbère** gas lamp

revêtir to don, put on

revoir to see again

la **révolution** revolution

révolutionner to revolutionize

le **rez-de-chaussée** ground floor

le **rhinocéros** rhinoceros

le **rhume** cold (illness)

avoir un rhume to have a cold

riche rich

la **richesse** wealth; blessing, boon

la **ride** wrinkle

le **rideau** curtain

le **lever du rideau** curtain time (theater)

ridicule ridiculous

rien nothing

rien ne... nothing

ne... rien nothing, anything

rien à voir avec nothing to do with

rien d'autre nothing else

rien que just, alone

rieur, rieuse merry

rigoler to joke around

Tu veux rigoler! Are you kidding!

rigolo funny, hilarious (*slang*)

rigueur: de rigueur necessary, obligatory

rincer to rinse

rire to laugh

le **rire** laugh

risquer to risk

le **rite** rite, ritual

la **rivière** river

la **robe** dress

le **robinet** faucet

le **rocher** rock

le **roi** king

le **rôle** role

romain(e) Roman

roman(e) Romanesque

le **roman** novel

le roman policier detective novel, mystery

le **romancier, la romancière** novelist

rompre to break

rond(e) round

le **rond** circle

le **ronflement** throbbing; snoring

ronfler to snore

rose pink

la **rosée** dew

le **rosier** rosebush

roucouler to coo

la **roue** wheel

la roue de secours spare tire

les deux roues two-wheeled vehicles

rouge red

le **rouleau** roll

rouler (vite) to go, drive (fast)

roumain(e) Romanian

la **route** road

En route! Let's go!

routier, routière road (*adj.*)

roux, rousse redheaded

le **royaume** kingdom

le **Royaume-Uni** United Kingdom

le **ruban** ribbon

la **rubéole** German measles

la **rubrique** heading, column

la **rue** street

la **ruelle** alley

se **ruer (sur)** to throw oneself (into); to pounce (on)

le **rugby** rugby

se **ruiner** to be financially ruined

les **ruines** (*f.*) ruins

le **ruisseau** brook, stream

la **rupture** departure, break

rural(e) rural

russe Russian

le **rythme** rhythm

le **sable** sand

le **sac** bag; pocketbook, purse

le sac à dos backpack

le sac de couchage sleeping bag

sacré(e) holy

sacrer to crown

la **sacrifice** sacrifice

le **safari** safari

sage good (*child's behavior*)

le **Sahara** Sahara

saignant(e) rare (*meat*)

saigner to bleed

sain: sain et sauf safe and sound

saint(e) holy

saisir to seize

la **saison** season

la belle saison summer

la **salade** salad

le **salaire** salary

le **salarié** full-time employee

sale dirty

salir to make dirty

la **salle à manger** dining room

la **salle d'attente** waiting room

la **salle de bains** bathroom

la **salle de cinéma** movie theater

la **salle de classe** classroom

la **salle d'honneur** reception hall

la **salle de séjour** living room

la **salle des urgences** emergency room

saluer to greet

le **salut** salute

Salut! Hi!

le **sandwich** sandwich

le **sang** blood

une analyse de sang blood test

faire une prise de sang to take a blood sample

le **sang-froid** calm

garder son sang-froid to keep calm

sanglant(e) bloody

sans without

sans aucun doute without a doubt

sans blague! No kidding!

sans escale nonstop (*flight*)

sans que without

les **sans-abri** (*m. pl.*) the homeless

la **santé** health

le **sapin** pine tree

le sapin de Noël Christmas tree

le **sas** airlock

satisfait(e) satisfied

la **sauce piquante** spicy sauce

la **saucisse de Francfort** hot dog

le **saucisson** salami

sauf except

sauter to jump

sauvage wild

sauver to save

le **sauveteur** rescue worker

la **savane** savanna

le **savant** scientist

la **saveur** flavor

savoir to know (*information*)

le **savoir** knowledge

le **savoir-vivre** good manners

le **savon** soap
scandalisé(e) scandalized, shocked
le **scaphandre** space-suit
la **scène** scene; stage
les **sciences** *(f. pl.)* science
   les **sciences humaines** social sciences
   les **sciences naturelles** natural sciences
le/la **scientifique** scientist
la **scierie** sawmill
le **scintillement** twinkling
scintiller to glitter
scolaire school
la **scolarité** school attendance; schooling
le **scorbut** scurvy
le **score** score
le **sculpteur** sculptor
la **sculpture** sculpture
la **séance** show (movie)
sec, sèche dry
le **sèche-linge** clothes dryer
sécher to dry
   se sécher to dry (off)
la **sécheresse** dryness, drought
second(e) second
   en seconde in second class
   secondaire: l'école *(f.)* **secondaire** junior high, high school
la **seconde** second *(time)*
secouer to shake
le **secourisme** first aid
le/la **secouriste** emergency medical technician
les **secours** *(m. pl.)* emergency crews
le/la **secrétaire** secretary
sécurisant(e) reassuring
la **sécurité** safety
   la **Sécurité civile** air rescue team
sédentaire settled, stationary
le **séjour** stay
le **sel** salt
   la **croûte de sel** salt crust
   le **sel minéral** mineral salt

selon according to
la **semaine** week; allowance
   par semaine a (per) week
semblable similar, alike
sembler to seem
semer to sow
le **Sénégal** Senegal
le **sens** direction; meaning; sense
   le **sens de commandement** leadership abilities
sensass sensational *(slang)*
sensationnel, sensationnelle sensational
sensible sensitive; noticeable
le **sentiment** feeling
sentir to feel; to take *(slang)*
   je ne peux pas le sentir. I can't take him.
   se sentir to feel *(well, etc.)*
séparer to separate
la **série** series
sérieusement seriously
sérieux, sérieuse serious
le **serpentin** streamer
serré(e) tight
   être serré(e)(s) to be packed
serrer to grip, to squeeze
   serrer la main to shake hands
   serrer la taille to make the waist smaller
   se serrer la ceinture to tighten one's belt
la **serrure** lock
la **servante** maid
le **serveur, la serveuse** waiter, waitress
le **service** tip; service
   le **service du personnel** personnel department
   Le service est compris. The tip is included.
la **serviette** napkin; towel
servir to serve
servir à to be used for
   se servir de to use
le **serviteur** servant
le **seuil** doorstep, threshold

seul(e) alone; single; only *(adj.)*
   tout(e) seul(e) all alone, by himself/herself
seulement only
sévère strict
le **sexe** sex
   le **sexe opposé** opposite sex
le **shampooing** shampoo
le **shampooing-crème** shampoo-conditioner
le **short** shorts
si if, whether; yes
le **sida (syndrome immuno-déficitaire acquis)** AIDS
le **siècle** century
le **siège** seat
   le **siège réglable** adjustable seat
la **sieste** nap
siffler to (blow a) whistle
le **sifflet** whistle
le **signal** sign
la **signalisation** signaling *(in a car)*
signer to sign
la **signification** meaning
signifier to mean
silencieux, silencieuse silent; still
s'il te (vous) plaît please
simplement simply
simplifier to simplify
sincère sincere
sinon otherwise, or else
la **sirène** siren
   la **sirène d'alarme** fire alarm
situé(e) located
le **ski** ski; skiing
   le **ski alpin** downhill skiing
   le **ski de fond** cross-country skiing
   faire du ski to ski
   faire du ski nautique to water-ski
le **skieur, la skieuse** skier
la **société** company; society
   la **grosse société** large company
la **sociologie** sociology

French-English Dictionary

la **sœur** sister
soi oneself
chez soi home
en soi in itself
la **soie** silk
soigner to take care of
soigneusement carefully
soi-même himself, herself, oneself
le **soir** evening, in the evening
du soir P.M.
ce soir tonight
la **soirée** evening; evening party
la soirée dansante dance (party)
soit is, exists; let's say
soit… soit either . . . or
le **sol** ground, soil; floor
solaire solar
le **soldat** soldier
le **solde** (bank) balance
en solde on sale
les soldes sale (store)
le **soleil** sun
le coucher du soleil sunset
le lever du soleil sunrise
le soleil levant rising sun
Il fait du soleil. It's sunny.
solennel(le) solemn
la **solennité** solemnity
solide solid
sombre dark
la **somme** sum
en somme in short
le **sommeil** sleep
tirer quelqu'un du sommeil to arouse someone from sleep
le **sommet** summit, mountaintop
le **son** sound
le **sondage** survey
songer (à) to think (about)
sonner to ring; to sound
sonner occupé to be busy (telephone)
sonner le clairon to sound the bugle
la **sonnerie** bell
sonore resonant

sorcier: Ce n'est pas sorcier! It's not hard!
le **sort** fate
la **sorte** sort, kind
de sorte que so that
la **sortie** exit
la sortie de secours emergency exit
sortir to go out, take out
s'en sortir to get out of a bad situation
le **sou** copper coin worth 5 centimes
ne pas avoir un sou to be penniless
le **souci** worry
soudain suddenly
soudanien(ne) from Sudan
souffler to blow
la **souffrance** suffering
souffrant(e) unwell, poorly
souffrir to suffer
le **souhait** wish
souhaiter to wish
se souhaiter to wish each other
soulager to relieve
soulever to lift
se soulever to rise up
les **souliers** (m. pl.) shoes
soumettre to submit
soumis(e) submitted
la **soupe à l'oignon** onion soup
le **souper** supper
le **souper-spectacle** dinner theater
soupir to sigh
la **source** source
sourd deaf
le **sourd-muet, la sourde-muette** deaf-mute
sourire to smile
le **sourire** smile
la **souris** mouse
sous under
sous-estimer to underestimate
le **sous-marin** submarine
le **sous-sol** underground, basement
les **sous-titres** (m. pl.) subtitles
soutenir to support

soutenu(e) supported
souterrain(e) underground
le **soutien** support
le **souvenir** memory
se **souvenir de** to remember
souvent often
spatial(e) space
se **spécialiser** to specialize
le **spectacle** show
le monde du spectacle show business, entertainment
spectaculaire spectacular
le **spectateur** spectator
la **splendeur** splendor
le **sport: faire du sport** to play sports
pratiquer un sport to play a sport
le sport collectif team sport
le sport d'équipe team sport
les sports d'hiver winter sports, skiing
sport casual (clothes) (adj.)
sportif, sportive athletic
le **sportif, la sportive** participant (in a sport)
le **stade** stadium; stage (of a process)
le **stage** training
la **station balnéaire** seaside resort
la **station de métro** subway station
la **station de sports d'hiver** ski resort
la **station de radio** radio station
la **station de taxis** taxi stand
la **station-service** gas station
la **station thermale** spa
le **stationnement** parking
stationner to park
la **statue** statue
steak frites steak and French fries
le **steward** flight attendant
stipuler to stipulate
la **stratosphère** stratosphere
stressé(e) stressed out
strict(e) strict

la **strophe** stanza
stupéfait(e) dumbfounded
la **stupeur** astonishment, amazement
le **style** style
le **stylo** (*ballpoint*) pen
le **stylo-bille** ballpoint pen
subir to suffer; to undergo (*operation*)
subitement suddenly
subventionner to subsidize
se **succéder** to follow one another
le **succès** success
la **succession** succession
le **sud** south
sudaméricain(e) South American (*adj.*)
le **sud-est** southeast
le **sud-ouest** southwest
la **sueur** sweat
à la sueur de son front by the sweat of one's brow
suffire to suffice, be enough
suggérer to suggest
se **suicider** to commit suicide
suisse Swiss
la **Suisse** Switzerland
suite: par la suite eventually
suivre to follow
à suivre... to be continued
le **sujet** subject
au sujet de about
super terrific, super
super chouette fantastic (*slang*)
la **superficie** area (*geography*)
supérieur(e) upper
la **supériorité** superiority
le **supermarché** supermarket
superposé(e) on top of each other
supersonique supersonic
le **supplément** surcharge (*train fare*)
supporter to stand; to withstand
Je ne peux pas le supporter. I can't stand him.

la **suppression** abolition
supprimer to abolish, to eliminate
suprême supreme
sur on
sûr(e) sure; safe
être sûr(e) to be sure
il est sûr que it's sure that
la **surface** surface
le **surf-board** surfboard
le **surfeur, la surfeuse** surfer
surgelé(e) frozen
le **surlendemain** two days later
le **surnom** nickname
surnommé(e) nicknamed
surpasser to surpass
surprenant surprising
surprendre to surprise
surpris(e) surprised
la **surprise** surprise
surtout especially, above all
le/la **surveillant(e)** monitor
surveiller to watch, keep an eye on
le **survêtement** warmup suit
le/la **survivant(e)** survivor
survivre to survive
susceptible likely
susciter to arouse
le **sweat-shirt** sweatshirt
sympa(thique) nice (*person*)
le **symptôme** symptom
le **syndicat d'initiative** tourist office
le **synonyme** synonym
le **système** system

T

la **table** table
le **tableau** blackboard; painting
le tableau des départs et arrivées arrival and departure board
le **tablier** apron
la **tache** spot, stain
la **tâche** task, work
les tâches ménagères domestic chores, housework

la **taille** size; waist
tailler to trim; to sharpen (*a pencil*)
le **tailleur** suit (*woman's*); tailor
le tailleur de pierre stone cutter
taire (quelque chose) to hush (something) up
le **talc** talcum powder
le **talon** heel
le **tambour** drum
le tambour de ville town crier
tandis que while
tant so much
en tant que as
tant pis too bad
la **tante** aunt
taper to tap
la **tapis** carpet, rug
tard late
plus tard later
le **tarif** fare
à tarif réduit at a discount
les tarifs aériens airfares
la **tarte** pie, tart
la tarte aux fruits fruit tart, pie
la **tartine** slice of bread (with butter, jam, etc.)
tas: des tas de lots of, many
la **tasse** cup
le **taureau** bull
le **taux** level, rate
le **taxi** taxi
le **technicien, la technicienne** technician
technique technical
technologiquement technologically
le **tee-shirt** T-shirt
teinté(e) dyed
la **teinture** dye
tel(le) such, like, as
tel(le) que as, such as
la **télé** TV
à la télé on TV
la **télécarte** prepaid telephone card
la **télécommande** television remote control

le **télécopieur** fax machine
le **téléphone** telephone
téléphoner to telephone
téléphonique telephone *(adj.)*
le **télésiège** chairlift
le **téléspectateur, la téléspectatrice** television viewer
le **téléviseur** television (set)
la **télévision** television
tellement so much
témoigner (de) to attest (to)
le **témoin** witness
la **température** temperature
la **tempête** tempest, storm
le **temps** weather; time
de temps en temps from time to time
il est temps que it's time that
tenace strong, tough
la **tendance: avoir tendance à** to tend to
tendre tender; affectionate
tendre à to tend
tendre la main to hold out one's hand
la **tendresse** fondness
tenir to hold
Ça ne tient pas debout. It makes no sense.
tenir à to be determined to
tenir compte de to take into account
se tenir bien/mal to behave well/badly
se tenir informé(e) to keep informed
le **tennis** tennis
la **tension** blood pressure
la **tente** tent
tenter to tempt
tenter de to try to
le **terminal** terminal *(bus, etc.)*
terminale: en terminale in the last year of school
terminer to finish
se terminer to end, finish
le **terminus** last stop *(of bus, train line)*
le **terrain de basket** basketball court

le **terrain de camping** campground
le **terrain de football** soccer field
le **terrain de plein air** playing field *(sports)*
le **terrain de sport** playing field
la **terrasse** terrace
la terrasse d'un café sidewalk café
la **terre** earth, soil
la Terre Earth
Terre-Neuve Newfoundland
terrible terrible; terrific *(informal)*
le **territoire** territory
le **terrorisme** terrorism
la **tête** head
avoir mal à la tête to have a headache
avoir mal dans la tête to be mentally ill
en tête in the head
la tête de veau calf's head
le **texte** passage, text
le **TGV** high-speed train
la **Thaïlande** Thailand
le **thé citron** tea with lemon
le **théâtre** theater
la **théorie** theory
la **thèse** theme
le **thym** thyme
le **ticket** bus or subway ticket
le **ticket-restaurant** restaurant voucher
tiède lukewarm
tiens! Hey! Well! Look!
le **tiers** one-third
le **tigre** tiger
le **timbre** stamp
timide timid, shy
le **tir à l'arc** archery
tirer to pull
tirer de to take from
tirer des feux d'artifice to shoot off fireworks
tirer quelqu'un du sommeil to arouse somebody from sleep
se tirer d'affaire to get out of trouble

se tirer d'une mauvaise situation to get out of trouble
le **tissu** fabric
le **titre** title
à titre de by way of
le gros titre title of a newspaper article, headline
la **toilette: faire sa toilette** to wash and groom oneself
les **toilettes** *(f. pl.)* bathroom
le **toit** roof
le **toit-terrasse** rooftop-terrace
tolérer to tolerate
la **tomate** tomato
tomber to fall
laisser tomber to drop
tomber amoureux (amoureuse) de to fall in love with
tomber en panne to break down (car)
tomber sur quelqu'un à bras raccourcis to jump all over someone
la **tonalité** dial tone
la **tondeuse** clipper
la **tonne** ton
le **tonnerre** thunder
se tordre to twist (one's knee, etc.)
le **tort** wrong
à tort ou à raison rightly or wrongly
faire du tort to harm
la **torture** torture
tôt early
la **touche** key (on a keyboard)
à touches touch-tone *(adj.)*
toucher to cash *(a check);* to touch
toujours always
la **tour** tower
la tour Eiffel Eiffel Tower
le **tour** lap *(of a race)*
à son tour in turn
à votre tour (it's) your turn
faire le tour du monde to go around the world
le/la **touriste** tourist

tourner to turn; to stir
  sa chance tourne his luck changes
  se tourner to turn
le **tournesol** sunflower
tous, toutes all, every
  tous (toutes) les deux both
tout(e) the whole, the entire
  C'est tout? Is that all?
  pas du tout not at all
  tout à fait exactly
  tout autour de all around
  tout de même all the same
  Tout de même! Well now! Come on!
  tout de suite right away
  tout droit straight ahead
  tout le monde everyone, everybody
  tout(e) seul(e) all alone
  les tout premiers (*m.*) the very first
toutefois still, nevertheless
la **toxicomanie** drug addiction
toxique toxic
tracer to trace
le **tracteur** tractor
traduire to translate
  se traduire to be translated
le **trafic** trafficking, trade
la **tragédie** tragedy
tragique tragic
le **train** train
  être en train de faire quelque chose to be in the middle of doing something
le **traité** treaty
traiter to treat
le **trajet** distance; trip
la **tramontane** strong cold north wind that blows toward the Mediterranean
tranquillement peacefully
transformer to change, transform
le **transistor** (transistor) radio
transporter to transport

les **transports** (*m. pl.*) **en commun** public transportation
le/la **trapéziste** trapeze artist
le **traumatisme** traumatism
le **travail** work
  travailler to work
    travailler à mi-temps to work part-time
    travailler à plein temps to work full-time
  travailleur, travailleuse hardworking
le **travailleur** worker
les **travaux** (*m. pl.*) construction work, road work
  les travaux forcés hard labor
travers: à travers through
  de travers backwards
traverser to cross
trembler to shake
trempé(e) soaked
tremper to dunk
la **trépidation** vibration
très very
la **tribu** tribe
le **tribunal** court
la **tribune** grandstand
le **tricolore: le drapeau tricolore** French flag
le **tricot** knit
la **trigonométrie** trigonometry
trinquer to clink glasses
triste sad
troisième third
le **trombone** trombone
tromper to fool, trick
  se tromper to be mistaken
la **trompette** trumpet
le **tronc** trunk
  trop too (*excessive*)
    trop de too many, too much
le **trophée** trophy
le **trottoir** sidewalk
  le trottoir roulant moving sidewalk
le **trou** hole
le **troubadour** troubadour
se **troubler** to become flustered

les **troubles** (*m. pl.*) problems
  les troubles digestifs digestive troubles
la **troupe** troop
le **troupeau** herd
  trouver to find; to think (*opinion*)
se **trouver** to be located, found
  il se trouve que what happens is that
le **trouvère** wandering minstrel in medieval northern France
le **truc** trick
la **tuberculose** tuberculosis
tuer to kill
la **Tunisie** Tunisia
tunisien(ne) Tunisian
le/la **Tunisien(ne)** Tunisian man, woman
turquoise turquoise
la **tutelle** supervision
le **tutoiement** informal address using **tu**
se **tutoyer** to address (each other) as **tu**
le **type** guy
la **typhoïde** typhoid
typique typical

l' **ultra-son** (*m.*) ultrasonic sound
ultraviolet(te) ultraviolet
un, une a, one
unanimité: à l'unanimité unanimously
la **une** front page (*newspaper*)
unir to unite
l' **unité** (*f.*) unit
l' **univers** (*m.*) universe
universitaire university (*adj.*)
l' **université** (*f.*) university
urbain(e) urban
urbanisé(e) urban, developed
l' **usage** (*m.*) use
l' **usager, l'usagère** user

l'usager de la route motorist
l' **usine** (*f.*) factory
l' **ustensile** (*m.*) utensil
utiliser to use

les **vacances** (*f. pl.*) vacation
en vacances on vacation
le **vacancier, la vacancière** vacationer
le **vaccin** vaccination (*shot*)
la **vaccination** vaccination
vacciner to vaccinate
la **vache** cow
vachement really
la **vague** wave
vainement in vain
le **vainqueur** winner
le **vaisseau** vessel
la **vaisselle** dishes
faire la vaisselle to do the dishes
la **valeur** value
valider to validate
la **valise** suitcase
faire les valises to pack
la **vallée** valley
valoir to be worth; to earn
Ça lui a valu le prix Nobel. It earned him the Nobel prize.
valoriser to enhance the value of
la **vanille: à la vanille** vanilla (*adj.*)
la **vapeur d'eau** water vapor
la **variation** variation
varié(e) varied
varier to vary
la **variété** variety
vaste vast, enormous
vaut: Il vaut mieux que It's better that
le **veau** calf
la tête de veau calf's head
la **vedette** star (*actor or actress*)
le **végétal** vegetable, plant
végétarien(ne) vegetarian
la **veille** the night before
la **veillée** evening gathering

veiller to watch, to guard
veiller à to guard against
veiller sur to watch over, guard
le **veinard** lucky devil
le **vélo** bicycle
le vélo tout terrain (VTT) mountain bike
le **vélodrome** bicycle racing track
le **vélomoteur** moped
les **vendanges** (*f. pl.*) grape harvest
le **vendeur, la vendeuse** salesperson
vendre to sell
se vendre comme des petits pains to sell like hotcakes
vendredi (*m.*) Friday
se **venger** to take revenge
venir to come
venir de (+ *infinitive*) to have just (done something)
le **vent** wind
Il fait du vent. It's windy.
la **vente** sale
le **ventre** abdomen, stomach
avoir mal au ventre to have a stomachache
le **ver à soie** silkworm
le **verbe** verb
vérifier to check, verify
vérifier les niveaux to check under the hood
véritable real
la **vérité** truth
à la vérité to be honest
le **vermouth sec** dry vermouth
le **vernis à ongles** nail polish
le **verre** glass
le **verrier** glass-maker
vers around (*time*); toward
le **vers** line (of a poem or song)
le **versement** deposit
verser to empty, pour (out)
verser (de l'argent) to deposit (money)
la **version originale (V.O.)** original language version (*of a movie*)

vert(e) green
vertical(e) vertical
la **vertu** virtue
en vertu de in accordance with
la **veste** (sport)jacket
les **vestiges** (*m. pl.*) remains
vestimentaire: normes vestimentaires dress code
le **veston** (suit) jacket
les **vêtements** (*m. pl.*) clothes
se **vêtir** to dress
la **veuve** widow
la **viande** meat
la **victime** victim
la **victoire** victory
vide empty
le **vide** vacuum, space
faire le vide to create a vacuum
la **vidéo** video(cassette)
vider to empty (out)
vider les ordures to empty the trash
se **vider** to empty
la **vie** life
la **vieillesse** old age
vieillir to get old
vieux (vieil), vieille old
vieux jeu old-fashioned
vif, vive bright (color)
vigilant(e) vigilant, watchful
le **vignoble** vineyard
la **villa** house
le **village** village, small town
le/la **villageois(e)** villager
la **ville** city, town
le **vin (rouge, blanc)** (red, white) wine
vingtaine: une vingtaine de about twenty
violent(e) violent
violet(te) violet
la **violette** violet
le **violon** violin
viral(e) viral
la **virgule** comma
le **virus** virus
la **visite** visit
faire une visite à, rendre visite à to visit (*a person*)

visiter to visit (*a place*)
la **vitamine** vitamin
vite fast
la **vitesse** speed
  en perte de vitesse losing momentum
  la limitation de vitesse speed limit
le **vitrail** (*pl.* **les vitraux**) stained-glass window
la **vitre** windowpane
le **vitrier** glass-maker
la **vitrine** (store) window
la **vivacité** liveliness
vivant(e) living, alive
Vive...! Long live...!, Hooray for...!
vivement vigorously
vivre to live
vivre en solitaire to live alone
la **vocation** hobby, pastime
les **vœux** (*m. pl.*) good wishes
voici here is, here are
la **voie** track (*railroad*); lane (*road*)
  en voie de in the process of
voilà there is, there are
  nous y voilà here we are
le **voile** veil
se **voiler** to cloud over
voir to see
  voir rouge to "see red"
  voir tout en rose to look at things through rose-colored glasses
voisin(e) (de) next (to)
la **voiture** car

en voiture by car; All aboard!
  monter en voiture to board the train
  la voiture de sport sports car
la **voix** voice
le **vol** flight; theft, robbery
  le vol libre hang-gliding
le **volant** steering wheel
le **volcan** volcano
  le volcan en activité active volcano
  le volcan éteint extinct volcano
voler to fly
le **voleur**, la **voleuse** thief, robber
  Au voleur! Stop, thief!
le **volley-ball** volleyball
la **volonté** willpower; will
  volontiers willingly
le **volume** volume
la **volupté** pleasure
voter to vote
votre grandeur Your Grace
voudrais: je voudrais I would like
voué(e) devoted, dedicated
vouloir to want
  s'en vouloir to hold something against someone
la **voûte** vault, arch
le **vouvoiement** formal address as **vous**
se **vouvoyer** to address (each other) as **vous**
le **voyage** trip
  faire un voyage to take a trip

le **voyage de noces** honeymoon (trip)
voyager to travel
le **voyageur**, la **voyageuse** passenger
vrai(e) true, real
vraiment really
vu que seeing as how
la **vue** view
vulgaire common
la **vulgarité** vulgarity

le **walkman** Walkman
le **week-end** weekend

y there
le **yaourt** yogurt
les **yeux** (*m. pl; sing.* **œil**) eyes
  avoir les yeux qui piquent to have itchy eyes

le **zappeur** television remote control
zéro zero
la **zone** area, zone, section
  la zone tempérée temperate zone
la **zoologie** zoology
Zut! Darn!

This English-French Dictionary contains all productive vocabulary from
Bon voyage! Levels 1, 2, and 3.

a un, une
  a day (week) par jour (semaine)
  a lot beaucoup
abdomen le ventre
to **abide by** respecter
able: to be able to pouvoir; être à même de
aboard à bord (de)
abolition la suppression
about (*approximately*) à peu près; (*on the subject of*) de; au sujet de
above au-dessus (de)
  above all surtout
abroad à l'étranger
absolutely absolument
to **accelerate** accélérer
accident l'accident (*m.*)
to **accompany** accompagner
accomplice le complice
according to selon
accountant le/la comptable
to **achieve** réaliser
across from en face de
act l'acte (*m.*)
to **act** agir
  active actif, active
  actor l'acteur (*m.*); le comédien
  actress l'actrice (*f.*); la comédienne
to **add** ajouter; additionner
address l'adresse, (*f.*)
to **admire** admirer
admission l'entrée (*f.*)
to **admit** avouer
  adult l'adulte (*m. et f.*)
advance: in advance à l'avance
advantage l'avantage (*m.*)
adventure l'aventure (*f.*)

advertisement la publicité
  classified advertisement la petite annonce
aerobics: to do aerobics faire de l'aérobic
afraid: to be afraid avoir peur
Africa l'Afrique (*f.*)
after après
afternoon l'après-midi (*m.*)
again à nouveau
against contre
age l'âge (*m.*)
agent (*m. and f.*) l'agent (*m.*)
ago: ten years ago il y a dix ans
to **agree** être d'accord
agricultural agricole
ahead of time à l'avance
aid l'aide (*f.*); le secours
air l'air (*m.*); aérien(ne) (*adj.*)
  air conditioning la climatisation
  air terminal l'aérogare (*f.*)
aircraft l'appareil (*m.*)
airgram l'aérogramme (*m.*)
airline la compagnie aérienne
airmail la poste par avion
airplane l'avion (*m.*)
airport l'aéroport (*m.*)
  airport terminal l'aérogare (*f.*)
aisle le couloir
  aisle seat (une place) côté couloir
album l'album (*m.*)
algebra l'algèbre (*f.*)
Algeria l'Algérie (*f.*)
alive vivant(e)
all tous, toutes
  "All aboard!" «En voiture!»
  all alone tout(e) seul(e)
  all right d'accord
  all the same tout de même

  all told tout compris
  not at all pas du tout
allergic allergique
allergy l'allergie (*f.*)
alley la ruelle
to **allow** laisser; permettre
almost presque
alone seul(e)
along le long de
already déjà
also aussi
although bien que
always toujours
ambulance l'ambulance (*f.*)
  ambulance driver l'ambulancier (*m.*)
American américain(e) (*adj.*)
among entre
amount le montant; la quantité
and et
anesthesia: to give anesthesia faire une anesthésie
anesthesiologist l'anesthésiste (*m. et f.*)
angry fâché(e); en colère
ankle la cheville
to **announce** faire part; annoncer
announcement l'annonce (*f.*); le faire-part (*birth, death, marriage*)
announcer le présentateur, la présentatrice
annually annuellement
another un(e) autre; encore
answer la réponse
to **answer** répondre
answering machine le répondeur automatique
antibiotic l'antibiotique (*m.*)
Anything else? Autre chose?
apartment l'appartement (*m.*)

apartment building l'immeuble *(m.)*
apparently il paraît
appear: it appears il paraît
to **applaud** applaudir
apple la pomme
appliance l'appareil *(m.)*
applicant *(for a job)* le candidat, la candidate
application: job application la demande d'emploi
to **apply for a position** poser sa candidature, être candidat(e) à un poste
appointment le rendez-vous
   to make an appointment prendre rendez-vous; fixer un rendez-vous
to **approach** s'approcher de
apron le tablier
archery le tir à l'arc
architect l'architecte *(m. et f.)*
area code l'indicatif *(m.)* régional
arm le bras
   one-armed person/person with no arms le/la manchot(e)
around environ; autour de
to **arouse (somebody from sleep)** tirer (quelqu'un du sommeil)
to **arrange to meet someone** avoir (donner) rendez-vous
to **arrest** arrêter
arrival l'arrivée *(f.)*
to **arrive** arriver
arriving from *(flight)* en provenance de
arrow la flèche
art le dessin *(m.)*
artist l'artiste *(m. et f.)*
as aussi *(comparisons)*; comme
   as many autant de
   as usual comme d'habitude
   as well as ainsi que
to **ask (for)** demander
   to ask a question poser une question

to ask for directions demander son chemin
aspirin l'aspirine *(f.)*
astonished étonné(e)
at à; chez
   at last enfin
   at times parfois
athletic sportif, sportive
to **attack** attaquer
to **attend** assister à
to **attract** attirer
auditory auditif(-ve)
aunt la tante
author l'auteur *(m.)*
autumn l'automne *(m.)*
auxiliary nurse l'aide-soignant(e)
available disponible; libre
   to be available immediately être libre immédiatement
average moyen(ne)
to **avoid** éviter
award la croix d'honneur

baby le bébé
back *(of an object)* l'arrière *(m.)*; *(of a person)* le dos
   in back of derrière
   in the back of au fond de
backboard (basketball) le panneau
backpack le sac à dos
backpacking la randonnée (pédestre)
   to go backpacking faire de la randonnée
backstage les coulisses *(f. pl.)*
bacterial bactérien(ne)
bad mauvais(e)
   It's bad weather. Il fait mauvais.
bag le sac
baggage les bagages *(m. pl.)*
bakery la boulangerie-pâtisserie
balcony le balcon
   upper balcony (in a theater) la galerie

ball la balle *(tennis, etc.)*; le ballon *(soccer, etc.)*
banana la banane
band: marching band la fanfare
bandage le pansement
bank la banque
barely à peine
to **bargain** marchander
barn la grange
baseball le base-ball
basket le panier
basketball le basket(-ball)
   basketball court le terrain de basket
bath le bain
bathing suit le maillot (de bain)
bathroom la salle de bains *(f.)*, les toilettes
bay la baie
to **be** être
   to be able to pouvoir; être à même de
   to be better soon être vite sur pied
   to be a big hit faire courir
   to be born naître
   to be called s'appeler
   to be careful faire attention
   to be dizzy avoir le vertige
   to be hungry avoir faim
   to be located se trouver
   to be out of sorts ne pas être dans son assiette
   to be tightly packed être serré(e)(s)
   to be performed se jouer
   to be struck by être frappé(e) de
   to be thirsty avoir soif
   to be victorious remporter la victoire
   to be . . . years old avoir… ans
   beach la plage
   bear l'ours *(m.)*
to **beat** battre
   beautiful beau (bel), belle
   because parce que
   because of à cause de

to **become** devenir
bed le lit
  to go to bed se coucher
bedroom la chambre à coucher
bee l'abeille *(f.)*
beef le bœuf
before *(prep.)* avant; *(conj.)* avant que
to **begin** commencer, débuter
beginner le débutant, la débutante
beginning le début
  in the beginning au début
to **behave well/badly** se tenir bien/mal
behind *(prep.)* derrière
beige beige
to **believe** croire
below au-dessous (de)
beltway le boulevard périphérique
bench le banc
to **benefit (from)** tirer profit (de)
best le mieux
  best man le garçon d'honneur
better meilleur(e) *(adj.)*; mieux *(adv.)*
  it's better that il vaut mieux que; il est préférable que
between entre
beverage la boisson
bicycle le vélo
  bicycle racer le coureur cycliste
  by bicycle à vélo
big grand(e); gros, grosse
bill le billet *(currency)*; la facture *(invoice)*; *(hotel)* la note
biology la biologie
bird l'oiseau *(m.)*
birdsong le chant d'oiseau
birth la naissance
birthday l'anniversaire *(m.)*
birthplace la maison natale
bishop l'évêque *(m.)*
black noir(e)
blacksmith le forgeron
blanket la couverture

bleacher le gradin
to **bleed** saigner
blind person l'aveugle *(m. et f.)*
to **block** bloquer
blond blond(e)
blood le sang
  blood pressure la tension
  to take a blood sample faire une prise de sang
  to take someone's blood pressure prendre la tension de quelqu'un
bloody sanglant(e)
blouse le chemisier
to **blow** souffler
  to blow a whistle siffler
blow le coup
blue bleu(e)
  navy blue bleu marine
board: arrival board le tableau des arrivées
  departure board le tableau des départs
to **board** embarquer *(plane)*; monter *(train)*; monter en voiture *(train)*
boarding pass la carte d'embarquement
boat le bateau
body le corps
to **boil** bouillir
bone l'os *(m.)*
book le livre; le bouquin *(slang)*
  book of ten tickets (subway) le carnet
bookbag le cartable
bootlace le lacet
border la frontière
bored: to be bored s'ennuyer
boring ennuyeux, ennuyeuse
born: to be born naître
to **borrow** emprunter
boss le chef; le/la patron(ne)
both tous (toutes) les deux
bottle la bouteille
bottom le bas
  at the bottom of au fond de

box la boîte
  box office le guichet
boy le garçon
boyfriend le petit ami
braid la natte
to **brake** freiner
branch la branche
brand la marque
brave courageux, courageuse; brave
bread le pain
  loaf of French bread la baguette
  slice of bread (with butter, jam, etc.) la tartine
break *(in clouds)* l'éclaircie *(f.)*
to **break** casser; rompre; *(an arm, leg, etc.)* se casser; briser; freiner *(slow down a car)*
  to break down *(car)* tomber en panne
  to break into *(a house, etc.)* entrer par effraction
breakfast le petit déjeuner
to **breathe (deeply)** respirer (à fond)
bride la mariée
  bride and groom les mariés
bridge le pont
to **bring** apporter; emmener (a person); emporter
brochure le prospectus
broke *(slang)* fauché(e)
brook le ruisseau
brother le frère
brown brun(e), marron *(inv.)*; châtain *(hair)*
brunette brun(e)
to **brush (one's teeth, hair, etc.)** se brosser (les dents, les cheveux, etc.)
brush cut les cheveux en brosse
bugle le clairon
to **build** construire; fabriquer
building le bâtiment; l'édifice *(m.)*
bulletin board le panneau d'affichage
bun (hair) le chignon

bunk (on a train) la couchette
burglar le cambrioleur
burglary le cambriolage
to **burn** brûler
bus l'autocar (m.) l'autobus; le bus
  bus station le terminal, l'aérogare (f.) (airport buses)
  by bus en bus
business les affaires (f. pl.)
businessman l'homme d'affaires (m.)
busy occupé(e)
  to be busy (telephone) sonner occupé
but mais
butcher shop la boucherie
butter le beurre
button le bouton; la touche
to **buy** acheter
by par
  by bus (plane, etc.) en bus (avion, etc.)

cabin (plane) la cabine
café le café
cafeteria la cantine
cake le gâteau
calculator la calculatrice
calendar le calendrier
calf le veau
call l'appel (m.)
to **call** appeler
  to call back rappeler
  to call (on the phone) donner un coup de fil
  Who's calling? C'est de la part de qui?
camel le chameau
camp: summer camp la colonie de vacances
  camp counselor l'animateur, l'animatrice
campground le camping
can of food la boîte de conserve
Canadian canadien(ne)
to **cancel** annuler

candelabra le chandelier
candle la bougie
cap la casquette
captain (on an airplane) le commandant de bord
car la voiture; (railroad) le wagon
  sports car la voiture de sport
caravan la caravane
carbon dioxide le gaz carbonique
card la carte
  credit card la carte de crédit
  greeting card la carte de vœux
cardiac cardiaque
care l'entretien (m.); le soin
  I don't care. Ça m'est égal.
  to not care about se moquer de
  to take care of soigner; s'occuper de
career la carrière
carefully prudemment; soigneusement
carpenter le charpentier; le menuisier (furniture)
carrot la carotte
to **carry** porter
  carry-on luggage les bagages (m. pl.) à main
  to carry out exécuter; assurer
cart la charrette
cartoon le dessin animé
case le cas
  in case of en cas de
cash l'argent liquide (m.)
  cash register la caisse
  in cash en liquide, en espèces
to **cash (a check)** toucher (un chèque)
cashier le caissier, la caissière
cassette la cassette
cast (for broken arm, etc.) le plâtre
castle le château
casual (clothes) sport

cat le chat; la chatte
to **catch** attraper
to **cause** causer
cautious retenu(e)
CD le CD
CD-ROM le CD-ROM
ceiling le plafond
to **celebrate** célébrer
century le siècle
ceremony la cérémonie
certain: to be certain être certain(e)
  it's certain il est certain
certainly certainement
chair la chaise
chairlift le télésiège
chalk: piece of chalk le morceau de craie
champion le/la champion(ne)
change la monnaie
  to make change faire de la monnaie
  change purse le porte-monnaie
to **change** changer (de)
  to change the channel changer de chaîne
  to change lanes changer de voie
  to change (subway) lines changer de ligne, prendre la correspondance
  to change trains changer de train, prendre la correspondance
changeable changeant(e)
channel (TV) la chaîne
charcoal le charbon de bois
  charcoal grill le braséro
charitable bienfaisant
charges les frais (m. pl.)
charming charmant(e)
to **chase** pourchasser
to **chat** bavarder
to **check** vérifier
  to check under the hood vérifier les niveaux
  to check out (of a hotel) libérer une chambre
check l'addition (f.) (in a restaurant); le chèque (bancaire)

traveler's check le chèque de voyage
checkout counter la caisse
checkroom la consigne
cheek la joue
cheese le fromage
chemistry la chimie
chicken *(animal)* la poule; *(for eating)* le poulet
child l'enfant *(m. et f.)*
chills les frissons *(m. pl.)*
chimney la cheminée
chimney sweep le ramoneur
Chinese *(person)* le Chinois, la Chinoise
chocolate le chocolat
to **choose** choisir
to **chop down** abattre
chore la tâche
Christmas Noël
Christmas carol le chant de Noël
Christmas gift le cadeau de Noël
Christmas Eve or New Year's Eve dinner le réveillon
Christmas tree l'arbre *(m.)* de Noël, le sapin de Noël
Merry Christmas! Joyeux Noël!
church l'église *(f.)*
circulatory system l'appareil *(m.)* circulatoire
circus le cirque
city la ville
city hall la mairie; l'hôtel de ville
civil servant le/la fonctionnaire
to **claim** *(luggage)* récupérer
class la classe *(people)*; le cours *(course)*
classified ad la petite annonce
classmate le/la camarade de classe
classroom la salle de classe
clean propre
to **clear** *(weather)* se dégager
to **clear the table** débarrasser la table

clearing l'éclaircie *(f.)*
to **click** cliquer
climate le climat
to **climb over** escalader
close proche
to **close** fermer
closely de près
closet le placard
clothes les vêtements *(m. pl.)*
clothesline la corde à linge
clothespin l'épingle *(f.)* à linge
clothing designer le grand couturier
cloud le nuage
cloudy nuageux, nuageuse
coachman le cocher
coal le charbon
coat le manteau
cockpit le poste de pilotage
coffee le café
black coffee l'express *(m.)*
coffee with cream *(in a café)* le crème
coin la pièce
copper coin worth 5 centimes le sou
cola le coca
cold froid(e) *(adj.)*; le rhume *(illness)*
to have a cold être enrhumé(e)
It's cold (weather). Il fait froid.
to **collect** ramasser
cologne l'eau *(f.)* de toilette
color la couleur
comb le peigne
to **comb one's hair** se peigner
combine harvester la moissonneuse-batteuse
to **come** venir
to be coming down with something couver quelque chose
to come back revenir
comedy la comédie
musical comedy la comédie musicale
comic-strip la bande dessinée
commercial *(television or radio)* la publicité; l'annonce publicitaire

common courant(e)
in common en commun
community la communauté
compact disc le compact disc
company l'entreprise *(f.)*, la société
company restaurant le restaurant d'entreprise
large company la grosse société
to **compare** comparer
compared with par rapport à
compartment: baggage compartment le compartiment; le coffre à bagages
to **complain** se plaindre
complete complet, complète
completely complètement
computer l'ordinateur *(m.)*
computer science l'informatique *(f.)*
computer expert l'informaticien(ne)
concern: that doesn't concern me cela ne me regarde pas
condolences les condoléances *(f. pl.)*
conduct la conduite
conductor *(train)* le contrôleur
confetti les confettis *(m. pl.)*
confident confiant(e)
congested (road, etc.) encombré(e)
congratulations les félicitations *(f. pl.)*
contents le contenu
contest la compétition, le concours
to **continue** continuer
contrary: on the contrary au contraire
convenient commode
convertible (car) la décapotable
to **coo** roucouler
to **cook** faire cuire; faire la cuisine

cooking la cuisine
cordless: cordless telephone le téléphone sans fil
corn le maïs
 corn kernels les grains *(m.)* de maïs
corner le coin
 at the corner of au coin de
corporation la société
correct bon(ne)
corridor le couloir
cosmetic le produit de beauté
cost le prix
to **cost** coûter
costume le costume
cotton le coton
to **cough** tousser
to **count** compter
counter le comptoir
country le pays
 country(side) la campagne
 out in the country en rase campagne
 country code l'indicatif *(m.)* du pays
 native country la patrie
course le cours
court le tribunal
courtyard la cour
couscous le couscous
cousin le cousin, la cousine
to **cover** couvrir
cow la vache
cowshed l'étable *(f.)*
crab le crabe
crazy fou, folle
cream la crème
credit card la carte de crédit
crepe la crêpe
cripple: legless cripple le cul-de-jatte
croissant le croissant
to **cross** *(intersect)* se croiser; *(a street)* traverser
cross-country race le cross
crossroads le carrefour
crosswalk le passage pour piétons
crowd la foule

crown la couronne
crutches les béquilles *(f. pl.)*
to **cry** pleurer
to **cultivate** cultiver
cup la tasse
 winner's cup la coupe
to **cure** guérir
curl la boucle
curly frisé(e), bouclé(e)
currency la monnaie
current events l'actualité *(f.)*
curtain le rideau
customer le client, la cliente
customs la douane
 to go through customs passer à la douane
cut *(on a person)* la blessure
to **cut** couper
 to cut ahead (in line) resquiller
 to cut the throat (of) égorger
cycling le cyclisme
cyclist *(in a race)* le coureur cycliste
cymbals les cymbales *(f. pl.)*

daily newspaper le quotidien
dairy store la crémerie
to **damage** endommager
to **dance** danser
dancer le danseur, la danseuse
dangerous dangereux, dangereuse; périlleux, périlleuse
Darn! Zut!
date *(fruit)* la datte; *(day)* la date; *(outing)* la sortie
daughter la fille
dawn l'aube *(f.)*
day le jour
 a (per) day par jour
 two days later le surlendemain
deaf sourd(e)
deaf-mute le/la sourd(e)-muet(te)

dean of discipline le conseiller, la conseillère d'éducation
dear cher, chère
death la mort; le décès
 death penalty la peine de mort
decorations les décorations *(f. pl.)*
to **dedicate** consacrer
to **defeat** battre
 degree: It's ... degrees Celsius. Il fait... degrés Celsius.
delay le retard
delicatessen la charcuterie
delicious délicieux, délicieuse
delighted enchanté(e)
to **deliver (mail)** distribuer
demanding exigeant(e)
denim *(adj.)* en jean
dentist le/la dentiste
deodorant le déodorant
department *(in a store)* le rayon; *(in a company)* e service
 department head le chef de service
 department store le grand magasin
departure le départ
to **deposit** verser
to **descend** descendre
to **describe** décrire
desert le désert
desk le bureau
 desk clerk le/la réceptionniste
 student's desk in a school le pupitre
to **destroy** abîmer
detergent la lessive
diagnosis le diagnostic
dial le cadran
to **dial** composer le numéro; faire le numéro
dictionary le dictionnaire
to **die** mourir; décéder
diet l'alimentation *(f.)*, le régime
 to be on a diet être au régime, suivre un régime

difficult difficile
dig (archaeology) les fouilles (f. pl.)
dignitary le notable
diminished amoindri(e)
dining car la voiture-restaurant
dining room la salle à manger
dinner le dîner
 to eat dinner dîner
diploma le diplôme
direction le sens
directions: to ask for directions demander son chemin
directly directement
director (movie, theater) le metteur en scène (m. et f.)
dirty sale
 dirty clothes le linge sale
disastrous néfaste
to **discover** découvrir
discovery la découverte
to **discuss** discuter
dish (food) le mets
dishes la vaisselle
 to do the dishes faire la vaisselle
dishwasher le lave-vaisselle
disorientation le dépaysement
displacement le dérangement
to **distribute** distribuer; répartir
district le quartier
disturbance le dérangement
diurnal diurne
to **dive** plonger
to **divert someone's attention** détourner l'attention de quelqu'un
to **divide (up)** répartir
diving: to go deep-sea diving faire de la plongée sous-marine
dizzy: to be dizzy avoir le vertige
to **do** faire
 to do the shopping faire les courses

to do the dishes faire la vaisselle
doctor (m. and f.) le médecin
documentary le documentaire
dog le chien
dollar le dollar
domestic (flight) intérieur(e)
donkey l'âne (m.)
door la porte; (of a vehicle) la portière
doormat le paillasson
to **doubt** douter
downpour l'averse (f.)
down(stairs) en bas
downtown le centre-ville
dozen la douzaine
dragonfly la libellule
drama le drame
to **draw (crowds)** faire courir
drawing le dessin
dream le rêve
dress la robe
dress circle (of a theater) la corbeille
dressed: to get dressed s'habiller
dressy habillé(e)
to **dribble** (a basketball) dribbler
drink: to have a drink prendre un verre
to **drink** boire
to **drive** conduire
driver le conducteur, la conductrice; l'automobiliste (m. et f.)
driver's license le permis de conduire
driving lesson la leçon de conduite
driving school l'auto-école (f.)
drizzle la bruine
drop la goutte
drought la sécheresse
drugstore la pharmacie
drum le tambour
drums la batterie
dry sec, sèche
to **dry** sécher
 to dry (off) se sécher

to **dry-clean** faire nettoyer à sec
dry-cleaner's le pressing, la teinturerie
dry-cleaning le nettoyage à sec
dryness la sécheresse
dubbed (movie) doublé(e)
duck le canard
dune la dune
during pendant

each chaque
each (one) chacun(e)
ear l'oreille (f.)
earache: to have an earache avoir mal aux oreilles
early en avance; de bonne heure; tôt
 to be early être en avance
to **earn** gagner
earth la terre
 Earth la Terre
easily facilement
easy facile
to **eat** manger
 to eat breakfast prendre le petit déjeuner
 to eat dinner dîner
 to eat lunch déjeuner
egg l'œuf (m.)
eggplant l'aubergine (f.)
elbow le coude
elective le cours facultatif
elevator l'ascenseur (m.)
emergency: emergency aid la police secours
emergency exit l'issue (f.) de secours, la sortie de secours
 emergency room la salle des urgences
employee l'employé(e)
 postal employee l'employé(e) des postes
employer l'employeur, l'employeuse
employment agency le bureau de placement
empty vide

to **empty** vider
to **enclose** enfermer
encyclopedia
l'encyclopédie (f.)
end la fin; le bout
ending le dénouement
enemy l'ennemi(e)
energetic énergique
engagement les fiançailles
(f. pl.)
engineer (m. and f.)
l'ingénieur (m.)
English (language) l'anglais
(m.)
to **enjoy** jouir (de)
enormous énorme
enough assez
to **ensure** assurer
to **enter** entrer
enthusiastic enthousiaste
entire entier, entière
entrance l'entrée (f.)
to **entrust** confier
envelope l'enveloppe (f.)
environment l'ambiance (f.)
equipment l'équipement
(m.); le matériel
to **erase** effacer
eraser (pencil) la gomme
escalator l'escalator (m.),
l'escalier (m.) mécanique
to **escape** échapper
especially surtout
espresso l'express (m.)
essential primordial(e);
essentiel(le)
European européen(ne)
evening le soir
in the evening (P.M.) du
soir
event l'événement (m.)
ever jamais
every tous, toutes, chaque
every day tous les jours
everybody, everyone tout
le monde
everything tout
everywhere partout
evil le mal
to **exaggerate** exagérer
exam l'examen (m.)
to fail an exam échouer à
un examen

to pass an exam être
reçu(e) à un examen;
réussir à un examen
to take an exam passer
un examen
to **examine** examiner
excavation(s) les fouilles
(f. pl.)
except sauf
to **exchange** (money) changer;
échanger
exchange office (for foreign
currency) le bureau de
change
exchange rate le cours du
change
Excuse me. Excusez-moi.;
Pardon.
executive (m. and f.) le
cadre
to **exercise** faire de l'exercice
exhausted crevé(e);
épuisé(e)
exhaust (fumes) le gaz
d'échappement
exhibit l'exposition (f.)
exit la sortie
expense la dépense
expenses les frais (m. pl.)
to share expenses
partager les frais
expensive cher, chère
to be expensive coûter
cher
experience l'expérience
to **explain** expliquer
explanation l'explication (f.)
to **express** exprimer
extraordinary
extraordinaire
eye l'œil (m. pl., yeux)
to have itchy eyes avoir
les yeux qui piquen

F

fabric le tissu
face la figure
to **face** donner sur
facing en direction de
factory la fabrique, l'usine
(f.)

to **fail an exam** échouer à
un examen
faint faible
fair la foire
fairly assez; équitablement
faith la foi
faithful fidèle
to **fall** faire une chute; tomber
to fall asleep s'endormir
fall (season) l'automne (m.)
false faux, fausse
family la famille
famous célèbre
fan le/la fana
fantastic fantastique
far from loin de
farm l'exploitation (f.);
la ferme
farm animal l'animal
domestique
farm equipment le
matériel agricole
farmer l'agriculteur,
l'agricultrice; l'exploitant
(m.), le fermier, la fermière
farming (raising crops) la
culture; (raising animals)
l'élevage (m.)
fast (adv.) vite; (adj.) rapide
father le père
faucet le robinet
fault la faute
to **favor** privilégier
favorite favori(te);
préféré(e)
fear la crainte; la peur
to **fear** craindre
to **feel (well, etc.)** se sentir
to feel better aller mieux
to feel guilty s'en vouloir
**to feel like a fish out of
water** être dépaysé(e)
**to feel like (doing
something)** avoir
envie de
to feel out of sorts ne pas
être dans son assiette
to feel strange être
dépaysé(e)
to not feel well ne pas se
sentir dans son assiette
feeling le sentiment; la
sensation

Festival of Lights la fête des Lumières

festivities les festivités *(f. pl.)*

fever la fièvre

 to have a high fever avoir une fièvre de cheval

few peu (de); peu nombreux (nombreuse)

 a few quelques

field le champ; le domaine; la carrière

 playing field le terrain de plein air

fig la figue

fight le combat; la lutte

to **fight (against)** se battre (contre); lutter

to **fill out** remplir

to **fill up** *(gas tank)* faire le plein

film le film

 adventure film/movie le film d'aventures

 detective film/movie le film policier

 foreign film le film étranger

 horror film/movie le film d'horreur

 science fiction film/movie le film de science-fiction

filmmaker le/la cinéaste

finally enfin; en fin de compte; finalement

financial financier, financière

to **find** trouver

 to find again retrouver

fine *(adj.)* ça va bien

fine l'amende *(f.)*

finger le doigt

to **finish** finir

 to finish (someone) off achever (quelqu'un)

 finish line l'arrivée *(f.)*

fir (tree) le sapin

fire le feu

 fire alarm la sirène d'alarme

 firefighter le pompier

 fireplace la cheminée

fireworks le feu d'artifice

 to shoot off fireworks tirer des feux d'artifice

firm l'entreprise *(f.)*

first premier, première *(adj.)*; d'abord *(adv.)*

 in first class en première

fish le poisson

 fish store la poissonnerie

fisherman le pêcheur

fishing *(n.)* la pêche

 fishing port le port de pêcheurs

 to go fishing aller à la pêche

fitness *(physical)* la forme physique

to **fix** réparer; arranger

flag le drapeau

flat tire le pneu à plat

flavor le parfum

flea market le marché aux puces

flesh la chair

flight le vol

 flight attendant l'hôtesse *(f.)* de l'air, le steward

 flight crew le personnel de bord

floor le sol; *(story)* l'étage *(m.)*

flower la fleur

flu la grippe

fluently couramment

to **fly** voler

fog le brouillard

to **fold** plier

to **follow** suivre

food le mets; la nourriture, l'alimentation

foot le pied

 on foot à pied

footstep le pas

for pour; *(time)* pendant; depuis

forbidden interdit(e)

forearm l'avant-bras *(m.)*

forehead le front

foreign étranger, étrangère

 in a foreign country à l'étranger

foreman, forewoman le contremaître, la contremaîtressse

forewoman la contremaîtresse

to **forget** oublier

fork la fourchette

form la forme; le formulaire

to **form** former

former ancien(ne)

formerly autrefois

fortunately heureusement

fountain la fontaine, le jet d'eau

fracture la fracture

 compound fracture la fracture compliquée

franc le franc

France la France; l'Hexagone *(f.)*

free libre; gratuit(e) *(costing no money)*

freedom la liberté

freezing: It's freezing. (weather) Il gèle.

French français(e) *(adj.)*; le français *(language)*

 French fries les frites *(f. pl.)*

 French noblewoman la marquise

frequently fréquemment

friend l'ami(e); le copain, la copine *(pal)*

to **frighten** faire peur à

from de

 from then on désormais

front l'avant

 in front of devant

 front desk la réception

frozen surgelé(e)

fruit le fruit

full complet, complète *(train car)*; plein(e)

full-time à plein temps

fun *(adj.)* amusant(e)

 to have fun s'amuser

funeral les obsèques *(f. pl.)*, l'enterrement *(m.)*

funny amusant(e); comique; rigolo

fur la fourrure
furious furieux, furieuse
further plus loin

to **gain a few pounds** prendre des kilos
to **gain weight** grossir
game le jeu; le match
garage le garage
garbage les ordures (m. pl.)
garden le jardin
garland la guirlande
garlic l'ail
gas lamp le bec de gaz; le réverbère
   gas-lamp lighter l'allumeur (m.) de réverbères
gas(oline) l'essence (f.)
gas station la station-service
   gas station attendant le/la pompiste
gas tank le réservoir
gate (airport) la porte
to **gather** se rassembler
gem la pierre précieuse
generally généralement; en général
   generally speaking d'une façon générale
gentleman le gentilhomme
geography la géographie
geometry la géométrie
German allemand(e)
gesture le geste
to **get** recevoir; obtenir; se procurer
   to get along well bien s'entendre
   to get back on the road se remettre en route
   to get a sunburn attraper un coup de soleil
   to get in shape se mettre en forme
   to get in the front row se mettre au premier rang
   to get irritated s'énerver

to get off (bus, train, etc.) descendre; débarquer (airplane)
to get on monter
to get out of trouble se tirer d'une mauvaise situation; s'en sortir; se débrouiller
to get together se retrouver
to get up se lever
to get (all) worked up s'énerver
to get wrinkles prendre des rides
getting off (a bus) la descente
gift le cadeau
girl la fille
girlfriend la petite amie
to **give** donner
   to give back rendre
glacier le glacier
glad content(e)
glance le coup d'œil
to **glance** jeter un coup d'œil
glass le verre
   glass-maker le vitrier
   pane of glass la vitre
glove le gant
to **go** aller
   to go (in a car, etc.) rouler
   to go ahead (s')avancer
   to go deep-sea diving faire de la plongée sous-marine
   to go down descendre
   to go fast rouler vite
   to go fishing aller à la pêche
   to go (and) get aller chercher
   to go home rentrer
   to go hunting aller à la chasse
   to go out sortir
   to go out of style se démoder
   to go surfing faire du surf
   to go through parcourir
   to go through customs passer à la douane
   to go to bed se coucher

   to go to the market/shopping faire le marché
to go up monter
to go windsurfing faire de la planche à voile
to go with accompagner
it goes without saying ça va de soi
Shall (Should) we go? On y va?
goal le but
goalie le gardien de but
goat la chèvre
gold l'or (m.)
good (adj.) bon(ne); (a child's behavior) sage; (n.) le bien
   good manners le savoir-vivre
   good wishes les vœux (m. pl.)
   it's not a good idea to il n'est pas prudent de…
good-bye au revoir, ciao
   to say good-bye faire ses adieux
gossip le qu'en-dira-t-on
government worker le/la fonctionnaire
grade (on a test, etc.) la note
   to get good grades recevoir de bonnes notes
grains les céréales (f. pl.)
gram le gramme
granddaughter la petite-fille
grandfather le grand-père
grandmother la grand-mère
grandparents les grands-parents (m. pl.)
grandson le petit-fils
grandstand la tribune
grant la bourse
grape(s) le raisin
grapefruit le pamplemousse
grass l'herbe (f.)
to **grate** râper
gray gris(e)
to **graze** brouter
great grand(e); chouette
green vert(e)

green beans les haricots (*m. pl.*) verts
greenroom (of a theater) le foyer (des artistes)
to **greet** saluer
greeting la salutation
greeting card la carte de vœux
grilled ham and cheese sandwich le croque-monsieur
grocery store l'épicerie (*f.*)
groom le marié
ground le sol
ground floor le rez-de-chaussée
group le groupe
growing (*adj.*) croissant(e)
growth l'accroissement; la croissance
to **guard** veiller (sur); garder
to **guess** deviner
guest l'invité(e)
guidance counselor le conseiller, la conseillère d'orientation
guide(book) le guide
guilty: to feel guilty s'en vouloir
guitar la guitare
to **gush** jaillir
gust (of wind) la rafale
guy le type
gym(nasium) le gymnase
gymnastics la gymnastique

habit: to be in the habit of avoir l'habitude de
hackney cab le fiacre
hail la grêle
hair les cheveux (*m. pl.*)
half demi(e), I
half brother le demi-frère
half hour la demi-heure
half past (*time*) et demie
half price le demi-tarif
half sister la demi-sœur
ham le jambon
hamburger le hamburger

hammer le marteau
hand la main
handkerchief le mouchoir
handsome beau (bel)
handwriting l'écriture (*f.*)
hang-gliding le vol libre
to **hang up** (*telephone*) raccrocher
hanger le cintre
Hanukkah Hanouka
to **happen** arriver; se passer
happiness le bonheur
happy content(e); heureux, heureuse; joyeux(-se)
Happy New Year! Bonne Année!
hard dur(e); (*adv.*) fort
It's not hard. Ce n'est pas sorcier.
hardly ne… guère; à peine
harmful malfaisant(e); nocif, nocive, néfaste
harvest (*n.*) la récolte
to harvest récolter
hat le chapeau
to **hate** détester
to **have** avoir
to **have a(n) . . . -ache** avoir mal à…
to have a cold être enrhumé(e)
to have difficulty (doing something) avoir du mal à (+ *inf.*)
to have a drink prendre un verre
to have a picnic faire un pique-nique
to have just (done something) venir de (+ *inf.*)
to have to devoir
hay le foin
haze la brume
he il
head la tête; (*of department or company*) le chef
head of a bed le chevet
headache: to have a headache avoir mal à la tête
headline la manchette, le gros titre

headphone l'écouteur (*m.*)
health la santé
to be in good (poor) health être en bonne (mauvaise) santé
To your health! Bonne Santé!
health club le club de forme
to **hear** entendre
hearing l'oreille (*f.*), l'ouïe (*f.*), l'audition (*f.*)
heart le cœur
heat la chaleur
heavy lourd(e)
heel le talon
high (low)-heeled (shoes) à talons hauts (bas)
hello (when answering telephone) allô.; bonjour
helmet le casque
to **help** aider; (*n.*) l'aide (*f.*); le secours
her son, sa, ses; elle; la; lui
herd le troupeau
here is, here are voici; voilà
heritage (cultural) le patrimoine
hero le héros
hers le sien, la sienne, les sien(ne)s
hi salut
to **hide** cacher
high élevé(e); haut(e)
high-pitched aigu(ë)
high school le lycée
high school student le lycéen, la lycéenne
high-traffic area le point noir
highway l'autoroute (*f.*)
hiker le randonneur, la randonneuse
hiking la randonnée
to go hiking faire de la randonnée
him le; lui
his sa, son; ses; le sien, la sienne, les sien(ne)s
history l'histoire (*f.*)
to **hit** frapper; donner un coup (de pied, de tête, etc.)

to **hold: Please hold.** *(tel.)* Ne quittez pas.
    to hold out one's hand tendre la main
hole le trou
holiday la fête
    national holiday la fête nationale
home: at home au bercail; chez soi
    at the home of chez
    to go home rentrer
homeland la patrie
homework *(assignment)* le devoir
    to do homework faire ses devoirs
hope l'espoir *(m.)*
to **hope** espérer
horn la corne *(animal)*; le klaxon *(car)*
horrible épouvantable; affreux(-se)
horse le cheval
hospital l'hôpital *(m.)*
hot: It's hot. *(weather)* Il fait chaud.
    hot dog la saucisse de Francfort
hotel l'hôtel *(m.)*
house la maison
to **house** abriter; loger
household un ménage
housework les tâches ménagères *(f. pl.)*
housing le logement
how comment
    How beautiful they are! Qu'elles (ils) sont belles (beaux)!
    how much combien
human being l'être *(m.)* humain
hundred cent
hungry: to be hungry avoir faim
to **hunt** chasser
hunter le chasseur, la chasseuse
hurry: in a hurry pressé(e)
to **hurry** se dépêcher
to **hurt** avoir mal à

to **hurt oneself** se blesser; se faire mal
to hurt someone *(emotionally)* faire de la peine à quelqu'un
It hurts. Ça fait mal.
Where does it hurt (you)? Où avez-vous mal?
husband le mari

I je
ibex le bouquetin
ice la glace
    ice cream la glace
    ice skate le patin à glace
    (ice) skating le patinage
to **(ice) skate** faire du patin (à glace)
idea l'idée *(f.)*
    bright idea une idée de génie
if si
    if I were you (him, her, etc.) à ta (sa, votre, etc.) place
ill malade
illness la maladie
to **imagine** imaginer
immediate immédiat(e)
immediately immédiatement; tout de suite
immigration l'immigration *(f.)*
impatient impatient(e)
impolite impoli(e); mal élevé(e)
important: it's important that il est important que
impossible: it's impossible that il est impossible que
impressed impressionné(e)
in dans; à; en
    in addition to en plus de
    in back of derrière
    in fact en fait
    in first (second) class en première (seconde)
    in front of devant
    in general en général

    in particular en particulier
    in search of à la recherche de
    in spite of malgré
    in vain en vain
incarceration la réclusion
included compris(e)
income: private income les rentes *(f. pl.)*
increase la hausse; l'accroissement *(m.)*
increased accru(e)
increasing croissant(e)
incredible incroyable
independent: person of independent means le rentier, la rentière
to **indicate** indiquer
individual l'individu *(m.)*; *(adj.)* individuel(le)
industrial industriel(le)
inexpensive bon marché
infection l'infection *(f.)*
infinite infini(e)
to **influence** influencer
info(rmation) l'info *(f.)*; l'information; les renseignements *(m. pl.)*
informed: to be informed être au courant
    to keep informed se tenir au courant
inhabitant l'habitant(e)
injection la piqûre
    to give an injection faire une piqûre
injury la blessure
ink l'encre *(f.)*
inn l'auberge *(f.)*
insane fou (folle)
insect l'insecte *(m.)*
to **insert** introduire
to **insist (that)** insister (pour que)
instructor le moniteur, la monitrice
instrument l'outil *(m.)*
to **insure** assurer
insult l'injure *(f.)*
to **insult (each other)** se dire des injures
intelligent intelligent(e)

interesting intéressant(e)
intermission l'entracte (m.)
international international(e)
to **interrogate** interroger
intersection le croisement; le carrefour
interview l'entretien (m.)
to **introduce** présenter
introduction la présentation
to **invent** inventer
to **invite** inviter
iron (metal) fer
island l'île (f.)
it il; le, la
it is, it's . . . c'est…
It's expensive. Ça coûte cher.
it is necessary il faut
Italian italien(ne)
Italy l'Italie (f.)
to **itch** démanger, gratter
to itch a bit grattouiller
itch: She's got an itch. Ça la gratte.
itching la démangeaison
itchy: to be itchy avoir des démangeaisons
She is itchy. Ça la démange.

jacket le blouson
(suit) jacket la veste; l'habit (m.)
ski jacket l'anorak (m.)
jam la confiture
in a jam coincé(e)
to **jam** coincer
Japanese japonais(e)
jar le pot
jealous jaloux, jalouse
jeans le jean
jeep la jeep
jersey jersey; (adj.) en jersey
Jewish juif, juive
jig la gigue
to **jig** giguer

job le boulot (slang); l'emploi (m.); la poste
job application la demande d'emploi
job applicant le candidat, la candidate
to **jog** faire du jogging
to **joke around** rigoler
journaliste le/la journaliste
joy la joie; le bonheur
judge le/la juge
July juillet (m.)
July 14 (French national holiday) le quatorze juillet
to **jump** sauter
to jump all over someone tomber sur quelqu'un à bras raccourcis

to **keep** garder
to keep informed se tenir au courant
to keep in touch rester en contact
to keep up maintenir
key la clé; la clef; (on a keyboard) la touche
keyboard le clavier
to **kick** donner un coup de pied
to **kid: You're kidding!** Tu rigoles!
to **kill** tuer
kilogram le kilo
kind le genre, la sorte; (adj.) bienfaisant(e)
a kind of une espèce de
king le roi
to **kiss (each other)** s'embrasser
kitchen la cuisine
kitten le chaton
kleenex le kleenex
knee le genou
knife le couteau
knit le tricot; (adj.) en tricot
to **knock on the door** frapper à la porte

knot le nœud
to **know** (be acquainted with) connaître; (information) savoir

laboratory le laboratoire
lab technician le laborantin, la laborantine
lamb l'agneau (m.)
land la terre
landing (of an airplane) l'atterrissage (m.)
landing card la carte de débarquement
landscape le paysage
lane (of a road) la voie
language la langue
large grand(e); ample; gros(se)
last dernier, dernière
last name le nom de famille
last night hier soir
last stop le terminus
last year l'année (f.) dernière
to **last** durer
late en retard; (adv.) tard
to be late être en retard; avoir du retard (plane, train, etc.)
later plus tard
Latin le latin
to **laugh** rire
laundromat la laverie automatique
laundry le linge
to do the laundry faire la lessive
lawyer l'avocat(e)
lazy paresseux, paresseuse
to **lead** mener
lead (metal) le plomb
leaf la feuille
leaflet le prospectus
to **lean against** s'appuyer contre
leap le bond
to leap faire un bond

to **learn (to)** apprendre (à)
  to learn one's lessons apprendre ses leçons
leather le cuir; *(adj.)* en cuir
  leather goods les objets *(m. pl.)* en cuir
  leather tanner le maroquinier
to **leave** partir
  to leave *(a room, etc.)* quitter
  to leave *(something behind)* laisser
left à gauche
leftovers les restes *(m. pl.)*
leg la jambe
legend la légende
lemon le citron
lemonade le citron pressé
to **lend** prêter
length la longueur
less moins (de)
  less . . . than moins… que
lesson la leçon
to **let** laisser; permettre
letter la lettre
lettuce la salade
level le niveau
librarian (school) le/la documentaliste
library (school) le Centre de Documentation et d'Information (CDI)
to **lick** lécher
lie le mensonge
to **lie** mentir
life la vie
  life vest le gilet de sauvetage
to **lift** soulever
light *(traffic)* le feu
light *(adj.)* léger, légère
to **light** allumer
light bulb l'ampoule *(f.)*
lighthouse le phare
like comme
to **like** aimer
  I would like je voudrais
likewise *(responding to an introduction)* moi de même
line la ligne; *(of people)* la queue

finish line l'arrivée *(f.)*
line of cars la file de voitures
  to take the . . . line prendre la direction…
  to wait in line faire la queue
lip la lèvre
lipstick le rouge à lèvres
list la liste
to **listen (to)** écouter
  to listen with a stethoscope ausculter
listener l'auditeur, l'auditrice
listening l'écoute *(f.)*
liter le litre
literature la littérature
little: a little un peu (de)
to **live** *(in a city, house, etc.)* habiter; vivre
liver le foie
livestock le bétail
living vivant(e)
  living room la salle de séjour
to **load** charger
loan l'emprunt *(m.)*
lobby le hall
lobster le homard
local local(e)
  local news items les faits divers *(m. pl.)*
to **locate** localiser
located: to be located se trouver
lock la serrure
  lock of hair la mèche
to **lock** fermer à clé
  to lock up enfermer
locker la consigne automatique
long long(ue)
  (for) a long time longtemps
  (for) too long trop longtemps
  Long live . . . ! Vive… !
long-distance *(phone call)* interurbain
longer: no longer ne… plus
look le regard
to **look** *(seem)* avoir l'air

  to look at regarder
  to look at oneself or each other se mirer
  to look for chercher
to **lose** perdre
  to lose patience perdre patience
  to lose one's temper se fâcher
  to lose weight maigrir
lot: a lot (of) beaucoup (de)
  a lot of people beaucoup de monde
  lots of des tas de
loud fort(e)
loudspeaker le haut-parleur
love l'amour *(m.)*
  love story (movie) le film d'amour
to **love** aimer; adorer
low bas(se)
  in a low voice à voix basse
lower inférieur(e)
luck la chance
  to be in luck avoir de la chance
lucky: to be lucky avoir de la chance
luggage les bagages *(m. pl.)*
  carry-on luggage les bagages à main
  luggage car (on a train) le fourgon à bagages
  luggage carousel le tapis roulant
  luggage cart le chariot à bagages
  luggage compartment le coffre à bagages
lukewarm tiède
lunar lunaire
lunch le déjeuner
lung le poumon
lyrics les paroles *(f. pl.)*

ma'am madame
machine l'appareil *(m.)*; la machine; l'engin *(m.)*
magazine le magazine

weekly magazine
l'hebdomadaire *(m.)*
magic *(adj.)* magique
magnificent magnifique
maid la bonne
maid of honor la
demoiselle d'honneur
mail le courrier
mail carrier le facteur, la
factrice
to **mail** mettre à la poste
mailbox la boîte aux lettres
main principal(e)
to **maintain** maintenir
maitre d' le maître d'hôtel
to **make** faire; fabriquer
to make a phone call
faire un appel
(téléphonique),
téléphoner, donner un
coup de fil
to make great efforts
peiner
to make up inventer
make (of car) la marque
makeup le maquillage
to put on makeup se
maquiller
mall le centre commercial
man l'homme *(m.)*
to **manage** diriger
to manage to arriver à;
parvenir à
manager le cadre; le
directeur, la directrice
mandatory obligatoire
manner la façon
good manners le savoir-
vivre
mantelpiece la cheminée
manufacturer *(person)*
l'industriel *(m.)*
many beaucoup de
map: street map le plan de
la ville
road map la carte routière
subway map le plan du
métro
marathon le marathon
marble *(toy)* la bille
March mars *(m.)*
to **march** défiler; marcher
au pas

to march in step défiler
au pas
marching band la fanfare
market le marché
Arab market le souk
marriage le mariage
married marié(e)
to get married se marier
marvel la merveille
marvelous merveilleux,
merveilleuse
mascara le mascara
mass transit les transports
(m. pl.) en commun
material la matière
math les maths *(f. pl.)*
**matter: What's the matter
with you?** Qu'est-ce que
tu as?
May mai *(m.)*
may: May I (sit here)?
Vous permettez?
May I speak to . . . ?
Pourrais-je parler à… ?
maybe peut-être
mayor le maire
me me moi (stress pron.)
meadow le pré
meal le repas; la bouffe
to **mean** signifier; vouloir dire
meaning la signification; le
sens
means le mode; le moyen
to **measure** mesurer
measure(ment) la mesure
meat la viande
Mecca la Mecque
medical médical(e)
medicine *(medical
profession)* la médecine;
(remedy) le médicament
to **meditate** méditer
medium: medium-length
mi-long(ue)
medium-rare *(meat)* à
point
to **meet** rencontrer; retrouver
*(get together with); (for the
first time)* faire la
connaissance de; connaître;
venir chercher (quelqu'un)
to meet (again) se
retrouver

to meet halfway se
rencontrer à mi-chemin
meeting le rendez-vous
to **melt** fondre
member le membre
membership card la carte
d'adhésion
memorable mémorable
memory le souvenir; la
mémoire
menorah la menorah
to **mention** citer; mentionner
menu la carte
merchant le/la
commerçant(e); le
marchand, la marchande
produce merchant le
marchand, la marchande
de fruits et légumes
merry rieur, rieuse
message le message
to leave a message laisser
un message
messenger le messager,
la messagère
meter le compteur
meter maid la
contractuelle
method la combine
microphone le
micro(phone)
middle le milieu
midnight minuit *(m.)*
midnight mass la messe
de minuit
milk le lait
military militaire
minaret le minaret
mine le mien, la mienne,
les mien(ne)s
mineral water l'eau *(f.)*
minérale
minute la minute
mirror la glace
Miss (Ms.) Mademoiselle
(Mlle)
to **miss** *(the train, etc.)* rater
to miss *(someone)*
regretter
missing: (noun) is missing
il manque (+ noun)
mist la brume
mistake la faute; l'erreur *(f.)*

mistaken: You're mistaken.
Vous vous trompez.
misunderstanding la
méprise
mixture le mélange
modern moderne
mogul la bosse
mom la maman
moment le moment;
l'instant (m.)
money l'argent (m.); le fric
(slang)
  to have lots of money
avoir plein de fric (slang)
  pocket money l'argent de
poche
monitor le surveillant, la
surveillante
monster le monstre
month le mois
monthly mensuel(le)
moon la lune
  the Moon la Lune
moped le vélomoteur
more davantage; plus
  more or less plus ou
moins
  more and more de plus
en plus
  more than plus… que
morning le matin
  in the morning le matin;
(A.M.) du matin
Morocco le Maroc
mosque la mosquée
most (of) la plupart (des)
  the most . . . le (la, les)
plus…
mother la mère
motorcycle la moto; la
motocyclette
  motorcycle cop le motard
motorcyclist le/la
motocycliste
motorist l'automobiliste
(m. et f.)
mountain la montagne
  in the mountains à la
montagne
mouse la souris
mouth la bouche
to **move** bouger; (change one's
residence) déménager

to move forward
(s')avancer
movement le mouvement
movie le film
  movies le cinéma
  movie theater le cinéma,
la salle de cinéma
moving émouvant(e)
  moving sidewalk le
trottoir roulant
Mr. Monsieur
Mrs. (Ms.) Madame (Mme)
museum le musée
music la musique
musician le musicien, la
musicienne
Muslims les musulmans
(m. pl.)
must devoir
  one must il faut
  one must not il ne faut
pas
mustard la moutarde
my ma, mon, mes
myself moi-même

name le nom
  first name le prénom
  last name le nom de
famille
nape (of the neck) la
nuque
napkin la serviette
narrow étroit(e)
national national(e)
  national anthem l'hymne
(m.) national
  national holiday la fête
nationale
native natal(e)
  native country la patrie
  native language la
langue maternelle
nature preserve la réserve
nauseous: to feel nauseous
avoir des maux de cœur
navy blue bleu marine
near près de
  very near tout près
necessary: it is necessary
il faut; il est nécessaire de

to **need** avoir besoin de
neighbor le voisin, la
voisine
neighborhood le quartier
nephew le neveu
nervous nerveux, nerveuse
net le filet
  net bag le filet
never ne… jamais
new nouveau (nouvel),
nouvelle
  New Year's Day le jour
de l'An
  Happy New Year! Bonne
Année!
news les nouvelles (f. pl.);
(TV or radio) les infos (f. pl.)
newspaper le journal
  daily newspaper le
quotidien
  weekly newspaper
l'hebdomadaire (m.)
newsstand le kiosque
next prochain(e)
  next to à côté de
to **nibble (at)** grignoter
nibbling le grignotage
nice (person) aimable,
sympathique; gentil(le)
niece la nièce
night la nuit
  last night hier soir
nightclub le cabaret
nightmare le cauchemar
no non; aucun(ne)
  no longer ne… plus
  no one ne… personne;
personne ne…
  no smoking (section) (la
zone) non fumeurs
nobody ne… personne;
personne ne…
noise le bruit
noisy bruyant(e)
nonstop (flight) sans escale
noon midi (m.)
north le nord
Norway la Norvège
nose le nez
  to have a runny nose
avoir le nez qui coule
not ne… pas
  not any aucun(e)

not at all pas tu tout
not bad pas mal
note la note
notebook le cahier
nothing ne… rien; rien ne…
  Nothing else. Rien d'autre.
  nothing (good) rien de (bon)
  nothing to do with rien à voir avec
to **notice** remarquer; s'apercevoir; constater
novel le roman
novelist le romancier, la romancière
now maintenant
  right now en ce moment
nowadays de nos jours; actuellement
number le numéro; le chiffre
  the right (wrong) number le bon (mauvais) numéro
  You have the wrong number. C'est une erreur.
numerous nombreux, nombreuse
nurse l'infirmier, l'infirmière
nutrition la nourriture, l'alimentation (f.)

oasis l'oasis (f.)
oats l'avoine (f.)
to **obey** obéir (à); respecter
object l'objet (m.)
obsessed obsédé(e)
to **obtain** obtenir; se procurer
obvious: it's obvious that il est évident que
obviously évidemment
occasionally de temps en temps
ocean l'océan (m.)
o'clock: it's . . . o'clock il est… heure(s)
odd curieux, curieuse
of de

of course bien sûr; mais oui
of course not mais non
to **offer** offrir
office le bureau
official officiel(le)
offspring la progéniture
often souvent
OK (health) ça va; (agreement) d'accord
oil l'huile (f.)
okay (health) Ça va.; (agreement) d'accord
old vieux (vieil), vieille; âgé(e)
oleander le laurier-rose
omelette (with herbs/plain) l'omelette (f.) (aux fines herbes/nature)
on sur
  on board à bord de
  on foot à pied
  on sale en solde
  on time à l'heure
  on Tuesdays le mardi
one un, une
  one-way ticket l'aller simple (m.)
oneself soi
onion l'oignon (m.)
  onion soup la soupe à l'oignon
only ne… que, seulement; uniquement
open ouvert(e)
to **open** ouvrir
opera l'opéra (m.)
  opera glasses les lorgnettes (f. pl.)
operating room la salle d'opération
operator le/la standardiste
opinion: in my opinion à mon avis
opportunity l'occasion (f.)
to **oppose** opposer
opposing adverse
opposite le contraire; (prep.) en face de
or ou
  or else sinon
oral report l'exposé

  to give an oral report faire un exposé
orange (fruit) l'orange (f.); (color) orange (inv.)
orchestra l'orchestre (m.)
  orchestra (front rows in a theater) l'orchestre (m.)
to **order** commander
  in order to pour
ordinary ordinaire
to **organize** organiser
  original language version (of a film) la version originale
other autre
  in other words autrement dit
  on the other hand par contre; d'autre part
  some other d'autres
otherwise sinon
our notre, nos
ours le/la nôtre, les nôtres
outdoors en plein air; dehors
outgoing sociable
outing la sortie; l'excursion (f.)
outside (adv.) dehors; à l'extérieur; (prep.) au dehors de
over (prep.) par-dessus
  over there là-bas
overcast (cloudy) couvert(e)
to **overlook** donner sur
to **owe** devoir
to **own** posséder
  owner le/la propriétaire
  ox le bœuf
  oxygen mask le masque à oxygène

pack (of runners) le peloton
to **pack (suitcases)** faire les valises
package le paquet; le colis
packed bondé(e); (stadium) comble

to be tightly packed être serré(e)(s)
page one la une
pain la douleur
painful douloureux, douloureuse
to **paint** peindre
painter le/la peintre
painting la peinture; le tableau
pair la paire
pal le copain, la copine
palace le palais
palm grove la palmeraie
palm tree le palmier
pancake la crêpe
pane of glass la vitre
to **panic** s'affoler
pants le pantalon
pantyhose le collant
paper le papier
  sheet of paper la feuille de papier
parade le défilé
parents les parents (m. pl.)
Parisian parisien(ne)
park le parc
to **park** garer la voiture; stationner
parking lot le parking
parking meter le parcmètre
part la partie
  to be part of faire partie de
to **participate (in)** participer (à)
part-time à mi-temps
party la fête
to **pass** passer; prendre le pas; dépasser; (car) doubler
  to pass someone croiser (quelqu'un)
  to pass an exam réussir à un examen
passenger le passager, la passagère; le voyageur, la voyageuse (train)
passport le passeport
past passé(e)
  in the past autrefois
pasta les pâtes (f. pl.)
pasture le pâturage

pâté le pâté
path le sentier; le chemin
patient (adj.) patient(e); (n.) un/une patient(e)
patriotic (fanatically) chauvin
to **pay** payer
  to pay attention faire attention
  to pay back rembourser
  to pay cash payer en espèces
payment le paiement; la rémunération
peace la paix
to **peck (at)** picorer
pedestrian le piéton, la piétonne; (adj.) piétonnier(-ère)
pen le stylo
  ballpoint pen le stylo-bille
  felt-tip pen le feutre
pencil le crayon
penguin le manchot
penholder le porte-plume
penicillin la pénicilline
people les gens (m. pl.)
perfect parfait(e)
perfume le parfum
period l'époque (f.); la période
permanent définitif (-ve)
permanently définitivement
to **permit** permettre
person la personne
personal personnel(le)
personality la personnalité
pharmacist le pharmacien, la pharmacienne
pharmacy la pharmacie
photo la photo
physical education l'éducation (f.) physique
physics la physique
piano le piano
to **pick up** (a telephone receiver) décrocher; (an object) ramasser; (a person) venir chercher
pickpocket le pickpocket
picture le tableau

picturesque pittoresque
pie la tarte
piece le bout
pier le quai
pig le cochon
pill le comprimé
pillow l'oreiller (m.)
pilot le/la pilote
to **pilot** piloter
pink rose
to **pitch in** mettre la main à la pâte
place l'endroit (m.)
  to take place avoir lieu
to **place** mettre
plague le fléau
plain (adj.) nature
plan le projet
plane l'avion (m.)
plant la plante
plastic le plastique
plate l'assiette (f.)
platform (railroad) le quai
to **play, perform** jouer
  to play (a sport) jouer à; pratiquer un sport
play la pièce (de théâtre)
  to put on a play monter une pièce
player le joueur, la joueuse
pleasant agréable
please s'il te (vous) plaît
pleasure le plaisir
plentiful abondant(e)
pneumatic drill le marteau-piqueur
pocket la poche
pocketbook, purse le sac
police officer l'agent (m.) de police; le gendarme; le policier
police station le commissariat
polite poli(e)
pond l'étang (m.)
ponytail la queue de cheval
pool la piscine
poor pauvre
  poor thing le/la pauvre
popular populaire
  to be very popular avoir la cote

populated area
l'agglomération *(f.)*
porter le porteur
position le poste
possession le bien
possibility la possibilité
possible: it's possible that
il est possible que
post office le bureau de
poste, la poste
postcard la carte postale
poster l'affiche *(f.)*
potato la pomme de terre
pound la livre
practical pratique
to **practice** pratiquer; travailler
to **pray** prier
to **prefer** préférer
preferable: it's preferable
that il est préférable que;
il vaut mieux que
to **prepare** préparer
prepared préparé(e)
to **prescribe** prescrire
prescription l'ordonnance
(f.)
to write a prescription
faire une ordonnance
present le cadeau
to **press** appuyer sur
pressure la pression
pretty joli(e)
to **prevent** prévenir
price le prix
pride la fierté
probable: it's probable that
il est probable que
probably sans doute
problem le problème; la
difficulté
to **produce** fournir
to produce a result agir
product le produit
production la production
profession la profession
program *(TV)* l'émission
progress le progrès
prohibited: . . . is prohibited
il est interdit de…
projector le projecteur
promise la promesse
property la propriété

proud fier, fière
to **provide** fournir
provided that pourvu que
public public, publique
public transportation les
transports *(m. pl.)* en
commun
public-spiritedness le
civisme
pulmonary pulmonaire
pulse: to take someone's
pulse prendre le pouls
to **punch (a ticket)**
poinçonner
to **punish** punir
puppet la marionnette
puppet show le spectacle
de marionnettes
purchase l'achat *(m.)*
to **push** pousser; *(button, etc.)*
appuyer sur
to push and shove
bousculer
to **put (on)** mettre
to put in (a coin)
introduire (une pièce)
to put money aside mettre
de l'argent de côté
to put on *(clothes)*
mettre
to put on makeup se
maquiller

quality la qualité
to **quarrel** se fâcher
quarter: quarter after
(time) et quart
quarter to (time) moins le
quart
Arab quarter la médina
queen la reine
question: to ask a question
poser une question
to **question** interroger;
interpeller
quick rapide
quickly rapidement;
vite
quietly à voix basse
quite assez

rabbit le lapin
race la course
racket la raquette
radio la radio
radio station la station de
radio
rag le chiffon
ragpicker le chiffonnier
railroad le chemin de fer
rain la pluie
to **rain** pleuvoir
It's raining. Il pleut.
raincoat l'imper(méable)
(m.)
raindrop la goutte de pluie
rainy pluvieux, pluvieuse
to **raise** lever
raisins les raisins secs
to **ram** éperonner
rare *(meat)* saignant(e)
rather plutôt
ray le rayon
razor le rasoir
razor cut une coupe au
rasoir
to **read** lire
ready prêt(e)
ready-to-wear department
le rayon prêt-à-porter
real vrai(e); véritable
reality la réalité
to **realize** se rendre compte
really vraiment
reason la raison
to **receive** recevoir
recently récemment
to **recognize** reconnaître
to **recommend** recommander
record le disque
to **record** enregistrer
to **recover** *(from an illness)* se
remettre
red rouge
redheaded roux, rousse
referee l'arbitre *(m.)*
registration card *(hotel)* la
fiche d'enregistrement
regular régulier, régulière
relationship la relation

religious religieux, religieuse

to **remain** rester

remains (archaeology) les vestiges (m. pl.)

to **remember** se rappeler; se souvenir de

remote control le zappeur, la télécommande

to **rent** louer

to **repair** réparer

repatriation la rapatriement

to **replace** remplacer

to **report (a crime)** déclarer

to **represent** représenter

to **require** exiger

required obligatoire

research la recherche

to do research faire de la recherche

researcher le chercheur, la chercheuse

to **resemble** ressembler à

reservations office le bureau de location

to **reserve (train seat)** louer; réserver

to **reset (a bone)** remettre en place

respiratory system l'appareil (m.) respiratoire

responsible responsable

rest le repos

restaurant le restaurant

company restaurant le restaurant d'entreprise

restaurant voucher le ticket-restaurant

result le résultat

as a result par conséquent

résumé le curriculum vitae (CV)

return le retour

to **return** rentrer; (tennis ball, etc.) renvoyer

reward la récompense

rhinoceros le rhinocéros

rhythm le rythme

rib une côte

ribbon le ruban

rider le cavalier, la cavalière; (circus) l'écuyer (m.), l'écuyère (f.)

ridiculous ridicule

riding l'équitation

to go horseback riding faire de l'équitation

right le droit; (adv.) à droite

to the right of à droite de

it's right that il est juste que

right away tout de suite

ring: wedding ring l'alliance (f.)

to **ring** sonner

ringlet l'anglaise (f.); la boucle

to **rinse** rincer

to **rise** (sun) se lever

rising sun le soleil levant

to **risk** risquer

rival le rival, la rivale

river le fleuve; la rivière

road la route

road map la carte routière

road sign le panneau (routier)

to **roar with laughter** hurler de rire

to **rob** voler

robber le voleur, la voleuse

robbery le vol

rock le rocher

rocket la fusée

role le rôle

roof le toit

room la pièce; (hotel) la chambre

greenroom (theater) le foyer (des artistes)

double room la chambre à deux lits

single room la chambre à un lit

rooster le coq

rough agité(e)

round rond(e)

round-trip ticket le billet aller-retour

route le chemin

rude mal élevé(e)

rule la règle

ruler la règle

to **run** courir

to run away s'enfuir

runner le coureur

rush hour les heures (f. pl.) de pointe, les heures d'affluence

sad triste, désolé(e)

safe sûr(e)

safe and sound sain(e) et sauf (sauve)

Sahara le Sahara

sailor le marin

salad la salade

salami le saucisson

salary le salaire

sales les soldes (f. pl.)

salesperson le vendeur, la vendeuse

salt le sel; (adj.) salé(e)

salt crust la croûte de sel

salt lake le chott, le lac salé

same même

all the same tout de même

It's all the same to me. Ça m'est égal.

sand le sable

sandwich le sandwich

grilled ham and cheese sandwich le croque-monsieur

Santa Claus le Père Noël

to **satisfy** satisfaire

Saturday samedi (m.)

sauce: spicy sauce la sauce piquante

to **save** sauver; sauvegarder

to save money faire des économies

to save money on gratter sur

savings account le compte d'épargne

to **savor** déguster

to **say** dire

to **say good-bye** faire ses adieux

scale la balance

scarf l'écharpe (f.)

scene la scène

schedule l'emploi *(m.)* du temps; l'horaire *(m.)*

scholarship la bourse

school l'école *(f.)*; *(adj.)* scolaire

  high school le lycée

  school supplies le matériel scolaire

schoolteacher l'instituteur, l'institutrice; la maîtresse d'école; le maître d'école

science les sciences *(f. pl.)*

scientist le savant

to **scold** gronder

score le score

to **score a goal** marquer un but

to **scratch** se gratter

screen l'écran *(m.)*

sculptor *(m. and f.)* le sculpteur

sculpture la sculpture

sea la mer

  by the sea au bord de la mer

search la recherche

seashore le bord de la mer

seaside resort la station balnéaire

season la saison

seat le siège; *(plane, movies, etc.)* la place; *(theater)* le fauteuil

  adjustable seat le siège réglable

  back of the seat le dossier du siège

  numbered seat la place numérotée

  seat belt la ceinture de sécurité

seated assis(e)

second *(adj.)* deuxième; *(of two)* second(e)

secret le secret; *(adj.)* secret, secrète

secretary le/la secrétaire

section la zone

  smoking (no smoking) section la zone (non) fumeurs

security (airport) le contrôle de sécurité

to **see** voir

See you later. À tout à l'heure.

See you tomorrow. À demain.

to **seem** avoir l'air; sembler

seldom très peu

self-employed: to be self-employed être à son compte

to **sell** vendre

semi-circle le demi-cercle

semolina wheat la semoule de blé

to **send** envoyer

sender l'expéditeur, l'expéditrice

to **separate** séparer

serious grave; sérieux, sérieuse

seriously sérieusement

to **serve** servir; desservir *(transportation)*

service le service

service station la station-service

  service station attendant le/la pompiste

set *(for a play)* le décor

to **set the table** mettre le couvert; mettre la table

several plusieurs

shadow l'ombre *(f.)*

to **shake hands** se serrer la main

Shall we go? On y va?

shampoo le shampooing

to **share** partager, se partager

to **sharpen** *(a pencil)* tailler

to **shave** se raser

shawl le châle

she elle

shed le hangar

sheep le mouton

sheet le drap

  sheet of paper la feuille de papier

to **shelter** abriter

shepherd le pasteur

to **shine** briller

shirt la chemise

shoe la chaussure; le soulier

shop la boutique

  to **shop** faire des achats

shopping: to go shopping faire des courses

  shopping center le centre commercial

short petit(e); court(e)

shorts le short

to **shout** crier; hurler

to **shove** bousculer

shovel la pelle

show *(movies)* la séance; *(TV)* l'émission

to **show** montrer

  to show a movie passer un film

shower: to take a shower prendre une douche

shrimp la crevette

to **shrink** rétrécir

shy timide

sick malade

  sick person le/la malade

  to feel sick avoir des maux de cœur

  to get sick tomber malade

side le côté; *(in a sporting event)* le camp

sidewalk le trottoir

  sidewalk café la terrasse (d'un café)

to **sign** signer

sign la pancarte; l'écriteau *(m.)*

silk *(n.)* la soie; *(adj.)* en soie

silver l'argent *(m.)*

silverware l'argenterie *(f.)*; les couverts *(m. pl.)* en argent

similar semblable

since depuis

sincere sincère

to **sing** chanter

singer le chanteur, la chanteuse

single *(unmarried)* célibataire

sink l'évier *(m.)*; le lavabo

sir monsieur

sister la sœur

to **sit (down)** s'asseoir

  to sit down for a meal se mettre à table

site: archaeological site le chantier de fouilles archéologiques

size (*clothes*) la taille; (*shoes*) la pointure

skate (ice) le patin à glace

to (ice) skate faire du patin (à glace)

skater le patineur, la patineuse

skating le patinage

skating rink la patinoire

to **ski** faire du ski

ski le ski

ski boot la chaussure de ski

ski jacket l'anorak (*m.*)

ski pole le bâton

ski resort la station de sports d'hiver

skier le skieur, la skieuse

skiing le ski

downhill skiing le ski alpin

cross-country skiing le ski de fond

to **skip** escamoter

skirt la jupe

sky le ciel

slanting penché(e)

sleep le sommeil

to **sleep** dormir

sleeping car le wagon-couchette

sleeve la manche

long-(short-)sleeved à manches longues (courtes)

slice la tranche

slide (*photo*) la diapo(sitive)

to **slip** glisser

slot la fente

to **slow down** ralentir

slowing le ralentissement

small petit(e)

to **smile** sourire

smock la blouse

to **smoke** fumer

smoking (section) (la zone) fumeurs

to **smother** étouffer

snack la collation

sneaker la basket

to **sneeze** éternuer

to **snore** ronfler

snow la neige

to **snow** neiger

It's snowing. Il neige.

snowball la boule de neige

so alors; donc; si (*adv.*)

so that pour que

soap le savon

soccer le foot(ball)

soccer field le terrain de football

social worker l'assistante (*f.*) sociale

sock la chaussette

soil la terre

sold out (*performance*) à bureaux fermés

soldier le soldat

sole (of the foot) la plante (du pied)

solitary confinement la réclusion solitaire

some quelques

somebody, someone quelqu'un

something quelque chose

something else autre chose

something special quelque chose de spécial

something to eat quelque chose à manger

sometimes quelquefois

somewhere quelque part

son le fils

song la chanson

soon bientôt

sophisticated (*object*) perfectionné(e)

sore throat l'angine (*f.*)

sorry désolé(e)

to be sorry être désolé(e), regretter

I'm sorry. Excusez-moi.; Je regrette.

sort: a sort of une espèce de

sound le son; (*of an animal*) le cri

to **sound** sonner

to sound the bugle sonner le clairon

south le sud

to **sow** semer

space l'espace (*m.*); (*parking*) la place

Spanish (*language*) l'espagnol (*m.*)

to **speak** parler

to speak ill of dire du mal de

to speak on the telephone parler au téléphone

specific précis(e)

to **specify** préciser

spectator le spectateur

speech le discours

speed limit la limitation de vitesse

to **speed up** accélérer

to **spell** épeler

to **spend** (*money*) dépenser; (*time*) passer

spicy épicé(e)

to **spill** déverser

spirit l'esprit (*m.*)

spite: in spite of malgré

spoon la cuillère

spot la tache

to **sprain** se fouler

spray le jet d'eau

spring (*season*) le printemps

stadium le stade

stage la scène

stain la tache

to **stain** faire une tache

staircase l'escalier (*m.*)

stairs: on the stairs sur les marches

stamp (*postage*) le timbre

stamp machine le distributeur automatique

to **stamp (a ticket)** composter

standing debout

star l'étoile (*f.*); la vedette (actor, actress)

starch l'amidon (*m.*)

to **start** commencer

to start the car mettre le contact

state l'état (*m.*)

station wagon le break

statue la statue

to **stay** rester

to stay in bed garder le lit
to stay in shape rester en forme
steak and French fries le steak frites
to **steal** voler
steel l'acier *(m.)*
steep raide
steering wheel le volant
step le pas; la marche *(staircase)*
  to take a step faire un pas
stereo la chaîne stéréo
still toujours; encore
to **sting** piquer
stitch le point de suture
  to give stitches faire des points de suture
stomach le ventre
stomachache: to have a stomachache avoir mal au ventre
stone la pierre
stop l'arrêt *(m.)*
to **stop** *(someone)* arrêter *(oneself)* s'arrêter; cesser
  Stop, thief! Au voleur!
storage l'entreposage *(m.)*
store le magasin
to **store** entreposer
storm l'orage *(f.)*; la tempête
stormy agité(e)
story l'histoire *(f.)*
straight ahead tout droit
straw mat la natte
stream le ruisseau
streamer le serpentin
street la rue
  street map le plan de la ville
strength la force
stretcher le brancard
strictness l'exigence *(f.)*
to **stroll** flâner
strolling ambulant(e)
strong fort(e)
student l'élève *(m. et f.)*; *(university)* l'étudiant(e)
  high school student le lycéen, la lycéenne
to **study** étudier; faire des études

to study French (math, etc.) faire du français (des maths, etc.)
stupid thing la bêtise
style le style
  in style à la mode
subject le sujet; la matière *(school)*
subscription l'abonnement *(m.)*
subtitles les sous-titres *(m. pl.)*
suburbs la banlieue
subway le métro
  by subway en métro
  subway station la station de métro
to **succeed** réussir (à)
  to succeed in doing something parvenir à (+ inf.); arriver à (+ inf.)
success le succès
suddenly soudain
to **suffer** souffrir
to **suffocate** étouffer
sugar le sucre
to **suggest** proposer; suggérer
suit *(men's)* le complet; *(women's)* le tailleur
  (suit) jacket la veste
suitcase la valise
summer l'été *(m.)*
  summer camp la colonie de vacances
summit le sommet
sun le soleil
  in the sun au soleil
  rising sun le soleil levant
to **sunbathe** prendre un bain de soleil
sunglasses les lunettes *(f. pl.)* de soleil
sunny: It's sunny. Il fait du soleil.
sunrise le lever du soleil
sunset le coucher du soleil
suntan lotion la crème solaire
super extra, super
superb génial(e)
supermarket le supermarché

large supermarket l'hypermarché *(m.)*
sure sûr(e)
  it's sure il est sûr
to **surf** faire du surf
surfboard la planche (de surf), le surf-board
surfer le surfeur, la surfeuse
surgeon le chirurgien
  orthopedic surgeon le chirurgien-orthopédiste
to **surpass** prendre le pas; dépasser
to **surprise** surprendre; étonner
surprised surpris(e)
  to be surprised s'étonner
to **surround** entourer
surroundings l'ambiance *(f.)*
survey *(opinion)* le sondage
to **swallow** avaler
sweater le pull
sweatshirt le sweat-shirt
sweatsuit le survêtement
to **swim** nager
swimmer le nageur, la nageuse
swimming la natation
system le système; la combine

table la table
  table setting le couvert
  to clear the table débarrasser la table
  to set the table mettre le couvert
tablecloth la nappe
tailor le tailleur
to **take** prendre; *(to take a person somewhere)* emmener
  to take a bath (a shower) prendre un bain (une douche)
  to take care of soigner; s'occuper de
  to take an exam passer un examen

to take off *(airplane)* décoller

to take out sortir; retirer

to take place avoir lieu

to take size *(number)* faire du (+ nombre)

to take something upstairs monter

to take a trip faire un voyage

to take up *(a hobby)* s'initier

to take a walk faire une promenade

taken pris(e); occupé(e)

takeoff *(plane)* le décollage

talcum powder le talc

talent le talent

to **talk** parler

to talk on the phone parler au téléphone

to **tan** bronzer

to **tape** enregistrer

tape recorder le magnétophone

tart la tarte

taste le goût

to **taste** goûter

taxi le taxi

tea with lemon le thé citron

mint tea le thé à la menthe

to **teach** enseigner

to teach someone to do something apprendre à quelqu'un à faire quelque chose

teacher le professeur; le/la prof *(informal)*

elementary school teacher l'instituteur, l'institutrice

team l'équipe *(f.)*

to **tear** déchirer

technician le technicien, la technicienne

teenager l'adolescent(e)

telephone le téléphone

cordless telephone le téléphone sans fil

dial telephone le téléphone à cadran

touch-tone telephone le téléphone à touches

pre-paid telephone card la télécarte

telephone book l'annuaire *(m.)*

telephone booth la cabine téléphonique

telephone operator le/la standardiste

to **telephone** téléphoner

television la télé; *(programming)* la télévision; *(set)* le poste de télévision, le téléviseur

television remote control la télécommande, le zappeur

television viewer le téléspectateur, la téléspectatrice

to **tell** dire; raconter

temperature la température

tempest la tempête

temporary passager(ère)

tennis le tennis

tennis court le court de tennis

tennis shoes les chaussures *(f. pl.)* de tennis

tennis skirt la jupette

tent la tente

terminal (with bus to airport) le terminal; l'aérogare *(f.)*

terrace la terrasse

terrible terrible

test l'examen *(m.)*

to take a test passer un examen

to pass a test réussir à un examen

textbook le livre scolaire

to **thank** remercier

thank you merci

thanks to grâce à

that ce (cet), cette; que; qui; ça

That's expensive. Ça coûte cher.

that is (to say) c'est-à-dire

that one celui, celle

the la, le; les

theater le théâtre

theft le vol

their leur(s)

theirs le/la leur, les leurs

them eux, elles; les; leur

then *(adv.)* ensuite

there là; y

there is, there are il y a; voilà

over there là-bas

therefore donc

these ces

they elles, ils; on

thief le voleur, la voleuse

Stop, thief! Au voleur!

thing la chose

to **think** penser; *(opinion)* trouver, croire; réfléchir

third troisième

this ce (cet), cette

this one celui, celle

thorn l'épine *(f.)*

those ces; ceux, celles

thousand mille

three trois

throat la gorge

to have a frog in one's throat avoir un chat dans la gorge

to have a scratchy throat avoir la gorge qui gratte

to have a throat infection avoir une angine

to **throw** lancer

to throw a party donner une fête

thumb le pouce

thunder le tonnerre

Thursday jeudi *(m.)*

ticket *(train, theater, etc.)* le billet; *(bus, subway)* le ticket

one-way ticket l'aller simple *(m.)*

round-trip ticket le billet aller-retour

ticket machine le distributeur automatique

ticket window le guichet

traffic ticket la contravention

tickle chatouiller

ticklish chatouilleux (-se)

tie la cravate
tight serré(e); *(shoes)* étroit(e)
to **tighten one's belt** se serrer la ceinture
time *(of day)* l'heure *(f.)*
  at the same time à la fois
  at times parfois
  it's time that il est temps que
  on time à l'heure
to **tinker (with things around the house)** bricoler
tip *(restaurant)* le pourboire
  to leave a tip laisser un pourboire
  The tip is included. Le service est compris.
tire le pneu
  flat tire le pneu à plat
  spare tire la roue de secours
tired fatigué(e)
to **à**; à destination de *(flight, etc.)*
  to the left (of), à gauche (de)
  to the right (of) à droite (de)
today aujourd'hui; de nos jours
toe le doigt de pied
together ensemble
toilet les toilettes *(f. pl.)*
  toilet paper: roll of toilet paper le rouleau de papier hygiénique
token le jeton
toll highway l'autoroute *(f.)* à péage
tollbooth le poste de péage
tomato la tomate
tomorrow demain
  See you tomorrow. À demain.
ton la tonne
tonight ce soir
too *(also)* aussi; trop *(excessively)*
tool l'outil *(m.)*
tooth la dent
toothpaste le dentifrice
top le haut

on top of each other superposé(e)
totally complètement; totalement
to **touch** toucher
  to be in touch with être en contact avec
touching émouvant(e)
touch-tone à touches
tourist le/la touriste
tow truck la dépanneuse
toward vers
towel la serviette
town la ville
  small town le village
  town hall la mairie
toxic nocif, nocive
toy le jouet
track la piste; *(for running)* la piste de course; la voie *(train)*
tractor le tracteur
trade le métier; le commerce
traffic la circulation
  high-traffic area le point noir
  traffic jam le bouchon; l'embouteillage *(m.)*
  traffic light le feu
tragedy la tragédie
trail la piste
  slalom trail la piste de slalom
trailer la caravane
train le train
  train station la gare
training le stage
to **transfer (train, subway)** prendre la correspondance
to **transport** transporter
trap le piège
trapeze le trapèze
  trapeze artist le/la trapéziste
to **travel** voyager
traveler le voyageur, la voyageuse
tray le plateau
treasure le trésor
tree l'arbre *(m.)*
  Christmas tree l'arbre de Noël *(m.)*

trigonometry la trigonométrie
to **trim** tailler
trip le voyage; le trajet
  to take a trip faire un voyage
to **trip (someone)** lancer la patte
trombone le trombone
truck le camion
  tow truck la dépanneuse
true vrai(e)
trumpet la trompette
trunk la malle
truth la vérité
T-shirt le tee-shirt
Tunisia la Tunisie
Tunisian tunisien(ne)
turkey le dindon
to **turn** tourner
  to turn off *(the TV, etc.)* éteindre
  to turn on *(the TV, etc.)* allumer, mettre
turquoise turquoise
TV la télé, *(set)* le poste de télévision, le téléviseur
to **twist** *(one's knee, etc.)* se tordre
type la sorte; le type; le genre
to **type** taper à la machine
typewriter la machine à écrire

uncle l'oncle
uncovered découvert(e)
under sous
underground *(adj.)* souterrain(e)
to **understand** comprendre
unemployed: to be unemployed être au chômage
unemployment le chômage
unfortunately malheureusement
unisex unisexe

United States les États-Unis *(m. pl.)*
university la fac(ulté)
unleaded sans plomb
unless à moins que
unmarried célibataire
unpleasant désagréable, antipathique (person)
until *(prep.)* jusqu'à (+ noun); *(conj.)* jusqu'à ce que
up to jusqu'à
up(stairs) en haut
upper balcony *(in a theater)* la galerie
urchin le gamin (des rues)
us nous
to **use** utiliser; se servir de
useful utile
usual: as usual comme d'habitude
utmost primordial
U-turn: to make a U-turn faire demi-tour

vacation les vacances *(f. pl.)*
to **validate** valider
valley la vallée
value la valeur
vanilla *(adj.)* à la vanille
variable changeant(e)
varied varié(e)
variety la variété
various divers(es)
vegetable le légume
veil le voile
very très
vice-principal le censeur
videocassette la vidéo(cassette)
videocassette recorder (VCR) le magnétoscope
vineyard le vignoble
viral viral(e)
visit la visite
to **visit** *(a place)* visiter; *(a person)* rendre visite à
voice la voix
volleyball le volley-ball

to **wait (for)** attendre
to wait in line faire la queue
waiter le serveur
waiting room la salle d'attente
waitress la serveuse
to **wake up** se réveiller
walk: to take a walk faire une promenade
to **walk** se promener; marcher
walking la marche
to do a bit of walking faire de la marche
Walkman le walkman; le baladeur
wall le mur
wallet le portefeuille
to **wander** flâner
to **want** vouloir; désirer; avoir envie de
war la guerre
warm chaleureux, chaleureuse
warm-up suit le survêtement
to **wash** laver; *(one's face, hair, etc.)* se laver (la figure, les cheveux, etc.)
washcloth le gant de toilette
washing machine la machine à laver
wasted gâché(e)
to **watch** regarder; s urveiller
to watch (over) veiller (sur)
water l'eau *(f.)*
to **water-ski** faire du ski nautique
wave la vague
wavy bouclé(e)
way la façon; le chemin
we nous
weak faible
weapon l'arme *(m.)*
to **wear** porter
weariness la lassitude
weather le temps

It's bad weather. Il fait mauvais.
It's nice weather. Il fait beau.
What's the weather like? Quel temps fait-il?
wedding le mariage
wedding ring l'alliance *(f.)*
wedged coincé(e)
Wednesday mercredi *(m.)*
week la semaine
a (per) week par semaine
weekend le week-end
weekly magazine or newspaper l'hebdomadaire *(m.)*
to **weigh** peser
weight le poids
to gain weight grossir
to lose weight maigrir
welcome l'accueil *(m.)*
to **welcome** accueillir
welcoming accueilant(e)
well bien; *(n.)* le puits
well-done (meat) bien cuit(e)
well-mannered bien élevé(e)
well off aisé(e)
west l'ouest *(m.)*
wet mouillé(e)
whale la baleine
what quel(le); qu'est-ce que; qu'est-ce qui; quoi; ce qui, ce que
wheat le blé
semolina wheat la semoule de blé
wheel la roue
wheelchair le fauteuil roulant
when quand
where où
which quel(le)
which one(s) lequel, laquelle, lesquel(le)s
of which dont
whistle le sifflet
to **whistle** siffler
white blanc, blanche
who qui
Who's calling? C'est de la part de qui?

whole entier, entière
whom qui; que
whose dont
why pourquoi
wide large
wife la femme
will: against somebody's will contre le gré de quelqu'un
to **win** gagner; l'emporter
wind le vent
  gust of wind la rafale
window la fenêtre; *(in post office, bank, etc.)* le guichet; *(seat in airplane, train, etc.)* côté fenêtre
  window pane la vitre
to **windsurf** faire de la planche à voile
windy: It's windy. Il fait du vent.
wine le vin
wing l'aile *(f.)*
winner le gagnant, la gagnante; le vainqueur
winter l'hiver *(m.)*
to **wipe** *(one's hands, etc.)* s'essuyer
to **wish** souhaiter
wishes: good wishes les vœux *(m. pl.)*
with avec
without *(prep.)* sans; *(conj.)* sans que
wonder: filled with wonder émerveillé(e)
to **wonder** se demander

wool la laine; *(adj.)* en laine
word processor la machine à traitement de texte
work le travail
  work in partnership le partenariat
  work (of art) l'œuvre *(f.)*
to **work** travailler
  to work full-time travailler à plein temps
  to work hard peiner
  to work part-time travailler à mi-temps
worker l'ouvrier, l'ouvrière
workplace le lieu de travail
workshop l'atelier *(m.)*
world le monde
to **worry** s'en faire
  Don't worry about it. *(after an apology)* Ce n'est pas grave.
wound la blessure
wounded le blessé, la blessée
to **wrap oneself up in** s'envelopper dans
wrinkle la ride
  to get wrinkles prendre des rides
  wrinkled *(clothing)* chiffonné(e)
wrist le poignet
to **write** écrire
  to write a paper faire une rédaction
writer l'écrivain *(m.)*
wrong mauvais(e)

What's wrong with him? Qu'est-ce qu'il a?

X-ray la radio(graphie)
  to take an X-ray faire une radio(graphie)

year l'année *(f.)*; l'an *(m.)*
  Happy New Year! Bonne année!
yellow jaune
yes oui; si *(after a negative)*
yesterday hier
  the day before yesterday avant hier
  yesterday morning hier matin
yogurt le yaourt
you tu, vous; toi
young jeune
  young people les jeunes
your ta, ton, tes; votre, vos
youth la jeunesse

zero zéro
zip code le code postal
zucchini la courgette

Index

In appreciation

Glencoe would like to acknowledge the artists and agencies who participated in illustrating this program: Cheryl Arenman; David Broad; Brad Clark; Marie Collin; Bill Farnsworth; Didier Fradin; Christa Kieffer; Mike Kowalski; Diana Magnuson; Frédéric Martin; Henry Metivet; Miyamoto Masami; Mike Muir; Norman Nicholson; Ortelius Design; Larry Raymond; Dan Siculan; DJ Simison represented by Ann Remen-Willis; Susan Spellman; Carol Strebel; Diana Thewlis; and Gary Torrisi.

Culture and Journalism Readings

26 ©L'Association touristique Évangéline: «L'Accueil acadien»; 405–407 409 ©Casterman: from Georges Hergé, On a marché sur la Lune; 380–382 *Un chaton parcourt 1.000 km pour retrouver ses anciens maîtres; ©CNRS: from «L'atout de la multidisciplinarité»; 31 ©Le Figaro: «Météorologie» (1992); 141 «Thierry Pantel gagne dans la tempête» (1993); 244 «Un airbus d'Air Inter s'écrase en Alsace» (1993) par Valérie DUPONCHELLE; 78–79 Jeune et jolie, ©Cogedipresse: «L'argent de poche»; 136 ©L'Illustré N° 32, août 1998, «Interview de Sophie Winteler pour l'Illustré»; 5–6 111–113 221–222 317–318 ©Librairie Larousse, 1990: from Gérard Melmet, Francoscopie, 1991; 400 ©Le Nouvel Observateur, «Toulouse, mon frère» par Federico Fellini (février 1992); 83–85 ©Okapi, ©Bayard Presse Internationale: «Comment vivait-on en 1900?» (1986); 185 «Ces animaux en danger de mort» (1992); 346 «L'oreille» (1987); 347–348 «Le bruit» (1987); 57–58 Phosphore, ©Bayard Presse Internationale (1992): «Les Médias dans la vie des lycéens», avril 1992; 178 «Pour comprendre l'écologie»; 191–194 «Les Hommes bleus»; 270–272 «Adultes/Jeunes: Avez-vous les mêmes valeurs?»; 294–295 «Tous féministes?»; 246 ©Le Provençal: «Un car-ferry éperonne une baleine»; 352 ©Santé: «Les pièges du grignotage»; 140 ©Vital: «Trois spots d'or pour une surfeuse d'argent».

Efforts have been made to locate the copyright holder; Glencoe will provide appropriate acknowledgment in all future reprints.

Literature

40–45 Excerpts and illustrations from LE PETIT PRINCE by Antoine de Saint-Exupéry, copyright 1943 by Harcourt Brace & Company and renewed 1971 by Consuelo de Saint-Exupéry, reprinted by permission of Harcourt Brace & Company.